한국 농촌개발과 국제개발

이 저서는 2014년도 대한민국 교육부와 한국학중앙연구원(한국학진흥사업단)을 통해 창의연구지원 시범사업의 지원을 받아 수행된 연구임 (AKS-2014-ORS-1120007).

한국 농촌개발과

Korean Rural Development

국제 개발

International Development

동계(洞契)와
새마을 운동 그리고
공적개발원조(ODA)

정수환

영남대학교출판부

머리말

이 책을 쓰면서 몇 가지 장면이 스쳐 간다.

-꾸스꼬에서 첫날 밤, 고산병으로 갑작스러운 두통이 몰려오며 다음날까지 멍하니 천장 무늬만 바라보았다.

-아디스아바바의 어느 빈민촌, 나를 내려준 택시 기사가 떠나려 하자 주민들이 나를 둘러싸는 바람에 당황했다.

-하노이 인근 시골, 방문자 환영 시간에 염소 간과 천엽을 피에 응고시킨 소주잔을 건네받고 망설였다.

2017년 페루에서 근거 없는 현장에 대한 자신감으로 고산병에 대비하지 못했고, 스페인어라는 언어 장벽으로 몸과 마음의 고통이 심했다. 2016년 아프리카에서 붉은 재킷으로 무장한 동양인은 걱정과 달리 주목받고 친절한 안내를 받았다. 현장에서는 항상 대중교통을 이용하며 사람과 함께했다. 2015년 베트남에서 현장조사에 앞서 말끔히 손 면도를 마친 나는 현지에서 제공한 음식을 먹고 얼굴이 많이 부었다. 귀국 후 한 달 동안 아주 강한 항생제로 버텨야 했다. 그다음부터 국내와 국외를 가리지 않고 현장을 향할 때 면도하지 않는다. 이 책은 현장조사 경험이 녹아 있지만 못 다한 이야기가 있다.

2014년 농촌개발과 국제개발을 주제로 저술을 구상했다. 한 해 전, 국제개발을 적용한 한국의 농촌마을 연구를 위해 1년 동안 유학을 준비했다. 사회학과 정치학 분야에서 학문적인 성향이 강한 University of Bristol(UK)에서 수학하기 위해 2013년 8월, 1년을 기약하고 한국을 떠났다. 3학기의 석사과정에서 사회학 이론 수업은 세계의 작동원리를 가늠할 수 있는 기회였으며, 인류학과 역사학을 적용한 개발 사례를 탐구하는 세미나와 강의는 새로운 학문경향에 대한 경험을 제공했다. 마지막 학기 학위논문을 작성하면서 이론을 기반으로 비교, 평가 그리고 분석하는 연구의 중요성을 다시 깨달았다. 박사학위 소지자로서 다시 학위과정 진학을 결심한 이유가 교육활동에 참고할 영국 교수법의 경험에 있었는데, 브리스틀에서의 수학은 이런 기대를 저버리지 않았다.

브리스틀 대학에서 조선시대 농촌이 대한민국에서 변화하는 계기를 밝히기 위해 연구에 착수했다. 연구와 수학과정에서 대한민국의 농촌개발, 특히 새마을 운동에 대한 세계 학계의 관심과 연구의 중요성을 알게 되면서 학위논문 주제를 절충할 수 있었다. Professor. Jeffrey Henderson과 Professor. Martin Gainsborough가 아시아와 한국의 가치 그리고 농촌의 중요성을 비롯하여 이론에 입각한 연구의 필요성을 일깨워 주었기에 가능했다. 수업, 토론 그리고 개별지도를 통해 주제를 좁힌 결과 1970년대 새마을 운동이 조선시대 이래 유지하고 있던 농촌 마을의 급격한 변화를 초래했으며, 한국의 경험과 국제개발에 있어 역할은 인류에 기여할 수 있는 지식이라는 의미를 발견하게 되었다. 2014년 마지막 학기에 탈-개발이론을 적용하여 새마을 운동을 분석한 학위논문을 완성할 수 있었다. 당시 『조선왕실의 의례와 재원』(2019년 출간)을 동시에 집필하는 상황에서 학위논문에 미처 담지 못한 아쉬움은 귀국 비행기에서 출간을 결심하는 계기가 되었다. 기회는 금방 찾아왔다. 그해 말 한국학진흥사업단의 창의연구시범과제로 선정되면서 결심은 실천으로 이어졌다.

2007년 여름, 박사학위 수여 현장에서 학문이 현실에 기여해야 한다는 화두를 받았다. 정구복선생님은 현재의 문제를 고민하는 학자로 성장하라고 격려하셨다. 화두는 분명하지 않고 멀게 느껴졌음에도 항상 마음 한구석에 살아 있었다. 그 뒤 조선 후기 사회와 일상에 대한 몇 편의 논문을 쓰는 과정에서 마을과 농촌을 주목하게 되었다. 그리고 이들 농촌 마을의 변화 시점을 추적했다. 농촌 마을이 1970년대 새마을 운동으로 전면적인 해체와 개편을 맞이한 현상 그리고 대한민국 정부가 국제개발의 일환으로 인류를 위해 농촌개발을 수출하고 있다는 사실은 오랜 화두의 답처럼 보였다. 2012년 『조선후기 화폐유통과 경제생활』(2014년 출간)을 집필할 당시의 사건이었다. 그때까지만 해도 개발학은 우리나라에서 신생학문에 가까웠는데, 특히 인문학분야에서는 아주 생소했다. 새로운 학문을 향한 도전에 착수했다.

조선시대 농촌에서 출발하여 국제개발에 닿기까지 15년이라는 긴 여정이었다. 그렇지만 이 연구를 착수할 당시에도 그랬고 책을 출간하는 과정에도 변함없는 결심이 있다. 개인의 학술적 지평 확장에 그치지 말고 개발현장에서 한국과 한국인의 흔적을 한국학의 영역으로 담기 위한 디딤돌이 되겠다는 다짐이다. 그리고 이 책의 출간을 계기로 한국에서 개발학이 행정학, 경제학과 과학의 영역에 머무는 현실을 넘어 문·사·철(文·史·哲)과 관련한 인문학영역으로도 확장하길 기대한다.

이 연구는 1970년대 한국 농촌개발(Rural Development)의 궤적을 역사적 관점에서 주목하여 탐색하고, 한국이 국제개발(International Development)로서 새마을 운동을 세계 농촌개발에 적용하고 있는 현실을 탈-개발이론(Post-Development)을 바탕으로 분석하여 '개발'에 대한 대안을 모색했다. 연구 목적은 농촌개발 프로그램에 있어 지역 사람들의 삶을 토착 지식으로 환기하고 이를 적용하여 개발의 대안으로서 한국의 농촌개발 프로그램 가능성을 모색하는데 있다. 본론은 4개의 장으로 구성했다.

1장은 조선시대 농촌의 역사적 경험에 내재한 토착 요소를 밝혀 현대 한국 농촌개발의 동력을 찾으려 했다. 조선시대 고문서를 대상으로 5개 마을에서 작동했던 동계 사례를 분석했다. 전근대 사회, 즉 조선시대 농촌과 농촌마을의 가치를 유형과 무형의 공유자산(Commons)을 둘러싼 호혜와 협동에서 찾았다. 공동의 목표는 성리학적 가치나 상호부조 혹은 정자, 숲 등과 같은 무형 혹은 유형의 공유자산에 대한 유지와 지속을 위한 제도(Institute)의 수정과 보완이었다. 이러한 제도, 즉 규약의 정비는 마을 개발을 위한 토착지식(Indigenous Knowledge)이었다. 이들 동계는 상호부조와 공유자산의 가치를 유지 및 지속하기 위해 구성원들의 협동으로 규약 개정을 실현하면서 현재까지 이어지고 있다.

2장은 조선시대 농촌 마을의 토착지식과 한국 농촌개발 운동의 관련성 그리고 새마을 운동과 국제개발의 의미를 분석했다. 호혜와 협동의 가치를 담고 있는 마을의 토착지식이 1970년대 새마을 운동(Saemaul Unodng=New Village Movement)의 동력으로 작동하는 모습을 찾았다. 당시 정부는 이를 바탕으로 각 마을에 사업을 위한 자재와 행정력을 제공하여 성공을 이끌어 냈다. 1970년대 소득증대를 통한 농촌 근대화를 목표로 했던 새마을 운동은 정치화되었으며, 2000년 이후 한국은 국제사회에 새마을 운동을 적용한 농촌개발 프로그램을 소개하며 다시 한 번 새마을 운동을 국제정치화했다. 그리고 새마을 농촌개발 프로그램은 남-남 협력의 가치를 강조하면서 수원국 개발 현장에서 실현하고 있다.

3장은 수원국에서 실시하고 있는 새마을 농촌개발의 현장에서 발견한 프로그램의 시행착오를 분석하고 지역의 토착지식을 절충한 대안 모색의 필요성을 제기했다. 대상은 지구 남반구의 동남아시아, 아프리카 그리고 남아메리카 농촌 마을에서 시행 중인 개발 프로그램 사례이다. 농촌개발 현장을 방문하여 조사했다. 새마을 운동을 성공 신화로 간주하고, 그 경험을 적용한 새마을 농촌개발 프로그램은 현장에서 수원국의 토착지식에 대해 상대적 가치 우위를 전제로 하고 있었다. 이로 인해 현지 농촌 공동체와 마찰을 빚었고 기후와 환경에 대한 고려가 부족해 시행착오가 발생하고 있었다. 개발 현장에서 지역 농촌 공동체의 토착지식과 결합한 새마을 농촌개발 프로그램의 필요성을 확인했다.

마지막 장은 현지 농촌의 토착지식에 대한 존중을 강조하는 탈-개발이론을 도입하여 차별화한 새마을 농촌개발 프로그램을 제안했다. 탈-개발이론은 식민주의에 대한 비판에서 기원한다. 서구의 힘과 주도권(Power and Hegemony)을 앞세운 개발이 아닌 지역의 가치를 담은 다원성(Pluriverstic)을 내포한 개발을 발견했다. 이 이론은 지역 공동체(Local Community), 여성(Women), 환경(Ecology) 그리고 안녕(Well-being)의 요소를 지역 농촌의 문화에서 찾고 새로운 '개발'의 가치 발견을 강조한다. 새마을 운동은 호혜와 협동이라는 토착지식의 작동과 더불어 탈-개발의 4가지 요소를 담고 있다. 새마을 운동을 적용한 새마을 농촌개발 프로그램도 탈-개발의 요소를 바탕으로 수원국 농촌의 토착지식을 적용하여 새로운 개발사례를 발굴할 수 있다. 그 전제는 바로 '토착지식'에 대한 관심과 연구 그리고 적용이다.

한국의 농촌개발은 조선시대 이전 토착지식에 바탕하고 있으며, 국제개발로서 새마을 농촌개발 프로그램도 새마을 운동이 그러했듯이 수원국의 역사적 경험이 녹아 있는 토착지식에 대해 주목할 때가 되었다. 새마을 농촌개발 현장의 시행착오를 줄이기 위해서는 인문학의 시각을 갖춘 연구의 관점에서 수원국 농촌의 토착지식과 눈높이를 맞추는 방식이 하나의 대안일 수 있다. 탈-개발이론에 입각한 접근은 새마을 농촌개발 프로그램이 대안으로서 '개발' 개념을 발굴하는 전환점이 된다. 이를 위해 한국의 국제개발학이 문사철을 포괄하고 개발 현장의 한국인의 활동에 주목하면서 한국학과 결합할 필요가 있다. 이러한 도전은 한국의 인류 안녕에 대한 기여로 이어진다. 이런점에서 나는 개발학과 한국학이 인류의 다양한 지식을 집적하고 담아내는 그릇으로 자리매김 하는데 이 연구가 기여하길 기대한다.

현지의 수원국 주민과 한국인 봉사자들 그리고 현지 학자들로부터 도움 받은 사실을 밝혀야 한다. 베트남 사회과학원의 Dr. Le Thi Lan 교수, Dr. Nguyen Thi Tham과 베트남 국립대의 Dr. Nguyen Tuan Anh은 향약 고문서 열람과 마을 소개에 도움을 주었다. 에티오피아 아디스아바바 대학의 Dr. Tegegn GebreEgziabhear 교수와 메켈레 대학의 Dr. Aklilu Kahsay로부터 자국의 개발 정책과 한국의 시범마을 활동에 대한 평가 의견을 제공 받았다. 수단 Oxfam 현장 관리자 Hassan-Alattar Osman Sati는 아프리카 개발의 한계와 탈-개발이론에 대한 실무자의 의견을 들려주었다. 페루 리카르도 빨마대학의 Dr. Oswaldo Gavidia가 페루와 한국의 역사적 배경에 대한 견해를, 꾸스꼬 국립대의 ING. Percy Miguel Rueda Puelles 교수는 현지 시범사업에 대한 자세한 분석 결과를 자문해 주었다. 그리고 에콰도르 키토의 산프란시스코 대학 Dr. Michael Hill 교수는 남미의 개발사례에 대한 유익한 정보를 공유했다. 한국의 농촌개발 현장에서 때로는 현지 주민이, 때로는 한국인 봉사자들 그리고 이론과 사례에 대한 현지 학자들이 제기한 의견과 비판은 책을 완성할 수 있었던 큰 힘이 되었다. 감사의 말을 밝혀야 하는 이유이다. 그리고 오지의 위험한 현장에서 사명을 다하고 있는 한국인 봉사자들에게 깊은 존경의 마음을 글로 전하고 싶다.

이 책을 쓰면서 역사를 탐구하는 연구자로서 2014~2017년 대한민국을 기술하는 마음을 갖게 되었다. 개인적으로 이 책이 나에게 주는 가치이다. 그리고 인류를 향한 의미도 있다. 코로나 바이러스 감염증(COVID-19)의 지구적 확산으로 국제개발, 특히 농촌개발을 위한 활동이 위축되었다. 이 책이 비록 가까운 과거의 짧은 지식과 경험을 담고있지만, 이 상황이 끝나고 국가간 교류가 다시 활발해지면 작은 참고가 되길 기대한다. 위기는 곧 기회이듯이, 대한민국의 농촌개발 경험과 지식이 인류 다양성에 대한 지식과 안녕에 기여하리라 믿기 때문이다. 한 가지 안타까운 사실은 에티오피아 내전으로 티그라이주에서 6만 명 이상의 난민과 1,900명에 이르는 사망자가 발생했다는 것이다. 현지 메켈레 대학의 Desalegn Tesfagbr와 Mulu Hagos Fitwi의 안전이 걱정이다.

『조선후기 화폐유통과 경제생활』에서 출발한 연구는 『조선왕실의 의례와 재원』을 거쳐 이 책에 이르렀다. 조선시대 연구자로서 조금은 폭넓은 연구 이력이다. 지금 『조선시대 토지매매명문 연구』를 집필하고 있다. 연구의 본질로, 출발지점으로 돌아가고 있다. 앞으로 인간에 주목하고 사람이 쓰는 단어를 연구 중심으로 삼아 지금까지 확장한 연구 영역의 내실을 강화하고 보완하겠다.

3년에 걸쳐 홀로 지구 남반구 한 바퀴를 돌며 수행한 연구는 혼자만의 열정으로는 불가능했다. 현장 출장을 이유로 휴가가 사라지면서 가족의 추억도 줄어들었다. 먼 길을 떠나는 가장을 걱정하면서도 무한한 신뢰를 보내 준 가족에게 사랑한다는 단어는 부족하다. 무엇보다 브리스틀에서 개발학을 공부할 수 있는 기회를 주신 정구복, 최진옥선생님께 감사의 마음을 드린다. 그리고 연구 보완에 고심하고 있을 때, 호혜와 협동을 주제로 공동연구에 동참할 수 있었다. 연구를 함께한 한도현, 심재우, 김학수선생의 지적 자극이 없었다면 홀로 길을 헤맸을 것이다. 늘 고마운 마음을 갖고있다. 끝으로 어려운 출판 환경과 시장성이 없는 주제로 인해 고민이 깊었는데 흔쾌히 간행을 결정해 준 영남대학교출판부에 감사한다.

2022년 깊은 밤
한국학중앙연구원
장서각 연구실에서

차 례

서 론

-조선시대 농촌에서 현대 개발현장까지-

전통적인 농촌사회가 아무리 매력적으로 보인다 하더라도 그 사회의 사람들에게 근대적 개발의 혜택을 누릴 기회가 부정될 수는 없다. 그러나 이 책이 말하듯이, 개발과 배움이 오직 한가지 방향으로만 일어나서는 안 된다.[1]

농촌의 원형과 그 농촌의 변화에 대한 고민은 현재진행형이다. 그리고 국제개발로서 농촌개발에 접근하는 과정에서 이론적 논쟁이 치열하게 진행되고 있다. 인용문은 개발에서 농촌의 원형에 대한 존중과 배려, 그리고 여기에 입각한 농촌개발 프레임에 대한 고민을 제기하고 있다.

한국의 대표적인 농촌개발(Rural Development) 프로그램은 1970년대 전국 규모로 실시한 새마을 운동을 꼽을 수 있다. 한국 농촌개발을 바탕으로 농촌 국제개발을 위한 실행방안이 모색되고 있다. 국제개발은 이른바 지구 남반구로 대표되는 저개발 국가나 그 외의 개발도상국을 대상으로 한 일종의 원조 프로그램으로서 의미를 지니고 있다. 따라서 한국 농촌개발의 국제개발 적용에 대한 연구는 곧 1970년대 농촌을 중심으로 진행했던 새마을 운동을 어떻게 현대의 국제개발 시장에 효과적으로 적용하여 전환시킬 수 있을까 하는 문제제기이자 방향에 대한 탐색이다. 그리고 새마을 운동의 배경을 조선시대 농촌마을의 가치에서 찾아 농촌개발의 동력을 찾는 과정이기도 하다.

한국의 공적개발원조(Official Development Assistance) 정책과 새마을 운동은 긴밀하게 연결되어 추진되고 있다. 대한민국은 세계에서 눈에 띄는 경제적 성취를 이룩한 나라들 중 하나이자 원조를 받던 나라에서 원조를 주는 나라로 전환한 첫 번째 사례이기도 하다.[2] 한국의

---

1. 김종철·김태언 옮김, 헬레나 노르베리-호지(1996), 『오래된 미래- 라다크로부터 배운다』, 녹색평론사, 4쪽.

2. Marx, Axel. and Soares, Jadir. (2013) 'South Korea's Transition from Recipient to DAC

독창적인 농촌개발 운동이라 할 수 있는 새마을 운동은 다른 개발도상국, 혹은 저개발국가에 하나의 대표적인 농촌개발의 사례로 제시되고 있다. 대한민국 정부도 성공적이라 평가받는 농촌개발운동, 특히 새마을 운동을 세계 국제개발 정책 시장에 소개하고 수출하기 위해 노력을 기울이고 있다. 한국의 공적개발원조 프로그램은 산업화와 경제적 성장에 초점이 맞추어져 있으며, 새마을 운동 또한 경제적인 문제와 관련하여 이른바 '빈곤'을 해결하기 위한 하나의 방편으로 평가된다.[3] 이러한 이유로 인해서 한국의 개발 정책, 특히 농촌개발 정책은 근대화와 세계화를 추구하는 또 하나의 서구화 모델로 간주되기도 한다.[4] 그리고 한국정부를 경제 성장에 경도된 개발의 전도사로 인식하고 있다. 그렇지만 국민총생산은 개발 혹은 발전을 결정지을 수 있는 유일하고 획기적인 계측 방법이 될 수 없다.

경북 포항 문성리의 새마을 흔적
1970년대 새마을 회관(좌)과 현재의 새마을 홍보기념관(우)

Donor: Assessing Korea's Development Cooperation Polity', available at http://poldev.revues.org/1535, accessed 28 May, 2014.

3. Douglass, Mike. (2013) 'The Saemaul Undong: South Korea's Rural Development Miracle in Historical Perspective', *Asia Research Institute Working Paper Series*, 197: p.3.

4. 김홍순(2000), 「근대화 프로젝트로서의 새마을 운동에 대한 비판적 고찰: 1970년대를 중심으로」, 『韓國地域開發學會誌』12-2, 32쪽; 전해황(2006), 「한국 지역사회복지의 세계화-새마을 운동 해외추진 사례연구」, 『한국토지행정학회보』13-2, 129쪽.

행복지수(Happy Planet Index)라든지 안녕(Well-being)이라는 측면에서 살펴보았을 때, 가장 행복한 나라는 오히려 코스타리카였다.[5] 한국은 단지 중간 정도에 불과했다. 행복과 안녕이라는 요소를 고려하면 농촌은 개발, 성취, 그리고 발전의 문제와 연결하여 중요한 주제이다. 개발도상국 혹은 저개발 국가 인구의 거의 절반가까이가 농촌지역에 거주하고 있으며, 그들 주민은 기근으로 고통 받는 현실에 놓여 있다. 그러므로 국제개발에 있어 농촌지역은 개발정책과 관련한 의제(Development Agenda)에 있어서 늘 중심에 있었다.[6] 농촌개발의 가장 중점 목적 중 하나가 농촌지역 가난한 사람들의 경제적 상황 개선과 성장을 위한 사회생활의 재구성이었다.[7]

한국의 새마을 운동은 이러한 측면에서 눈의 띄는 농촌개발 운동이었다. 이 운동은 1970년 4월 22일 전국의 33,267개 마을을 대상으로 마을마다 335포대의 시멘트를 제공하여 자립적인 농촌개발 운동을 독려한 것이 계기가 되어 공식적으로 출범하였다.[8] 이 프로그램은 '근면, 자조, 협동' 이렇게 세 가지로 정리한 '새마을 정신'을 바탕으로 농촌의 가난을 개선, 혹은 해소를 중점 목표로 하고 있었다. 비록 새마을 운동과 관련한 농촌개발 운동의 목적이 국가의 경제적 성장과 근대화를 위한 정책의 일환이었다고 하더라도,[9] 경제성장으로 나타난 계

---

5. Happy Planet Index. (2014) Happy Planet Index. Available at http://www.happyplanetindex.org/data/, accessed 11 September, 2014.

6. Singh, Katar. (2009) *Rural Development: Principles, Policies and Management* (Third Edition), New Delhi and London: SAGE, pp.2-3.

7. World Bank. (1975) *Rural Development: Sector Policy paper*, p.3.

8. Ministry of Culture and Information. (1979) *Saemaul Undong*, Seoul: Samwha Printing, p.20.

9. Ministry of Culture and Public Information.(1972) *Saemaul Undong: theory and*

량적 성과는 하나의 성공적인 한국적 농촌개발 운동으로 간주되었다. 왜냐하면 한국이 산업화와 농촌경제의 성장이라는 두가지 성취를 확보했다는 평가와 사실 때문이었다.[10]

한국 농촌개발의 사례로서 새마을 운동, 국제개발에서 농촌개발의 한 모델로서 새마을 운동을 검토하는 부분이 이 연구의 목적이다. 새마을 운동은 1970년대에 농촌 가계의 소득증대에 초점을 맞추어 추진했던 오래된 형태의 농촌개발 활동이었다. 대한민국은 새마을 운동 정책을 원용하여 국제개발 시장에서 농촌개발 프로그램을 시행하면서 수원국(Recipient Countries)들의 사회적 상황이나 문화적 배경에 대한 고려보다 이 운동의 특징적인 면의 적용을 우선했다. 이러한 이유로 수원국과 개발지역 주민들은 지역의 상황에 맞추어 조정하고 절충한 대안적인 농촌개발 프로그램의 개발과 접근을 요망하고 있다. 이런 배경에서 탈-개발(Post-Development)적 대안정책을 새마을 농촌개발에 적용한 국제개발 정책이 고려되고 있다.

이 연구는 새마을 운동과 이 운동에 기반을 두고 있는 새마을 농촌개발 프로그램이 국제개발 정책의 적용에 있어서 제한적인 가치를 지니고 있다는 사실을 확인한다. 그리고 탈-개발 개념을 바탕으로 재편한 새마을 농촌개발 프로그램의 필요성을 강조하면서 대안으로서 농촌개발을 모색하고자 한다.

---

development, Seoul: Daehan Press, pp.70-72.

10. 김흥순, 앞의 글, 27쪽.

1. 연구성과 : 새마을 운동과 국제개발

새마을 운동에 대한 분석이 면밀하게 진행되었다. 새마을 운동은 가장 성공적인 농촌개발 사례 중 하나로 평가되었다.[11] 그렇지만 이러한 새마을 운동의 성취는 해석에 있어 상반된 접근과 분석이 있다. 한편에서는 이 운동을 전형적인 정부주도의 계획된 정책으로서 관료주의적 힘과 조직을 이용하여 주민들을 동원한 성과로 평가한다.[12] 다른 측면에서는 공동체 개발(Community Development), 혹은 공동체 실천 중심의 성취로 규정한다.[13] 1970년대 농촌의 마을 공동체에 바탕을 두면서 조직, 여성, 그리고 환경과 같은 영역에 집중하여 성과를 달성했다고 평가한다. 그와 동시에 제 3의 시각, 즉 양 측면의 의견을 모두 고려하여 절충한 의견도 있다. 비록 새마을 운동이 정부에 의해서 조직되고 조정되는 영역이 있었다고 하더라도 마을의 지도자들이 지역, 혹은 마을을 위한 계획을 주민과 함께 주도하면서 준비하였고, 주민들이 자발적으로 참여하였다는 사실을 강조하고 있다.[14] 그렇지만 이러한 논쟁들은 이른바 근대화라고 하는 시각과 연결된 접근이며, 새마을 운동 또한 경제적 성장에 촛점을 맞춘 측면에서 해석되었다는 공통점이 있다.

---

11. Douglass, Mike. (2013) 'The Saemaul Undong: South Korea's Rural Development Miracle in Historical Perspective', *Asia Research Institute Working Paper Series*, 197: p.3.
12. Kwon, Huck-ju. (2010) 'Implications of Korea's Saemaul Undong for International Development Policy: A Structural Perspective', *The Korean Journal of Policy Studies*, 25(3): p.87.
13. 김홍순, 앞의 글, 23쪽; 전해황, 앞의 글, 127쪽.
14. Mason, Edward S., Kim, Mahn Je., Perkins, Dwight H., Kim, Kwang Suk. and Cole, David C. (1980) *The Economic and Social Modernization of the Republic of Korea*, Cambridge, Massachusetts and London: Harvard University Press, pp.230-231.

이런 현실에서 1970년대 현상을 재구조화 하기위해 이제는 경제적 개발과 삶 그리고 일상에 대한 비판적 접근을 통해 대안으로서 '개발'을 생각해야할 시기가 되었다.

대한민국은 새마을 운동을 적용하여 개발한 새마을 농촌개발 프로그램을 중점적인 공적원조 정책의 하나로 강조하고 있다. 그리고 긍정적 시각에서 적극적인 수출 방안을 모색하고 있다. 빈곤퇴치 모델로서 새마을 운동을 세계화하기 위해 보편적으로 적용이 가능한 새마을 운동 표준모델의 개발 필요성을 강조하거나,[15] 보편적인 개발이론과 방법의 적용과 더불어 '한국형' 도출로 차별성을 준비 할 필요성을 제기하기도 했다.[16] 이러한 긍정적 입장에서 한국은 경제적 성취를 널리 알리면서 가난을 완화하거나 해소한 성공적인 모델로서 새마을 운동을 국제시장에 소개하고 있다. 새마을 운동이 유효하고 효과적인 농촌개발 모델이라는 사실을 뒷받침 하는 근거중 하나로 한국이 농촌개발 운동의 성취를 발판삼아 경제개발협력기구에 가입한 사실을 제시한다. 그리고 새마을 운동의 경험이 빈곤을 해결한 지식이라고 제시하고 있다. 한국은 2010년부터 경제개발협력기구의 개발원조위원회(Development Assistance Committee) 회원으로 참여하고 있으며, 이듬해에는 부산에서 세계 개발원조 총회(Forth High Level Forum)를 조직하고 유치했다.[17] OECD는 선진국들의 모임으로 구성되어 있는데 이 협력기구의 회

---

15. 최진근(2013), 「새마을 운동세계화의 발전방향」, 『새마을세계화 포럼: 새마을세계화 사업의 성공과제와 전략』, 경상북도·새마을세계화재단 ; 정기환·정종수·고순철·우영국(2014), 『국제 새마을 운동 ODA사업 표준모형 구축과 컨텐츠 개발』, KOICA.

16. 임형백(2011), 「새마을 운동의 아프리카 공적개발원조(ODA)적용방향」, 『한국지역개발학회지』2-2; 소진광·정갑진·임형백(2011), 「새마을 운동 ODA 시범사업의 추진방안 연구」, 『행전안전부 연구보고서』, 행정안전부.

17. Hwang, Won-gyu. (2011) 'Korea ODA: From Recipient to Donor', *Emerging Asian*

원국이 되었다는 사실은 바로 그 나라가 근대화되거나 산업화되었음을 보여준다고 암시 했다. 이처럼 한국은 선진 서구 국가들로부터 원조받는 나라에서 원조하는 나라, 즉 '모범국가'가 되었다.

대한민국 정부는 새마을 운동을 농촌개발과 경제적 성장을 위한 대표적 사례로서, 자부심을 갖고 개발국에 수출하고 있다. 새마을 농촌개발 프로그램은 한국의 국가적 이익에 따라서 옛 새마을 운동 그대로 수원국에 직접 이식되고 있다.[18] 또한 한국은 성공적인 새마을 운동 사례를 개도국들과 공유하면서 농촌개발을 위한 정책으로 추천하고 있으며, 이러한 정책은 수원국의 근대화와 시장의 개발을 위한 하나의 수단이라는 측면과 관련 있다.[19] 새마을 운동과 새마을 농촌개발 프로그램은 한국의 이미지 구축과 확산을 위한 하나의 수단이 되고있다.

개발원조, 특히 농촌개발에 대한 지원은 수원국으로 하여금 자본주의 시장에 신속하게 편입하도록 지원하여 또 하나의 시장을 개발 혹은 개척하고자 하는 데 잠재적인 의도가 있다고 볼 수 있다. '모범국가' 한국이 국제정치의 주도권을 가진 서구 국가들의 관점을 담고 있음에 따라 새마을 운동은 신자유주의 경제와 세계화를 상징하는 또 다른 사례이자 농촌개발 프로그램으로 비춰지고 있다. 대한민국은 2008년 미국으로부터 파생된 세계경제 위기를 타개할 목적으로 2010년 선진 20개국 정상회의(Group of 20)를 주관하면서 자유무역의 중요성을 설파했다. 이처럼 한국이 세계 시장에서 확보한 입장은 새마을 농촌개발 프로

Approaches to Development Cooperation, Busan: Korea Development Institute and The Asia Foundation, pp.50-64.

18. Watson, Iain. (2011) 'Global Korea: foreign aid and national interests in an age of globalization', *Contemporary Politics*, 18(1): p.64.

19. Lim, Jae Kang. (2008) 'How properly practice international Saemaul Undong', *KOGOS Journal*, 20(2): p.24.

그램의 성격을 간접적으로 보여준다.

새마을 운동을 국제개발을 위한 방향으로 제안하기 위해서는 새로운 대안으로서 개발 의제(Development Agenda)를 모색할 필요가 있다. 국제개발의 한 모델로서 새마을 운동을 적용하는 방법에 대한 비판적 시각에 주목한다. 비판의견은 현지의 실정을 반영한 개발접근이 필요함을 강조하고 있다.[20] 새마을 농촌개발과 관련한 논쟁을 살펴보면, 새마을 운동을 바탕으로 개발한 농촌개발 프로그램의 단점은 앞으로 지속적으로 제기될 개연성이 높다는 사실을 알 수 있다. 원조국과 수원국 사이의 이해관계 차이로 인한 혼란과 충돌, 그리고 개발 현장에서 수원국 주민의 여러 불만들은 최근 대두하기 시작한 문제점이다.[21] 이러한 괴리의 요인은 바로 지역색에 대한 몰이해에 있다고 볼 수 있으며, 지역색이라는 요소는 바로 일반화된 세계에 있어서 다양성을 상징하는 사례이다.[22] 새마을 운동은 잘살기 운동으로 소개되면서 경제적 개발이 주도하는 국제개발의 일반적 모범 사례가 되었다. 이런 현실에서 새마을 운동이 국제개발에 있어서 일반성을 보완하는 도덕적 개발 프로그램이 되기 위해서는 지역의 다양성을 접목할 필요성이 제기된다. 이러한 접근은 개발이라는 틀 속에서 개발의 개념을 새로이 이해하고 발견할 수 있는 길을 만들어 준다. 계기는 바로 탈-개발이론(Post-Development Theory)에 바탕 한 관점에서 지역적 다양성을 고려하는

---

20. 이미숙(2013), 「발전국가론적 관점에서 본 새마을 운동과 정부의 역할: 개도국 적용의 유용성」, 『농촌경제』36-3; 이정주·이미숙·김한양(2013), 「새마을 운동 추진을 위한 국민인식과 과제에 관한 연구」, 『대한정치학회보』21-3.

21. Folley, Rob. (2010) 'Korea's ODA to Africa: Strategic or Humanitarian?', *SAIS US-Korea 2010 Yearbook*, Massachusetts: Johns Hopkins University, p.94.

22. Gainsborough, Martin. (2010) *Vietnam: Rethinking the State*, London and New York: Zed Books, pp.188-190.

접근에 있다.

개발이라는 단어에 대해, 특히 그 개념과 관련하여 논쟁이 진행중이다. 특히, 탈-개발 이론은 반 서구화, 지역사회, 환경문제 그리고 여성의 가치라고 하는 요소들을 제시하면서 개발에 대한 기존의 개념과 차별화된 도전적인 문제를 제기하고 있다. 울프강 삭스는 1992년에 이미 개발의 시대는 죽었다고 냉험하게 천명했다.[23] 뿐만 아니라 아르트로 에스코바 또한 이른바 '탈-개발'이라고 하는 개념을 처음으로 제시하여 삭스의 주장에 동조했다.[24] 에스코바는 남미의 토착적인 개발 정책들을 분석하고 서구 중심의 신자유주의 한계를 강조했다.[25] 이들이 주장하는 탈-개발 이론은 개발에 대해 근본적으로 전체적 집적화(Global Integration)에 반하는 입장에서 출발하여 정책 부분도 시민 정치와 지역의 자기결정에 초점을 맞추고 있다.[26] 이들은 문화를 바탕으로 한 마을 개발을 제안하고 있는데, 내용은 바로 농촌 개발과 연결된 맥락이다. 이러한 측면에서 대안으로서의 개발은 궁극적으로 서구중심의 지식이나 헤게모니를 배제한 지역 관점, 풀뿌리, 밑으로부터 촉발된 운동을 상정한다. 이처럼 그들이 제시하는 '개발'에 대한 정의는 안녕(Well-

---

23. Sachs, Wolfgang. (2010[1992]) *The Development Dictionary: a Guide to Knowledge as power* (Second Edition), London: Zed Books, p.xii.

24. Escobar, Arturo. (2007) 'Post-development as concept and social practice', in Aram Ziai (ed.) *Exploring Post-development: Theory and practice, problems and perspectives,* Oxon and New York: Routledge, p.18.

25. Escobar, Arturo. (2012) 'Preface to the 2012 Edition', *Encountering Development: The Making and Unmaking of the Third World-With a new preface by the author,* Princeton and Oxford: Princeton University Press, pp.viii-ix.

26. McMichael, Philip. (2000) 'Globalization: Myths and Realities (1996)', in Roberts, Timmons. and Hite, Amy. (eds) *From Modernization to Globalization: Perspectives on Development and Social Change*, Malden and Oxford: Blackwell Publishing, p.286.

being)이나 지속적인 발전에 근간하면서 사회와 자연과의 관계에서 답을 찾았다.[27] 탈-개발적 접근을 새마을 농촌개발 프로그램에 적용하는 시도는 한국의 국제개발 정책이 지니고 있었던 몇 가지 모순점을 고민할 수 있는 계기가 된다.

2. 연구방법 : 고문서, 기록 그리고 현장

한국의 70년대 농촌 새마을 운동의 사례를 이른바 개도국 농촌사회를 위한 농촌개발 체계로서 재구조화하기 위한 연구의 범위와 방법을 소개한다. 대안으로서의 '개발'과 그 사례를 탐색하기 위해 새마을 운동의 개념을 분석한다. 이에 앞서 새마을 운동의 전사로서 조선시대 농촌마을의 실상을 찾는다. 그리고 해외 새마을 농촌개발 현장 탐색과 이론 접목을 시도한다.

연구방법은 문헌분석을 바탕으로 현지 사례조사를 병행하며, 이들 문헌과 현지에 대한 해석을 위해 후기구조주의(Post-Structuralism)에 입각한 탈개발 이론(Post-Development Theory)을 도입한다. 1970년대 농촌 새마을 운동이 작동하는 배경을 추적하기 위한 전근대시대, 특히 조선시대의 농촌에 대한 분석은 고문서자료를 활용한다. 마을의 각종 계와 조직을 운영했던 그 시대의 사람들이 남긴 고문서는 유형 혹은 무형의 마을 공유자산을 유지 및 지속하기 위한 호혜와 협동의 가치를 담고 있다. 이러한 토착 농촌의 가치가 새마을 운동에서 일종의

27. Elliott, Jennifer A. (2013) *An Introduction to Sustainable Development* (Fourth Edition), Oxon and New York: Routledge, p.55.

유산으로 작동했다. 1970년대 새마을 운동의 사례는 현장에 전하고 있는 기록자료와 남겨진 유산을 확인한다. 마을 주민들이 설계한 새마을 운동을 위한 계획은 사진, 영상 등 기록으로 남아 있다. 이들 기록의 현장을 찾아 비교 및 분석한다.

국제기구와 국내외의 학자들은 새마을 운동을 개발의 사례로서 관심을 기울이면서 개발 모델, 혹은 개발 방안으로서 분석을 시도하고 있다. 따라서 대한민국 정부의 공적원조와 개발을 위한 농촌개발에 대한 자세와 대응 실태는 국내 혹은 해외의 잡지, 사진, 신문과 같은 다양한 미디어를 통해 온라인과 오프라인에서 확인이 가능하다. 이들 자료도 분석의 대상에 포함한다.

대한민국에서 국제개발 중 새마을 농촌개발 프로그램으로 진행하고있는 해외 농촌개발 현장에 대한 분석은 문헌분석과 현장조사를 병행한다. 새마을 운동을 농촌개발로 연계하기 위한 각종 연구성과, 정부의 해외 공적개발 원조에 대한 사업관리와 감사 보고서 등을 활용한다. 동남아시아, 아프리카, 남아메리카의 새마을 농촌 시범마을 현장에서의 기록과 실제를 비교하고 검토한다. 기록과 현장에 대한 조사 성과를 바탕으로 '개발'의 본질적 의미에 대한 분석을 위해 탈-개발 이론을 도입하여 '개발'이라는 단어를 재론한다. 그리고 이론을 바탕으로 새마을 운동을 재조명하고 대안적 국제개발로서 새마을 농촌개발 프로그램으로의 전환을 모색한다.

대안으로서 새마을 농촌개발을 고민하는 이 연구는 네 가지 주제로 구성되어 있다. 먼저 한국의 농촌 새마을 운동의 배경을 살펴본다. 토착 한국 농촌마을을 대상으로 마을의 역사와 새마을 운동의 연결성을 찾아 이른바 토착 농촌의 가치를 찾아보겠다. 조선시대 마을의 조직과 활동을 담고있는 다수의 사례를 발굴하여 토착지식을 발견한다. 그리고 두 번째 본문에서는 새마을 운동이 지니고 있는 농촌개발 신화의 실체에 접근하겠다. 새마을 운동을 대입한 국제개발로서의 농촌개발 정책이 왜 비판과 논쟁에 직면했는지를 살펴보기 위한 전제의 일부이다. 새마을 운동과 관련한 배경정보를 되짚어 보고 그 성격을 부각한 다음 새마을 운동이 지니고 있는 강점과 약점을 확인한다. 이를 통해서 발전적 방향을 전제로 의미를 부여하고 있는 새마을 운동에 대한 다양한 의견과 가치 그리고 한계를 분석한다.

본론 세 번째 장에서는 한국 정부에 의해 추진하고 있는 새마을 농촌개발 프로그램의 수출 사례를 분석한다. 이를 위해 동남아시아, 아프리카 그리고 남미지역에서 실시 중인 사례를 찾아서 제시한다. 개발을 위한 대안 모색이 국제개발에 대한 비판적 제안으로 말미암은 배경을 추적한다. 개발 개념에 대한 재론은 새마을 국제개발에 대한 비판들을 설명하고 해법을 찾을 수 있는 실마리를 제공해 줄 수 있다. 그리고 네 번째 장은 개발에 대한 근원적인 의문제기와 그와 관련한 여러 요소들을 탐색하고 분석한 다음 새마을 운동을 재구성하는 방안을 모색한다. 70년대의 오래된 새마을 운동 방식이 어떤 대안적인 내용을 가지고 있으며, 그 가치가 새마을 농촌개발 프로그램의 전환을 어떻게 창출해 낼 수 있는지를 추적한다. 이러한 측면에서 탈-개발이론이 강조하는 토착적 개념을 제기하고, 지역 도착 사례에 대한 조사를 통해 지역 주민의 실천적인 지식과 농촌개발 프로그램의 연계성을 찾는 연구를 수행한다. 이를 위해 새마을 운동에서 탈-개발 개념의 요소를 추출해 내고 새마을 농촌개발에 적용할 수 있는 가능성을 확인한다.

이 연구의 시대적 범위는 조선시대 농촌마을에서 출발하여 1970년대 대한민국의 농촌마을 그리고 21세기 대한민국과 수원국이다. 공간적 범위는 대한민국은 물론 대한민국의 수원국이 있는 지구 남반구의 동남아시아, 아프리카 그리고 남아메리카의 농촌개발 현장이다. 자료는 조선시대 고문서는 말할 것도 없고 현대 마을과 중앙정부의 기록물 그리고 현장의 구술과 유적을 포괄한다. 이러한 연구범위는 이 연구의 목적과 방향을 담고 있다. 연구 목적은 이미 언급한 내용과 같이 조선시대 농촌의 가치를 유산으로 삼아 새마을 운동을 성취한 대한민국이 국제개발 시장에 개발의 의미를 도전적으로 정립하기 위해서는 탈-개발이론을 바탕으로 새마을 운동을 재해석할 필요가 있음을 밝히는 데 있다. 그리고 연구 결과가 기대하는 방향은 두 가지이다. 먼저 국제개발과 연계한 개발학에 있어 인문학의 가치를 수용하여 현지의 지식을 존중하고 배우는 자세를 알리고자 한다. 두 번째는 농촌개발 현장에서 발생하는 현지문화와 한국인의 접촉을 연구하고 이 내용을 한국학으로 연결할 필요성을 제기하고자 한다.

1장
조선시대 토착 농촌의 가치

> 대부분의 서구인들은 무지와 질병과 끊임없는 노역이 산업화 이전 사회의 운명이었다고 믿게 되었다. 그리고 개발도상국에서 우리가 보는 빈곤과 질병 그리고 굶주림은 얼른 보아 그러한 가정을 입증하는 것으로 보인다. 그러나 실은, 오늘날 제3세계의 문제들은 그 대부분은 아닐지 몰라도 많은 경우에 식민주의와 오도된 개발의 결과이다.1

인용문은 개발이라는 단어와 개념에 대한 비판을 담고 있다. 서구 중심의 개발을 평가하는 내용은 산업화 이전의 사회에 대해 '무지', '질병', '빈곤' 등으로 상징하고 있으며, 이들 개발을 상징하는 단어는 제국주의 시대 식민지를 바라보는 관점에 기반하고 있다. 인용문에서 노르베리-호지가 제기한 내용을 생각했을 때, 과연 개발의 대상이 이른바 '개발도상국'이며, 개발의 목표는 산업화 이전 전·근대 사회를 재구조화 하는데 있는지 다시 분석할 필요가 있다.

개발의 방법과 가치는 현대뿐만 아니라 시간과 공간을 확장하여 전·근대 사회와 농촌 마을의 토착지식에서도 발견할 수 있다. 1970년대 새마을 운동으로 상징되는 한국 농촌개발도 산업화를 목표로 하고 있었으나, 실천 동력은 토착 농촌의 가치에서 발견할 수 있다. 조선시대 농촌의 한 장면을 묘사한 글에 실마리가 있다.

> 토역(土役)을 할 때에는 새벽에 각각 점심, 소쿠리, 지게, 삽 등의 물건을 지니고 일하는 곳에 와서 점고하고 일을 한다. 만일 결석한 사람이 있으면 관에 알려 조치한다. 가재(家材)를 운반할 때에는 각각 사람과 말을 내어 옮겨 주고, 논을 만들려 할 때 또한 토역과 같다. 그러면 주인이 술과 안주를

---

1. 김종철·김태언 옮김, 헬레나 노르베리-호지(1996), 『오래된 미래- 라다크로부터 배운다』, 녹색평론사, 9쪽.

장만해 제공한다.[2]

인용문은 1725년(영조1) 경주 읍내의 어느 마을에서 마을 공동노동을 실시하기 위한 결의 내용 중 일부이다. 내용은 마을의 동계에서 결의한 규약인 절목으로 동민과 계원들의 합의 결과이다. 마을의 노동을 위해서 주민 각자 농기구를 준비해서 참석하고 노동의 도움을 받은 사람은 음식을 준비하고 있다. 이 규약 내용은 1970년대 새마을 운동의 한 장면을 연상시킨다.

한국 농촌 마을 조직의 역사는 유구하지만 고문서를 통한 마을의 운영 내용 분석을 위해서는 조선시대의 사례를 살펴보는 것이 효과적이다. 이러한 측면에서 한국 토착 농촌의 조직을 산업화 이전의 마을에서 찾아보고, 이들 농촌이 이른바 '근대화' 혹은 '현대화'라고 하는 새마을 운동의 소용돌이에서 동력을 발휘할 수 있었던 배경을 추적한다. 이를 위해, 경상도 영덕의 도곡리와 전라도 남원의 택내리를 대상으로 조선시대 마을개발의 사례를 먼저 살펴본다. 그리고 경주의 국당리, 방어리, 갓뒤마을의 동계 운영 원리를 차례로 분석하여 조선시대 농촌 주민의 협동 가치를 발굴한다.

1. 마을의 가치와 개발 그리고 계

조선시대 마을은 형성과 운영과정에서 거주 환경과 목적에 따라 고

2. 정수환(2020), 「18~19세기 경주 갓뒤마을 말림갓의 호혜와 협동 가치」, 『조선시대 사회조직과 공동체의 운영원리-'호혜와 협동의 계보학' 연구단 전근대팀 연구과제 3차년도 결과발표회』, 한국학중앙연구원, 38쪽.

유의 특징을 담고 있다. 마을의 개척 경위와 주민 조직 및 운영 내용을 파악하기 위해서는 구술도 중요하지만 남아 있는 기록, 즉 고문서에 주목해야 한다. 다만, 고문서로 기록을 남긴 사례는 사족들이 그들의 마을을 기술한 양반마을이 다수이다. 이런 한계에도 불구하고 마을 고문서를 분석하여 조선시대 농촌의 한 모습을 엿볼 수 있다. 고문서를 실마리로 마을의 개척과 관리를 포함하는 조선시대 마을 개발의 의미를 찾고 마을개발을 위한 유형과 무형의 상징 및 가치를 분석한다.

무형과 유형의 가치를 담는 마을개발

조선시대 사람들이 마을을 개척하는 과정에서 마을에 담긴 가치를 발견하고 이를 구현하기 위해 기울였던 노력을 추적한다. 분석 가능한 사례는 경상북도 영덕 무안박씨가 개발한 여러 마을을 들 수있다.3 15세기 한양에서 낙남한 이래 영덕일대에 3차례 걸쳐 마을을 개척하는 과정은 조선시대 마을개발의 의미를 단적으로 보여준다.

무안박씨는 15세기까지 전라도 무안과 한양 등 전국에 흩어져 살고 있었다. 고려시대 무안박씨는 무안의 토성이자 호족이었다[4]. 고려시대 토성지 무안을 고수하거나 사환을 위해 수도 개성에 거주하던 무안박씨 중 일파는 조선 건국에 참여하면서 박의룡(1330～1430) 등이 한양

3. 이하 영덕 무안박씨 사례에 대한 서술은 아래의 논고를 종합하여 정리하였다.
정수환(2008), 「朝鮮後期 寧海 務安朴氏家의 家系와 家計運營의 한 樣相」, 『古文書集成』90, 韓國學中央研究院; 정수환(2009), 「고문서를 통한 영해 무안박씨 가계의 재조명」, 『명가의 고문서』7, 한국학중앙연구원 藏書閣; 정수환(2011), 「조선시대 양반가문의 가계경영 전략」, 『고문서집성』99, 韓國學中央研究院.

4. 무안현에는 丁·朴·兪·曹·尹의 다섯 토성이 있었다(『세종실록지리지』권151, 전라도 무안현; 『신증동국여지승람』권36, 전라도 무안현 성씨조).

에 터전을 마련했다.[5] 그리고 15세기 무안박씨는 처향, 사환지, 외가 등의 인연을 바탕으로 양근, 해남, 음죽, 공주 등지에 산거했다.

15세기 후반 무안박씨 한 계열이 영덕으로 입향했다. 조선 초기 무안을 기반으로 하면서 중앙정부에서 사환을 지속하던 무안박씨는 1470년(성종1) 경 박지몽(1455～?)에 의해 처음 영덕과 인연을 맺었다. 박지몽은 백부 박이(1393～1478)가 영덕현감으로 부임하자 함께 왔다. 그는 어려서 아버지를 여의면서 유부유자(猶父猶子)의 의리에 따라 백부에 의지하고 있었다. 그리고 이곳에서 영덕의 토착세력 영덕박씨 박종문(?~1467)의 딸과 혼인하였다. 그는 임기를 마치고 상경하는 박이를 따라가지 않고 처가가 있는 영덕에 정착했다. 당시 처가, 외가를 따라 거주지를 옮기거나 부임지에 정착하는 사례가 빈번하였는데, 무안박씨 박지몽의 영덕 입향도 이러한 경향을 반영하고 있다.

박지몽이 영덕 유력가문의 딸과 혼인할 수 있었던 배경이 있었다. 그는 현임관의 조카라는 사실뿐만 아니라 한양 양반이라는 배경을 갖고 있었다. 그의 선대는 대대로 벼슬을 역임했고 외가 또한 당시 유력가문이었던 풍천임씨였기 때문이다. 15세기까지 전체 인구 중 사족, 즉 양반의 비중이 높지 않은 상황에서 이 혼인은 현임 수령을 통한 박지몽의 신분보장 그리고 현지 영덕박씨의 사회적 지위 확인이라는 상호과정을 거쳐 성사된 일종의 사회적 연대였다. 이러한 배경으로 박지몽은 1470년 즈음 혼인하고 나랏골에 살았다.

나랏골은 박지몽 부부가 정착하기 용이한 공간이었다. 한양에서 영덕에 입향한 박지몽은 나랏골 정착과 지속 거주를 위한 마을개발을 위

---

5. 정구복,(2005) 「무안박씨 무의공가의 사회경제적 기반과 소장고문서의 성격」, 『고문서집성』82-寧海 務安朴氏篇(I) 武毅公(朴毅長)宗宅, 한국학중앙연구원, 37-38쪽.

해 경제적 기반이 필요했다. 여기에는 당시 재산을 나누는 분재 관행과 이를 통한 처가로부터의 경제적 후원이 작동했다. 박지몽의 장인 박종문은 영덕의 토성으로 여러 대에 걸쳐 토지와 노비 등 강력한 경제력을 갖추고 있었다. 뿐만 아니라 그는 고려조부터 영덕의 유력 가문이었던 수안김씨 김승중의 딸과 혼인을 했다.[6] 17세기 이전까지 아들과 딸에게 균등하게 재산을 나누어 주는 균분상속 관행이 통용되고 있었다. 이에 따라 박지몽 부부는 박종문은 물론 박종문의 처가 수안박씨의 가산을 물려받을 수 있었다. 재산의 상당수는 영덕일대에 포진해 있었다. 그리고 이들 부부 입장에서 나랏골은 중요 재산인 토지와 노비를 관리하기가 용이하면서 혈연으로 연결된 인척이 함께 사는 인연이 있는 마을이었다. 박지몽은 처가, 처외가 등으로부터 물려받은 경제적, 사회적 배경을 십분 활용하여 나랏골에 안착 할 수 있었다.

나랏골은 영덕의 대표적 양반 마을이었다. 이 마을에는 조선시대 무안박씨와 더불어 재령이씨, 영양남씨, 안동권씨, 대흥백씨 등 이른바 5대성 8종가가 성장했다[7]. 이 점에서 박지몽에게는 나랏골 마을에 정착할 수 있었던 사회적 배경이 필요했다.

> 어른(박종문)께서는 비록 후사가 끊어졌지만, 외손들이 번성하여 훌륭한 관인과 유명한 사람들이 계속해서 배출된 나머지 온 고을의 선비 집안이 모두 선생을 조상으로 받든다. 분묘를 관리하면서 제사를 끊이지 않게 하고 땅의 신에게 제사지내면서 계속해서 제례를 잇고 있다.[8]

---

6. 「墓碣銘」, 『朴都事遺事』. 고려말 성리학자 이색(1328～1396)의 외가가 수안김씨였다.
7. 李樹健(1995), 『嶺南學派의 形成과 展開』, 一潮閣, 172-174쪽.
8. 『朴都事遺事』,「墓碣陰記」(한국학중앙연구원 藏書閣(2009), 『명가의 고문서』7, 한국학중앙연구원 藏書閣, 12-14쪽).

인용문은 박지몽의 처가인 영덕박씨가 비록 후사가 없었음에도 외손들이 영덕 일대에서 크게 번성하고 있었던 사실을 보여준다. 영덕 일대 재령이씨, 영양남씨, 대흥백씨 등과 같은 유력가문이 바로 박종문의 외손들이었다.[9] 그리고 박지몽은 아들 박영기의 처로 영해신씨 신숙행의 딸을 맞이했는데, 영해신씨는 영덕박씨와 더불어 영해와 영덕 지역의 대표적 토착 세력이었다. 박지몽과 박영기가 구축한 영덕 일대의 강고한 혼인망은 나랏골 마을 구성원으로 참여할 수 있었던 사회적 배경으로 작용했다.

나랏골에서 바라본 원두들

나랏골이 다섯 큰 성씨 그리고 8개의 종가가 산재한 마을로 성장하는 과정에서 무안박씨 일족은 그들의 정체성을 함양할 마을개발의 필요성을 절감했다. 일례로 대성이 함께 거주하는 마을로 성장하면서 관리가 쉬운 인근의 토지를 확보하기 위한 경쟁을 유발하는 등 경제적 이해관계가 발생했다. 대외적으로도 나랏골을 대표하는 사족으로 무

9. 張東翼 編著(2002), 『聾啞堂 朴弘長의 生涯와 壬亂救國活動』, 慶北大學校 退溪研究所; 이수환(2003), 「조선후기 영해지역 재지사족의 향촌지배」, 『울릉도, 독도, 동해안 주민의 생활구조와 그 변천, 발전』, 영남대학교 민족문화연구소.

안박씨가 입지를 확보하는 데 제약이 발생하면서 사회활동의 한계도 있었다. 박지몽의 아들 박영기는 마을 내부의 역학관계에서 비켜나면서도 지역 사회에서 무안박씨를 상징하는 공간으로서 마을을 확보하기 시작했다. 그렇지만 또다시 전혀 새로운 지역사회에 정착하기에는 어려움이 있었으므로 지역 기반이 있는 나랏골로부터 멀지 않는 곳을 고려하지 않을 수 없었다. 새로운 마을은 원두들이다.

박영기 등 무안박씨가 나랏골을 떠나 새로운 마을을 개척한 시기는 16세기 초였다. 원두들 마을은 나랏골에서 동남으로 약 2키로 거리에 있다. 박영기는 매부인 영양남씨 남한립과 함께했다. 영양남씨 또한 남수(1395~1477)가 그의 처가댁 대흥백씨의 고향을 따라 나랏골에 정착하고 있었다. 그리고 박지몽이 남수의 증손자 남한립을 사위로 맞이하면서 이를 인연으로 박영기와 남한립이 새로운 마을 개척을 결의할 수 있었다. 박영기는 남한립과 더불어 그들의 마을을 개발하기 위한 고민을 공유하고 있었다. 관련 고문서와 인물들의 활동시기를 고려했을 때 이들은 1520년(중종15)을 전후한 시기에 원두들을 개척했다고 볼 수 있다.[10]

무안박씨 박영기 계열은 원두들을 중심으로 박영기, 박세렴(1535～1593), 박의장(1555～1615) 3대에 걸쳐 마을의 정체성 확립을 위한 노력을 기울였다. 원두들은 영양남씨와 무안박씨가 함께 거주하면서 마을을 가로지르는 경계를 기준으로 동편은 영양남씨, 서쪽은 무안박씨가 공존했다.

새로운 마을의 개척 공간에 무안박씨를 상징하는 가치를 개발하기

---

10. 이창기(2006),「삼성(三姓) 종족마을의 혼인연대-영해 원구리의 사례」,『사회와 역사』 71, 258쪽.

위해서는 경제적 기반이 필요했다. 박영기는 부모의 분재와 자신의 경제활동으로 재산을 확충했다. 원두들 개척을 전후한 시기 경제 규모는 1563(명종18)~1568년(선조1) 즈음 박영기가 일곱 자녀들에게 남긴 재산 내용에서 알 수 있다. 분재기에는 박영기가 1509년(중종4)부터 1559년(명종14)까지 지속적으로 토지와 노비를 매득하고 경영한 사실이 고스란히 담겨있다. 분재기에 기재된 가산은 논 393두락, 밭 361두락, 노비 58구, 소 8마리 등으로, 박영기 일가는 중농이상의 부를 소유한 사실로 확인된다.[11] 이러한 재산을 바탕으로 아들과 손자들은 마을의 개발은 물론 안정적 사회 활동을 영위할 수 있었다.

원두들 마을의 개발은 물리적 공간의 조성이나 경관의 정비에 1차 목적을 두고 있지 않았다. 조선시대는 마을에 대한 정체성이 사회적으로 부여되었다. 이런 측면에서 무안박씨 일족은 양반 마을을 상징하는 가치를 확립하기 위해 노력했다. 16세기 양반체제 사회에서 박영기를 비롯한 무안박씨 일족에게는 문과 혹은 무과 급제자의 배출을 통한 양반으로서의 위상 획득이 필요했다. 무안박씨 가문은 박영기가 무관인 우부장 역임을 시작으로 그의 세 아들 박세현(1521～1593), 박세렴, 박세순(1539～1612) 삼 형제가 모두 무과로 출사하면서 영덕 일대에서 일약 무반 양반가로 부상했다.

11. 정구복(2005), 앞의 글, 49쪽.

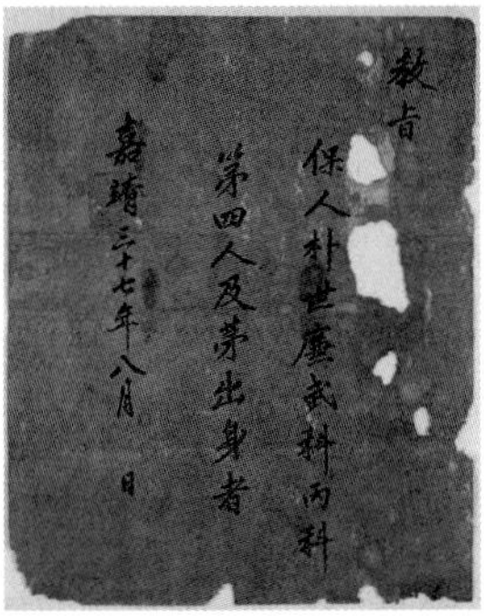

박세렴(좌)과 박의장(우)의 무과 합격증, 홍패
*한국학중앙연구원 장서각(2009), 『명가의 고문서』7, p.56·65.

박세렴은 39세에 영일현감을 마지막으로 사직하고 고향에 돌아와 두 아들의 과거급제를 독려했다. 그 결과 큰 아들 박의장이 1577년(선조10), 작은 아들 박홍장(1558～98)이 1580년(선조13) 각각 무과에 급제했다. 박의장의 두 아들 박유(1576～1618)와 박늑(1594~1656)을 비롯하여 박세현의 손자 박거, 박근도 무과 출신이었다. 원두들 무안박씨 일가는 임진전쟁을 전후한 시기까지 3대 100년 동안 9명의 무과급제자를 연속 배출했다. 이로서 원두들은 사회적으로 무반가 마을이라는 정체성을 갖게 되었다. 이러한 성취는 임진전쟁을 계기로 박의장과 박홍장 형제가 경주성 복성과 대일 외교에서 활약하면서 극에 달했는데, 특히 박의장은 전란기간 동안 경주성을 굳건히 지켜 2품의 고관에 임명되었다.

조선 전기 문반과 무반 중심의 양반체제는 임진전쟁을 계기로 변화를 맞이하면서 무과에 대한 경시 현상에 직면했다. 그리고 점차 성리학 중심의 사회질서가 확립되면서 학문과 문과를 중시하는 분위기가 형성되기 시작했다. 이러한 전환기에 박세렴은 아들과 손자에게 무예보다는 학문, 즉 성리학적 교양과 성취를 강조하면서 원두들 마을의 상징을 변화하기 위한 개발을 시도했다.

맏손자 박유를 총애하여 어릴 때부터 이끌어 교화 하였으니, 그가 응대하고 독서하는 여가에 시와 무예를 익히게 하였다. 자그마한 행실도 반드시 조심하도록 했다. 그래서 박유가 약관의 나이에 벼슬길에 올라 정무를 처리하였지만 모두 볼만하였으니, 비록 유가의 자제들이라 할지라도 필적하지 못하였다. 사람들은 박유가 교양을 갖춘 내용이 박세렴에게 있음을 알았다.[12]

인용문은 정칙(1601~1663)이 정리한 박세렴에 대한 평가기록 중 일부이다. 그는 박세렴이 손자 박유를 훈도한 내용을 강조하고 있다. 박세렴이 비록 무반가 출신이지만 독서가 상징하듯이 성리학 가치 함양을 위해 손자를 훈도한 사실을 적었다. 박세렴의 노력이 현장에서 손자가 "비록 유가의 자제들이라 할지라도 필적하지 못하였다."라는 평가를 받도록 만들었다. 이러한 언급은 역설적으로 원두들 무반가 무안 박씨 가문의 상징에 대한 변화의 요구가 거셌음을 보여준다.

전쟁 뒤 박의장도 아들에 대한 학문 성취를 기대했다. 그는 스승 김언기(1520~1588)의 아들이자 퇴계학파의 핵심인물이었던 김득연(1555~1637)에게 장자 박유의 지도를 당부했다. 김득연의 편지에서 그의 관심을 알 수있다.

아드님(박유)께서는 오랫동안 여러 고을에서 벼슬하시면서 아직 성취를 보지 못했습니다. 이는 실로 공부하고 실천하는 자세에 대해 알지 못하기 때문입니다. 매번 힘껏 말씀하시는 분부를 받들고 보니, 제가 부끄럽고 송구한 마음이 절실합니다.[13]

---

12. 鄭侙, 『愚川集』권6, 「迎日縣監 贈兵曹判書朴公墓碣銘 幷序」.
13. 한국학중앙연구원 藏書閣(2009), 앞의 책, 150-151쪽.

편지는 지방에서 벼슬살이하는 아들 박유의 학문 자세에 대한 지도를 요청했던 박의장의 진심을 암시하고 있다. 그는 아들의 학문을 장려하기 위해 김득연에게 유교경전에 대한 집중 강독을 요청한 사실이 있었다.

양반, 특히 무반가로의 정체성을 담은 원두들 마을의 상징을 문반가의 학자풍으로 전환하기 위한 노력은 자녀에 대한 훈도뿐만 아니라 혈연과 학연을 통한 연대로 이어졌다. 박세렴과 박의장은 퇴계 이황(1501~1570) 가문과 여러 차례 얽힌 혼인관계를 형성했다. 박세렴은 이황과 사돈이었던 남시준의 딸과 혼인하였으며, 그의 형 박세현은 이황의 형 이징(1498~1582)의 딸과 혼인하였다. 박의장의 처 영천이씨는 이징의 외손녀로 어린 시절 이황의 집에서 자란 인연이 있었다.

퇴계학파와의 연대가 있었다. 박의장은 김언기에게 수학하고 금난수(1530~1604), 신지제(1562~1624) 등과 교유했다. 이를 계기로 그의 아들들도 학문하는 자세를 드러냈다. 3째 아들 박늑은 귀중한 전적을 수장한 '금서헌(琴書軒)'에 만권의 책을 갖추고 학문에 정진한 내용이 알려졌다. 4째 아들 박선(1596~1669)은 류진(1515~1635)과 장현광(1554~1637) 같은 임란 후 영남학파를 주도한 학자의 문인이었다. 박의장은 손녀사위로 이휘일(1619~1672)과 이현일(1627~1704) 형제를 맞이했다. 이들은 17~18세기 퇴계학파의 구심점이었다. 이러한 이황가문과 퇴계학파 핵심가문과의 혼반 그리고 학연을 발판으로 원두들 무안박씨 일가는 당분간 무반이자 양반가로서의 균형을 유지했다.

무반가로서 무안박씨는 퇴계학파와의 연대뿐만 아니라 성리학적 가치 실천을 통해 양반의 입지를 공고히 했다. 실천을 통한 마을개발의 방향은 친족사이 돈목과 제사였다. 박영기의 처 영해신씨는 임진전쟁 동안 전장의 남자들을 대신하여 영덕에서 가족들을 살폈다.

집안의 일을 처리하면서 하나 같이 예법을 따랐으며, 이웃과 화목하게 지내고 친족들을 서로 사랑하게 하여 온 고을 사람들로부터 칭찬받았다. 영덕에서 부인을 공경하고 우러러 보지 않는 사람이 없었다.[14]

전쟁이라는 극단적인 혼란 상황에서 가족과 이웃사이의 이해 충돌 없이 화합을 유도한 영해신씨의 업적이 그녀의 사후 비문에 남았다. 영해신씨가 모범이 된 효의 확산으로서의 돈목 가치 발현은 원두들 무안 박씨의 유산이 되었다. 그리고 전후 전면적인 성리학 사회로의 전환에 발맞추어 제사 관행을 마련했다. 박유는 부친의 삼년상을 예법에 따라 지키고 세상을 떠나기 전 성리학 체계에 맞는 제사 관행의 정립을 유언으로 남겼다.

오직 조상을 받드는 일에 힘을 기울여 먼저 가묘를 세우고 널리 예법에 밝은 사람에게 제사 의절을 물어서 법식을 만들었다. (제사를 위한)기물과 여러 물건에도 정해진 수량이 있어 재력의 유무에 따라 가감이 없었다. 일찍이 바닷가의 누추한 벽지는 자손들을 키울 고장이 아니라고 여기고 풍속이 어질고 아름다운 고장을 택하여 더불어 살고자 하였으나 미처 뜻을 이루지 못하였다.[15]

박유는 종가의 격식에 맞추어 가묘를 건립하고 성리학 의절에 맞춘 제사 법칙을 만들었다. 뿐만 아니라 제사를 위한 제기도 예법을 준수해 준비했다. 이 모두가 후손을 위한 그리고 정체성 전환을 도모하려는 의

---

14. 한국학중앙연구원 藏書閣(2009), 앞의 책, 126쪽.
15. 朴漉 撰, 「伯祖縣令府君(朴瑜)遺事」.

지를 담고 있다. 1520년(중종15)을 전후한 시기 나랏골을 떠나 원두들을 개척한 무안박씨 일족은 100여 년 동안 무과를 통해 양반마을로 개발했다. 그런데, 성리학적 질서가 정착하면서 무과보다는 문과 그리고 성리학적 가치와 상징을 함양한 마을개발이 필요했고, 이를 위해 혈연과 학연을 통한 양반 연대 그리고 돈목과 제사로 성리학 이념의 실현을 시도했다. 이런 현실에서 인용문에서 보듯이 17세기 초 박유는 결정을 내렸다. 원두들 마을이 가지는 상징으로서 학문과 성리학 중심의 사회에서 지속적인 양반의 위상 확립에 제한이 있다고 판단했다. 그리고 마지막에 제시한 대안은 새로운 마을의 개척과 개발에 대한 당부였다.

1630년(인조8) 즈음 원두들 무안박씨 중 일가는 성리학적 가치를 개발하기 위한 마을로서 도곡리를 개척했다. 이들은 도곡리에 종가를 건립하여 종가에 성리학적 가치를 담고 이를 확산하는 상징으로서 서원, 재실 그리고 정자와 같은 건물로 공간을 구성했다. 마을의 결속과 지속을 위한 각종 계도 조직하여 조선후기 동안 성리학 가치를 담고 있는 건물과 인물이 넘치는 양반마을 도곡리를 개발했다.

도곡리 마을
*한국학중앙연구원 장서각(2009), 『명가의 고문서』7, 283쪽.

무반이 아닌 문반으로서 그리고 문한의 가치를 함양하고 있는 마을로서 도곡리 개발을 위해서 조선시대 문중의 구심점이자 상징인 종가 건립이 우선 되었다. 종가로 종통을 확립하고 이른바 '봉제사 접빈객' 실천이 필요했다. 박유가 세상을 떠나고 그의 아내 경주손씨는 1620년(광해12) 종가의 재산을 자식들에게 물려주며 종손 박문립(1602~1673)에게는 박의장과 박유가 남긴 새로운 마을 개척과 성리학 가치 함양의 유훈을 강조했다.[16] 유훈은 박의장과 박유가 남긴 뜻을 계승한 결과였으며, 선대의 의지를 존중한 박선과 박문립에 의해 구현되었다. 박선은 조카 박문립과 더불어 박의장이 남긴 재산을 기반으로 원두들에서 3~4키로 거리의 도곡리 개발에 착수했다. 그는 1620년 즈음 '충효당(忠孝堂)'을 신축하고 이거한 다음 1644년(인조22) 박의장 종가를 건립했다. 종가는 공신으로 2품의 고관을 역임한 박의장을 불천위로 모시는 상징으로 외부에 무의공종가로 알려졌다. 그리고 종가를 중심으로 봉제사와 접빈객의 의절을 정비했다.

도곡리 무안박씨 일가의 성리학 가치 실현을 보여주기 위해 종가의 제사와 가법을 정립했다. 도곡리 정착 후 1658년(효종9), 박선은 박문기를 비롯한 자녀에게 각자의 재산을 나누어 주는 분재기 「박문기남매깃급문기」를 작성하며 종가의 정체성을 정리하고 엄격한 제사 준행을 강조했다.

> 어머니께서 이황선생 가문에서 나서 자랐으므로 우리 집은 예로부터 조상 제사를 이황선생이 정한 법칙에 따라 지냈다. 그 뒤에는 서애 류성룡선생이 정한 내용을 참고하여 시대의 변화에 적용하기는 했지만 예전에 정한

16. 「萬曆48年長子朴文立別給文記」(韓國學中央研究院(2005), 『古文書集成』82-寧海 務安朴氏篇(I), 281쪽).

내용은 대대로 준수하여 바꿀 수 없는 법도가 되었다.[17]

박선은 도곡리 무안박씨 일가가 이황 가문과 혈연적으로 강력한 유대를 형성하고 있다는 사실을 전제로 했다. 이런 배경아래 일체의 가례가 학문적 권위를 지니고 있는 이황의 예법을 따르고 있다는 내용을 반복 강조했다. 그리고 시속의 변화에 따라 류성룡(1542~1607)의 지침을 절충한 사실도 또한 퇴계학파와의 연대를 드러낸 내용이었다. 이를 통해 도곡리 무안박씨는 가학은 물론 제사를 포함한 가례가 이황의 성리학적 가치를 준수한다는 사실을 확보했다.

무안박씨는 박의장 종가를 구심점으로 '충'의 가치를 형상화했다. 도곡리 마을개발의 방향, 즉 성리학적 정체성의 발현을 위해 '충효열(忠孝烈)'을 구현했다. 그중에서도 박의장이 임진전쟁에서 쌓은 공로와 원종공신 녹훈 그리고 이러한 사실을 응축한 시호 '무의(武毅)'는 '충'을 상징했다. 1783년(정조7) 무안박씨는 영남 일대의 선비 125명 연명을 확보하고 박의장에 대한 시호 청원 운동을 전개했다. 종가의 박사주(1729～1796)가 조정에 상언한 노력을 계기로 1784년(정조8)에 '무의'의 시호가 내렸다.[18] 시호를 받을 당시 작성한 행사 기록에는 영덕은 물론 안동, 영양, 진보, 평해, 울진 등 인근지역과 경주, 안강, 영천 등 경상좌도 일대의 명문 양반가로부터 받은 지지를 수록하고 있다. 이러한 사실은 도곡리 무안박씨가 무의공 종가를 중심으로 '충'의 가치를 확산하는 개발에 다가섰음을 보여준다.

---

17. 「順治50年朴文立娚妹衿給文記」(韓國學中央研究院(2011), 『古文書集成』99-寧海 務安朴氏 忠孝堂篇, 196-207쪽).
18. 『정조실록』17권, 정조 8년 2월 갑자·3월 병신; 李福源, 『雙溪遺稿』권4, 「贈判書朴毅長贈諡議」.

도곡리 마을에 종가를 건립하고 성리학적 가례와 '충'이라는 가치를 실현했음에도 무안박씨 일가는 학문과 문장을 함양한 선비, 즉 문학지사(文學之士)의 배출이 현실적으로 필요했다. 이를 위한 개발 방향은 문신 관료 배출과 학통의 결합이었다. 류진과 장현광의 문인이었던 박유는 배움과 실천이 드러나 관찰사의 천거로 동몽교관에 제수되기도 했다. 그의 아들 박호(1624~1699)는 진사시에 급제하고 1673년(현종14) 학행으로 천거되어 경릉참봉을 시작으로 공조정랑을 역임했다. 박호는 이시명(1590~1674)과 김응조(1587~1667)에게 수학하고 이휘일, 이현일과 강학하였으며, 김방걸(1623~1695), 이유장(1625~1701), 김태중(1649~1711)과 교유했다. 이들 모두는 17~18세기 영남학파를 주도한 대표적 문학지사였다. 뿐만 아니라 이후 박정걸(1683~1746), 박재우(1829~1870) 등 도곡리 무안박씨 일족 33인은 유고를 남겼다. 이와 같이 도곡리 무안박씨 일가는 이황에서 '류성룡·김성일→이현일→이재'로 이어지는 퇴계학통을 계승하면서 장현광, 정구의 문인과 깊이 교유했다. 이로서 숭무(崇武)의 분위기에서 숭문(崇文)과 호학(好學)의 가치로 전환하고 이런 무형의 가치를 담은 도곡리 개발을 실현했다.

무형의 성리학적 가치를 유형화할 수 있는 개발도 필요했다. 서원과 사우 그리고 정자 등이 그 방향이었다. 먼저 사우를 건립하고 사우를 서원으로 승격하기 위해 노력했다. 1665년(현종6) 백동현(1597~1668) 등은 지역 선비들의 발의로 박의장과 박홍장 형제를 향사하기 위해 정충사(精忠祠)를 설치하고 구봉정사(九峯精舍)를 건립했다.[19] 그리고 1784년(정조8) 박의장에게 시호가 내려지는 사건을 계기로 구봉서원으로 승원했다.

19. 李崇逸 撰, 『朴都事遺事』, 「九奉精舍上樑文」.

> 선조의 시호를 받고 (구봉서원으로) 승원된 뒤 그 규모와 격식이 예전과 사뭇 다르다. 그렇지만 아직 서원에 노비가 없어 묘우(廟宇)를 수호하고 봄과 가을로 제사 지내는 데 어려움이 많다. 이에 자손 된 도리로 근심스럽고 답답하여 문회를 하는 날 문중사람들과 상의하여...[20]

서원은 지역 선비의 교류장이자 무안박씨의 상징과도 같았기에 무안박씨 일족은 서원 운영을 위해 토지와 노비를 적극 지원했다. 구봉서원이 도곡리와 다소 떨어진 원두들 인근에 위치하고 있었지만, 이 서원은 도곡리 무안박씨 일가의 관념적 마을 공간에 포함되었다. 그리고 도곡리 마을 경내에는 박선의 학행을 기념하고 그를 추모하기 위해 그가 세상을 떠나자 1668년(현종9) '도계사우(陶溪祠宇)'를 짓고 경내에 '경현사(景賢祠)' 두었다. 사우는 18세기 '도계서원이 되었다.[21]

도곡리에 정착한 무안박씨 일가는 마을 안에 강학과 사회적 교유를 위한 정자를 건립했다. 일찍이 박선은 도곡리에 정착하고 독서를 목적으로 1638년(인조16) '이오당(二五堂)'을 건립했다.[22]

> (박선은) 나이 들어 도곡리 남쪽에 꽃을 심고 '이오당'이라 했다. 이름은 꽃과 나무 10종에 대해 품평하고 나열한 데서 기인한다. 그리고 연못을 만들어 연을 심어 '경렴정(景濂亭)'이라 편액을 달았다. 이는 주자가 연꽃을 사랑한 뜻을 흠모했기 때문이었다.[23]

---

20. 「乾隆51年九峯書院院長前明文」(韓國學中央硏究院(2005), 앞의 책, 350쪽).
21. 朴載皥 撰, 「七代祖慵齋先生墓誌」; 鄭葵陽 撰. 『陶窩先生文集』권4, 「陶溪書院慰安文」.
22. 朴璿, 『陶窩先生文集』, 「陶谷十詠」.
23. 寧海府使 徐綺輔 識, 「二五堂重修記」.

이오당은 성리학 그 자체인 주희, 바로 주렴계를 사모하는 뜻을 담아 경렴정으로 다시 명명하고 정자 앞에 연꽃을 심었다. 연꽃은 주희가 예찬하던 자연의 일부이기도 했다. 1661년(현종2)의 일이었다. 1881년(고종18) 중수하고 '연정(蓮亭)'이라는 편액을 달기도 했다. 그리고 이 마을에는 박의장 종손 박문립이 건립한 정자도 유지되었다. 박문립은 1655년(효종6) 3칸 초가집 '자족당(自足堂)'을 짓고 수학하다가 1671년(현종12)에는 '수천정(壽泉亭)'을 지었다. 이들 정자는 조선후기 보수를 거듭하면서 도곡리 무안박씨 일족의 대외 교유와 학술활동의 장소로 활용되었다.

경렴정과 주변의 정자
*한국학중앙연구원 장서각(2009), 『명가의 고문서』7, 276쪽.

개발의 성과를 지속 가능하게 하는 마을의 조직이 수반되었다. 대표적으로 무안박씨 마을 주민의 결속을 위한 족계 그리고 도곡리를 중심으로 학문교유를 실현하기 위한 학계(學契)가 있었다. 박호는 1663년(현종4) 도곡리 무안박씨 일족으로 구성한 족계를 조직했다.

후손들 가운데 이 고을에 거주한 이래로 그 수가 적지 않다. 그렇지만 앞으로 스스로 잘 계승하고 일으키지 못할까 너무 걱정되어 규약 1질을 만든다. 그러니 나중에 새로운 조항을 만들고 때때로 모여서 서로 신의를 다지고 화목하게 서로 좋은 도리를 지키는 바탕을 만드니…[24]

마을에 거주하는 박씨들을 중심으로 서로 화목하게 지내기 위한 규약을 만들었다. 정기적으로 회동하여 신의를 다져 마을의 족계가 이어지기를 기대했다. 족계는 지속 계승되고 참여 범위도 확대되었다. 1722년(경종2) 즈음 작성한 계의 「좌목」에는 무안박씨를 중심으로 영양남씨, 대흥백씨, 울진장씨 등 23명이 확인된다. 족계는 무안박씨를 중심으로 유지하면서도 계원을 내외 인척으로 확대하였고 공간도 도곡리에서 주변마을로 넓혔다.

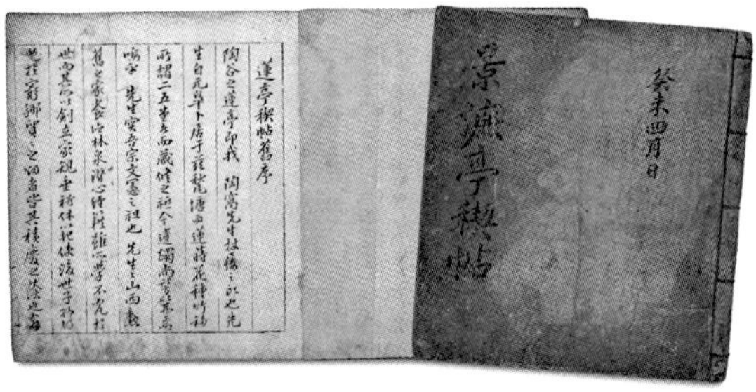

경렴정 계첩
*한국학중앙연구원 장서각(2009), 『명가의 고문서』7, 281쪽.

도곡리 무안박씨 일가는 족계로 친족 내의 결속을 다지면서 선비마을로 개발한 마을의 가치를 지속하기 위한 노력을 더했다. 족계의 연장

24. 朴渦, 『慵齋遺稿』,「族契序」.

에서 학계를 조직하여 공부하는 마을 분위기도 조성했다. 1794년(정조 18) 계의 운영내용을 담고 있는 「접록(接錄)」이 있다. 이 고문서는 운영을 위한 구성원 현황인 좌목과 계원의 합의 과정을 거친 규약, 완의(完議)를 수록하고 있다. 계원은 13명으로 모두가 무안박씨이지만, 거주지는 도곡리 외에 원두들과 나랏골을 포괄하고 있다. 결의 내용 중에는 마을에서 200냥의 돈과 1말의 곡식으로 공부 모임을 위한 계금을 마련한 사실이 있다. 계의 기금이 줄어드는 현실을 방지하기 위해 계원이 봄과 가을로 납입하는 곡식과 기금을 이용하여 토지를 확보하고, 이를 바탕으로 증식을 도모했다.

도곡리를 중심으로 무안박씨를 비롯한 내외 일가로 계를 확대하여 마을의 가치를 확산하는 개발이 필요했다. 이를 위해 강학활동을 명분으로 한 친목계 '경렴정계'를 조직하고 운영했다. 계의 활동 거점은 경렴정으로, 이후 1881년(고종18) 중수한 뒤 연정으로 불리기도 하면서 '경령정계'는 '연정계'와 혼용되었다. 박선에 의해 17세기 후반에 조직되었을 것으로 추정하지만, 구성 내용은 1884년(고종21) 박휘찬(1842~1911)이 계를 중수한 이후부터 자세히 알 수 있다.[25] 계원은 1884년 무안박씨 33인을 시작으로 1891년(고종28)에는 안동권씨, 대흥백씨, 영해신씨로 확대했다. 특히, 1900년 이후로는 영해 일대를 벗어나 예안, 상주, 문경, 고령, 경주, 의성 등 경상 좌도 일대를 포괄하면서 이 지역의 대표 인사들이 참여했다. 도곡리 무안박씨 일가는 족계와 경렴정계 등을 계승하여 1934년까지 지속 운영하면서 마을의 결속을 유지했다.[26]

---

25. 「蓮亭稧帖舊序」, 『景濂亭重修稧帖』.
26. 「尋源臺修稧案」(1932년), 「尋源臺傳與記」(1933년), 「學稧案」(1934년), 「學稧傳與記」(1934년), 「下里洞契」(1935년).

조선시대 경상도 영덕 무안박씨의 마을개발을 위한 역사적 궤적에는 무형과 유형의 공유 가치를 개발하고 유지하기 위한 마을 주민과 조직의 노력이 담겨 있다. 15세기 나랏골은 한양에서 영덕에 낙향한 박지몽이 처가의 후원으로 정착한 양반마을이었다. 16세기 무안박씨 일가는 정체성을 드러내는 마을을 개발하기 위해 인근 원두들을 개척하고 무과 급제자 배출로 양반의 위상을 획득했다. 원두들은 무반가 마을 이라는 정체성을 확립했다. 그러나 임진전쟁 이후 학문 중심의 성리학 가치가 중시되면서 17세기 도곡리를 개척하고 종가를 중심으로 성리학 가치 실현을 위한 활동을 발산했다. 가치를 형상화 한 서원과 사우, 정자 등을 갖추어 마을을 개발했다. 그리고 족계, 친목계 등을 조직하여 도곡리 마을개발의 성과를 지속하고 확산하기 위한 노력을 기울였다.

마을 주민의 결속과 협동, 족계

경상북도 영덕 무안박씨 일가의 3차례에 걸친 마을 개척에 담긴 의미는 조선시대 마을개발이 성리학적 이념의 구현이라는 사실을 암시하고 있다. 무안박씨의 사례가 종가를 중심으로 무형과 유형의 상징에 대한 개발이라면, 마을 내부에서 작동한 개발을 위한 협동의 실제에 대한 분석이 필요하다. 이를 가늠할 수 있는 사례는 전라북도 남원 순흥안씨 일가에 의한 택내리 개발이 있다.27

택내리 사례는 순흥안씨 일가가 종가를 정점으로 한 의사결정 구조가 아니라 종중 구성원의 협동에 의존하고 있었으며, 그들의 협동은 선영에 산재한 목재, 즉 송추(松楸)의 관리와 운영에 있었다는 사실을 보

27. 이하 서술은 정수환((2020),「조선 후기 남원 순흥안씨의 공유자산과 종중 규약」,『호남 고문서 연구』, 한국학중앙연구원 출판부)의 논고를 수정 및 보완하였다.

여준다. 이 분석은 조선후기 지역사회를 엘리트 중심의 자치를 위한 지배질서 경쟁으로 설명하는 선행연구와 차별점을 지닌다.[28] 택내리의 사례는 가족 및 공동체이론과 공유자산(Commons)을 위한 제도개발의 측면에서 분석한다.[29] 택내리 혹은 순흥안씨 일가가 개발하고자 한 무형의 가치는 '효', 유형의 공유자산은 '송추'였으며, 이러한 호혜의 가치를 위해 협동 한 사례를 제도개발의 측면에서 추적한다.

택내리의 순흥안씨는 안향(1423~1306)의 후손으로 영남과 한양에 세거하던 일족 중 한 계열이 15세기말 남원에 입향한 사례이다. 안기(1451~1497)가 남원에 기반을 갖고 있던 조양임씨 임옥산(1432~1502)의 딸과 혼인을 맺은 사건이 계기가 되었다. 정확한 입향 시점은 1497년(연산3)이었다. 남원의 순흥안씨가 지역사회에 두각을 드러낸 계기는 안처순(1492~1534)의 두드러진 행적이었다. 그는 문과에 급제하고 한양에서 요직을 역임하다 1518년(중종13) 노모 봉양을 위해 낙향했다. 그가 구례현감을 제수받고 고향으로 돌아온 얼마 후 1519년(중종14) 기묘사화가 발발했다. 사화는 훈구파에 의한 사림의 대대적 숙청 사건으로, 사림파의 일원이었던 안처순은 이 화를 피하고 사림의 가치를 보전한 선비로 칭송받았다.[30] 남원으로 돌아온 그는 1521년(중

28. 이해준(1996), 『조선시기 촌락사회사』, 민족문화사; 정진영(1998), 『조선시대 향촌사회사』, 한길사; 金炫榮(1999), 「朝鮮時代의 兩班과 鄕村社會」, 集文堂; 김인걸(2017), 『조선후기 향촌사회 지배구조의 변동』, 경인문화사.

29. Michael, Drake. (1994) (ed.) *Time, Family and Community-Perspectives on Family and Community History*, Oxford:The Open University and Blackwell Publishers; Elinor Ostrom, (1990) *Governing the Commons-The Evolution of Institution for Collective Action*, Cambridge: Cambridge University Press.

30. 『중종실록』31권, 중종 13년, 1월 을사·2월 무술. 안처순의 기묘명현과의 인연은 김덕수((2016), 「<기묘제현수필>과 <기묘제현수첩>의 제작과 확산」, 『정신문화연구』144)의 논고를 참고 바람.

종16) 즈음 택내리에 사제당(思齊堂)을 짓고 후학 육성과 성리학 연구를 위해 소요했다.

敎旨
成均進士安處順文科
丙科第十六人及第出
身者
正德九年十月日

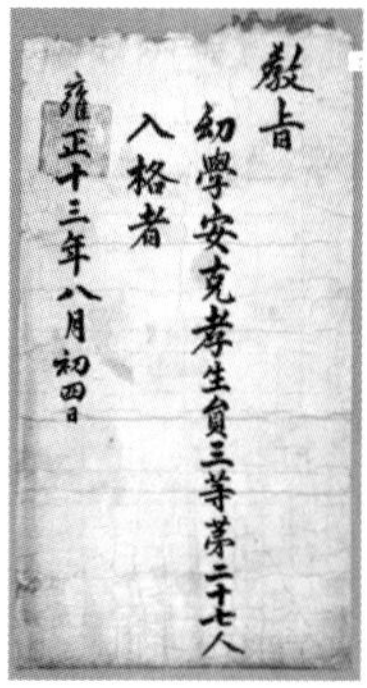
敎旨
幼學安克孝生員三等第二十七人
入格者
雍正十三年八月初四日

안처순의 홍패(좌)와 그의 후손 안극효 백패(우)
*한국학중앙연구원(2010) 『古文書集成』98, 46-47쪽.

사제당은 16세기 동안 성리학 가치를 응축하고 있던 안처순의 위상에 힘입어 남원 순흥안씨 일가의 상징공간이 되었다. 당대의 학자이자 사림의 후배였던 김인후(1510~1560), 정철(1536~1593), 한준겸(1557~1621) 등 명사들 최소 21명 이상이 안처순의 유업이 있는 사제당을 방문했다.[31] 안처순이 정치적 핍박을 벗어나 '은거'라는 성리학적 가치를 실현한 공간 사제당은 후배 사림의 성지가 되었다. 사제당이 지역사회에서 '권위'를 드러내면서 택내리 마을은 이러한 가치와 위상을 계승하게 되었다. 성리학적 가치 중 은일 학자풍을 상징하는 사세당은 안처순이 세상을 떠나자 그가 실천한 성리학의 핵심가치인 '효'를 상징

31. 정은주(2016), 「<영사정팔경도(永思亭八景圖)>의 문화적 함의와 회화적 특징」, 『정신문화연구』144, 142-143쪽.

하는 '영사정(永思亭)'과 결합했다.

영사정은 시제당과 함께 택내리 순흥안씨 일가의 또 하나의 상징 공간으로 개발되었다. 안처순이 세상을 떠나자 후손들은 사제당 외에 또 다른 상징으로 영사정을 건립하고 여기에 '효'의 가치를 심었다. 영사정은 안처순의 아들 안전(1518~1571)이 건립했다. 그는 안처순의 행적을 계승하여 본인도 택내리에서 선영을 바라보며 망배하기 위해 마을 남쪽의 언덕에 소나무를 베어내고 정자를 지었다.[32] 영사정은 이곳을 찾은 문인들의 언급을 고려했을 때 1534~1557년(명종2) 사이 건립되었음을 알 수 있다.[33] 영사정은 사제당과 더불어 택내리 순흥안씨 일가의 효를 실천하는 공간으로 마을의 성리학 가치를 상징했다.[34] 이러한 효의 정체성 계승을 통한 마을개발 노력은 후손이 지속했다. 안처순 손자 안창국(1542~1595)은 1590년(선조23) 효우(孝友)로 천거되어 김천도찰방을 역임한 다음 고향으로 돌아와 영사정을 중수했다. 안처순과 그의 손자에 이르는 삼대 100년 동안 사제당과 영사정 건립과 유지 노력은 택내리 순흥안씨 상징을 위한 개발의 과정이었으며, 이들 유형의 성과는 조선후기 지역 사회에서 택내리 순흥안씨 일가의 입지를 보증했다.

---

32. 房斗天 編, 『龍城誌』권10, 「永思亭記」; 『順興安氏族譜』丙子譜(1935) 권2. 영사정은 약 6.4Km 떨어진 선영을 향해 열린 경관을 확보하고 있다(노재현·손희경·김홍균(2017), 「<永思亭八景圖>와 팔영시로 본 영사정팔경의 경관구조와 의미」, 『韓國傳統造景學會誌』35권2호, 60-61쪽).

33. 정은주, 앞의 글, 146-147쪽. 건립 시점은 안처순이 세상을 떠난 1534부터 林希茂가 사제당을 방문하여 「영사정차사제당운」을 지은 1557년 이전으로 추정했다.

34. 안장리(2019), 「유교윤리 실천 공간으로서의 호남누정 영사정(永思亭) 고찰」, 『圃隱學研究』23, 325쪽.

영사정(좌)과 택내리(우)

조선후기에도 '효'의 상징을 드러내기 위한 노력은 계속되었다. 안숙(1680~1754)과 안극효(1699~1762) 부자는 효를 실천하면서 한편으로는 선대의 유업을 계승했다. 실천은 안처순의 문자와 행적에 대한 정리와 확산이었다. 안처순이 남긴 기묘명현의 필적을 모은 『기묘명현수필』과 『기묘제현수첩』을 완성했다. 이 성과는 17세기 현덕승(1564~1627), 한호(1543~1605), 조박(1577~?), 이현(1584~1637), 도경유(1596~1637), 조속(1595~1668), 최응천(1615~1671) 등이 모사본을 제작하거나 정온(1569~1641)이 모사본에 서문을 지으면서 전국적으로 확산했다.[35] 이러한 현상은 남원 순흥안씨 일가의 위상을 높이는 데 기여했다. 그리고 안극효는 안처순의 행적을 정리한 『사제선생실기』 간행을 주도했다. 김원행(1702~1772)과 박성원(1679~1767)과 같은 선비의 서문을 담아 1761년(영조37) 간행한 성과는 그 결과였다. 그는 과거 후 한양에서 사환하면서 안처순의 후손임을 주위 인사들에게 강조함으로써 남원 순흥안씨가 각인 되도록 하였다.[36] 남원 순흥안씨 일가는 성리학적 도통의 중심에 있는 안처순이 택내리

35. 김덕수, 앞의 글, 215-231쪽.

36. 鄭重器, 『梅山先生文集』권1, 「安生克孝 袖示其先祖思齊堂詩 謹次其韻」·「又次金河西 題永思亭韻」.

마을의 정체성을 강력하게 보증했음에도 '효'를 형상화 한 영사정을 건립하고 선대의 유업을 계승 혹은 현창하는 활동을 실현하여 조선후기 마을개발을 위한 디딤돌을 마련했다.

택내리 순흥안씨 일가는 마을 및 종중 구성원의 결의에 의한 의사결정으로 공동의 가치를 개발했다. 이들은 조선후기 종가를 중심으로 느슨한 연대를 유지하면서 문장(門長) 주도의 결속을 실현했다. 이런 양상은 마을과 공유자산의 유지 및 경영에 영향을 끼쳤다. 1742~1743년(영조19) 순찰사에게 안향의 영당과 묘역 수호를 청원하는 활동을 문장이 주도했다. 그리고 문장의 역할은 종손의 대표적 영역에 해당하는 향사 부분도 포함하고 있었다. 1769년(영조45) 「종약통문(宗約通文)」은 안처순을 위한 제사의 진행과 관련한 결의문을 종원들에게 통지한 문서이다. 이 고문서에도 문장의 역할이 드러나 있다.

> 이제 발의해서 5두락 중 2두락은 덜어내어 고조부 기제사 제수 마련을 위해 잠시 문장에게 맡겨 둔다. 그리고 3두락은 백평의 산소에 붙여서 선조[안처순] 이하 3세를 위한 해마다의 제사 자원으로 영원히 준행할 바탕으로 삼는다면 매우 다행이겠다.[37]

이 문서는 비록 종손이 있지만 선영과 위토의 관리 및 귀속에 대한 결의는 종중회의로 이루어지는 모습을 보여준다. 이러한 활동 중심에 문장이 있음을 확인하고 있다. 고문서 통문의 말미에는 문장을 선두로 종중 구성원이 상단에 연명하고 종손 일가는 하단에 기재하고 있다. 문서의 형식에서도 문중 구성원의 절충과 합의에 의해 결정된 내용이라

37. 韓國學中央硏究院(2010), 『古文書集成』98-南原 順興安氏 思齊堂後孫家篇, 195쪽.

는 사실을 보여준다. 결의 내용은 제사도 중요하지만 묘역 수호를 위한 토지도 핵심 자산으로 포함하고 있었던 사실을 담고 있다. 문중의 질서 뿐만 아니라 자산 운영에 종가와 더불어 조절자로서 문장이 기여하고 있었다. 문장의 활동은 종원들 의견에 대한 조율과 실행에 있어 협동을 위한 절충에 있었다.

택내리 순흥안씨 일가가 문장을 중심으로 마을을 개발하고 가문의 가치를 지키기 위해 기울였던 활동 내용은 각종 계의 사례로 확인 할 수 있다. 18세기 「종약통문」을 통해 문중에서 결의한 묘위답의 운영원칙은 19세기 '추원계'로 이어졌다. 추원계는 일종의 족계로서 1811년(순조11) 「추원계약문(追遠稧約文)」에는 추원계 구성원과 결의 내용을 담고 있다.[38] 순흥단씨의 문장 안후(1732~1812)가 지은 추원계의 서문에는 제사와 선영 및 위토 관리를 위한 결의를 담고 있다.

> 우리 집안의 가법으로 산소를 수호하는 도리와 묘사를 받들어 행하는 의례 절차는 적장자 집이 세웠다. (중간 생략) 곰곰이 생각하니 각처 산지에 있는 위토와 묘직을 위한 토지는 모두 조금도 없으니, 송추에 대한 금호는 누가 세우며 봄가을 묘사는 누가 실시하겠는가?

성리학적 가치 실현을 위한 산소 수호와 제사 의절의 중요성을 강조하고 이를 유지하기 위해 선영이 위치한 산지에 대한 관리를 의결한 사실을 밝혔다. 서문에는 추원계를 결성하게 된 배경이 제사의 지속을 위한 묘소관리 그리고 선영의 나무 보호를 위한 협동에 있음을 적었다.

---

38. 韓國學中央硏究院(2010), 앞의 책, 329-334쪽. 이하「추원계약문」 인용은 동일 자료를 참고함.

「추원계약문」에는 7개 항목의 조목을 수록했다. 7개 조목 중 3개는 남원 일대에 산재한 선영과 산지관리에 대한 결의 내용이었다. 선영이 있는 선산의 소재지를 명기하고, 이들 선영 가운데 위토가 부족한 묘위를 위해 토지를 마련하고 묘를 지키는 묘직을 배치하는 노력을 기울이기로 했다. 그리고 위토를 포함하여 제사를 위한 기물은 구성원들이 협동하여 마련하고 유지하기로 결의했다. 특히, 선영의 관리 규약을 지키지 않았던 사례를 적시하여 계 내부의 합의 위반을 경계하고 재발을 방지했다. 이어서 계 활동의 방향이 강조되었다.

> 자손이 되어 근본에 보답하는 정성은 오직 송추를 금양하고 제사를 위한 토지를 경영하는 일이다. 그런데 송추는 없어져 민둥산 같고 토지는 남은 것이 없다. 하찮은 이유 때문에 임의로 땔감나무를 준비하고 풀 먹이는 장소로 삼는 것은 매우 애통한 일이니 나의 자손들은 모두 금양하고 보호하는 도리에 힘을 써서...

인용문에서 보듯이 산지를 잘 가꿀 필요성을 거듭 강조했다. 산지와 선영을 지키는 금양은 성리학적 중심가치인 효를 상징하는 행위였으므로 중요했다. 그리고 또 한편 송추는 땔감이나 목재로 이용될 수 있고 산지는 목초지로 활용이 가능한 재산이었다. 이러한 공유재산을 계원들이 향유하기 위한 규약이 바로 「추원계약문」이었다.

추원계는 선영과 산지 같은 공유자산의 공동관리 규약과 함께 규약을 준수하여 계의 운영을 지속하기 위한 4개의 조목을 첨부했다. 내용은 다음과 같다.

> 1. 이와 같이 규약이 이루어진 이후에 만일 준수하지 않고 태만히 하거나 소홀이 한다면 내 선조의 자손이 아니니 어찌 얼굴을 들고 가묘에 들

어가겠는가. 살펴서 더욱 명심할 일이다.

1. 각처의 산소와 유적지에 대한 수호하는 의절은 별도로 유사를 선택해서 유사의 이름을 계안 말미에 붙여놓을 것이다.
1. 대체로 종계가 만들어지고 나면 재원이 없을 수 없으므로 종원마다 보리 한 말을 거둘 것.
1. 자손은 물론이고 종가의 지손들도 비록 살림이 기울어 굶을 지경이 되어도 정녕코 종계의 재원을 절대로 마음대로 쓰지 말 것.

추원계를 종계로 지칭하면서 계원간의 결속과 협동을 강조한 실천 규약이다. 효와 선영으로 상징되는 택내리와 순흥단씨 일가의 무형과 유형의 공유자산 관리를 위한 추원계 동참을 강조했다. 이러한 규약과 자산에 대한 관리 실무를 담당할 유사 26명을 선정하여 책임 소재를 분명히 했다. 그리고 공유자산의 관리와 더불어 계의 운영 기금을 조성하기 위한 계 참가비를 부과하고 계의 기금을 굳건히 지켜 지속성을 확보하는 내용을 결의했다.

추원계의 활동을 위한 합의를 담은 「추원계약문」에 따라 1825(순조25)~1844년(헌종10) 사이 발생한 선영과 관련한 3건의 쟁송에 순흥안씨 일족은 적극 대응했다. 그리고 계를 조직하고 문장을 중심으로 지속한 공유자산 수호노력은 1852년(철종3) 「선산수호조약기(先山守護條約記)」로 다시 확인할 수 있다.[39] 「선산수호조약기」는 1769년(영조45) 「종약통문」, 1811년(순조11) 「추원계약문」을 계승한 결과이다. 이 조약은 택내리를 정점으로 한 순흥안씨 일가의 족계가 공유자산인 선영과

---

39. 韓國學中央硏究院(2010), 앞의 책, 335-339쪽. 이하 「선산수호조약기」는 동일 자료를 참고함.

송추에 대한 감독과 관리를 목적으로 규약을 재정비한 결과였다. 이 고문서는 조약 정비의 배경, 선영관리와 관련한 내력 그리고 조약 개정 경과와 그 의미를 담고 있는 4개의 취지문과 말미의 9개 조목의 세부 조약으로 구성되어 있다. 먼저, 조약을 개정하게 된 배경을 언급했다.

> 금릉에 있는 선산은 금양 하는 곳임에도 보존하는 나무 100그루 중 한그루도 남지 않아서 민둥산이 되었다. 산성의 선산은 묘직이와 토지가 없어 마음대로 땔감을 마련하고 풀 먹이는 곳이 되고 말았다. 가동의 선산은 동쪽 한 능성이가 몰래 팔려 경계가 불분명하다.

금릉, 산성, 가동에 위치한 선산은 택내리 순흥안씨 일족의 공유자산임에도 벌목, 방목 그리고 도매로 인해 크게 훼손되고 있었다. 이런 현실에서 공유자산을 수호하기 위한 협동 차원에서 규약을 재정비할 필요가 있었다. 선산수호를 위한 시행착오 중에는 구성원, 즉 계원이 규약을 준수하지 않은 데 따른 폐해도 있었다.

> 중간에 못난 자손이 송추를 함부로 범하는 근심이 있었고, 묘직이가 토지를 몰래 파는 폐단도 있었다. (중간 생략) 선산의 나무을 골라 팔아 잃어버린 동쪽 산기슭을 값을 지급하고 완전히 갖추고는 몰래 매매했던 문서를 태워버렸다.

선산 관리를 위한 규약 개정은 송추에 대한 관리 부실, 위토의 황폐화, 그리고 선산 일부에 대한 도매사건에 따른 결과였다.[40] 특히, 계원

40. 산림 소유권과 관련한 쟁송에서 소나무 벌목과 달리 柴草는 관리에 어려움이 많았다(김선

이 문서를 위조하여 선산의 토지를 몰래 파는 일대 사건을 규약 내용에 기록으로 담았다. 재발 방지 대비가 필요한 내용이었기 때문이었다. 문서에 밝히고 있듯이 이러한 규약은 구성원 모두의 결의를 반영하고 있었다.

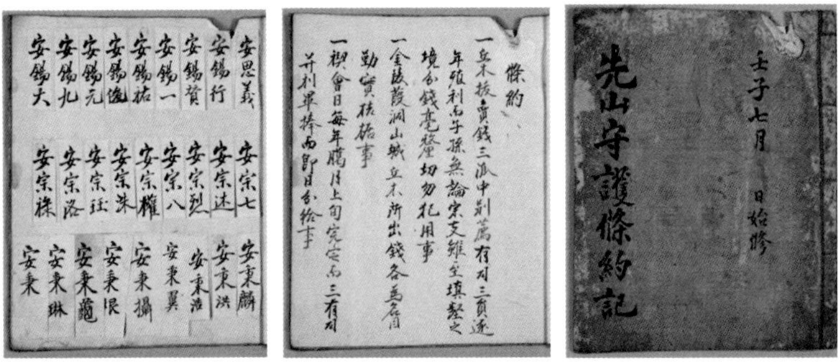

「선산수호조약기」의 표지, 조약 그리고 좌목.
*한국학중앙연구원 (2010), 『古文書集成』98, 335-339쪽.

산지와 산속의 재산 유지를 위한 실행 조약은 9개조로 구성했다. 선산 수호는 산지의 송추에 대한 관리와 이익의 공유를 포함하고 있었다. 조약은 계의 재원 마련과 운영, 조직의 관리와 관련이 있었다. 계의 재원 마련과 운영에 대한 조약은 송추에 대한 것이었다.

1. 선산에 있는 나무에서 나오는 돈은 각기 그 명목에 맞게 근실하게 사용 할 일이다.
1. 선산의 나무를 골라 팔아 마련한 돈은 (중간생략) 작은 돈이라도 함부로 사용 하지 말 일이다.

경(1993), 「조선후기 山訟과 山林 所有權의 실태」, 『東方學志』77·78·79합집, 524-525쪽).

1. 송추는 5년을 살펴서 골라 팔되, 대상 나무에 표시를 하여 헛되이 베어서는 안된다.(후략)

공유자산인 선영의 나무에 대한 관리 내용을 담고 있다. 나무를 5년 동안 관리하고 팔아서 마련한 재원을 식리하여 운영했다. 송추 관리와 계금운영의 공정성과 안정성을 위해 운영 담당자를 특정하고 내역을 공유했다. 조약은 선산의 송추를 대상으로 하고 있으나 산지의 땔감, 즉 시초(柴草)도 관리 대상으로 전제했다. 여기에는 18세기 「종약통문」을 통한 규약의 마련, 19세기 전반 위토와 더불어 송추를 포함하는 관리 영역 확대와 같은 경험적 지식과 협동의 성과를 반영하고 있다.

「추원계약문」에는 공유자산을 위한 협동 내용과 더불어 운영 방향을 위한 조약도 포함했다.

1. 도유사와 양유사는 봄과 가을 두 번 직접 산을 살펴본다. 만일 소나무가 몰래 벌채된 곳이 있으면 베어진 나무의 수를 계산하여 산직에게 벌금을 거두고 산직은 크게 죄를 물을 일이다.
1. 새로이 정해 성묘를 하면서 여러 자손들은 각기 산을 살펴서 만약에 소나무가 함부로 베어진 곳이 있으면 유사에게 죄를 물을 일이다.
1. 계회일은 매년 12월 상순으로 합의하여 정하고, 3명의 유사가 함께 식리한 것을 받아서 당일 나누어줄 일이다.

추원계 운영을 위한 유사를 3명으로 강화하여 산지, 특히 송추에 대한 관리를 엄격히 했다. 이들 유사는 송추의 보호, 산직에 대한 감독, 재원에 대한 관리가 주요 임무였다. 봄과 가을 정해진 날, 산을 살펴 재원인 송추의 훼손 사실을 확인하고 현장 책임이 있는 산직을 감독하게 했다. 내용은 가장 중요한 현실적 공유자산인 송추에 대한 재산 가치의 유지와 관리를 위한 조약이었다. 그리고 이러한 공유자산의 가치 관리와 더불어 선영 수호를 위한 계회날도 확정하고, 계의 이익을 나누었다.

전라도 남원 택내리의 순흥안씨 일족은 16세기 마을에 정착하고 17세기까지 무형의 자산인 성리학적 가치 지향 그리고 실천으로서 '효'를 형상화하는 개발을 시도했다. 이러한 활동은 순흥안씨 문중이 문장을 중심으로 구성원의 합의를 달성한 결과에 바탕하고 있었다. 무형의 가치는 사제당과 영사정과 같은 유형의 유산으로 상징되어 지역사회에서 정체성을 인정받았다. 18세기 이후는 마을과 순흥안씨 일족의 유형의 가치인 선영과 송추에 대한 관리를 목적으로 족계를 조직하고 작동했다. 계는 구성원의 공유자산인 송추에 대한 식목, 벌목 그리고 관리와 감독을 위한 조직과 규약을 마련하고 운영 경험을 반영한 규약의 개정을 실시하는 협동을 실현하고 있었다.

2. 마을 공유자산 개발과 동계

경상도 영덕과 전라도 남원의 마을개발은 조선시대 무안박씨와 순흥안씨로 구성된 동성마을의 사례이다. 하지만 대부분 마을의 구성은 단일 혈족 혹은 방계 혈족으로만 이루어지지는 않았다. 다수의 성씨가 공동 거주하는 마을에서 조선후기 마을의 공유가치 개발을 위한 협동의 사례도 있다. 특히, 이러한 마을 활동은 동계로 대표할 수 있는 각종 계를 중심으로 이루어졌다. 마을에 전하고 있는 고문서를 분석하여 계에서 공유했던 가치와 이를 향한 개발의 협동 내용을 추적한다. 사례는 경주의 3개 마을이다.

국당리 동계의 상부상조

경상북도 경주시 강동면 국당리는 조선시대 동계를 실시했다.[41] 이 동계는 상동계로 일컬어지면서 현재까지 계속하고 있다. 마을의 계주를 비롯한 계원들은 상동계를 임진전쟁 직후 창설되어 400년 이상 지속하고 있는 '전통'으로 인식하고 있다.[42] 1932년 간행한 『경주읍지』에 담긴 상동계 기록이 전통으로 인식하게 된 계기 중 하나였다.[43]

> 상동서사(上洞書社)를 짓고 여씨(呂氏)와 주자의 향약을 따라서 풍속을 바로 잡으니 일대가 달라지는데 이르렀다. (중간생략) 계안은 아직도 그대로 남아 전하고 있어 아름다운 자취이다.[44]

경주시 강동면 국당리

41. 이하의 서술은 정수환((2019), 「17세기 경주 국당리(菊堂里) 동계(洞契)의 전통과 호혜 원리 검토」, 『한국학』42권4호)의 논고를 수정 및 보완하였다. 동계는 「到記」(1965년~2015년)와 「都錄」(1923년~2015년)을 작성하면서 현재도 운영하고 있다.
42. 홉스봄은 현재의 필요에 의해 과거를 재구성한 결과로서 '전통'을 규정하고 있다(Hobsbawm, Eric. (1983) 'Mass-Producing Tradition: Europe, 1870-1914', in Hobsbawm, Eric. and Ranger, Terence. *The Invention of Tradition,* Cambridge UK: Cambridge University Press, pp.263-264).
43. 趙喆濟(2003), 「慶州邑志 해제」, 『국역 경주읍지』, 경주시·경주문화원, 19쪽.
44. 『慶州邑誌』권5, 列傳, 權復始條.

인용문은 상동계가 '상동서사'라는 공간을 중심으로 향약을 실시한 내용을 담고 있다. 조선시대 상동계는 경주의 수원(首院)이었던 옥산서원에서 계의 활동을 후원할 정도로 지역사회에서 권위를 인정받았고, 이런 점을 강조하면서 마을은 1932년 당시 아름다운 전통으로 계를 계승하고 있었다. 그리고 계는 현재도 전통을 계승하여 국당리를 중심으로 상사에 부조를 계속하고 있다. 고문서 기록에 의하면, 동계에 대한 전통 발견이 19세기부터였다는 사실을 발견하게 된다. 이 사실은 동계가 결의한 입의내용에서 확인 할 수 있다.

> 우리 동은 다른 마을과 달리 조상들의 자취가 있는 오래된 마을로 향약의 강목을 만든 사실이 가장 먼저이고 실시한 시간도 오래되었다.[45]

인용문은 1898년(광무2) 2월 17일 개정한 내용으로 경주 지역에서 가장 오랜 역사를 갖고 있는 상동계의 전통을 강조한다. 이러한 인식은 현재까지 이어져 국당리인근 6개 마을 6개 문중이 서로 협동한 내용을 계의 전통으로 강조하고 있다.[46] 협동의 상징으로서 상동계를 인식하고 있는 국당리의 조선시대 동계를 살펴본다.

국당리에 동계가 설립된 배경은 전란이었다. 임진전쟁 당시 경주는 왜군의 진군로에 위치하여 고적이 모두 소멸될 정도로 피해가 아주 심했으며, 전쟁 후 복구가 급선무였다.[47] 이를 위해 1601년(선조34) 동

---

45. 『新案』, 「洞契立議」(戊戌2月日).
46. 1965년 이후의 기록을 담고 있는 「上洞契 到記」는 중명리, 유금리, 국당리, 왕신리, 빈암리, 오금리가 대상 마을이었다. 1923년 이후의 내용을 수록한 「上洞契 都錄」에는 참여 성씨를 장씨문중, 진씨문중, 정씨문중, 유씨문중, 권씨문중, 최씨문중으로 적고 있다. 이런 인식은 1996년 이후 현재까지 이어진다(權赫元(1996), 『九思齋年譜』, 九思齋精舍, 208쪽).
47. 『府尹先生案』, 府尹尹仁涵條.

지사 이정구(1564~1635)는 지역 엘리트 선비들 중심으로 상부상조를 실현하여 지역 안정을 도모하자고 주장하기도 했다.[48] 게다가 1627년(인조5)과 1636년(인조14) 연이은 호란으로 조정은 물론 지역에서도 위기의식이 높았다.[49] 임진전쟁 이후 17세기 전반까지 지속한 이런 위기는 경주도 예외가 아니었다. 1630년(인조8) 영천, 경주 등 인근 8개 고을에서 도적이 창궐하고 1660년(현종1) 경주 일원에 도적들이 출몰하여 관아를 습격하기까지 했다.[50] 뿐만 아니라 경신대기근(1670~1671)과 을병대기근(1695~1696)으로 기록된 극심한 기근이 전국을 엄습했다.[51] 연이은 고난은 경주지역 주민과 그들이 거주하는 마을에도 큰 위기로 인식되었다. 외부 위기에 대한 대응 차원에서 협동의 필요성이 증대했다. 대안의 하나로서 성리학 이념을 차용한 동계를 창설하고 이를 발전시켰다.

국당리 동계의 창립시점은 17세기 초반이었다. 현재 남아 있는 동계 고문서는 1633년(인조11)이 가장 오랜 기록이지만, 계는 그 이전에도 작동했다고 보인다. 다만, 창설 당시 기록을 담은 계안이 전하지 않아 정확한 설계(設契) 시기는 알 수 없다. 남아있는 동계문서 중 1633년

48. 『선조실록』141권, 선조 34년 9월 경자. 조정은 사족들의 향약 시행을 권유하면서 1634년(인조12) 사목을 마련 했다(이광우(2017), 「조선시대 정부의 향약 시행 논의와 그 성격」, 『東亞人文學』39, 158-159쪽). 밀양향약의 경우 17세기 중엽 지역 선비가 주도하면서 관청의 협조를 받는 형태를 취하기도 했다(장동표(2016), 「조선시기와 명청대의 鄕約 시행과 그 성격 비교 연구」, 『한국민족문화』58, 17쪽).

49. 충청도 예산에 거주하던 趙克善(1595~1658)은 1632년 당시 어수선한 사회 분위기와 위기의식을 일기에 적고 있다(『忍齋日錄』第4, 辛酉年-1621년 秋 8월7일; 『冶谷日錄』第5, 壬申年-1632년 9월 14일).

50. 『인조실록』23권, 인조 8년 8월 무신·9월 정축; 『현종실록』3권, 현종 1년 7월 갑자.

51. 박종천(2017), 「공감과 개방의 문화공동체, 석천마을」, 『석천마을과 공동체의 미래』, 한국학중앙연구원 출판부, 106쪽.

~1697년(숙종23) 좌목의 개안(改案) 주기가 3~8년인 점을 참고했을 때, 동계는 1624년(인조2)~1630년(인조8) 사이 설립되었다고 추정할 수 있다. 그리고 동계 참여자의 연령을 분석하면 동계에 입록하는 연령의 하한이 20세인 사실을 알 수 있어 1627년(인조5) 즈음 국당리 동계가 조직되었다고 좁혀볼 수 있다. 이 때는 바로 경주지역이 전쟁과 변란 등 혼란의 중심에 있던 시기였다.

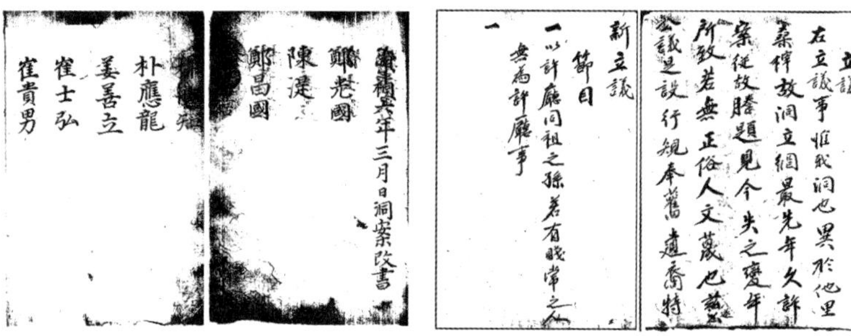

국당리 동안(좌)와 입의(우)
*한국학중앙연구원 장서각 M.F No.35-9932.

1627년 동계 창립 당시 참여자 계원의 거주 범위는 국당리를 중심으로 인근 다수의 자연마을이었다. 17세기 초 여느 마을과 같이 이들 마을은 여러 성씨로 주민을 구성하고 있었다. 경주의 대표적인 양반마을로 알려진 강동면 양동마을도 4~5개 성씨가 함께 거주하는 이성잡거의 상황이었다.[52] 이로 본다면 국당리도 여러 성씨가 주위의 자연 마을에 흩어져 함께 거주하는 형태였다고 볼 수 있다. 그리고 국당리 인근

52. 양동마을은 이씨, 유씨, 손씨, 장씨, 강씨 등이 함께 거주했다.(李樹健(1995), 앞의 글, 19-20쪽).

의 자연마을은 16세기 고문서부터 기록을 찾을 수 있다. 1510년(중종5) 「손중돈남매화회문기」 등에 '국당', '유금'이 있다. 이후 1789년(정조1) 『호구총수』에는 국당리를 포함하여 왕신리, 빈암리, 중명동, 오금리, 유금리의 인근 마을 기록이 있다.[53] 기록을 통해 16세기 국당리를 비롯한 유금리 일대 지역은 여러 성씨가 함께 공존하고 있었으며, 18세기 중엽 이후 6개 동리로 정리되었음을 알 수 있다. 이런 사정으로 국당리 동계는 행정촌 국당리를 중심으로 인근 다수의 자연촌과 더불어 여러 성씨가 함께 참여하는 규모를 갖추게 되었다.

국당리 동계에 참여하는 주변 마을의 범위와 성씨의 내력에 시차가 있었다. 국당리 일대에는 경주와 인근지역 토성이 먼저 정착했다. 신광진씨는 경주부 속현 신광현의 토성으로 진선(?～?)이 국당리에 먼저 자리잡고 여기에 분묘를 설치했다.[54] 경주의 또 다른 토성인 경주최씨 최정설(?～?)의 분묘가 왕신리에 있다. 후손들의 생존시기로 추정했을 때, 이들의 국당리 정착 시점은 15세기 전반이었다. 이들과의 혼인을 계기로 국당리 일대로 이주한 성씨들이 있었다. 영일정씨는 정수영(1505～1531)이 경주최씨 최정설 딸과 혼인을 계기로, 안동권씨는 권철손(?～?)이 영일정씨와의 혼인을 계기로 국당리 인근에 거주하게 되었다. 시기는 관련 인물들의 생졸을 근거로 추정하면 16세기 전반이었다. 이러한 사유를 고려할 경우, 1627년(인조5) 동계 창립 당시 계는 신광진씨, 경주최씨, 영일정씨 그리고 안동권씨가 주축이었다. 다음으로 1667년(현종8) 아산장씨, 1685년(숙종11) 서산유씨 등이 인근 5개 마을에 거주하면서 동계에 참여하다가 18세기 이후 국당리를 포함한 6

53. 『戶口總數』8, 慶尙道 慶州 江東面.

54. 『신증동국여지승람』, 慶州府 姓氏條.

개 마을의 6개성씨로 동계구성 체제가 완성되었다.

동계 참여 성씨는 부침이 있었다. 창설과 동시에 6개 성씨가 주축은 아니었다. 동계관련 고문서 기록에 의하면, 1633년(인조11)의 좌목에 8개 성씨로 시작한 참여성씨는 17세기 말까지 12개로 증가했다. 12개 성씨는 강씨, 권씨, 김씨, 박씨, 안씨, 오씨, 이씨, 유씨(柳氏), 장씨(蔣氏), 정씨(鄭氏), 진씨, 최씨로 이들이 동계의 협동을 위한 연대 범위였다.[55] 18세기 이들 중 6개 성씨 중심으로 동계가 재편된 결과를 고려하면, 17세기 동안 계원의 출입이 잦았음을 알 수 있다. 고문서에 타관(他官)이나 타면(他面)으로 이거한 계원은 동계에서 제외한다고 밝히고 있어 거주지 변경의 요인이 계원구성 성격에 작동했음을 반증한다. 일례로 17세기 동안 동계에 등록한 계원은 누적 118명이며, 연도별로는 1633년의 26명에서 1693년(숙종19) 44명까지 변화가 있었다.

국당리 동계는 임진전쟁 이후 1627년(인조5) 즈음 위기의식이 팽배한 사회 분위기를 협동을 통한 연대로 극복하기 위해 조직되었다. 초창기에는 4~5개 마을에 거주하는 신광진씨와 경주최씨를 주축으로 여러 성씨에 의해 작동하다가 17세기 동안 거주 마을과 참여 계원의 변화가 있었다. 이런 배경을 갖고 있는 동계는 지속을 위한 계원 사이의 협동 규약이 있었다. 현재 이를 적시한 고문서는 없지만 「동안」을 이용해 복원이 가능하다. 먼저 참여 자격은 국당리를 비롯한 인근 마을에 거주하는 인물들이었다. 1636년(인조14) 「동안」 기록에 안천명(?~?)이 "타면이거(他面移居) 미준동약(未遵洞約)", 즉 동약을 지키지 않고 다른 면으로 이사한 사유로 제명한 사실이 여기에 해당한다.

---

55. 경주 안강현 일대에는 경주손씨와 여주이씨 외에도 안강·기계·신광현 일대에 세거해온 경주이씨, 경주김씨, 청안이씨, 영일정씨, 안동권씨, 신광진씨 등의 유력 가문이 있었다(李樹煥(1993), 「書院의 歷史와 그 所藏資料」, 『玉山書院誌』, 嶺南大學校出版部, 42-43쪽).

동계 참여는 마을 거주여부가 중요했다. 17세기 동안 5~6개 마을에 사는 8~12개 성씨가 주축이었던 국당리 동계의 참가 자격은 거주지가 우선이었다. 즉각적이고 지속적인 협동의 전제가 참여의 선결조건이었다. 적어도 17세기는 그랬다.

계원의 신분에 대한 제약은 다른 동계의 연구 사례에 비해 심각한 갈등으로 연결하지 않았다. 18세기 동계의 결의 내용을 담고 있는 입의에 실마리가 있다.

> 까닭 없이 평민을 동계에 동등하게 참여하게 허용하지 않는 관행이 다른 여러 마을의 일상적인 규약이다. 그런데 우리 마을은 본디 그런 규례가 없었다.[56]

인용문은 1771년(영조47) 1월 16일 국당리 동계의 「허청안(許廳案)」에 대한 입의이다. 이 고문서는 마을 평민의 동계 참여를 허용하는 결의를 담고 있다. 이에 따르면 적어도 18세기 후반까지 조선에서 일반적이었던 신분갈등-적서와 반상-이 국당리 동계에서는 극한 대립으로 치닫지 않았음을 보여준다. 동계를 통한 갈등의 조절 경험이 작동하고 있었다. 1658년(효종9) 11월 24일 계원 최진남(?~?)을 비롯한 7명이 하대에 대한 불만을 표출하자 이들을 계에서 제명하는 '효주삭거(爻周削去)' 조치가 있었다.[57] 그러나 이후에도 이들은 동계에 계속 참여하고 있어 동계에서 계원 간의 갈등 조절을 위한 노력이 있었음을 보여준다.

동계 계원 사이의 갈등 조율로 협동을 유지하기 위한 조직도 있었

56. 「許廳案」(辛卯正月).

57. 『洞案』宙, 甲午(1654)十月日洞案改書.

다. 동계 창설 초기에는 동계 운영 조직이 정비되지 않았을 수 있지만, 1644년(인조22) 동안을 수정하면서 동계를 위한 공사원과 유사를 갖추었다. 이들을 1650년(효종1)부터 공사원 1원에 유사 2원 체제로 확대한 다음 1663년(현종4)부터 계문서에 성만 적지 않고 성명을 밝혀 관리 책임성을 강화했다. 이러한 동계 운영의 합리성을 고려한 조직의 변화는 계원들의 합의, 즉 협동의 결과이기도 했다. 물론 17세기 국당리 인근 여러 마을에서 동계가 창립되면서 계의 설립과 운영 지식을 공유한 효과도 있었다. 1609년(광해1) 양동리, 1657년(효종8) 다산리 그리고 1687년(숙종13) 양월리에서 동계가 설립되었다. 이들 동계의 창설과 운영내용을 보면, 국당리 계원과 중첩되거나 혼인으로 계원들이 연결되어 있어 계의 운영을 위한 지혜는 공유가 가능했다.

국당리 인근 마을에 대대로 거주하는 양반들이 동계를 조직하고 협동으로 수백 년 지속 운영한 이유는 현실적인 상호 간의 이익, 즉 호혜 내용이 있었기 때문이다. 계원의 상사에 상호부조가 호혜의 내용이었다. 성리학 이념에 따라 장례 의절은 중요한 덕목이었으나 많은 비용이 필요했다. 이 때문에 연이은 상사로 경제적으로 파산하는 상패(喪敗)가 조선시대 빈번했다. 동계의 조직만으로 양반 그리고 양반마을의 위상을 갖춘 마을로 개발하기에는 제약이 있었으며, 성리학적 소양을 실천하는 양반의 지속적인 행위가 필요했다. 그렇기에 상패로 인한 실천의 한계가 발생하고 이로 인해 무형의 가치 '효'가 무너지면서 마을에 불명예가 발생하지 않도록 방비할 필요가 있었다. 이러한 위기의식에 대응하기 위한 공유가치, 즉 호혜의 대안이자 협동의 대상이 상사에서의 상호부조였다. 국당리 동계도 그랬다.

국당리 동계에는 부조를 위한 재원의 규모와 운영을 담은 고문서 「동중상사부물차하기(洞中喪事賻物上下記)」가 있다. 1674년(현종15)부터 18세기까지 계에서 계원의 상사에 부조한 지출 내용을 기록하고 있다.[58] 17세기 동계에서 부조 물품을 지급한 계원 54명에 대한 72건의 사례로 국당리 동계의 상사 부조 규약을 유추할 수 있다.

부조는 계원의 상사 중 초상 발생과 동시에 실행했다. 동계는 계원 본인의 상사뿐만 아니라 처와 부모의 상사에도 부조했다. 뿐만 아니라 남성 중심의 계원구성과 조직 운영임에도 계원의 처와 모친도 부조의 대상에 포함했다. 부조 내용은 부목과 부지, 즉 목면과 종이와 같은 부물(賻物)이었다. 17세기 부물은 부목 2필과 백지 2~3권이었다. 한편, 1698년(숙종24) 정종주(?~?)의 초상에 부물 대신 동전으로 지급하는 '부목조전(賻木條錢)'을 실시한 후 18세기부터 동전부조가 관행으로 정착했다. 1678년(숙종4) 동전의 유통이 부조관행의 변화를 유발한 결과였다.[59] 동전으로 부조할 경우 부조 규모는 목면 2필에 대해 동전 2전을 기준으로 하면서도 백지 2권을 지원하는 사례가 가장 많았다.

부조를 지속하기 위해서는 동계의 재원 유지가 필요했다. 1700년(숙종26) 정우주(1582~1632)의 부인상과 이경하(?~?)의 어머니 초상에는 백지 1권만 부조한 사례가 있다. 부조 횟수도 계원 부부와 부모에 대한 부조를 유지하려 했으나 운영 상황을 반영하여 계원별 3회에 한해서 절충하기도 했다. 그리고 동계의 입록 기간에 따라 부조의 규모에 차이도 두었다. 계원 이경하가 7년만 계원자격을 유지하자 동계는 그의 엄친상에 백지 1권만 부조했다. 동계에서 호혜의 내용이었던 부조의 규모에 차등과 제한을 결의한 배경은 재원의 한계였다. 5년 단위로 상사 발생의 추이를 정리하였을 때 17세기 말에 상사의 횟수와 부물 지출이 증대했다. 여기에는 경신대기근(1670~1671)과 을병대기근

---

58. 捧上내역 없이 捧下만 수록하고 있다.
59. 동전 유통 이후 부목을 동전으로 환산하다가 1706년(숙종32)부터 백지에 대해서도 동전으로 부조했다.(정수환(2013), 『조선후기 화폐유통과 경제생활』, 景仁文化社, 239-240쪽).

(1695~1696)에 따른 계원 중 사망자의 증가가 한 요인이었다. 이러한 위기에 대응하기 위해 동계는 지출 규모를 줄이자는 내용으로 계원들의 결의를 끌어내면서 지속을 위한 협동을 실현하고 있었다.

동계에 참여했던 국당리 인근 왕신마을

국당리 동계는 17세기 초 위기상황에 대응하기 위해 인근 마을에 거주하는 양반들이 협동하여 조직했다. 마을의 성리학적 무형의 가치를 드러내기 위해 상사에 상부상조를 실현했다. 국당리 동계는 주민과 계원들의 호혜를 위한 협동을 보여주는 사례이다. 이러한 토착지식은 현대까지 계승되었고 국당리 거주자를 비롯한 출향 인사들이 계를 지속하고 있다.

방어리 사계와 동계 개발

국당리가 조선후기 여러 마을에 흩어져 살던 양반들이 성리학적 가치에 따른 상사의 호혜를 위해 협동한 마을개발 사례라면, 같은 시기 경주에서 무부(武夫)와 양반들이 개발한 마을이 있었다. 경주 방어리에는 17세기 사계(射契)에서 출발하여 18세기 동계로 변화한 계가 있다.[60] 현지조사에서 '방어리 상동계'의 계주와 문장은 계의 시작을 1652년(효종3) 사계로 인식하고 있었다. 계의 내력은 1993년 상동계에서 계의 내력을 정리한 내용에 자세하게 나와 있다.

> 인근고을에 거주하는 사대부가의 자손들이 임진년과 병자년의 난리를 겪은 가혹한 고통을 슬기롭게 받아들이면서 향토를 지키신 선인들의 유지를 받들고 전후 무질서한 사회풍조를 바로잡기 위하여 중지를 모아 계를 창립하였으니 계명을 사계라 칭하고 무예를 연마하여...[61]

사계를 처음 설립한 배경이 전란 후 지역 자위를 위해 사대부가 자손들이 결의한 점에 있다고 강조했다. 사계라는 명칭에 걸맞게 활쏘기 등 무예를 연마했다는 사실을 밝혔다. 현재 마을에 전하고 있는 고문서 기록은 이 내용을 일부 뒷받침한다. 사계의 창립시점은 『사계고왕록(射契考往錄)』에 수록한 입의를 참고했을때 1652년(효종3) 3월 22일이다.[62] 그리고 1841년(헌종7) 4월 15일 완의를 거쳐 상동계로 중수되어 오늘에 이르고 있다[63] 방어리 주민들은 현재도 출향인사도 포함하여 주기적으로 계회를 실시하면서 계를 계승하고 있다.

---

60. 이하 서술은 정수환((2020), 「조선후기 경주 방어리(防禦里) 사계(射契)와 동계(洞契)의 호혜와 협동 가치」, 『한국학』43-4)의 원고를 수정 및 보완한 내용이다.
61. 有司 李根雨(1993), 「上洞契事蹟抄」.
62. 『射契考往錄』, 「壬辰3月22日射契改立義」.
63. 『上洞稧案』, 「完議文-辛丑四月十五日」.

방어리 마을과 상동계를 실시하는 이남서당

방어리의 계는 현재 계원들 인식과 일치하게 사계에서 출발했다. 그렇지만 사계는 1698년(숙종24) 동계로 중수되었으며, 이 과정에서 2개의 계가 공존하던 시기도 있었다. 그리고 지금의 상동계는 1841년(헌종7) 동계를 개수한 결과이다. 방어리 마을 주민들은 17세기 전반 사계를 창립하고 17세기 말 동계로 전환을 실현하면서 두 차례의 마을 개발을 도모했다.

방어리 사계는 1652년(효종3) 설립하면서 계원들의 의견을 반영한 입의에 설립목적을 밝혔다. 계 조직의 활동 중심은 무예를 익히면서 어려운 일을 함께 극복하는 '환난상구'에 있었다.

> 우리는 평생 동안 교류하며 한 곳에 살아왔다. 어렵고 힘든 일이 있을 경우 서로 구제하지 못했고, 기쁘고 즐거운 일이 있음에 함께 좋아하지 못했으니 무슨 소용이 있겠는가. 바라건대, 모름지기 지금부터 서로 서로 한 몸으로 하나 같이 환난상구(患難相救)하고 같이 한 곳에 모여서 동락지환(同樂之歡)하면서 모두 함께 사후(射帿)하는 것은 남자의 일이니 어찌 익히지 않을 수 있겠는가? 지금 바로 끝까지 형, 동생과 같은 의리로 서로 흩어지지 않고...[64]

64. 『射契考往錄』, 「壬辰3月22日射契改立義」.

인용문은 사계의 설립 목적을 4가지로 밝히고 있다. 설립 주체는 '한 곳'인 방어리 일대에 거주하는 '우리' 무부(武夫)이며, 협동 방향은 환난 상구와 습사(習射)에 있었다. 그리고 그들을 결속하고 그들이 지향하는 방향은 '의리'였다. 무부는 천총, 파총, 업무 등의 하급 무관으로서 무과 급제를 거쳐 진출하는 고위 무관과는 달리 지역사회에서 엘리트 양반으로 활동하기에 제약이 있었다. 이들은 방어리를 중심으로 인근의 방지, 못밑, 둔전, 원동, 만다리 등 5개 자연마을에 거주하면서 사계를 구성하고 자위적 차원에서 활쏘기와 무예를 익혔다.[65] 행정촌 방어리를 중심으로 인근의 자연촌의 구성원이 계를 구성한 방식은 같은 시기 국당리와 동일하다.

사계를 조직한 배경은 입의에 적었듯이 무예를 익히며 결속하여 서로 돕는 데 있었다. 스스로 '무부'로 지칭한 데서 알 수 있듯이 계의 1차 목적은 무예 연마에 있었다.[66] 사계의 이런 성격은 전란 이후 지속하고 있는 대외 위기에 대한 대응을 계의 조직 및 활동과 연결한 결과였다. 그리고 효종 때 북벌 상황에서 1651년(효종2) 무과를 통해 1,236명에 이르는 급제자를 선발한 분위기와도 관련이 있었다.[67] 일례로 계원 중 이진(1642~1693)과 이선(1646~1717) 형제가 무과에 급제했다.[68] 사

65. 방어리 동계관련 고문서 중 계원 거주지를 밝힌 자료는 1976년 「時到記」가 있다. 계원은 출향한 인사들을 제외하고 方於, 月羅, 北吐, 院洞, 芳旨, 屯田 일대에 거주하고 있었다.

66. 『射接案 小布契』, 「己巳四月初二日完議」. 전라도 영광지방의 사계는 습사를 위한 모임의 성격과 사족의 향사례를 모방한 특징이 있었다(나선하(2003), 「조선 중·후기 靈光 吏胥 집단의 契 운영과 그 의미: 射契와 老契를 중심으로」, 『지방사와 지방문화』6-1, 5쪽).

67. 정수환(2019), 「17세기 淸州 莘巷書院과 宋象賢 추모의 정치적 함의」, 『韓國書院學報』9, 76-77쪽; 정해은(2019), 『조선의 무관과 양반사회』, 역사산책, 79-82쪽. 효종 2년에는 4회의 무과가 있었다.

68. 『射契考往錄』. 이진은 1676년(숙종2) 肅宗觀武에 급제했다.

계의 성과이기도 했다. 사계를 구성한 또 다른 배경은 마을개발 차원에서 마을의 구성요소로서 계가 필요한 측면이었다. 17세기 중엽 경주 일대에 국당리를 비롯하여 양동리, 양월리, 다산리 등에서 동계가 잇따라 설립되고 있었다.[69] 입의 말미에 계원의 협동과 결속력 유지를 위해 삭거, 손도와 같은 벌칙조항이 있는데, 이는 다른 마을 동약의 체제와도 유사하다. 방어리 마을도 17세기 경주지역 사회 분위기에 영향을 받아 마을개발의 일환으로 사계를 조직했다.

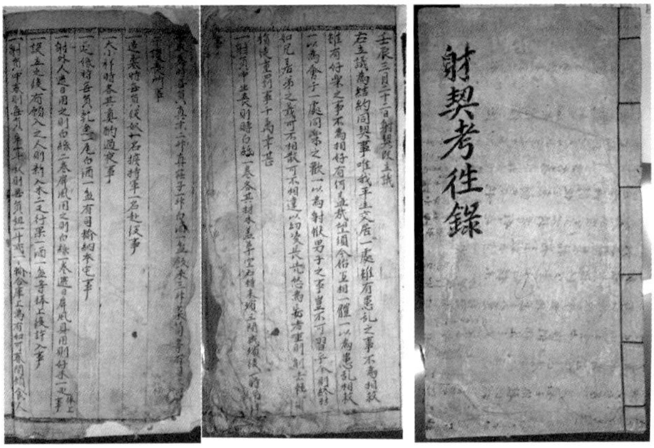

『사계고왕록』의 완의와 절목

사계는 입의와 더불어 세부 운영 방향을 담고 있는 12개 조목의 규약을 마련했다. 규약은 협동으로 상구와 동락을 실현하기 위한 호혜의 가치, 혼상부조와 이를 위한 공용 기물 관리, 공용 재원운영 그리고 계원 관리로 구성했다. 중요 내용에서 사계의 협동 모습을 알 수 있다. 먼

69. 정수환(2019), 앞의 글, 『한국학』 42-4, 60-62쪽.

저, 혼사와 상사에 있어서의 상호부조와 관련한 부분이다.

1. 사계 계원 중 상여가 나가면 백지 1권을 부의 하고 각기 재목, 개초(蓋草), 공석(空石)을 가져온다. 빈소 3칸을 마련한 뒤에는 동시에 조문을 할 일.
1. 혼례 할 때 계원 마다 건어 1마리, 맑은 술 1병을 유사가 그 집에 수송해 납입할 일.[70]

상사가 있는 계원에 대해서 '출상→영장→조묘→대상·소상'의 의절별로 세분화하여 부조할 물력과 지원 인력 내용을 규정했다. 일례로 출상에는 백지를 부의하고 빈소를 위한 재목, 개초, 공석 등을 지원했다. 혼사에 건어와 술 1병을 부조하는 조목도 포함했다. 그리고 이러한 환난상구의 지속을 위한 기물과 재원 운영도 밝혔다.

1. 사계 외의 사람이 차일을 사용하면 백지 2권을, 병풍을 사용하면 백지 1권, 차일과 병풍을 모두 사용한다면 좋은 목면 1필을 받을 일이다.[71]

계의 공동 기물, 즉 공유자산(Commons)의 엄격한 관리를 위해 계원 외에 빌려줄 경우 사용비용을 확보하여 유지 및 보수를 실현했다.[72] 이와 같은 완의와 규약은 이후 사계 운영의 기틀이 되었으며, 사계는

---

70. 『射契考往錄』, 「壬辰3月22日射契改立義」.
71. 『射契考往錄』, 「壬辰3月22日射契改立義」.
72. 엘리너 오스트롬 지음. 윤홍근·안도경 옮김(2010), 『공유의 비극을 넘어』, RH Korea (Elinor Ostrom.(1990) *Governing the Commons-The Evolution of Institution for Collective Action,*(Cambridge; Cambrige Vnivgsity Press)).

기근 등 환경 변화에 대응하기 위해 협동으로 규약 개정을 실현했다. 경신대기근으로 인한 재원의 위기가 닥치자 1683년(숙종9) 건대구(乾大口) 5미, 혹은 목면으로 부조 규모와 방식을 조정했다. 당시 개정을 결의한 완의 내용은 다음과 같다.

> 우리 계의 의리가 너무 엉성해서 사계의 모든 계원이 여러 번 입의를 개정하고자 했는데 지금까지 결실을 맺지 못했다. 지금 이제 모두가 공의로 이를 헤아려 그동안 행해지지 않았던 (상례와 혼례에 부조하는) 규약을 정비했으니 각자 잘 살펴서 실현하면 아주 다행이겠다.[73]

인용문은 사계 창립 후 30년이 지나면서 상례와 혼례에 대한 부조, 즉 환난상구의 의리가 잘 지켜지지 못했던 현실을 반성하고 새로운 출발을 결의한 내용이다. 완의를 개정한 취지를 밝히고 있다. 결의 과정에서 계원의 첨의(僉議) 수렴, 즉 모두의 만장일치를 통한 협동이 있었다는 점이 개정의 가치였다. 이로부터 6년 뒤, 계원의 첨의 확인을 거쳐 1689년(숙종15) 4월 2일 다시 조약을 개정했다.

> 우리 무부는 덕과 재주와 명망에 따라 서로 돕고 한 곳에서 함께 즐거워했다. 하나 같이 과거 시험장에서 서로 도움을 줄 수 있으면 매우 다행이겠다.[74]

완의를 개정한 배경은 무부로서 무과 응시에 서로 도움이 되는 습사

73. 『射契考往錄』, 「癸亥2月15日完議」.
74. 『射接案 小布契』, 「己巳4月初2日完議」.

의 실현이라고 직접 밝히고 있다. 마을의 사계는 '상조동락(相助同樂)' 내용을 현실적인 과거에 두었다. 이를 위한 세부 조목도 결정했다.

> 1. 사회(射會)를 할 때 사규(射規)를 준수하지 않으면 중죄 할 것.
> 1. 봄, 가을의 강신에 모일 때 혹시라도 이유없이 불참하는 계원은 중죄 할 것.
> 1. 무릇 모일 때 어리면서 어른을 능멸하거나 먼저 화를 내고 망령되이 하는 자는 삭거 할 것.[75]

사계에서 개정한 규약은 무부들의 결속을 다시 한번 강조하고 있다. 활쏘기, 습사를 위한 모임에서 규칙의 엄격한 준수를 먼저 제시했다. 그리고 불참 방지 등으로 계의 질서를 세워 사계의 위상 회복을 시도했다. 이러한 직접적이고 강화한 규약은 역설적으로 사계가 와해되고 있던 현실에 대한 대응이었다. 이런 현상은 17세기 말 무반도 아닌 무부로 구성한 사계의 한계와 방어리를 중심으로 조직한 계가 인근의 마을에 비해 마을개발의 한계에 직면한 상황을 보여준다. 경북 영덕의 무안박씨 사례에서 검토한 내용과 같이 이제 성리학 가치를 함양하고 있는 동계를 통해 이른바 양반마을로 전환하기 위한 개발이 필요했다.

방어리 마을은 사계에 의한 1차 마을개발에 이어 동계 전환을 통한 2차 마을개발을 도모했다. 사계는 특정 시점에 극적으로 동계로 전환하지 않고 1665년(현종6)~1697년(숙종23) 약 30년간 동계와 함께 공존했다. 전환 과정은 방어리 마을이 1665년 별도로 설립한 동계의 활동으로 가늠 할 수 있다.

---

75. 『射接案 小布契』, 「己巳4月初2日完議」.

1665년 7월 1일 방어리 마을은 「동내고왕록급완의절목」 마련을 계기로 동계를 설립했다. 설립 취지를 반영한 20개 조목의 절목중에는 상호 부조, 공유자산 관리, 계금 운영 그리고 계원 관리 내용을 확인 할 수 있다.

> 1. 형제가 많이 계에 들어 있는 계원이 상사의 전례에 따라 예물을 한꺼번에 모두 받으면 계의 물력이 지탱하기 어려우므로 상포 2필 외의 잡물은 한 명만 갖추어 줄 일이다.
> 1. 계원 중 문무 과거에 응시하려는 자가 있어 상경하거나 그 외에 멀리 가는 사람은 때에 따라 변통하여 지원하고 도와줄 일이다.
> 1. 계원 중에 수재, 화재, 도적과 같이 뜻밖의 근심이 있으면 때에 따라 변통하여 부조할 일이다.[76]

동계의 호혜를 위한 내용은 혼상부조, 과거지원, 재난대응 등과 관련있었다. 사계와 마찬가지로 상사와 혼례에 대한 부조를 규정하면서도 지원 범위를 제한하여 계금 운영의 안정을 도모했다. 문과와 무과 같은 양반의 과거 응시에 동계차원의 지원을 밝혀 습사를 위주로 하는 사계와는 다른 지향점을 보이고 있다. 그리고 동계의 공유자산에 대한 관리도 합의했다.

> 1. 방어, 죽일, 원지 세 마을 중에 매년 각기 방목감고(放牧監考) 1명을 내어 3월부터 시작하고 10월 추수한 뒤에 감독을 정지한다. 매달 초하루와 보름에 감고 3명이 각기 2바리씩 일일이 동임(洞任)에게 알린다.[77]

---

76. 『考往錄-乙巳年爲始』, 「乙巳7月1日洞內考往錄及完議節目」.
77. 『考往錄-乙巳年爲始』, 「乙巳7月1日洞內考往錄及完議節目」.

사계는 계원을 위한 병풍, 차일 등을 공유자산으로 관리하였으나 동계는 마을 인근에 있는 방목지를 공유자산으로 운영했다.[78] 방어리 일대 마을에서 공동 관리하는 목초지 혹은 계원이 방목하는 가축의 관리도 동계의 호혜를 위한 협동 활동이었다. 이 외에도 동계의 운영 지속을 위해 공사원과 계원에 대한 행동규약을 절목에 포함했다.

방어리에 사계와 동계가 공존하던 시기를 지나 동계로 전환을 가능하게 했던 계원이 있었다. 사계와 동계의 계원 구성이 중첩되어 있었다. 1665년(현종6)과 1679년(숙종5) 동계 계원 중 최우급, 한여호, 이민영, 이여훈, 이진 등은 사계에도 확인된다.[79] 이들은 17세기 후반 성리학 중심의 사회 질서가 뿌리 내리는 분위기에 따라 사계를 동계로 전환·통합 할 필요성을 인식하고 계기를 마련했다. 그리고 1698년(숙종24) 남구명(1661～1719)으로 하여금 사계를 동계로 통합하고 새롭게 중수하도록했다. 남구명은 문과 급제 후 독서에 열중하기 위해 방어리에 우거하고 있었다. 그는 성리학 소양을 갖춘 선비이자 양반이었다. 그는 방어리 동계를 우위로 사계를 흡수하고 동계를 성리학적 가치에 맞추어 재편했다. 동계의 중수 배경과 취지는 남구명이 지은 「완의서」에 기술되어 있다.

> 지금 우리 계는 작은 것을 계기로 크게 만들고 옛것을 고쳐서 새롭게 절목을 정해서 정비하고 규모를 갖추었다. (중간생략) 여러 가지 느슨한 규약을 긴장 하게하는 도리는 법을 늘여놓음에 하나같이 '신(信)'자로 하지 않을

---

78. 오스트롬은 산림, 관개, 지하수와 더불어 목초지를 대표적인 공유자산으로 분석했다(엘리너 오스트롬 지음. 윤홍근·안도경 옮김(2010), 앞의 책).

79. 『射契考往錄』; 『考往錄-乙巳年爲始』.

수 없는데...[80]

동계 중수는 1698년(숙종24) 10월 1일에 방어리 인근 월라동의 송정에서 있었다. 남구명은 사계의 가치 '의리'와는 차별을 두는 차원에서 동계의 방향을 '신의'로 정하고 이를 위해 계원 간의 결속과 상조를 강조했다.[81] 그가 방어리 동계를 중수할 수 있었던 배경에는 장인이었던 이진(1642~1693)이 사계의 핵심구성원이었던 데에도 이유가 있었다.

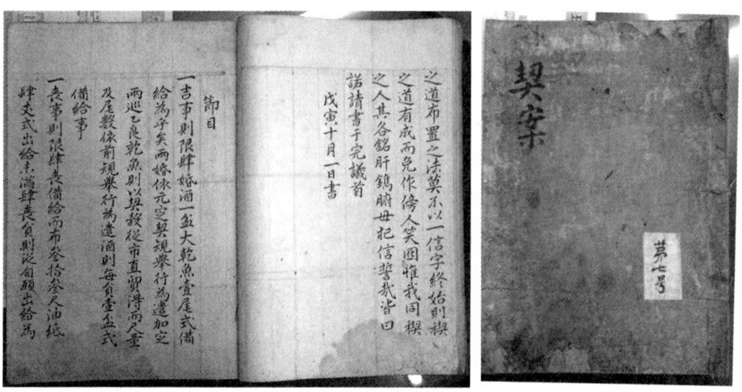

방어리 동계의 서문과 절목을 수록한 고문서, 『계안』

이진은 사계와 동계의 계원으로, 경주 국당리 동계를 구축하고 있던

80. 『契案 第7號』, 「完議序」.

81. 남구명은 1712~1715년 제주판관으로 제주 유교화를 시도했다(김경(2019), 「南九明 說의 특징과 이를 통해 본 조선후기 濟州」, 『어문논집』87, 49-50쪽). 그가 동계를 중수하고 후학을 육성한 경험은 제주에서의 활동에 영향을 끼쳤다고 볼 수 있다(서신혜(2016), 「조선후기 凶荒 현장과 제주 목민관의 생각-남구명의 <凶年記事>와 양헌수의 <惻棄兒說>을 중심으로」, 『溫知論叢』48, 126-127쪽).

진횡(1645~1713)의 딸을 며느리로 맞이했다. 그리고 국당리 동계에 견주어 방어리 마을과 계의 정체성을 개발하기 위해서는 대책이 필요하다는 사실을 깨달았다. 그러던 중 문과에 급제한 남구명을 사위로 맞이하면서 무부 중심의 계가 아닌 선비 중심의 동계중수 가능성을 확인했다.[82] 동계 운영 경험과 성리학 가치 투사의 양측면을 고려하여 사계를 동계로 전환하기로 했다. 이진을 비롯한 경주이씨 일가는 경주최씨와 연대를 실현하고 동계의 정착을 시도했다. 경주최씨 최계종(1570~1647)은 무과와 효행으로 지역사회의 명망이 높았기에 동계의 새로운 가치 개발에 기여 할 수 있었다.[83] 경주이씨 이진 형제와 경주최씨의 연대를 기반으로 남구명에 의해 방어리 동계는 중수되었다.

방어리 동계는 9조의 절목을 합의했다. 절목은 상호부조, 공유자산 관리, 계금 운영 그리고 계원 관리였다. 호혜 범위는 길사와 상사로 구분하고 지원의 횟수도 4회의 혼례와 상례로 확대했다. 동계의 호혜와 협동을 위한 공유자산의 운영에 대한 합의도 있었다.

1. 계에서 갖추고 있는 교자, 면단석 등의 물종을 계원 외에 빌려 사용하는 사람은 먼저 사용료를 납입한다. 교자는 1냥, 자리는 5전씩으로 한다.
1. 큰 쟁반 4개, 쟁반 2죽, 나무 쟁반 4죽은 계원 외에 절대로 사용을 허용하지 않는다.[84]

공유자산 관리는 사계의 절목을 계승하면서도 내용을 보완했다. 교자, 면단석 등은 계원을 위해 사용하되 대여료를 책정하여 유지 및 보

82. 『洞案(昃)-乙丑十二月日 改案』. 정수환(2019), 앞의 글, 『한국학』42-4, 52·72쪽.
83. 李樹煥(2005), 「慶州 龍山書院 재지사족의 향촌지배」, 『龍山書院』, 집문당, 27쪽.
84. 『契案 第7號』, 「節目」.

수에 대비했다. 분실과 훼손이 쉬운 쟁반은 대여에서 제외하여 관리 편의를 도모했다. 공유자산 대여로 수익 확보와 더불어 기금을 보전했다. 그리고 계원 행동을 바로잡고 마을의 명예를 지키기 위한 별도의 규약으로 「죄목」을 설정했다. 이 중 동계에서 제외하는 삭거에 해당하는 내용은 다음과 같다.

> 부모에게 불효하고, 얼자가 적자를 능멸하거나, 친족 사이에 화목하지 못하고 이웃 사이에 친하게 지내지 못할 경우.[85]

성리학의 핵심가치인 부모에 대한 효도와 형제와 이웃에 대한 돈목이 가장 중용한 가치였으며, 이를 위반했을 경우 중죄에 해당하는 삭거 처벌을 내렸다. 효도와 돈목은 성리학적 가치에 집중한 결과이며 방어리 동계의 방향이었다. 이로서 무부의 결속을 위한 1차 개발에 이어 성리학적 방어리 형상화를 위한 2차 개발이 완성될 수 있었다.

방어리 사계를 흡수하여 동계로 중수한 뒤 1749년(영조25) 3월, 다시 계의 운영을 위한 합의로 절목을 개정했다.

> 거듭 유행병과 흉황을 당해 동계의 규모를 이루지 못한 일이 많았다. 그러던 중 오래된 폐단이 생겨 어쩔 수 없이 변통하지 않을 수 없다. 그러므로 지금 이 기회에 모두 모여서 절목을 개정한다.[86]

동계를 중수한 다음 기근과 유행병으로 인해 정상적인 운영이 어려

---

85. 『契案 第7號』, 「罪目」.
86. 『洞契節目冊』, 「完議」.

웠고, 그 뒤에도 예전의 규례를 적용하지 못한 한계가 있었던 현실을 적었다. 동계를 지속하기 위한 계원의 협동 결과물로 이전보다 증대한 19조목의 절목을 합의했다. 내용은 기존의 동계 조목을 계승하면서 부조의 범위, 공유자산 관리, 계금 운영 그리고 계원 관리에 있어 변화를 반영했다. 절목 중 동계의 공유자산, 즉 집물의 관리는 절목을 정밀하게 다듬은 결과이다.

1. 장례 때 사용하는 상여, 집물은 일이 끝나고 난 뒤 역군이 모두 운반해 오고, 본가로부터 술 3병을 받고 마을의 술 3병으로 역군을 공궤할 것.
1. 교자와 장막 등 집물은 동계 계원의 신행 외에는 절대로 사용하는 것을 허용하지 말 것.[87]

동계의 집물은 계원에 한해 사용하되 대여비를 엄밀히 징수하여 발생할 수 있는 보수와 구매 등 관리에 대비했다. 그리고 상여와 교자 등의 관리를 강화하여 이용제한을 밝혔다. 이러한 개정 내용은 공유자산 운영 경험을 반영한 결과이기도 했다. 그리고 이들 집물에 대해 사용하던 물종과 새로 마련한 내용을 구분하고 각 항목별로 상세한 이용료를 명기하여 공유자산의 엄격한 관리로 호혜의 가치 지속을 도모했다.

방어리 동계는 1698년(숙종24) 사계를 흡수하여 중수한 뒤에도 계의 운영에서 발생하는 시행착오를 반영하여 계원과 함께 절목을 지속적으로 개정했다. 1841년(헌종7) 상동계로 개수하기까지 동계의 완의 혹은 절목의 개정 과정을 정리하면 다음과 같다.

---

87. 『洞契節目冊』, 「完議」.

> 1698년 무인완의→1702년 동계 추록→18세기 전반 완의→1749년 기사개절목(己巳改節目)→1767년 정해개절목→1782년 임인절목개정→1802년 임술신절목→1841년 상동계 신축완의문[88]

현재 남아 있는 고문서를 기준으로 살펴보면 최소 8회 이상 계원의 합의를 거친 의사조절로 규약의 개정이 이루어진 사실을 확인할 수 있다. 이처럼 150년 동안 동계를 유지하고 계속할 수 있었던 배경은 계원을 포함한 마을 주민의 공유자산과 상호부조 같은 호혜가치를 위한 지속적인 조율과 협동에 있었다.

갓뒤마을의 말림갓 개발과 동계

경주 국당리와 방어리의 마을 주민들이 조선시대 양반 혹은 무부들을 주축으로 동계와 사계를 조직하여 마을을 개발했다면, 경주 황성동의 갓뒤마을 동계는 읍치지역의 중인이나 서리층이 주도하여 조직했다.[89] 갓뒤마을은 지북동으로 불리며 조선시대 이래 현재까지 동계를 운영하고 있다. 1947년 계원 이길우는 마을회관 중건기에서 마을 동계의 내력을 밝혔다.

> 영조 경술년 손여지씨가 여기 우거할 때부터 처마에 '권농정양(勸農正養)'을 걸어놓았다. 그 규모와 절차가 삼대의 조철(助撤)이나 남전(藍田)의 '여씨향약'보다 못하지 않았다. 우리 마을의 수백 년 화합하고 평화로운 운

---

88. 『考往錄-乙巳年爲始』; 『契案 第7號』; 『洞契節目冊』; 『上洞稧案』.
89. 아래 내용은 정수환((2020), 「18~19세기 경주 갓뒤마을 말림갓의 호혜와 협동 가치」, 『조선시대 사회조직과 공동체의 운영원리-'호혜와 협동의 계보학' 연구단 전근대팀 연구과제 3차년도 결과발표회』, 한국학중앙연구원)의 원고를 수정 하였다.

수는 실로 여기서 말미암는다. 순조 신유년에 증조부 이용삼께서 옛 규약에 따라 중수하셨다. 철종 정사년에 이도형씨가 규정을 더욱 밝혔으며, (중간 생략) 고종 임진년 돌아가신 아버지 이근수께서 또 중수하고 현판을 걸어서...[90]

중건기 기록에 의하면 1730년(영조6) 갓뒤마을에 우거했던 손여지(1661~1732) 주도로 계가 처음 태동한 뒤 1801년(순조1), 1857년(철종8) 그리고 1892년(고종29) 동계의 개정이 있었음을 알 수 있다.[91] 하지만 동계의 활동 내용은 밝히지 않았다. 다만 『지북동안』에 1730년(영조6) 마을 주변에 숲을 조성한 사실을 밝히고 있어 동계의 활동 내용을 알 수 있다.

동계를 운영했던 경주 갓뒤마을

90. 『損義芳名記』, 「重建記」.

91. 주민의 증언에 의하면, 지북동 동계는 2000년대 까지 마을 주민 중심으로 운영되었으나 도시개발로 인해 해체되었다. 마을 인근에 존재했던 柳林도 2000년 제방도로 개설로 인해 사라졌다(경원대학교(2005), 『조선의 임수에 기재된 전통마을숲 고증답사 연구』, (사)생명의숲 국민운동, 98-105쪽).

갓뒤마을에서 동계를 조직하고 활동한 내용 중에는 숲 조성이 있었으며, 그 숲은 황성공원 일대였다. 경주시 황성동과 갓뒤마을에 걸쳐 황성공원이 조성되어 있으며, 공원에는 황성숲이 펼쳐져 있다. 황성숲은 말림갓으로 북으로는 갓뒤마을, 옆으로는 고성이 인접해 있다. 1970년대까지도 황성숲은 임정숲과 유림숲이 서로 이어져 있으면서 갓뒤마을과 관련 있었다.[92]

황성숲, 특히 갓뒤마을 일대에 말림갓을 가꾸게 된 배경은 동계의 입의에 서술하고 있다.

> 우리 마을의 북쪽 방면이 공허했다. 그래서 경술년 나무를 심을 수 있는 주인이 있는 3곳의 전토를 값을 주고 매득하자마자 많은 인력을 들여서 소나무를 심고 배양한 사실이 이미 6년이 되었다. 그런데 인심이 각박하여 남의 소나무 밭에 들어가는 것을 꺼리지 않는다. 그리고 간혹 함부로 베어가는 놈이 있고, 어쩌다가 낫으로 땔감을 모아가는 자가 있다. 생각이 여기에 이르면 한심한 마음이 드는데 처음에 마을을 위해 밭을 사서 나무를 심은 뜻이 과연 미안하다.[93]

1735년(영조11) 2월 24일 개수한 동계의 절목 내용이다. 마을에서 6년 전, 즉 1730년(영조6)에 인근 토지를 사서 마을의 인력으로 나무를 심고 숲을 조성한 사실을 강조했다. 이 숲에서 목재나 땔감을 제공받았는데 숲 조성에 기여한 마을 주민과 계원이 아닌 사람으로부터 침해가 발생하자 여기에 적극 대응하기로 결의했다. 이처럼 갓뒤마을 주민들

---

92. 황성숲은 황성쑤라고 하며, 고양쑤(高陽藪), 논호쑤(論虎藪)로 불리면서 임정쑤(林井藪,林藪)와 이어져 있었다(한글학회(1979), 『한국지명총람』5, 199-200쪽).

93. 『枝北洞中節目』, 「乙卯2月24日改節目」.

은 숲을 공유자산으로 조성하고 동계를 통해 숲이 제공하는 호혜의 가치를 수호하기 위한 협동을 실현하고 있었다.

처음 숲을 조성할 당시의 기록을 보자. 1730년(영조6)의 동계의 절목에는 마을에서 숲을 조성한 배경과 과정을 상세히 적고 있다.

> 마을 북쪽이 공허하여 터가 부족한 점이 일찍이 지사가 한탄한 내용이었다. 생각하니 우리 마을 계원이 안타깝게 생각하지 않음이 없어서 일찍이 나무를 심어 북쪽의 빈터를 막고자 한 지 오래되었다. 그런데 심을 곳이 모두가 주인이 있는 땅이라 어쩔 수 없이 지금에 이르렀더니 비로소 의견을 모아서 나무 심을 땅을 샀다. 오늘 모두 나아가 나무를 심으니 큰 다행이다.[94]

새해 정월 25일 갓뒤마을 주민이 결의한 내용이다. 마을 북쪽이 공허하여 오랫동안 토지를 사서 나무를 심자는 의견이 있었음에도 실행에 이르지 못했던 과거를 밝혔다. 그러다가 이 해에 동계의 계원이 결의하여 계금을 활용해 땅을 사고 나무 심기에 착수했다. 인용문은 공유자산 형성의 필요성 인식, 의견의 조율 그리고 공동 노동을 통한 동계 구성원의 협동 내용을 밝혀 적고 있다.

94. 『枝北洞中節目』, 「庚戌正月25日基後北植松立議」.

18세기 말 『경주읍내전도』에 묘사한 갓뒤마을과 일대 말림갓
*국립경주박물관(2013), 『조선시대 경주』, 20쪽.

갓뒤마을 주민으로 구성한 동계가 숲을 조성한 배경은 단순히 마을 북쪽이 공허하니 지기를 보강해야 한다는 풍수가의 조언 때문만은 아니었다. 경주 북천을 따라 조성한 황성숲과 갓뒤마을 숲은 수해의 위험에 대비하는 성격이 있었다. 실제로 북천 일대에는 신라시대부터 수해에 대비하여 제방과 숲을 조성하고 관리하는 활동을 지속하고 있었다. 갓뒤마을에서 숲 조성을 결의한 1730년(영조6) 이전에도 홍수로 인해 유실된 북천 제방에 대한 보수가 실시되었다.

> 나무와 돌로 된 높은 둑은 고려시대부터 유지했는데 지금 다시 수리하고 고치니 때는 정해년이다. 이를 계기로 물길을 형세를 따라서 잘 인도하여 물은 옛 길을 따라 흐른다.[95]

1707년(숙종33) 홍수 때문에 북천의 제방이 유실되자 보수했다. 그리고 인용문은 당시의 보수 내역을 암벽에 새긴 「알천제방기적비」 내

95. 국립경주박물관(2013), 『조선시대의 경주』, 59쪽.

용이다. 알천, 즉 북천은 고려시대에도 홍수를 대비하여 관리했는데, 이 해에도 홍수로 제방이 무너지자 보수가 있었다. 제방보수는 숲 조성 및 관리와 연계되어 있었다.

> 동천의 수해로 인해 피해를 입은 지 오래되었다. (중간생략) 돌을 쌓아 제방을 만들고 나무를 심어 비보로 삼아 숲이 5리나 뻗어 있어 수해의 근심을 피했고...[96]

1646년(인조24) 동천의 제방이 훼손되자 이를 보수한 뒤 경주의 향중에서 결의한 「향중입의(鄕中立議)」 내용이다. 동천 범람으로 인한 수해를 방지하기 위하여 조성한 숲의 성격을 비보, 즉 비보림으로 명명했다. 이런 전례를 참조하면 1730년(영조6) 갓뒤마을에서 숲을 조성한 이유는 풍수가가 지적한 땅기운의 보강보다는 수해 방지를 목적으로 한 비보림의 조성이었다고 볼 수 있다.

갓뒤마을 동계에서 조성한 비보림은 수해뿐만 아니라 풍해 방지와도 관련이 있었다. 2005년 연구결과에 의하면, 갓뒤마을이 자리 잡은 경주평야는 동해에서 불어오는 북풍, 겨울의 혹한을 동반하는 대서풍 그리고 여름의 남편풍으로 인하여 농업과 주거에 제한이 발생할 요인이 높았다.[97] 숲은 강한 바람을 막아주는 기능과 더불어 토지의 표토 유실을 줄이고 작물 생육을 보호하며 주거 피해를 줄이는 효과가 있었다. 갓뒤마을 동계는 풍수해 방지라는 현실적 문제를 해결하기 위해 공유자산으로서 숲을 조성하고 호혜의 가치를 형성했다. 조성 결과 숲으로

---

96. 韓國國學振興院(2009),『慶州李氏 楊月門中 古文書資料集成』, 72-73쪽.
97. 경원대학교(2005), 앞의 책, 89-90쪽. 한편 1913년 「農商工部長官決議-森林山野國有私有區分 調書」에서도 이 숲은 풍수해방지를 위해 조성한 대표적 사례로 언급했다.

부터 목재와 땔감같은 부가 수입을 획득하게 되면서 동계의 결속과 협동의 중요성은 더욱 증대했다.

숲 조성의 주체는 갓뒤마을 주민들로 구성한 동계였고, 동력은 계원의 호혜를 위한 협동의지였다. 숲 조성에 대한 결의는 동계 운영의 결과였다. 동계의 기원은 현재 전하는 고문서에 의하면 1725년(영조1) 이전으로 볼 수 있다. 이 해 10월 28일 개수한 동계의 절목이 남아 있다. 절목은 상례와 혼례에 상호부조하는 내용, 신입 동원의 자격, 동계의 조직 그리고 동계운영의 질서를 위한 규칙을 규정했다.[98] 이미 살펴본 내용과 같이 국당리와 방어리 동계의 운영 방식과 대동소이하다. 다만, 이웃 동계 내용과 달리 공동 노동에 대한 강조가 있다는 사실을 주목할 필요가 있다.

> 1. 토역(土役)을 할 때에는 새벽에 각각 점심, 소쿠리, 지게, 삽 등의 물건을 지니고 일하는 곳에 와서 점고하고 일을 한다. 만일 결석한 사람이 있으면 관에 알려 조치한다. 가재(家材)를 운반할 때에는 각각 사람과 말을 내어 옮겨 주고, 논을 만들려 할 때 또한 토역과 같다. 그러면 주인이 술과 안주를 장만해 제공한다.
> 1. 도둑을 잡기 위한 수직은 퇴임자와 공사원·유사 가릴 것 없이 그 가솔이 있으면 모두 항상 수직한다.[99]

절목에서는 토역, 즉 협동노동을 위한 상호부조와 도둑 방지를 위한 봉사 규칙을 담고 있었다. 토역은 농기구를 각자 준비하고 계원 모두

---

98. 경주지역 강동면 국당리 상동계, 외동읍 방어리 상동계 등 다른 동계의 경우도 혼상에 대한 상호 부조와 임원에 대한 규약이 운영되었다(정수환(2019), 앞의 글).

99. 『枝北洞中節目』, 「乙巳十月念八日節目改修」.

가 의무로 참석하는 협동 노동의 가치를 중요시했다. 가재와 같은 재목을 운반 할 때에도 노동력과 우마를 동원했다. 그리고 번화한 읍치 인근 마을에 도적의 피해가 잦자 마을 계원 모두가 포도활동에 참여하게 했다.[100] 이로서 마을의 안녕과 공동 노동이라는 호혜를 위한 협동의 구조를 완성하고 있었다. 길흉에 대한 상호부조 외에 토역, 포도에 관한 규약은 갓뒤마을 동계의 호혜를 위한 협동의 실체였다. 이러한 경험이 5년 뒤 숲 조성을 위해 토지를 매입하고 식목을 위해 효과적으로 협동 노동을 실현하는 동력으로 작동했다.

동계는 1730년(영조6) 나무를 심고 나무 관리와 관련한 규약을 결의했다.

> 한 번 심은 뒤에는 소나무가 반드시 무성할 것인데, 무성할 때에 혹시 어리석은 자들이 소나무를 베는 폐단이 있으면 그 죄가 가벼울 수 없으니 특별히 중대한 법을 시행하고자 한다. 어린 소나무를 벤 자는 벌금 5전을, 중간크기의 소나무를 벤 자는 1냥을, 큰 나무를 벤 자는 5냥을 징수한다. 만일 거부하는 자가 있으면 곤장 20번을 친다. 다른 마을 사람이 들어와서 나무를 베었을 경우에는 관에 고하여 나무를 배상하게 한다.[101]

공유자산으로 조성한 숲의 이익은 계원과 마을주민이 공유해야 했다. 그럼에도 동계를 운영하는 과정에서 계원 중 사적인 이익을 취하는 사례가 발생했다. 대책으로 숲 훼손 정도에 따라 벌금에 차등을 두었고, 동계에서 규약을 어긴정도가 심각한 경우 벌주는 내용도 합의했다. 그리고 계원 외의 사람에 대해서는 일체의 훼손에 대한 보상을 다짐했

---

100. 『枝北洞案-甲申孟冬改』.

101. 『枝北洞中節目』, 「庚戌正月25日基後北植松立議」.

다. 이 사례는 공유자산의 호혜를 유지하기 위해 내부와 외부의 위협에 대응한 협동의 결과이다. 그리고 숲을 조성한 뒤 지속적인 관리를 위한 규약의 개정도 있었다.

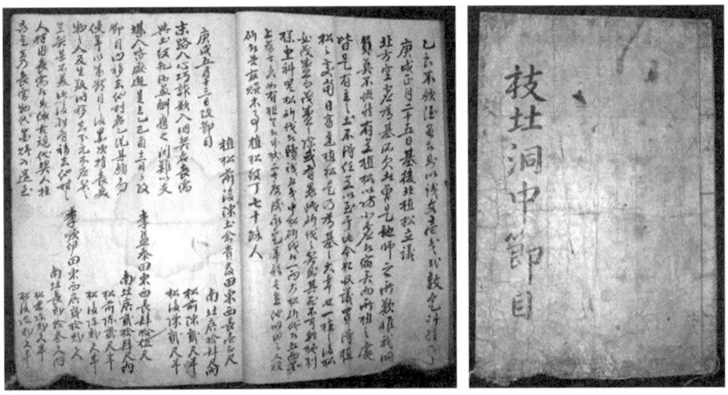

1730년 지북동 동계에서 숲을 조성하기 위해 결의한 절목
*조철제 제공

숲 조성 당시의 규약이 준수되지 못하자 1735년(영조11) 절목을 개정했다.

> 나무를 베어낸 자를 우선 찾아내어 몽둥이질 7번을 한 뒤에 지키는 사람을 정해서 보호하게 했다. (중간 생략) 매달 그믐마다 소나무 밭을 상세히 살피는데, 만일 나무를 베어낸 폐단이 있으면 그 찍어낸 사람과 지키는 사람들에게 절목에 의거해서 속전을 한 그루마다 5전씩 추징한다. 만일 베어낸 사람을 체포하면 벤 사람을 절목에 의거해서 곤장으로 다스린다.[102]

---

102. 『枝北洞中節目』, 「乙卯2月24日改節目」.

개정한 절목에는 함부로 땔감을 채취하거나 나무를 벤 사람에 대한 체벌과 같은 강화한 숲 관리 내용이 포함되었다. 숲을 감독하는 담당자를 정하고 3개월을 주기로 교체했다. 한편으로는 숲의 훼손이 있을 경우 훼손 당사자는 물론 담당자에게도 벌금을 부과하여 감독 강화를 도모했다. 이러한 절목의 강화는 1730년(영조6) 말림갓 조성 당시 결의한 절목이 잘 준수되지 않자 현실책을 보완한 결과였다.

동계의 결속과 공유자산 관리를 위한 규약을 담은 절목은 상황에 따라 수정과 보완을 거듭했다. 1764년(영조40) 동계를 새로이 중수하고 숲에 대한 보수를 강조했다. 그리고 숲 감독 담당자를 지원하는 대책을 포함했다.

> 각자가 엽전 1냥씩을 내어 오십 여 두락의 밭을 매입하였다. 그러자 동장과 공사원을 하겠다고 자원하는 이들이 있었으니, 밭을 사들인 측효를 본 것이라 할 수 있다. 이 밭들 가운데 반은 감독의 책임을 겸하는 동장에게 주고, 남은 반은 숲 감독관을 겸하는 공사원에게 준다. 밭이 없는 사람에겐 밭을 가지는 이익을 주고, 임기를 한 달로 하여 마을을 책임지는 괴로움을 없애주면 칠십 가구가 일 없이 평안할 것이다.[103]

동계에서 숲을 감독하고 관리하는 일이 고역으로 치부되면서 계원 중에 이 일을 회피하는 현상이 나타났으며, 인용문은 여기에 대한 대응을 담고있다. 옛 제도를 다시 부흥시키기 위해 새로이 기금을 조성하고 밭을 매득했다. 토지의 매득으로 숲 감독의 고역에 대한 보상책을 마련하여 계원의 참여를 유도하는 절충점을 찾았다. 이러한 합의에 도달하

103.『枝北洞案-甲申孟冬改』,「序」.

기까지 동계 계원들의 의견 교환을 통한 합의, 즉 협동의 과정이 있었음을 알 수 있다.

1769년(영조45), 동계는 일부 소유가 바뀌거나 훼손된 숲의 현황을 파악하고 말림갓의 훼손이 확대되지 않도록 경계했다. 이어서 1772년(영조48) 마을에 부과된 땔감 납부의 역에 대한 대응이 고역으로 부상하자 이를 위한 대안도 마련했다.

> 봄과 가을에 땔감과 숯의 검사와 납부는 항상 때가 이르거나 늦거나 하며 일정하지 않아서 담당자의 책임에 한정이 없었다. 따라서 이제부터는 따로 결의하여 마을의 각 책임자가 11개 호구씩을 분담하여 검사납부의 수고를 나누기로 한다.[104]

마을에 세금으로 부과된 땔감과 숯, 즉 시탄 납입을 위해 마을 동계에서 대응하고 있다. 마을의 공동 이익을 위해 조성했던 숲이 18세기 후반에는 고을에 납입해야 할 시탄의 역을 가중시키는 역설적인 현상이 발생했다. 이에 따라 동계에서는 적기에 납입을 실현하여 마을 구성원의 불이익을 줄이기 위해 계원이 부담을 나누는 대안을 마련했다. 이 또한 변화하는 현실에 대한 동계의 적극 대응이자 계원의 호혜를 위한 일종의 협동이었다. 그러나 이러한 마을 숲의 부담이 가중하자 동계는 지속성을 확보하지 못하고 일시적으로 중단되었다.

---

104. 『枝北洞案-甲申孟冬改』, 「壬辰6月25日 立議」.

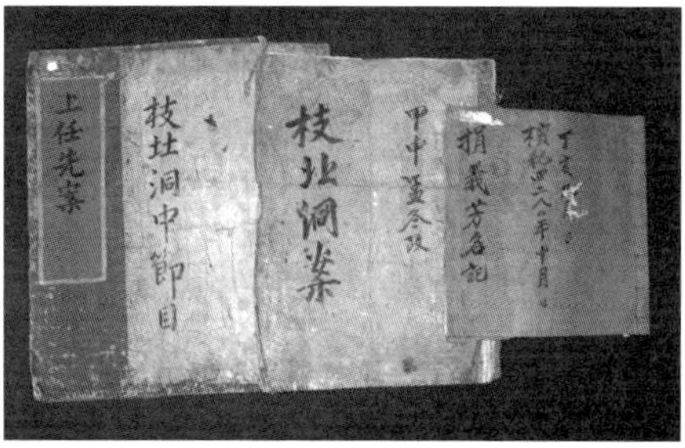

1830년 지북동의 『상임선안』
*조철제 제공.

중단되었던 동안을 1830년(순조30) 다시 정비했다.[105] 그러나 19세기 들어 동계가 지속하지 못하고 간헐적으로 중수를 거듭했고 마을 숲의 수호에도 제한이 있었다. 1857년(철종8)의 동계기록에서 동계를 다시 복원한 취지를 다음과 같이 밝혔다.

> 가을에 내가 한두 동지들과 옛 문서를 찾아 새로운 안건을 도모하려는 이유는 진실로 풍속의 범절을 공경하고 우러르는 중에 나온 결과이다. (중간생략) 아! 후래의 사람들이 "나는 저 긴 숲을 진실로 볼 수 없을 것이다." 라고 하나, 장림의 숲은 천백 세가 되더라도 오히려 울창할 것이다.[106]

발문을 지은 조윤홍은 갓뒤마을 주민 주도로 동계를 조직하고 말림갓을 조성한 내력을 고문서를 통해 확인했다. 그리고 동안과 관련한 문적을 찾아 계를 새로이 정비했다.[107] 숲, 즉 장림(長林)을 마을의 상징

---

105. 『枝北洞案』; 『先案』.
106. 『上任先案』, 「丁巳霜月上浣昌寧曺允洪謹跋」.
107. 마을 숲 조성에 대한 내력의 확인을 위해 마을의 문서 중에 遺蹟을 찾아내고 『洞案』을 다시 정리했음을 밝히고, 『상임선안』에서 동안을 계승한 사실로 정리했다(『上任先案』, 「丁巳霜

으로 강조하고 1730년(영조6) 나무를 심기 위해 확보했던 토지 현황을 문서에 적었다.[108] 19세기 중엽 동계를 복원하며 숲 관리를 재개할 수 있었던 배경은 18세기 이래 지속한 동계를 통한 호혜와 협동의 경험에 있었다.

갓뒤마을은 동계를 설립하고 1725년(영조1)~1764년(영조40) 11회에 걸쳐 동계의 입의와 절목에 대한 개수를 실현했다. 1764년~1772년(영조48)에도 의견 절충을 거쳐 6회의 동안 개정을 실현하여 마을의 협동 노력을 작동시켰다.[109] 그리고 19세기에도 잠시 중단되었던 동안을 1830년(순조30) 복원하고 1857년(철종8) 중수했다. 조선후기 120년 이상 동계를 지속하며 숲 관리를 계속할 수 있었던 배경은 18세기 이래 동계를 중심으로 한 호혜와 협동의 경험에 있었다.

동계를 조직하고 공유자산 형성을 통한 현실적 호혜가치를 유지하기 위해 계속하여 협동을 유지한 경험은 현대 대한민국의 농촌개발에도 작동할 수 있는 배경이 되었다. 경북 영덕 무안박씨 일가의 성리학 가치와 양반의 위상 확립을 위한 마을 개발 노력, 그리고 전북 남원 순흥안씨 일가의 성리학 가치를 토대로 현실적인 공유자산인 선영의 금양을 위한 족계의 결속과 협동이 있었다. 경주 국당리의 다수 마을에서 여러 성씨가 환난에 서로 돕기 위한 동계결속, 방어리의 무부와 양반의 2차례에 걸친 마을 개발 그리고 갓뒤마을의 말림갓 조성과 이익 공유를 위한 장기간의 협동 노력까지 역사적 경험의 범주도 넓다. 이러한 호혜와 협동의 경험은 현대 대한민국 농촌개발에 하나의 유산으로 작용했다. 1970년대 전국단위로 전개한 새마을 운동이다.

月上浣月城李根浩謹跋」).

108. 『上任先案』, 「植松戰後陳土更謄」.

109. 『枝北洞中節目』; 『枝北洞案-甲申孟冬改』.

2장
농촌개발 운동의 신화, 새마을 운동

1970년대 대한민국의 농촌개발 프로그램의 현황과 그를 둘러싼 여러 논쟁들을 '새마을 운동'을 중심으로 살펴본다. 한국 농촌개발의 방향은 경제적 풍요에 있었다. 아래 노래 가사는 새마을 운동과 관련한 상징적 의미를 담고 있다.

> 잘 살아 보세. 잘 살아 보세. 우리도 한번 잘 살아보세! 잘살아 보세! 금수나강산 어여쁜 나라 한 마음으로 가꾸어 가면 알뜰한 살림 재미도 절로 부귀영화는 우리 것이다. 잘 살아 보세! 잘 살아 보세 우리도 한 번 잘 살아 보세 잘 살아 보세 (한운사, 1962).

한운사가 작사한 '잘 살아 보세'라는 이 노래는 비록 1960년대에 소개 되었음에도 1970년대 새마을 운동 전개를 계기로 널리 유행했다. 가사가 새마을 운동의 방향을 상징적으로 담고 있었기 때문에 조합이 잘 이루어 졌다. 가사 중 "잘 살아 보세"라는 외침은 경제적 풍요를 암시했으며, 이 내용이 바로 새마을 운동의 목표이기도 했다.

농촌개발 일환으로서 새마을 운동은 1970년대 한국이 성취한 하나의 기적이자 유산(Legacy)으로 남았으며, 성과는 오늘날 국제개발의 관점에서 재평가하고 있다. 새마을 운동에 뿌리를 둔 농촌개발을 위한 한국의 국제개발 모델은 이른바 '개발도상국', 혹은 '개발'을 고려하고 있는 국가들로부터 객관적으로 주목을 받고 있다. 그렇지만 이러한 새마을 운동을 적용한 농촌 개발 모델은 이제 새로운 도전을 고려해야 할 때이다. 도전 방향은 바로 수원국, 혹은 도입국의 역사적 배경을 심층적으로 이해하고 농촌개발 현장에서 나타나는 현상에 공감하면서 프로그램에 토착적 요소를 적극 반영하기 위한 노력과 연결되어 있다. 이런 측면에서 새마을 운동을 기반으로 국제개발로서 농촌개발의 모델을 개발하고 이를 세계 개발 시장에 수출하는 현실의 긍정적인 요소를 먼저 살펴본다. 이어서 이런 도전을 위한 정책으로 인해 유발되는 난관에 대해 분석한다.

한국의 농촌개발로서 새마을 운동에 대한 양면의 분석 시각이 있다. 한국 새마을 운동의 성취에 방점을 두면서 1970년대 이 운동을 둘러싼 긍·부정의 성과에 대한 분석이 있었다.[1] 새마을 운동 성공의 요인은 정부의 물리적 자본 지원과 정책적·행정적 후원을 바탕으로 새마을 지도자의 희생적인 리더십 그리고 사회적 자본으로서 주민의 자발적 참여가 제시되었다.[2] 이러한 성과 분석을 바탕으로 1970년대 한국 농촌개발에 대한 성취와 한계를 재론한다. 이를 통해 한국의 농촌개발 경험이 지니고 있는 가치와 국제개발 시장에 있어 적용 가능성을 평가한다. 그 과정에서 초기의 농촌개발 운동이 전개된 포항의 한 마을 사례를 분석하여 실제에 접근한다.

1. 농촌개발 운동의 궤적과 성취

새마을 운동은 국내뿐만 아니라 해외에서도 농촌개발 운동의 대표적 사례로 손꼽한다. 한국 농촌개발 정책의 시작과 역사적인 전개 상황을 정리함으로써 새마을 운동의 배경 파악은 물론 성과에 대한 평가가 가능하다. 이를 위해 한국 농촌개발 운동의 전개 양상을 먼저 살펴본다.

한국의 농촌개발은 독립과 동시에 국가 및 민간 주도로 여러 형태의 개발 운동으로 전개되었다. 이들 프로그램은 운용 과정에서 시행착

1. 임한성(2014), 「경상북도 새마을 운동 시범마을 조성사업 효과성 제고방안: 에티오피아 사례를 중심으로」, 『새마을 운동과 지역사회개발연구』10, 101쪽.
2. 임한성(2013), 「새마을 운동의 성공요인에 관한 사례 연구」, 『지방정부연구』17-3.

오를 거듭하다가 새마을 운동을 계기로 전환점을 맞이했다. 여기에는 1970년대 이른바 '조국 근대화', 혹은 '산업화'라는 명분과 구호 아래 계량적으로 눈에 띄는 성과를 목표로 했던 정책적 지향이 작용했다. 물론, 이 시기 군사정권 체제 아래에서 독재 정권이 집권 안정을 위한 정치적 목적에서 성취를 강조한 결과이기도 했다.

새마을 운동을 홍보하기 위한 마을 정비 사례
*Ministry of Culture and Information. (1979)
Saemaul Undong, Seoul: Samwha Printng, p.2.

새마을 운동 이전 한국 정부가 시도한 농촌개발 운동의 전개 사례를 간략히 살펴본다. 한국 농촌개발 운동은 정부가 계속하여 마주했던 정책의 시행착오 과정이었다. 1947년부터 실시한 농업 기술 훈련, 1958년 이래의 농촌 공동체 개발 프로젝트, 그리고 1961년부터 착수한 국민재건운동은 이러한 연속적인 농촌개발 정책의 이력이다.[3] 한국 현대

3. Chung, Kap-Jin. (2009) *Korean Saemaul Undong policy experience in the 1970s and its practice*, Seoul: Korean Development Institute, pp.19-20.

사에서 이러한 농촌개발 정책은 정권 안정을 위한 주민 동원의 수단으로 이용되면서 한계를 드러낼 수밖에 없었다.

한국 농촌개발 정책과 운동의 역사에서 새마을 운동의 전사로서 국민재건운동이 있다. 국민재건운동은 다른 농촌개발 정책에 비해 상대적으로 농촌의 경제수준과 생활환경 향상을 목표로 설정하고 있어 새마을 운동을 위한 청사진으로 규정되었다.[4] 이 운동의 목적 중에는 서구 선진국과 비교했을 때 경제적으로나 문화적으로 저개발 상태인 한국의 농촌을 해결하기 위해 지역 개발 단체를 자발적으로 구성하는 내용도 있었다.[5] 그런데, 운동을 위해 정치적 그리고 정책적 관점에서 진행한 정부의 재정 및 행정적인 지원은 오히려 지역에서 자발적으로 조직을 개발하는 활동을 저해하는 결과로 이어졌다.[6] 여기에는 새로 등장한 군부 정권이 1960년대까지도 명확한 근대화 혹은 산업화와 관련한 개념을 확립하지 못함에 따라 정부가 농촌 근대화와 연계한 농촌개발에 대한 관심과 의지를 집중하지 못한 데에도 원인이 있었다.[7] 국민재건운동의 사례와 같이 1950년대와 1960년대 전개한 농촌개발 정책과 운동은 정부주도의 하향식 마을 개발 움직임으로 규정할 수 있다.[8]

---

4. Ministry of Home Affairs. (1980) *A Summary of the Saemaul Undong*, Seoul: Chongpung Press, pp.50-51.

5. Central Association of NRM (National Reconstruction Movement). (1964) *A Handbook of the National Reconstruction Movement*, Seoul: Dong-A Press.

6. Economic Planning Board (1969), 'Financial aid for the National Reconstruction Movement', January available online at http://contentes,archieves.go.kr, accessed 18 August, 2014.

7. Cole, David C. and Lyman, Princeton N. (1971) *Korean Development: The Interplay of Politics and Economics*, Cambridge: Harvard University Press, p.227.

8. 지성태(2013), 「농촌종합개발 ODA 모델의 효과적 추진방안 연구-베트남 새마을 운동 시범사업 사례를 중심으로」, 『아시아연구』16-3, 222쪽.

이와 같은 시행착오에도 불구하고 조선시대 동계의 사례에서 살펴보았듯이 호혜와 협동을 위한 토착 농촌의 잠재된 경험은 1970년대에 추진한 새마을 운동을 위한 동력이 되었다. 농촌개발 정책의 경험과 동계조직의 유산은 하향식과 상향식 마을 개발 활동으로 결합을 가능하게 한 하나의 배경이었다고 볼 수 있다.

대표적 새마을 운동의 성과: 지붕개량과 안길 확장

*Ministry of Home Affairs. (1975)

Saemaul Undong Korea, Seoul: Samwha Printing, pp.31-32.

1970년대 이전부터 진행했던 농촌개발의 유산이 정부에 의해 새마을 운동으로 본격화하는데 작용한 사례가 있다. 지역의 산발적인 농촌개발 활동이 지속하는 과정에서 새마을 운동과 연계하기도 했다. 사례는 경상북도 청도군 신도마을의 경험을 들 수 있다. 이 마을은 1957년에 농로확장 운동을 마을 주민 스스로 전개하였으며, 1960년대에 마을 주민 중심으로 주거개선이나 수입증대 사업 등과 같은 활동으로 농촌개발 운동을 지속했다.[9] 특히 1960년대 마을 주민의 활동은 새마을 운동과 비슷한 성격과 형태를 지니고 있었다.[10] 신도마을과 유사한 사례가 1960년대 말 다수 존재했으며, 경북 포항의 문성리 또한 그중 하나였다. 마을에서 자발적으로 전개하고 있던 주거환경개선과 소득증대 노력 움직임은 당시 박정희 대통령에 의해 새마을 운동으로 제창되었다.

1970년대 비로소 농촌개발 운동을 새마을 운동으로 명명하고 정부가 본격적인 농촌 마을개발 지원을 실시했다. 직접적인 계기는 1970년에 개최한 전국 도지사 회의에서 박정희 대통령이 신도마을의 '마을 가꾸기 운동'을 새로운 농촌개발운동의 모범사례로 소개하면서였다.[11] 이로서 새마을 운동에 대한 정책적 지원이 본격화했다. 이 운동은 서구의 계몽운동에 영향받은 경제적, 정신적, 사회적 개발 운동으로서 국가 근대화 운동이라고 규정되었다.[12] 농촌개발 운동으로 새마을 운동이 기획된 것은 도시와 농촌 지역 사이 경제적 불균형 때문이었으며, 불균형 현상은 1970년대의 대통령 선거에 영향을 끼칠 상황으로 예견되면서 정권에서 농촌에 관심을 기울일 수밖에 없었던 배경이 되었다.[13] 선거 대응으로 농촌 빈곤을 개선하기 위한 새마을 운동은 1970년대 박정희 정권의 지속을 위한 정치적 정책이라고 규정하기도 한다.[14] 농촌개발

---

9. Saemaul Research Centre (Yeoungnam University). (2012) *Saemaul Story Telling: 43 days*, Cheongdo-Gun: Cheonggo-Gun.

10. 이환병(2012), 「1960년대 마을 개발과 농촌 새마을 운동의 초기 전개과정」, 『역사연구』23, 86쪽.

11. Ministry of Home Affairs. op. cit., 56-57쪽.

12. Ministry of Culture and Public Information. (1972) *Saemaul Undong: theory and development*, Seoul: Daehan Press, pp.70-72.

13. Ho, Samuel P.S. (1979) 'Rural-Urban Imbalance in South Korea in the 1970s', *Asian Survey*, 19(7): p.650.

14. Douglass, Mike. (2013) 'The Saemaul Undong: South Korea's Rural Development Miracle

운동에 정치적 배경이 작용하면서 정책적 노력을 기울인 결과 1972년에서 1978년 사이 해마다 곡물생산 증대속도가 7%를 상회하였으며 평균 농촌가구 수입은 거의 4배 이상 상승했다.[15] 이런 통계는 새마을 운동을 농촌지역 경제상황 개선에 기여한 사실에 대한 근거로 작용하면서 이 운동을 성공적으로 평가하는 근거가 되었다.

1970년대 전국 새마을 지도자 대회
*Ministry of Culture and Information. (1979)
Saemaul Undong, Seoul: Samwha Printing, pp.8-9.

새마을 운동 사업이 본격화한 뒤 소득 증대를 달성할 수 있었던 이유는 정부의 지원에 있었다. 하지만 정부는 이 사업 동력이 마을 주민의 역할에 있음을 강조했다.

먼저 시멘트와 철근 등 기본자재의 지원을 통하여 주민의 의욕을 자극하

---

in Historical Perspective', *Asia Research Institute Working Paper Series*, 197: p.3.
15. Brandt, Vincent S. (1979) 'Rural Development in South Korea', *Asian Affairs*, 6(3): pp.154-155.

고 마을에서는 지원된 자재를 공동으로 보관·관리하고 앞으로 추진해 나가게 될 마을 사업을 생각하는 사이에 '우리'라고 하는 공동체 의식이 주민들의 머리에 차츰 생각이 들게 되었고...[16]

시멘트와 철근 같은 정부의 자재 지원이 새마을 운동을 주민 주도로 실현하는 동력을 제공했다고 정리했다. 자재 공동 보관 및 관리 과정에서 '공동체 의식'이 발현되었다고 평가했다. 이러한 서술은 새마을 가꾸기 사업, 그리고 새마을 운동으로 정리하는 과정에서 주민의 동력을 발견하고 이를 근면과 협동이라는 새마을 운동의 요소로 규정한 결과를 반영하고 있었다. 정부지원 자금과 물품 이용을 위한 주민총회와 의견수렴, 의견결정 과정을 주민 공동체의 협동 단계로 설명하면서 이런 과정이 '자조의식'으로 이어졌다고 설명했다.

1974년부터는 새마을 운동의 방향성이 선명해지고 동시에 정치화했다. 그 해 새마을 운동의 방향은 다섯 가지로 정의되었다.

가. 새마을運動은 잘 살기 運動이다.
나. 새마을運動은 近代化 運動이다.
다. 새마을 運動은 韓國的 民主主義 實踐道場이다.
라. 새마을運動은 愛國心을 기르는 實踐道場이다.
마. 새마을 運動은 維新理念의 實踐道場이다.[17]

새마을 운동의 가치에는 경제적 성취, 근대화, 민주주의, 애국을 비

16. 內務府(1973), 『새마을 運動-시작에서 오늘까지』, 65쪽.
17. 內務府(1974), 『새마을運動-시작에서 오늘까지』, 13-21쪽.

롯하여 정치구호 '유신'을 포괄했다. 60년대 후반에 전환점을 맞은 지역 마을 단위의 농촌개발 운동이 새마을 가꾸기 운동 그리고 72년 새마을 운동으로 정립된 이후 1974년 새로운 전기를 맞이하고 있었다. 뿐만 아니라 1974년 이후 새마을 운동의 영역은 농촌에서 도시까지 확장하면서 이른바 '都市 새마을 運動'을 전개하기에 이르렀다.

새마을 운동 확대와 방향전환을 계기로 이 사업의 연혁에 대한 정비가 이루어졌다. 정부는 1978년 새마을 운동의 전개 단계를 다음과 같이 정리했다.

> 가. 基本方向의 闡明: 1970년 4월 22일 지방장관 회의
>
> 나. 發展基盤의 造成: 刺戟點火의 決斷(1971), 點火半徑의 擴大(1972), 自律實踐의 基盤確立(1973)
>
> 다. 自助發展의 持續: 自律參與의 風土成熟(1974), 定着基盤의 驅逐(1975), 深化發展의 持續(1976)
>
> 라. 自立完成의 追求: 自立完成段階에의 進入(1977), 自立完成體制로의 前進(1978)[18]

1970년 박정희 대통령이 지방장관 회의에서 언급한 새마을 가꾸기 운동 제안을 새마을 운동의 '기본방향 천명'으로 규정했다. 그리고 이듬해 '10대 가꾸기 사업'을 위한 정부의 지원을 새마을 사업에 대한 자극 점화로 설명했다.[19] 이후 1973년까지 해마다 새마을 운동의 확대를 '발전기반의 조성'으로, 다음 단계로 '자조발전의 지속'과 '자립완성의

---

18. 內務府(1978), 『새마을運動-시작에서 오늘까지』, 20-34쪽.

19. 10대사업은 곧 마을 진입로 확장, 소하천과 소류지의 정비 그리고 공동 우물, 공동 빨래터, 퇴비장 설치, 마을 식수 개선 등이었다(內務府(1978), 앞의 책, 23쪽).

추구'로 정리했다. 1978년까지 4단계로 구분한 새마을 운동은 사업의 성취와 성과를 전제로 했으며, 이를 통해 정부는 지속적인 운동 참여와 성과를 독촉했다.

1981년 출범한 제5공화국은 새마을 운동의 정치적 활용을 전제로 1970년대 실시한 이 운동에 대한 재평가를 실시했다.

> 새마을運動의 成果에 대해 그것을 否定하는 사람은 한 사람도 없다. 새마을運動 10년이 지난 이 時點에서 새마을運動이 이룩한 農村의 近代化 운동으로서의 意義와, 우리의 産業革命을 추진하는 기반으로서의 役割과 공헌 그리고 國民敎育과 實踐운동으로 國民의 國家觀과 民族의 自意識과 矜持를 고취 시킨 精神革命운동으로서의 寄與는 後日의 歷史가 높이 平價해 주리라 믿는다.[20]

새마을 운동에 대한 성과를 부정하지 않는 절대가치로 규정하고 10년 동안 진행한 새마을 운동의 성과를 요약했다. 새마을 운동의 성취를 농촌의 근대화, 도시의 산업화 양축으로 정리했다. 근대화를 통한 소득의 증대는 국가에 의한 국민 정신개조, 즉 행정효과의 극적인 성취로 달성 되었다고 강조했다. 이러한 평가는 1980년대 새마을 운동과 그 조직을 또 다른 정치화로 연결하기 위한 의도가 잠재되어 있었고, 이는 또한 1970년대 전반 농촌 새마을 운동과의 결별수순이기도 했다.

농촌개발로 출발한 새마을 운동은 1980년대 방향 전환을 맞았다. 새마을 운동이 군사 정권에 대한 정당성 확보와 정치적 목적을 위한 주민 동원 수단으로 변질 혹은 전환되었다. 새마을 운동은 농촌지역 새마

---

20. 內務府(1981), 『새마을運動-시작에서 오늘까지』, 31쪽.

을 운동이 성행하자 '공장 새마을 운동'이라는 이름으로 개편하여 도시 지역으로 확장했으나, 이와 동시에 현실적으로 1970년부터 대두한 임금 향상 움직임의 영향으로 공장 노동자들이 공감하지 못하면서 난관에 직면했다.[21] 뿐만 아니라 도시와 농촌의 수입 불균형은 새마을 운동을 계기로 통계상 완화된 성취가 있었음에도 현실적으로 1970년대 말까지 괄목할 만한 개선의 조짐이 없었다. 이런 상황에서 새로이 출범한 전두환 군사정권은 도농간의 소득 불균형 완화를 위한 목적이 아닌 새마을 운동 조직을 정권유지를 위해 편재했다. 새마을 운동 조직이 전두환 동생에 의해 사유화되고 부패한 사실은 이를 보여주는 하나의 사례이다.[22] 이런 현실에 따라 농촌지역에서의 새마을 운동마저도 참여율 저하를 야기하게 되면서 70년대의 새마을 운동과 같은 농촌개발의 방향과 성과를 더는 계승할 수 없었다.

새마을 운동의 한계가 있었지만 농촌개발 정책과 노력은 1990년 이후에도 계승되었다. 1990년대의 농촌 정주권 개발사업이나 2000년 들어 농촌 마을 개발 계획, 그리고 2010년 농촌 복지개발 개념이 정부에 의해 제시되었다.[23] 농촌 정주권 개발사업은 도로, 농공단지 조성으로 농촌 공동화 해결을 위해 농촌에 대한 접근성 향상과 농업 주민의 기간제 일자리와 생활환경개선에 집중했다.[24] 그와 더불어 농촌마을 개발 사업은 직접적으로 생활환경을 향상시키고 복지시설을 증대시켜

---

21. Cho, Soon. (1994) *The Dynamics of Korean Economic Development,* Washington: Institute for International Economics, p.103.
22. Boyer, William W. and Ahn, Byong Man. (1991) *Rural Development in South Korea: A Sociopolitical Analysis,* Cranbury and London: Associated University Presses, pp.45-49.
23. 지성태, 앞의 글, 222쪽.
24. 김학용·오무영·이신호(1996), 「농어촌 정주생활권 개발계획 수립을 위한 마을특성분석 방안 연구-성내면을 대상으로」, 『한국농공학회지』38-6, 61-63쪽.

서 살기 좋은 농촌 공동체를 건설하는 목표와 관련이 있었다.[25] 이처럼 새마을 운동에서 비롯한 농촌개발 운동은 2000년 이후에도 변화를 거듭하고 있다. 이러한 사실은 비록 절대 빈곤문제가 완화 혹은 해결되었음에도 상대적 가난이라는 개념이 대두하고 있으며 동시에 농촌 지역의 인적·물적자본이 유출됨에 따른 농촌 마을의 해체라는 문제에 대한 대응을 반영하고 있다.[26]

한국의 농촌 개발은 현재 진행형이기도 하다. 새마을 운동은 1960년대 마을주민 주도의 지속적인 마을 환경개선 노력이 계기가 되어 1970년대 경제적 가난을 해결하기 위해 전국 규모로 조직하여 확장되는 성취를 이루었다. 이후 1980년대의 침체기를 거쳐 21세의 생활환경에 발맞춰 전환기를 맞이하였는데, 이처럼 농촌개발은 진화와 변화를 거듭하고 있다.

2. 마을 가꾸기와 새마을 운동

한국 농촌개발에 있어, 특히 새마을 운동의 발흥 및 전개와 관련해서는 여러 신화적인 사례가 있다. 경북 청도 신도마을은 1968년 수해 이후 대통령의 우연한 마을 복구현장 방문을 계기로 기존의 농촌개발 운동이 새마을 운동으로 비화한 사례로 강조되고 있다. 경북 포항의 문성리는 대통령이 주관한 전국 도지사회의에서 마을 개발의 대표 사

25. 박창규·김혜영(2011), 「지역주민의 농촌마을종합개발사업에 대한 인식이 농촌관광개발 인식과 태도에 미치는 영향」, 『한국경제지리학회지』14-3, 421-422쪽.

26. Chung, Ki-whan. and Oh, Nae-won. (1994) 'Republic of Korea', in Quibria, M.B. (ed.) *Rural Poverty in Developing Asia, Philippines*: Asian Development Bank, p.399.

례로 제시된 사실을 근거로 새마을 운동 발상지라는 부분을 부각하고 있다. 문성리는 정부에 의해 1971년 '새마을 가꾸기'의 성공사례로 언급되는 사건과 정부 표창을 받은 사실에서 이른바 '새마을 운동'의 발상지라고 주장하고 있다.

새마을 운동의 발생에 대한 추적은 1970년대 농촌개발 운동이 활발했던 사실 확인과 성공의 배경을 찾을 수 있는 계기를 제공한다. 한국 농촌개발에 있어 새마을 운동의 전개 실제를 살펴보기에는 신도마을과 문성리의 사례가 용이하다. 그중 마을 농촌개발 운동과 관련한 사진, 문서 등의 기록이 비교적 많이 남아 있는 경북 포항의 문성리를 사례로 1970년대 농촌개발 운동의 배경과 전개 과정을 살펴볼 수 있다. 특히 문성리의 경우 현대사회 이전의 토착 농촌공동체의 요소가 남아 있어 새마을 운동의 계기적 연결성을 찾을 수 있다.

토착 마을과 집성촌

경북 포항시 기계면 일대에는 조선시대 이래 집성촌이 산재하며 관련 유적들이 분포하고 있다. 현재의 기계면은 조선시대 경주부 소속이었다. 조선시대 경주부의 속현으로 기계현, 안강현이 존재했는데, 이들 두 고을은 인접하며 사회적, 경제적 생활권을 형성하고 있었다. 안강현 지역은 양동마을을 비롯하여 다수의 집성촌이 산재하고 있었다. 기계현 지역도 여주이씨, 경주김씨 등의 유력 사족이 사는 집성촌을 품고 있었다.

조선시대 기계현 문성리 주변에도 여러 성씨들이 토착 마을을 구성함은 물론 집성촌을 형성하고 있었다. 그리고 문성리 인근 봉계리에는 19세기에 건립한 동성마을의 상징건물 용계정사(龍溪精舍)가 있다. 정사를 중심으로 경주김씨 일족들은 종중회합을 하고 여러 마을 조직을 운영했다. 마을에는 상포계, 족계, 문계를 비롯하여 용계정사를 구심점으로 작동한 용계정계(龍溪亭契) 등 마을 운영과 협동을 위한 계가 있었다.

경주김씨 집성촌 봉계리의 용계정사(좌)와
남양홍씨가 세거하고 있는 문성리의 강오정 전경(우)

1971년 즈음 경북 포항시 기계면 문성리 전경
*포항 문성리 새마을운동발상지기념관.

문성리는 남양홍씨를 중심으로 여러 성씨가 함께 세거하고 있는 마을이다. 이 마을 또한 조선시대 여느 마을과 같이 마을 운영을 위한 각종 계를 조직 및 운영하였으며, 이를 위한 작동 원리는 바로 호혜와 협동이었다. 이러한 전래의 경험적 토착지식은 새마을 운동 당시 기계면 일대의 부자였던 남양홍씨 홍순락씨(면장)가 문성리의 새마을 가꾸기 사업에 홍선표(이장)와 더불어 협동을 선도적으로 실현하는 데 작동했다.[27] 마을을 위한 우선사업으로 농로확장을 시도할 당시 지주들의 반대로 난관에 직면하자, 홍순락씨가 자신의 토지 200평을 희사하여 마을 가꾸기 운동의 협동을 위한 동력을 부여했다. 이러한 움직임은 이미 살펴본 조선시대 마을에서 유형과 무형의 공유자산을 위해 주민간의 호혜와 협동을 실현했던 경험적 지식과 유산의 작동이라고 볼 수 있다.

마을 가꾸기 운동과 마을 협동

1960년대 말부터 농촌개발 운동의 일환으로 마을별로 여러 사업이 산발적으로 추진되고 있었다. 문성리 인근 지가동의 사례가 있다. 지가동은 1969년 6월 14일 마을 가꾸기 사업을 사진첩으로 정리했다. 마을 가꾸기 사업 내용은 4월 13일 유실수 식재의 성과, 4월 23일 마을금고 설치, 5월 5일 누에를 길러 소득을 높이기 위한 잠실 설치, 5월 26일 소를 기르기 위한 축우입식과 무축농 없애기 운동이었다. 5월 27일 일괄 실시한 주변 경관을 위한 마을 길 되찾기 운동, 어린이를 위한 놀이터 설치, 소득을 높이는 목적으로 농가부업 장려운동, 마을 공동재산 조성과 지하수 개발 내용도 사진첩에 정리했다. 이들 사업은 마을의 공동재산을 기반으로 마을을 가꾸는 노력을 진행한 성과의 일부였다. 이런 내용은 조선시대 마을 공유자산을 위한 호혜와 협동의 토착지식 작동을 암시한다.

27. 남양홍씨 홍순락씨의 주택은 '岡梧亭'으로 당시 홍부자댁으로 불려진 지주가였다.

1969년 지가동의 마을 가꾸기 추진 사례
*포항 문성리 새마을운동발상지기념관.

지가동과 동시에 문성리도 마을 가꾸기 운동을 전개했다. 1970년대 초반 새마을 운동의 전면 실시가 있기 전, 문성리 마을 주민들은 '마을 가꾸기 운동'의 일환으로 마을 우물을 정비했다. 주민은 마을 우물터에 대한 정비 필요성을 인식하고 이를 가장 먼저 실시할 것을 결의했다. 지붕이 없어 이물질이 여과 없이 우물에 투입되고 있던 현실을 확인하고 위생상황 개선을 목적으로 공동우물에 지붕을 설치했다. 우물에 강조한 '너도 나도 깨끗이'라는 구호는 마을의 호혜와 협동의 내용을 암시하고 있었다. 이러한 호혜와 협동의 연장선에서 마을 부녀자들 중심으로 공동 빨래터 조성 사업을 실현했다.

1970년대 초 문성리 새마을 가꾸기 사업관련 유적 및 자료:마을 우물 정비(좌), 마을 안길 확장(우)
*포항 문성리 새마을운동발상지기념관.

1970년대 초 문성리 새마을 가꾸기 사업관련 유적 및 자료: 빨래터 조성(좌), 마을회관 건설(우)
*포항 문성리 새마을운동발상지기념관.

마을 가꾸기 사업의 일환으로 마을 안길과 농로를 확장했다. 농로확장을 추진하여 1.8km의 도로를 5m의 폭으로 넓혔다.[28] 당시 마을의 유지였던 남양홍씨 홍부자댁에서 농지 200평을 희사하여 농로개선의 추진력을 확보하였다.[29] 이를 계기로 마을 안길 확장을 본격 실시 하였으며, 이 과정에서 면으로부터 차량지원을 받기도 했다.

마을 공동우물정비에서 안길 확장에 이르는 사업 외에도 마을 가꾸기 연장으로 농가소득 증대와 연결된 내용이 있다. 새마을 운동과 연결성을 지니는 농가소득 증대 사례였다. 사업 내용은 양계사업, 농가부업 개발, 양수장 설치, 천수답 뽕나무 밭 조성 등 이었다. 이들 중 대표적인 사례가 양수장 설치사업이었다. 양수장 설치는 1967년과 1970년 양년에 걸쳐 원동기를 설치하고 송수관 900미터를 구축한 성과이

---

28. 1971년 새마을 가꾸기 사업은 1972년부터 환경개선, 정신계발, 생산·소득 운동으로서 개념을 포괄하여 새마을 운동으로 정립했다(內務部(1973), 『새마을 運動-시작에서 오늘까지』, 32-33쪽). 1972년 새마을 운동은 전국 34,665개 마을 중 새마을 가꾸기 사업에서 성과가 있었던 16,600개 마을을 선정하여 이들 마을에 시멘트 500포와 철근 1톤씩을 지원했다.
29. 당시 '홍부자댁' 홍순락씨의 200평을 비롯하여 마을 이장 홍선표씨가 150평, 그리고 그 외의 지주들도 지원하여 모두 750평의 농지를 확보하고 추진했다고 전한다.

다. 이 사업으로 마을은 46ha에 이르는 농지에 몽리 효과를 달성했다고 판단했다. 이를 계기로 농가 수입액이 전에 비해 4,952천원~6,658천원으로 증대하였으며, 이 수치는 134%의 소득증대를 의미한다는 가치를 발견했다.[30] 마을 주민의 협동이 양수장 설치와 소득증대로 이어지면서 주민의 호혜실현은 마을 가꾸기 운동을 위한 지속적인 동력으로 이어질 수 있었다.

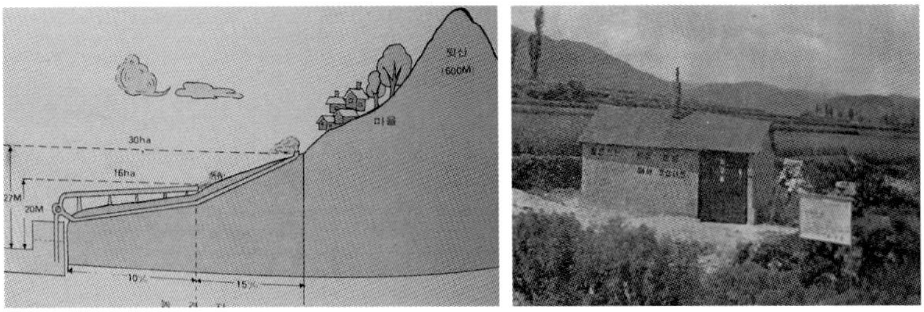

양수장 설치 단면도 및 설치전경
*포항 문성리 새마을운동발상지기념관.

양수장 설치에 대한 마을 구성원의 회고 내용은 마을 가꾸기 사업에 대한 배경과 전개과정을 간접적으로 보여준다. 비록 이러한 서술은 새마을 운동의 모범 사례로 주목을 받은 뒤 과거에 대한 '향수(Nostalgic)'에 바탕을 두고 있지만, 회고는 사업의 추진 배경과 경험 그리고 주요 성과를 분석할 수 있는 계기이다. 양수장 설치의 동기와 추진경위에 대한 회고내용이다.

문성동에서 1962년 홍선표라는 젊은 동장을 선출하여 마을 주민들이 단

30. 경상북도 영일군, 『문성마을 안내』.

합하여 마을 자체적으로 함께 잘살기 위하여 노력하고 67년 극심한 한해 때 주민협동으로 마을 앞 하천에 집수암거를 개발하고 30마력의 양수기를 공동구매하여 공중 양수로 천수답을 수리안전답으로 만들고, 길을 고치고, 소득증대를 위하여 상전조성과 홀치기 등의 사업을 추진하고 있었고...[31]

마을 가꾸기 사업에 앞서 젊은 동장이 리더십 토대를 닦고 있었다. 그러다가 마을에 닥친 한해의 위기를 마을 주민의 호혜를 위한 협동의 전기로 삼았다. 회고는 1967년 가뭄으로 수리의 문제가 발생하자 '주민협동'으로 마을 저지대의 하천에 양수기를 '공동구매'하여 수리안전답을 조성한 내용을 강조하고 있다. 즉, 주민이 양수기라는 공유자산을 마련하고 이를 활용하여 수리안전답을 위한 호혜를 목적으로 협동한 사실을 알 수 있다. 한편, 문성동 이장으로서 이후 새마을 지도자를 지낸 홍선표의 수기에는 마을 가꾸기 운동 당시 마을의 분위기를 묘사하고 있다.

도박이나 일삼고 무언가 해 보려는 의욕은커녕 실의와 나태에 빠져 겨우 600여 명의 동민들이 서로 헐뜯고 시기하며 단합이 안 되는 고질적인 주민들의 정신 개조가 급선무라고 생각했다.[32]

이장의 회고 내용은 마을 주민의 현실에 대한 극단적인 비판을 통해 운동 전과 후의 상황을 대비하고 성과를 극대화하고 있다. 한편으로는

---

31. 포항시, 「새마을 운동 발상지 문성마을 회고록, 이석걸」, 『새마을 운동 발상지-경상북도 포항시 북구 기계면 문성리』, 102쪽.
32. 內務部(1973), 「지도자의 집념으로 일어선 문성동」, 『새마을 運動-시작에서 오늘까지』, 353쪽.

토착 농촌의 모습을 부정적인 모습으로 묘사하고 이를 '개조'하여 근대적 농촌마을로 전환한다는 새마을 운동의 개념을 투영한 결과이기도 했다. 이 회고는 새마을 운동의 성과 확산을 목적으로 이장의 업적에 대한 상징화의 결과이기 때문이다.

문성리 주민 협동이 현실에서 실현된 계기는 1967년 한발에서 기인하는 마을 위기였다.

> 67년도 대한발로 모한포기 심지 못한 마을 주민들은 냇가로 몰려나가 한해극복을 위한 양수장 설치에 의견을 모았고 집수 암거 작업을 편 것이 다행히도 성공을 거두게 되어 주민들은 영구적인 한해 대책을 논의하기에 이르렀다.
>
> 첫째, 천수답 중 한해 상습지인 12정을 상전으로 과감히 전환하고
>
> 둘째, 양수 시설을 해서 천수답을 수리 안전답으로 전환하며
>
> 셋째, 농사만으로 안되는 생계 유지비를 부업으로 해결하도록 양계와 양잠 사업을 병행할 것을 합의하였다.
>
> 나와 홍순락씨가 뜻을 합해 부락민을 설득하고 계몽하는데 앞장섰다.[33]

1967년 경북 포항 일대의 극심한 가뭄 해결을 위한 대책에 대한 고민이 주민의 협동을 이끌어낼 수 있었던 전환점이었다. 비교적 산간지역에 위치한 마을로서, 농지도 그 일대에 분포하고 있었다. 이런 입지에 따라 가뭄에 취약했던 현실에서 가뭄발생으로 주민들은 냇가로 몰려가 대안의 필요성을 공감했다. 문제 해결을 위한 대책은 수원이 있는 강가로부터 농지가 있는 고지대에 농업용수를 공급할 수 있는 양수장

33. 內務部(1973), 앞의 글, 353-354쪽.

설치였다. 이를 위해 양수기를 구입하여 공유자산으로 확보했다. 양수기를 이용한 호혜의 방향은 단기적으로는 용수를 공급하면서도 장기적으로 천수답의 뽕밭 전환과 수리안전답 확보였다. 양수시설 설치를 결의하고 실행에 옮긴 사실은 마을 주민들 결속의 중요한 전환점이었다. 뿐만 아니라 생계유지를 위해 양계나 양잠도 병행하기로 합의를 이룸으로써 마을의 협동 방향을 제시했다.

마을 가꾸기 사업에 대한 회고는 1970년대 새마을 운동의 성과를 소급하여 기억을 재구성했을 가능성이 있지만, 마을 리더는 마을 구성원을 계몽대상으로 규정하는 입장을 취하고 있었다. 마을 공동 사업 발굴과정에서 있었던 이해 충돌의 현장에 대한 설명에서도 이러한 시각은 드러난다.

> "천수답이든 말든 벼농사를 지어도 못 먹고 사는 형편인데 논에 뽕나무를 심어 뽕만 먹고 살 것이냐"고 노인들은 노발대발 했다. 가뜩이나 부족한 식량난에 천수답일 망정 논에 뽕나무를 심으면 식량부족 문제는 어떻게 하느냐고 야단이었다. 더구나 일정 때 뽕나무를 심어서 속아 본 경험이 있기 때문에 그들의 반대는 대단했다.[34]

천수답에 대한 수리 계획에 대해 농업 경험에 익숙한 마을 주민의 반대 의견이 있었다. '벼농사' 위주의 농업 관행과 일제강점기 '뽕나무' 식재 실패의 경험을 간직한 '노인들'과의 대립이었다. 이처럼 벼농사, 노인들로 상징하는 토착지식을 전근대적 발상으로 규정하고 뽕나무와 젊은 리더로 상징되는 근대로의 전환을 목적으로 운동을 진행한 사실

---

34. 內務部(1973), 앞의 글, 354쪽.

을 강조하고 있다. 회고는 이러한 갈등과 위기를 넘나든 난관극복 과정과 성취를 극화했다.

> 양수장을 설치하고 송수관을 매설하는 데 서로 의견이 충돌되고 말다툼이 생기고 불평이 일 때 마다 그 고충은 말 할 수 없었고 송수관 매설이 끝나고 시험 송수 할 때 수압을 못 이겨 터진 송수관을 옷을 찢어 틀어막기도 했었다. 이러한 고생의 덕으로 이제 우리 마을은 40여 톤에 불과하던 미곡 생산 실적을 102톤으로 증산하기에 이르렀다.[35]

가뭄 극복을 위한 양수시설 의결 과정에서 마을 주민간의 의견대립, 그리고 사업 추진 중에 발생한 사고에 대한 대처를 극적으로 묘사했다.[36] 주민 협동으로 난관을 극복한 성취는 미곡 생산량 증대였으며, 이는 곧 1973년 정립했던 새마을 운동이 '잘살기 운동'이라고 규정한 내용과 이어진다. 마을 가꾸기 운동 중 미곡 생산증대 부분이 새마을 운동의 농촌 경제 개선 내용으로 연결되는 부분이다.

문성리 마을 가꾸기 사례에서 보듯이 새마을 운동의 출발은 정치적 목적에 따른 농촌 소득증대가 아닌 마을의 환경 개선 운동이었다. 마을길 확장, 공동우물과 빨래터 설치가 그 출발이었고, 갑자기 닥친 한발에 호혜와 협동을 위한 토착의 경험과 지식이 작동했다. 동계의 유산이었다. 여기에 바탕을 두고 미곡증산을 위한 양수시설 설치에 착수했다.

---

35. 內務部(1973), 앞의 글, 356쪽.

36. 강원도 영월군 수주면 도원 1리 등의 새마을 사업 현황과 마을 회의록에 드러나는 전개 양상도 이와 유사한 구조이다. 마을의 발전 과정을 새마을 운동 이전과 이후로 대비하여 서술하는 것은 물론 住民總會 會議錄의 갈등 구조와 해결과정이 대표적 사례이다(마을文庫본부(1978), 『榮光의 발자취-마을單位 새마을運動 推進史』제1집, 170-190쪽).

이러한 마을 가꾸기 운동에 의미를 부여하고 새마을 운동 초기 명칭을 '새마을 가꾸기'로 명명한 사실에서도 마을 가꾸기 운동과 새마을 운동의 연결성을 알 수 있다. 이러한 사실은 새마을 운동의 원형을 '마을 가꾸기'에서 찾을 수 있는 이유 중 하나이다.

새마을 운동과 마을개발

문성리의 마을 환경 개선을 위한 호혜와 협동 노력은 1970년 초반 정부에 의해 '새마을 가꾸기 운동'으로 체계화되었다. 그리고 그 일환으로 마을 주민의 결속을 위한 마을 회의와 회합의 공간을 위해 마을 회관이 건립되었다.[37] 문성리 마을은 환경개선에 대한 체계화를 시도했다. 이석걸(1929년생)은 공직을 마치고 경상북도 녹화사업의 시범 사례를 견학하고 고향 문성리로 돌아와 홍선표이장과 더불어 사업을 전개했다. 그가 밝힌 당시의 주요 사업은 마을안길 넓히기, 초가지붕 개량, 지게 벗기 운동, 부엌·담장·화장실 개량 등 이었다.

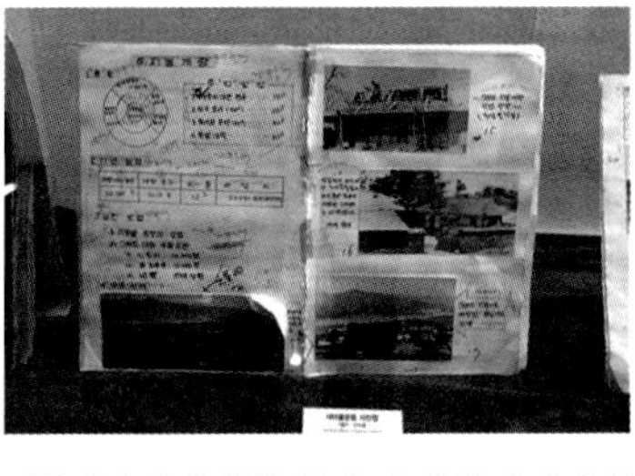

지붕계량사업 계획서(좌)와 지게 벗기 운동 전경(우)
*포항 문성리 새마을운동발상지기념관.

37. 주요 사업으로는 1970년 마을 진입로 확장, 1971년 농로확장 및 마을 안길 진입도로 완공 등이 있다.

·지붕개량: 초가지붕을 개량하면 보기도 좋을 뿐만 아니라 남는 볏짚은 소를 먹이고 가마니를 짜고 새끼 꼬기 등에 사용하고 화재예방에 좋고 한 번 개량하면 영구적으로 노력도 안 들어 1석 5~6조의 효과를 볼 수 있음을 설득시켰으나 막대한 자금이 드는 스레트 구입이 커 다른 문제가 되었다.

·지게 벗기 운동: 지게를 지기 싫어 도시로 떠나는 이농민이 속출하였다. 이제 마을 안길도 넓혀 놓았으니 리어커를 공급하여 지게를 벗어 던지게 해야겠다고 생각하여 기계면 소재지에서 철공소를 경영하는 변근호를 찾아 취지를 설명, 리어카 대금 3회 분할 상환조건으로 1,420대의 리어커를 제작...

·부엌·담장·화장실 개량: 부녀회장 황여분의 지도아래 농번기에는 전 동민이 누에를 치고 농한기에는 홀치기를 하여 농가소득증대에 앞장서고 빨래터조성, 담장, 부엌, 화장실, 마을환경개선 등을 부인회원들이 일심동체가 되어...[38]

지붕개량 사업을 비롯한 주요 마을 환경개선 사업은 1970년 10월~1971년 6월(9개월)까지 추진했다. 지붕개량 사업은 초가에서 슬레이트 지붕으로 개편하는 데 목적이 있었다. 슬레이트로 전환할 경우 남는 볏짚으로 소먹이 활용, 가마니 짜기, 새끼 꼬기로 이용할 수 있는 장점과 더불어 반영구적임에 따라 해마나 초가지붕을 새로 할 필요가 없어 경제적으로 효율성이 높다는 평가를 논리적으로 정리했다. 지게 벗기 운동은 농로 개선사업의 성과와 결합하여 리어카를 보급하는 운동으로 노동의 효율성을 높이는 데 기여했다고 강조했다. 그리고 부엌이

38. 포항시, 앞의 글, 103-104쪽.

나 화장실 개량 등은 마을 부녀회에서 주도한 사업으로 마을 환경개선에 집중한 성과를 확인했다는 의미를 부여했다. 이 과정에서 부녀자들을 중심으로 농한기에 홀치기, 누에치기 등으로 농가소득 증대에 기여한 점도 중요한 의미로 기술했다. 이들 사업은 협동으로 달성한 상징적인 성과이자 향수로 언급되었다.

문성리의 마을 가꾸기 노력은 1971년 실시된 전국 시장, 군수 회의에서 대표적인 시범사례로 언급되었다. 대통령에 의해 직접 의미가 부여되자 문성리뿐만 아니라 전국단위의 마을을 대상으로 행정적인 추진계획이 마련되면서 새마을 운동으로 전환하는 계기가 되었다.[39] 문성리 사례에서 새마을 운동 이전 1971년도 지방사업의 일환으로 새마을 가꾸기 사업이 추진되었음을 알 수 있다.

농촌 마을 주민에 의한 마을 환경개선을 위한 협동이 '새마을 가꾸기'로 정의되는 과정에서 문성리의 성취가 제시되었다. 박정희 정부는 1969년 경북 청도의 수해복구 현장에서 마을 주민의 협동 사례를 주목하고 이듬해부터 새마을 가꾸기 사업을 시도하고 있었다. 그리고 1971년 9월 18일 경상북도청에서 개최한 전국 시장·군수 비교행정회의에서 본격 논의했다. 여기에서 '새마을 가꾸기' 2차년도 사업에 대해 논의하면서 농어촌 지붕개량사업이 중점사업으로 언급되었다. 이에 앞서 9월 17일 대통령 박정희는 문성리를 방문하고 성과를 확인한 다음, 현장에서 아래와 같은 조치를 내렸다.

---

39. 9월 17일 전국 시장·군수 비교행정 현지회의에서 1970년 4월 22일 지방장관 회의 때 언급되었던 '새마을 가꾸기 운동'에 대한 성과를 강조한 결과였다. 이러한 성과의 방향에 대해 회의에서 '경제개발과 정신개발의 병행운동'으로 강조되었다(「전국 시장·군수 비교행정 현지회의 유시문」, 1971년 9월 17일).

1. 문성리에 전화 사업을 우선해 줄 것(경상북도지사)
2. 지붕 개량에 있어 양산시 값을 싸게 할 수 있을 것이니 스레트 기와 값을 싸게 공급하도록 할 것.[40]

포항 문성리 마을의 안길이 확장되고 주택 환경이 개선된 사실을 현지 시찰을 통해 확인하고 현장에서 내린 조치이다. 경북도지사에게는 마을 사업성과에 대한 포상차원에서 전화를 우선 개통하도록 지시하고 당시 중점 안건이었던 지붕 개량을 위한 후속 행정조치를 강구하도록 했다. 특히, 이 자리에서 전국의 시장과 군수에게 문성리를 대표적인 '새마을'로 언급함으로써 '새마을 가꾸기' 사업의 모델로 제시했다. 이 사건을 계기로 문성리에 있어서는 이러한 마을의 성취가 하나의 현대 '유산'으로 남았다.

전국 시장·군수 비교행정회의에서 박정희 대통령은 다시 문성리의 새마을 가꾸기 사업에 주목하고, 다음과 같은 정책 방향을 제시했다.

가) 전국 시장, 군수는 문성동과 같은 새마을을 만들어라.
나) 자조, 자립, 협동 정신이 곧 새마을 정신이다.
다) 농어촌 개발에 있어 먼저 부락지도자를 발굴하고 육성하는데 힘써라.
라) 시장, 군수는 새마을 정신 주입에 점화 역할을 하라.
마) 시장, 군수의 지도력 여하에 따라 투자 효과가 1:1에서 1:50으로 나타남을 실감나게 느꼈을 줄 믿는다.
바) 문성동에 전기를 넣어주도록 하라.

---

40. '全國市長·郡守比較行政會議結果報告-內務部(대통령비시설 보고고서 제71-571호, 1971.9.20).

사) 문성동 앞 교량 1개소는 우선 주민들의 힘으로 할 수 있는 데까지 하라.

마) 결론적으로 부강한 농촌을 만들기 위해서는 정부의 지원만으로는 절대로 불가능 하니 주민들의 자조, 자립, 협동을 바탕으로 하는 새마을 정신 고취에 진력하라.[41]

회의 결과는 8개의 새마을 가꾸기 사업 방향과 내용으로 정리했다. 당시 회의에서 문성리를 대표적인 성공사례로 제시하면서 "새마을을 만들어라."는 대통령 지시가 첫 번째 내용으로 기술되었다. 이어서 '새마을 정신'을 자조, 자립, 협동으로 정의하고 이를 실천할 마을 지도자 육성에 행정지원의 필요성을 밝혔다. 사업의 추진을 위해 전국의 시장과 군수를 중심으로 적극적인 독려와 지원의 중요성도 강조했다. 또한 세부 동력으로 마을 주민의 자력, 즉 협동이 필요한 사실에 따라 정책의 방향은 이런 활동을 후원하는 데 있음을 분명히 했다.

문성리의 '마을 가꾸기 운동'을 성공 사례로 규정하고 여기에 대한 대응으로 마을에 전기를 우선 지원하여 격려했다. 주민의 숙원인 교량 건설은 행정적으로 관심을 기울여 지원함으로써 문성리를 이른바 '새마을 가꾸기' 시범마을로 계속 육성하게 했다. 교량 건설은 문성리가 면소재지로 접근하기 위해 건너야 하는 기계천에 다리를 가설하는 사업으로 우천시의 교통 문제를 해결하기 위한 방안이었다. 문성리는 당시 교량 건설을 마을 주민 회의에서 선정한 시급한 과제로 설정하고 행정지원을 요청한 상황이었다. 이에 따라 포항으로부터 철근과 시멘트를 지원받고 주민의 노동을 결합하여 다리를 완공하였다. 이 교량은 '새마을 다리'로 불리면서 마을의 호혜를 위한 협동의 상징물이 되었다.

---

41. 「전국 시장·군수 비교행정회의 결과보고」(내부무 행정 134-8670, 1971.9.21).

신화로 기억되는 새마을 운동: 교량 가설 전(좌)과 후(우)
*포항 문성리 새마을운동발상지기념관.

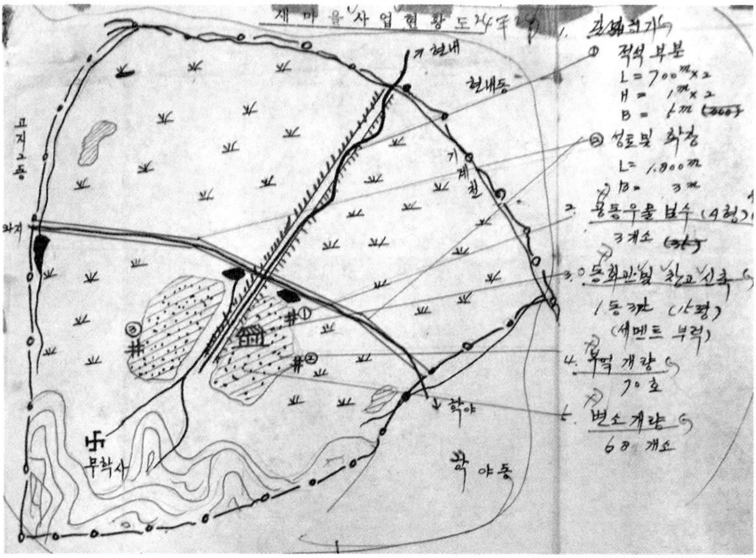

문성리 농로 및 마을 안길 정비 계획 초안
*포항 문성리 새마을운동발상지기념관.

정부는 행정력을 동원하여 문성리의 협동을 통한 새마을 가꾸기 성과를 확산하면서 유사 사례 발굴을 독려했다. 각종 표창과 포장이 이러한 운동을 독려하는 행정수단의 일환으로 도입되었다. 문성리가 대표적 수혜 마을로 상징화, 모범화 되면서 정책적으로 활용되었다. 면지도자 이석걸과 마을동장 홍선표가 1971년 11월 11일 새마을 가꾸기 운동 지도자 국민포장을 수상한 사실은 이러한 배경을 잘 보여준다. 앞서 같은 해 7월에는 문성리가 대통령 표창을 받았다. 마을 표창 내용은 "거국적으로 전개한 새마을 가꾸기 사업에 적극 참여하여 우수한 실적을 거두었으므로"라고 밝혔다. 그리고 마을에 포상으로 현물과 현금을 지원했다. 문성리의 사례는 농촌개발을 위한 국가 정책에 부응하여 성과를 달성한 경우 국가적인 표창을 실시한 전례가 되었다. 이러한 표창과 포상은 유사 사례의 발굴을 독려하는 상징이었다.

국가 행정력을 동원한 지원 및 독려와 더불어 언론홍보도 새마을 가꾸기 운동 확산에 중요한 계기로 작용했다. 마을 단위로 전개하던 마을 가꾸기 운동에 대해 새마을 가꾸기 운동으로 일원화하고, 기존의 운동 성과를 여기에 소급하여 언론에 공개했다.

> 앞서가는 마을: 양계·양잠으로 가난을 물리쳤으며 터빈식 양수시설을 갖추어 천수답을 완전 수리안전답으로 바꾼 영일군 杞溪面 文星洞. 지붕도 말끔히 기와, 슬레이트로 개량했다.[42]

언론보도에는 기계면 문성리에 대해 '좀 더 잘 살아보자'라는 제하에 '앞서가는 마을', '가난일소', '앞장서자·의존말자', '터빈식 양수시설 天水畓 없애'와 같은 상징적 수식이 동원되었다. 언론을 통한 성공사례 전파는 관련 사업에 대한 홍보의 차원을 넘어 시대적 관심사로 승격시키는 효과를 발휘했다. 언론을 활용한 국가적 분위기 조성에는 행정 지원이 마을 주민의 협동과 결합하여 상승효과가 발생하고있는 사

---

42. "좀 더 잘살아보자"(영남일보, 1971.1.1).

실을알려 마을사이의 경쟁이 유발되기를 기대하는 배경이 작용하고 있었다.

새마을 가꾸기 운동으로 정리한 농촌개발 사업의 효과를 홍보하기 위해 사업 전과 후의 극적인 대비를 도모했다. 문성리가 마을 가꾸기 사업을 추진할 초기 1967년 이전과 이후의 상황을 대비했다. 마을과 군에서 정리한 사업 이전에 대한 평가이다.

가. 지형조건: 구릉 지대(해발 600M의 경사지 10~15%), 한해 상습지
나. 영농조건: 영세농(호당경지 0.74ha), 토박한 농토
다. 농가실태: 이농속출, 극심한 생활난
라. 생활태도: 진취성이 없고 나태, 씨족간의 시기가 심한 저소득 낙후 부락[43]

마을은 자연환경의 제약으로 농업생산량이 저조한 영세농이 다수를 이루는 상황으로 정리되었다. 마을 구성원들은 '씨족'간의 반목이 상존함에 따라 협동이 부재했다고 단정되었다. 이러한 열악한 마을 환경에 따른 영세농 중심의 침체된 분위기 때문에 이농이 일반적인 상황에서 미래가 없는 마을로 규정했다. 총체적 난맥상에서 새마을 가꾸기 사업을 계기로 협동을 위한 정신개조가 달성되어 생활태도가 개선되었다는 성과를 강조했다.

새마을 가꾸기 사업으로 정의된 문성리의 사례는 주민의 소득 증대를 핵심 성과로 강조했다. 새마을 가꾸기 초기에는 마을안길 넓히기, 초가지붕 개량, 지게 벗기 운동, 부엌·담장·화장실 개량과 같은 4대 사

43. 경상북도 영일군, 『문성마을 안내』.

업이 실시되었다. 그리고 소득 증대를 위해 점진적인 마을의 중점 사업이 대두하였으며, 그 과정에서 지도자와 마을 주민의 협동이 작동했다고 밝혔다. 소득증대 사업에 대한 집중노력은 밤나무단지 조성, 하천부지 개간, 원잠종 사육, 전기 가설, 교량 가설 등 6가지 사업으로 연결되었으며, 이들 사업의 방향은 분명한 소득증대였다.[44] 그리고 1971년 실시한 새마을 가꾸기 사업의 주요 성과는 9개 사업으로 확대되었다.

<새마을 가꾸기 사업 실적>

사업명	실적	사업비
차도개설	1,800M	287,000원
농로개설	1,600M	184,000원
지붕개량	116동	3,484,000원
리어카공급	46대	345,000원
마을회관건립	1개소	248,000원
공동우물	3개소	46,000원
공동 빨래터	2개소	12,000원
부엌 개량	52개소	102,000원
변소 개량	42개소	102,000원
계	9개 사업	4,806,000원

마을 입구 차도와 농로 개설에서부터 변소 개량에 이르기까지 마을 주변부터 내부에 이르는 폭넓은 사업이었다. 마을 가꾸기의 일환으로 전개했던 1960년대 말과 1970년대 초반의 내용은 이후 소득증대를 강조하면서 새마을 운동의 전사로 포함되었다. 새마을 운동 이전에 실시한 새마을 가꾸기 사업 내용은 행정력의 지원과 마을 조직에 의한 성

44. 경상북도 영일군, 『문성마을 안내』..

과로 재편 되었으며, 정치적 수단으로서 '새마을 운동'으로 전환되었다. 9개 사업 중 공동우물, 부엌 개량, 변소 개량, 공동 빨래터, 지붕 개량은 새마을 운동으로 계승되었으며, 이들 내용은 이후 주거 환경 개선과 관련있었다.[45] 그리고 새마을 운동에는 도로와 농로의 정비는 물론 지붕개량과 마을회관 건립과 같은 건설 사업이 강조 되었다. 사업비는 정부의 지원에 바탕을 두고 있었다. 이들 사업에 대한 정부 지원은 시멘트 335포대와 운반비를 포괄했다.[46] 문성리 마을 9개 사업 성과에 대한 성취는 새마을 가꾸기 사업이 새마을 운동의 전사가 되면서 참여자들의 향수를 일깨웠다.

> "집집마다 지붕 개량, 오솔길이 찻길 되고, 밤이면 전깃불로 밝은 부업하는 동네." 이것은 우리 마을을 한마디로 표현한 말이다. 한번 시작한 일은 끈기와 인내로 극복하고 수행하면 실패 없이 성공하게 되자, 마을은 절망에서 깨어나기 시작했고 단결과 협동 정신의 큰 보람을 알게 되어 지도자의 선도에 따라 과감하게 실천할 줄 아는 용기도 갖게 되었다. 완전히 정신 개조된 새 사람으로 탈바꿈 하게 된 것이다.[47]

대표 사업을 실시하여 주거 및 마을 환경을 가꾸고 이와 동시에 근

---

45. 이 과정에서 1971년을 전후한 문성리의 마을 가꾸기 사업이 4대사업, 9대사업 등으로 정리되기도 했다. 한편, 1971년 '새마을 가꾸기' 사업은 10개 사업으로 정리했다. 마을 산 푸르게 가꾸기, 마을에 들어오는 길 넓히기, 마을 안 小河川 둑 보수, 퇴비장 만들기, 소류지 모래파내기, 관정을 보수하고 관리하기, 하수구 개보수, 공동 우물 만들기, 공동 빨래터 만들기, 쥐 없는 마을 만들기가 여기에 해당했다(內務部(1973), 앞의 책, 70쪽).
46. 시멘트를 지원한 이유는 경제개발 과정에서 기간산업으로 시멘트 산업을 육성하면서 1969~1970년 과잉생산의 결과 였다(고건(2017), 『고건 회고록-공인의 길』, 나남, 208쪽).
47. 內務部(1973), 앞의 책, 356-357쪽.

대화 상징인 전기와 이를 이용한 부업으로 농가 소득을 증대한 사실을 부각했다. 이런 성취의 배경은 '단결'과 '협동'을 실현한 지도력이라고 정리했다. 문성리의 이런 운동은 정부에 의해 새마을 운동의 성공적인 모범사례로 제시되었다.

> 오랜 절망에서 깨어난 문성마을은 "의존하지 말자 그리고 앞장서자"라는 구호아래 지도자 홍선표씨의 헌신적인 지도로 67년부터 마을 앞 하천을 이용하여 수리시설을 완비하였고 6,500수의 양계와 9만주의 상전으로 연간 1,600만원의 부대소득을 올렸으며 농로 1,800m와 126m의 대 교량건설 등 새마을 가꾸기 사업을 마을주민의 힘으로 추진하여 알찬 내일의 꿈을 키워 가고 있다.[48]

새마을 운동을 위한 지도자의 리더십을 강조하고, 67년부터 수리시설 구축, 양계사업과 뽕나무 육성으로 소득을 증대한 사실을 강조했다. 문성리가 새마을 가꾸기 사업을 실시하면서 마을 공동체의 결집에 의한 자율적인 성취를 달성한 경험이 그 저력으로 정리되었다. 이 내용은 새마을 운동 이전 마을 가꾸기 사업이 67년부터 발현하고 있었음을 암시했다.

48. 內務部(1973), 앞의 글, 352쪽.

문성리 새마을 운동 당시 마을 진입로 확장 전(상좌)과 후(상우),
그리고 2013년 현재 문성리 마을 진입로(하좌)와 새마을 유적(하우)
*포항 문성리 새마을운동발상지기념관.

마을의 거주환경 개선사업이었던 1967년의 마을 가꾸기 움직임은 '새마을 가꾸기'로 정리하고, 1972년부터 '새마을 운동'으로 다시 정립되었다. 이 과정에서 운동의 방향도 농촌 소득증대를 뚜렷한 목표로 설정했다.[49] 그리고 정부는 전국단위의 사업을 위해 110억의 예산을 확정, 1972년 2월 1일부터 사업을 착수하여 그 해 4월 30일 까지 착공을 완료하도록 했다.[50] 문성리도 이 일환으로 사업의 동력을 확보했다. 그

---

49. 새마을 사업의 중점목표는 生産基盤, 所得增大, 治山綠化, 福祉(標準)幻鏡으로 설정됐다(內務府(1973), 앞의 책, 65쪽·143-147쪽).

50. 「81地方事業推進方針報告」(대통령 보고서 제70-629호, 1970.9.18). 예산 지원은 3개 유형으로 구분하고 A형은 1시 혹은 1군(100%지원), B형은 1시 1군 혹은 2군(160%지원), C형은 1시 2군 또는 3군(200%)으로 가중치를 부여했다.

리고 1973년부터 새마을 운동을 보다 체계화하고 단계적 성과를 설정하면서 이 운동은 '조국근대화 운동'으로 정의되었다.[51]

새마을 가꾸기 운동을 새마을 운동으로 재편하고 그 성격도 근대화 운동으로 명명하면서 사업 효과를 직접적으로 강조했다. 마을 주민들의 활동은 근면, 자조, 협동이라는 새마을 가치로 규정하고 그 방향은 소득증대로 잡았다. 정부의 이런 새마을 운동 정립에 따른 회고의 사례 또한 문성리에서 확인 할 수 있다.

> 우리 마을이 계속해서 일을 하며 현실에 만족하지 않고 보다 큰 뜻을 품고 중단 없이 계속하면 75년도엔 호당 소득 65만원, 80년대 150만원의 소득 목표를 보고 있어, 멀지 않아 알차고 근대화된 살기 좋은 낙토에서 우리의 꿈을 키워나갈 것이다.[52]

문성리 마을 운동을 회고한 홍선표는 새마을 운동의 지표에 맞추어 단계적으로 소득을 증대한 노력이 마을의 목표였음을 강조했다. 새마을 운동을 계기로 호당 소득이 65만원에서 150만원으로 두 배 이상 증대한 성과를 상징적으로 제시하여 근대화를 달성했다고 평가했다. 그는 근대화 이전 마을을 도박, 실의, 나태 등의 단어로 부정적으로 서술하고,[53] 이를 새마을 운동을 계기로 목표를 달성한 소득이 높은 '살기 좋은 마을'과 대비했다. 이런 입장은 정부가 규정한 조국근대화 운동의 성격을 투영하고 있으며, '근대화'라는 단어에 대한 70년대의 개념을 반영하고 있다.

---

51. 內務部(1980), 『새마을運動10年史』, 57쪽.
52. 內務部(1973), 앞의 글, 360쪽.
53. 內務部(1973), 앞의 글, 353쪽.

새마을 운동 신화의 발견

새마을 운동은 1960년대 말 한발이나 수해와 같은 환경적 요인에 대한 주민의 마을 가꾸기 사업의 일환으로 출발했다. 문성리의 사례가 이 과정을 잘 대변하고 있다. 농촌 마을에 닥친 재난을 해결하려는 마을 주민들의 노력에서 주거 환경 개선 운동이 시작되었으며, 이 마을 가꾸기 운동의 확산이 새마을 운동으로 발전하는 계기가 되었다. 정부는 이러한 움직임에 주목하고 행정적 지원으로 조직적인 운동을 촉발했다. 즉, 마을단위의 주거 환경 개선을 위해 시작한 '마을 가꾸기'는 '새마을 가꾸기'사업으로, 그리고 '새마을 가꾸기'는 '새마을 운동'으로 정립되었다.

1972년 이후부터 정부는 새마을 운동으로 본격 명명하고 농가의 소득창출이라는 현실적 목표를 제시했다. 당시 정치적 목적에 따라 잘 살기 운동, 즉 소득 증대 운동으로 본격화했다. 그리고 1974년 유신이라는 정치 이념과 강하게 결속하면서 1975년부터 농촌 새마을 운동을 도시로 확대했다. 농촌을 떠난 새마을 운동은 1980년 이후 계속 계승되지 못하면서 돌이킬 수 없는 유산으로 남았다. 그러나 21세기를 전후하여 한국 농촌개발의 사례는 국제개발로서 농촌개발의 모범으로 다시 가공되고, 한국 정부에 의해 농촌개발 프로그램으로 수출되고 있다.

문성리는 2000년 이후 새마을 운동의 초기 발상지 중 한 사례로 또 다시 주목 받았다. 여기에는 이 운동이 국제개발에 있어 농촌개발의 사례로서 부각되고, 또 시대적으로 한국이 국제 정치의 위상을 확립하기 위한 계제로서 새마을 운동을 주목했기 때문이었다. 이런 배경에서 새마을 운동과 관련한 가치를 '전통(Traditional)'으로 발견하는 과정에서 문성리는 대표 사례로 제시되었다.

새마을 운동의 발상지로 문성리를 다시 개발하고 이를 통한 새마을 운동 신화의 형상화가 이루어졌다. 문성리의 주요 건물 중 1970년대

건조된 시설을 새마을 운동과 연결시켜 의미를 크게 부여하였다. 뿐만 아니라 박정희 대통령의 1971년 마을 방문 사실을 강조하고 그 의미를 확장시키기 위해 관련 자료를 수집하여 체계화했다. 이러한 노력의 결과가 마을 입구에 건립한 '새마을운동발상지기념관'이다. 현재 이 기념관은 바로 문성리의 21세기 새로운 '전통의 발견(Invention of Tradition)' 결과를 집약하고 있다.

문성리 마을은 새마을 가꾸기 사업에 대한 향수를 바탕으로 최근 '새마을 운동 발상지' 전통 만들기에 집중하고 있다. 마을은 현재 남아 있는 시설들과 건물들에 대한 새마을 운동 관련성을 드러내고 있다. 정부 또한 농촌개발 ODA의 일환으로 새마을 운동의 홍보와 농촌개발 모델 사례로 문성리를 활용하고 있다. 정부와 문성리는 21세기 오늘날 1970년대 새마을 운동의 신화를 다시 발견하고 있다. 여기에는 농촌개발 모델로서 새마을 운동에 주목할 필요성이 작동했기 때문이다.

1971년 대통령 문성리 새마을 가꾸기 현장방문(좌)과 지시사항(우)
*포항 문성리 새마을운동발상지기념관.

2013년 현재 문성리 새마을운동 발상지기념관의 새마을 홍보자료
*포항 문성리 새마을운동발상지기념관.

3. 농촌개발 모델로서 새마을 운동

새마을 운동은 농촌 가계를 대상으로 경제적 성취를 목표로 제시하면서 정부주도의 계획된 정책 운동이라는 성격이 강했다. 이로 인하여 하향식 주민동원 운동이라는 비판이 노출되었다. 그렇지만 한편으로 새마을 운동은 농촌개발 사례에서 계량적 성과를 달성하면서 국제개발을 위한 농촌개발 모델로서도 경쟁력을 갖추고 있다.

국제개발로서 새마을 운동 평가

1970년대 농촌개발 운동에 대한 평가 방향과 가치에 대한 논쟁은 현재 진행형이다. 가계와 마을의 경제 상황 향상에 가시적 성과를 드러냈다는 사실은 새마을 운동을 성공으로 평가하는 하나의 요소이다. 그리고 이러한 성취가 정부의 계획과 조직의 힘으로 달성되었다는 특징을 주목하기도 한다. 대통령 박정희는 농가의 소득 증대가 1970년대 농촌 근대화 정책의 핵심 목표라는 점을 강조하고, 그에 따라 정부로 하여금 막대한 규모의 재정을 새마을 운동에 투입하도록 했다.[54] 이러한 상황과 관련하여 새마을 운동에 비판적인 의견은 이 운동이 정치적인 목적을 위해서 정부가 시민을 동원하고 성과를 조장한 측면을 강조한다.[55] 그러나 또 한편에서 마을 주민의 참여를 바탕으로 정부와 결합한 운동이었다고 평가하는 의견이 있다.[56] 새마을 운동의 결과는 공과 과가 공존하고 있으며, 이러한 상반된 의견은 개발이라는 방향을 위해 발전적으로 해석할 기회를 제공한다. 이 운동은 정부의 지원과 후원에 따라 전개된 사실이 있으며, 이와 동시에 마을 주민의 협동에 의해 동력을 확보한 내용이 공존함에 따라 공적원조 모델로서 모색할 가치를 함유하고 있다.

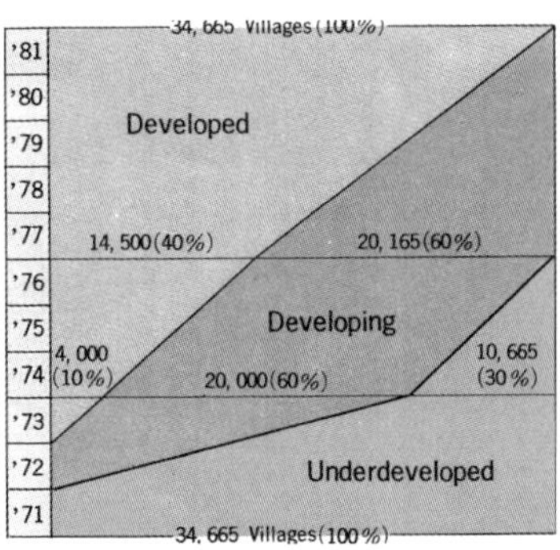

새마을 운동의 추진 목표(좌)와 운동에 대한 정치적 시각(우)
* Ministry of Home Affairs. (1975)
Saemaul Undong Korea, Seoul: Samwha Printing, p.10·89.

---

54. Park, Chung-hee. (1978[1970]) 'A presidential message in the fifth nationwide mayor and governor meeting', *A collection of Park Chung-hee presidential speech: Saemaul Undong*, Seoul: The Presidential Secretariat.
55. Kwon, Huck-ju. (2010) 'Implications of Korea's Saemaul Undong for International Development Policy: A Structural Perspective', *The Korean Journal of Policy Studies*, 25(3): p.87
56. Park, Sooyoung. (2009) 'Analysis of Saemaul Undong: A Korean Rural Development Programme in the 1970s', *Asian-Pacific Development Journal*, 16(2): p.113.

농촌개발 프로그램으로서 새마을 운동이 내포하고 있는 장점이 있다. "새마을 운동이 아닌 것은 없다."라는 말은 1970년대 새마을 운동을 상징적으로 보여주는 문구로서,[57] 이 운동이 공적으로나 사적으로 1970년대 사회전반에 매우 팽배해 있었다는 사실을 단적으로 보여주는 표현이다. 새마을 운동은 국가와 사회, 특히 지역사회 그리고 지역사회 사이에 이 운동을 매개로 연결성을 갖추면서 주민의 자율적 운동참여와 정부의 지원으로 전개되었다.[58] 농촌개발 운동에 정부가 관여했다는 평가는 국제개발의 농촌원조 사업에 대한 관리(Governance)의 측면으로 조명되면서 국제개발을 위한 농촌개발 모델로서 새마을 운동이 지니는 강점으로 작용하기도 한다.[59] 예를 들면, 새마을 농촌개발 프로그램은 높은 수준의 민족의식과 관료체계를 가진 다른 아시아 국가들에 있어 정부와 지역 농촌을 연계한 하향식 농촌개발 운동에 잘 적용될 개연성이 높다는 주장이 있다.[60] 이와 같은 하향식 정부 주도와 주민의 참여라는 접점을 지니고 있는 새마을 운동의 성격 외에도 국제개발로서 농촌개발 프로그램 그리고 새마을 운동에 주목할 요소가 크게 세 가지 정도 있다.

농촌개발 운동의 동력 중 첫번째 주목할 부분은 교육에 의한 엘리

57. 최양부(1978), 「농촌새마을 운동연구의 사회과학적 접근」, 『농촌경제』1-1, 28쪽.

58. Lim, Su Hwan. (2007) 'Saemaul Movement and Rural Development', *Korean Journal of Agricultural History*, 6(1): p.129; Reed, Edward P. (2010) 'Is Saemaul Undong a Model for Developing Countries Today?', *International Symposium in Commemoration of the 40th Anniversary of Saemaul Undong Hosted by the Korean Saemaul Undong Center,* Seoul, 30 September, p.7.

59. 이미숙(2013), 「새마을 운동의 이론적 담론과 패러다임의 연구」, 『지방행정연구』27-1, 47쪽.

60. 임형백(2011), 「새마을 운동을 이용한 아시아 국제개발협력」, 『아시아연구』14-2, 115쪽.

트들의 리더십 육성을 들 수 있다. 엘리트들은 서구식 지식으로 무장하고 있었다. 이들은 토착지식보다 일제강점기 일본에 의해 가공된 지식을 우선하면서 토착 농촌의 지식과 현실을 비판적으로 바라봤다. 개발은 토착 농촌의 개조였다. 그들의 입장은 인용문에서 간접적으로 알 수 있다.

> 현대교육은 지역의 자원을 무시할 뿐 아니라 더욱 나쁘게는 라다크 아이들이게 자신과 자신의 문화를 열등한 것으로 생각하게 만든다. 그들은 자부심을 빼앗겼다. 학교의 모든 것은 서구의 모델을 장려하고, 그 직접적인 결과로 아이들이 자신들의 전통을 부끄럽게 여기게 만든다.[61]

인용문과 유사하게 지역 엘리트들은 조선시대 이래 전승하고 있는 토착 농촌의 삶과 지식을 서구의 모델에 비해 열등하다는 입장을 견지하고 있었다. 따라서 토착 농촌에 대한 자부심을 빼앗기고 그들의 삶과 지식을 근대 서구적 방향으로 전환하고자 리더십을 발동했다. 이런 방향성은 정부 주도의 농촌개발 운동인 새마을 운동과 결합하고 있었다. 이들 엘리트 새마을 지도자들은 지역 농촌 마을의 자발적인 참여를 독려하며 발전을 위한 세부 계획을 구상했다. 이와 관련한 새마을 운동의 특징적인 요소는 바로 농촌 마을 개발을 위한 자조와 자립을 위해 정부의 재정적 지원과 국가적인 뒷받침이 수반된다는 사실이었다.[62] 정부의 지원은 지역 엘리트주도 농촌개발 운동의 직접적인 동력

---

61. 김종철·김태언 옮김, 헬레나 노르베리-호지(1996), 『오래된 미래- 라다크로부터 배운다』, 녹색평론사, 128쪽.

62. Mason, Edward S., Kim, Mahn Je., Perkins, Dwight H., Kim, Kwang Suk. and Cole, David C. (1980) *The Economic and Social Modernization of the Republic of Korea,* Cambridge,

으로 작용했다.

상대적으로 잘 교육 받고 경제적인 기반도 갖추고 있었던 지역 엘리트들은 적극적으로 지역개발 계획에 참여하는 것은 물론, 이들 지역 지도자들이 그들 지역의 개발 계획을 직접 수립하기도 했다.[63] 엘리트의 리더십과 지역 주민의 참여가 조화를 이룬 새마을 운동의 요소는 국제개발로서 농촌개발 개발 모델로 수원국에 강조되었으며, 때로는 이런 특징이 주체성(Ownership)이나 현지화(Localization)라는 요소와 결합하기도 했다.[64] 엘리트들이 참여하고 설계한 개발 계획들은 지역사회의 자발적 참여로 작동했다. 농촌 주민이 지역 엘리트들과 마을 개발 및 개인의 경제적 행복을 공감하고 농촌운동에 함께한 사실은 농촌개발 프로그램 개발에 있어 강점이다.

새마을 운동 현장 : 참여와 동원 사이
*Ministry of Home Affairs. (1975)
Saemaul Undong Korea, Seoul: Samwha Printing, p.13·19.

Massachusetts and London: Harvard University Press, pp.230-231.

63. Kwon, Huck-ju. op. cit., pp.92-93.

64. 국제개발협력위원회(2011), 「새마을 운동 ODA 사업 평가결과」, 『2010년 국제개발협력 평가결과』, 61-62쪽.

국제개발 측면에서 새마을 운동의 긍정적인 두번째 요소는 이 운동이 경제적 성장, 기근 해소, 주택 그리고 생계와 관련한 문제에 초점이 맞추어졌었고 지금도 이러한 요소들이 중요하다는 사실이다. 새마을 운동의 핵심 목표는 농촌의 생산성 그리고 수입 증대와 관련 있었다.[65] 대부분 개발도상에 있는 수원국은 한국 농촌의 성취에 주목하고 그에 따라 새마을 운동을 한국의 원조 프로그램에 있어 하나의 독특한 강점으로 판단하고 있다.[66] 예를 들어, 쌀과 같은 필수 곡물에 대한 자조는 농촌 가난을 완화하기 위한 첫걸음으로 수원국의 목표 중 하나이다.

새마을 운동과 식량자급을 연계한 활동은 수원국의 이해와 합치한다. 정부는 새마을 운동시기 집중적인 농업 통제정책을 실시하면서 농업인으로 하여금 발전된 농업 생산 기술을 개발하고 행정부와 함께 실행하도록 했다.[67] 이러한 농업정책을 새마을 운동 현장과 연결하고 있었다. 쌀 생산증대를 통한 식량생산 및 자급은 녹색혁명의 사례로 강조되면서 농업 생산성을 높이고 농가수입을 향상하는 요소로 설명했다.[68] 그리고 농촌의 경제성장에서 달성한 가시적인 성과는 교육이나 의료서비스와 같은 사회복지 영역으로 확산했다.[69] 새마을 운동에서 목표로 삼았던 농가 소득의 증대와 그에 따른 주변영역으로의 성과 확

65. Park Chung-hee. (1978[1972]), op. cit.

66. Chun, Hong-Min., Munyi, Elijah N. and Lee, Heejin. (2010) 'South Korea as an Emerging Donor: Challenges and Changes on its Entering OECD/DAC', *Journal of International Development,* 22: pp.798-799.

67. Moore, Mick. (1988) 'Economic Growth and the Rise of Civil Society: Agriculture in Taiwan and South Korea', in White, Gordon (ed.) *Developmental States in East Asia*, London: Macmillan Press, p.146.

68. Douglass, Mike, op. cit., p.12.

69. Chun, Hong-Min., Munyi, Elijah N. and Lee, Heejin. op. cit., p.799.

장은 이 운동이 국제개발 시장에서 긍정적으로 평가받을 수 있는 요소이다.

역사적 경험의 유사성이 농촌개발 모델로서 새마을 운동이 주목받는 세번째 요소이다. 지구 남반구의 수원국은 제국주의에 의한 식민 경험이 있으며, 이로 인해 국제개발을 주도하는 이른바 선진국들-과거 제국주의 국가-과 개발에 대한 이해에 괴리가 존재한다. 대한민국은 서구의 선진국들과는 차별화한 역사적인 배경과 성취를 갖고 있기에 수원국에 하나의 공감을 창출하면서 실행 가능한 사례를 제공하고 있다.[70] 한국은 35년 동안 제국주의 일본의 식민 지배를 경험했다. 독립을 쟁취한 이후 정체성을 빠르게 회복하고 경제 발전을 성취한 대한민국은 다른 '개발도상국'에 있는 여러 수원국들에게 중요한 매력 요소로 작동하고 있다. 많은 개도국이 이른바 한국과 유사한 식민 지배의 역사와 경험을 공유하고 있기 때문이다.

식민지 경험의 공유라는 배경은 국제개발의 일환으로 새마을 운동을 농촌개발 프로그램으로 제공함에 있어 긍정적 요소로 작용한다. 문화적인 정체성에 대한 존중과 국제적 헤게모니에 대한 배제라고 하는 역사적인 교훈과 가치는 국제개발 시장에 있어서 중요한 논쟁 중 하나이다. 이런 요인 때문에 식민정책으로 인한 고통을 경험했던 몇몇 아시아 국가들은 서구의 개발 원조에 대해 부정적이고 경계하는 입장을 드러내고 있다.[71] 뿐만 아니라 서구 선진국이 아니지만 패권을 모색하는 국가의 원조에는 경계심이 작용하고 있다. 중국은 1990년 이래 환경에

70. Chung, Seung-hun. (2007) 'Sharing the Korean Experience for International Development', *ODA International Conference Sharing for Effective Measures to Achieve the MDGs*, Seoul, 7 March, pp.13-14.

71. 임형백, 앞의 글, 113쪽.

최소한의 투자를 하면서도 그들의 경제적 헤게모니 확장을 위해 자원 확보와 시장 개척을 목적으로 국제원조를 지속하고 있다.[72] 그러므로 반 중국적인 정서가 21세기에도 전파하고 있는 현실이다.[73] 이와 비교할 경우 대한민국의 농촌개발 프로그램은 국제개발 시장에서 상대적으로 자유로운 부분이 있다.

한국은 원조 정책에 있어 수원국들의 자치라는 부분을 지원하고 있다. 재정적 후원이 자신들의 수출품을 구매하는 데 다시 지출되기를 장려하는 측면이 있는 서구 여러 나라와 비교했을 때 한국이 제시하는 조건부 원조(Tied Aid)는 이해와 다소 직접적인 연결성이 떨어지는 측면이 있다.[74] 대한민국은 국제개발에 있어 이해분야 외에도 다양한 영역에 투자해 왔으며,[75] 역사적 배경이나 경제적 성취의 과정을 고려하여 수원국에 의해 일면 남반구 원조국으로 간주되기도 한다.[76] 지구 남반구 원조자로서의 의미는 북반구 선진국들에 의한 일방적이고 정치적 목적에 의한 원조 정책과 차별성에 있다. 개발 도상에 있는 국가들로 구성된 남반구의 국가에 대해 남반구 국가 상호 간의 원조로 개발

72. Power, Marcus., Mohan, Giles. and Tan-Mullins, May. (2012) *China's Resource Diplomacy in Africa*, Hampshire and New York: Palgrave and Macmillan, pp.216-218.

73. Raphael, Chaponnière Jean. (2012) 'Chinese Aid and Investment in Africa', in Yoon, Deok Ryong (ed.), *Issues on Development Aid: European Perspective,* Seoul: Korean Institute for International Economic Policy, pp.150-151.

74. Chun, Hong-Min., Munyi, Elijah N. and Lee, Heejin. op. cit., pp.793-794.

75. Marx, Axel. and Soares, Jadir. (2013) 'South Korea's Transition from Recipient to DAC Donor: Assessing Korea's Development Cooperation Polity', available at http://poldev.revues.org/1535, accessed 28 May, 2014.

76. Walz, Juile. and Ramachandran, Vijaya. (2010) 'Brave New World: A Literature Review of Emerging Donors and the Changing Nature of Foreign Assistance', *Center for Global Development Working Paper,* 273: pp.17-19.

을 도모하고 있다는 상징적 가치를 담고 있다. 한국의 이러한 배경은 원조국과 수원국 사이에서 가교 역할을 할 수 있는 선도적인 부분으로 평가받기도 한다.[77] 이러한 이유로 한국의 국제개발 계획, 특히 새마을 운동을 기반으로 한 농촌개발 프로그램은 한국과 수원국 사이의 경험과 가치를 효과적으로 공유할 수 있는 네번째 요소이다.

이상 국제개발의 농촌개발 모델로서 새마을 운동이 담고 있는 4가지 주목할 요소를 살펴 보았다. 새마을 운동은 지역 엘리트의 리더십과 정부의 지원을 배경으로하면서 농촌가구의 경제 상황개선이라는 성과를 매력으로 국제개발 영역의 농촌개발 프로그램에 적용 가능하다. 이 프로그램은 지구 남반구 사이의 협업으로 정치적 패권을 우선하지 않는다는 의미를 담을 수 있다. 그렇지만, 새마을 운동 자체가 지니고 있는 단점과 국제개발 모델로서의 한계도 또한 존재한다.

새마을 운동은 사회정책 및 지역개발 계획과 관련해서 한계점을 갖고 있다. 이 운동은 일면 역설적인 특징을 함유하고 있는데, 지역 농촌의 협동과 더불어 전제 정부의 주민 동원이라는 상반된 성격의 조합이다.[78] 이러한 조합은 경제적인 성장을 위한 유목적적인 조직화로 인해서 지역 마을 구성원과 그들의 문화를 도외시했다는 평가로 이어진다. 정부 동원에 의한 농촌개발운동은 개발 계획 단계에서부터 정부 주도로 진행한다는 특징을 갖고 있다. 박정희 대통령은 이 운동을 각 영역에 있어서 농촌 수입증대, 사업 합리화, 그리고 노동생산성의 강화

---

77. Jerve, Alf Morten. (2007) 'Asian Models for Aid: Is There a Non-Western Approach to development Assistance?', *Chr Michelsen Institute Report,* 2007(12): pp.7-8.
78. Reed, Edward P. (2010) 'Is Saemaul Undong a Model for Developing Countries Today?', *International Symposium in Commemoration of the 40th Anniversary of Saemaul Undong Hosted by the Korean Saemaul Undong Center,* Seoul, 30 September, p.7.

와 연결하면서 새마을 운동을 국가 경제의 개발이라고 정의했다.[79] 그에 따라 새마을 운동은 서구의 경험을 적용한 정치적·경제적 근대화에 집중하였으며, 그 결과 정부는 1960년대부터 강조되었던 전형적인 정부주도형 하향식 근대화와 산업화 가치를 포괄하는 정부 '동원 체계(Mobilization System)'를 창출해냈다.[80] 정부 주도의 개발 정책 아래 주민 동원에 의한 경제 성장, 혹은 농가소득 증대 목표를 독려했다는 사실에 대한 비판은 여기에서 기인한다.

정부의 정책에 따라 농촌 주민 동원에 의한 새마을 운동과 이러한 개발 모델의 성격은 국제개발에도 적용된 부분이 있다. 새마을 운동이라는 기치 아래 전개되었던 그리고 현재 진행하고 있는 개발운동에서 이 사실을 확인할 수 있다.

1970년대 새마을 운동(좌)과 현재 아프리카에서 실시중인 새마을 농촌개발 사업(우)
*DSMI (Democracy and Social Movement Institute), Saemaul Undong Research Team. (2010) *Saemaul Undong photo collection in the 1970s*, Seoul: SungKongHoe University, p.66.
**Yang, Sung-Bok. (2013) 'Alleviating poverty and famine with consideration of self-reliance: suggesting radical solution for international development', *Kyongbuk Ilbo*, 19 June, p.11.

---

79. Park, Chung-hee. (1978[1973]) 'New Year press conference in 1973' A *collection of Park Chung-hee presidential speech*: Saemaul Undong, Seoul: The Presidential Secretariat, pp.303-304.

80. Cole, David C. and Lyman, Princeton N, op. cit., pp.8-9.

사진은 1970년대 새마을 운동에 지역 주민들이 동원되었던 실상(좌)과 오늘날 수원국에 수출한 새마을 운동에 바탕을 둔 새마을 농촌개발 프로그램의 실시 실태(우)를 상징적으로 반영하고 있다. 미디어는 어떠한 형식으로든 정치적인 목적과 과정을 내포하고 있다는 사실을 고려할 경우,[81] 새마을 운동에 있어서 '녹색 깃발'은 정부 주도의 정치적인 힘을 상징하고 있다고 볼 수 있다.[82] 새마을 운동에 뿌리를 두고 있는 국제개발 정책과 프로젝트도 이른바 효율성이라는 측면에서 1970년대 새마을 운동이 내포했던 정부 주도의 주민 동원이라는 방법을 적용했다. 아프리카의 새마을 농촌개발 프로젝트 현장 사진에서 '녹색 깃발'은 농촌개발 프로그램에 있어서 정부에 의한 동원이라고 하는 형태를 또한 상징하고 있다.

국가 동원에 의한 중앙 집중적인 사업은 지역의 이해와 문화를 간과하는 경향을 지니고 있다. 나아가 한국의 역사와 사회적 경험에 토대를 둔 농촌개발 프로그램을 수원국에 적용함에 있어서도 유사한 문제가 드러날 수밖에 없다. 국제개발로서 새마을 운동과 농촌개발 프로그램은 지역 토착의 문화나 그들이 지니고 있는 그들만의 가치에 대한 계승과 존중보다 직접적으로 경제적 효율성과 성장을 목적으로 하고 있다. 전통적 혹은 토착 요소들은 원조국들이 강조하는 이른바 선진화된

81. Carver, Terrell. (2010) 'Cinematic Ontologies and Viewer Epistemologies: Knowing International Politics and Moving Images', *Global Society*, 24(3): pp.422-423; Howells, Richard. and Negreiros, Joaquim. (2012) *Visual Culture* (Second Edition), Cambridge and Malden: Polity, p.3.

82. 이 깃발은 3개의 싹이 돋은 초록색 잎을 노란색 원이 감싸는 모양이다. 이는 각기 노란색 원은 소득, 초록 잎은 근면·자조·협동을 상징했으며, 초록 바탕은 기름진 평야를 암시했다(고건, 앞의 책, 211쪽).

서구의 합리성이라고 하는 부분으로 대체된다.[83] 이러한 상황 속에서 수원국 농촌 마을은 그들과는 다른 체계를 자신들의 토착문화 요소와 통합하기도 했으나 한편으로는 더 이상 자신들의 정체성을 유지 및 관리하지 못하기도 했다. 이와 관련한 세 가지 사례는 한국의 새마을 운동 그리고 국제개발로서 농촌개발 프로그램에서 찾을 수 있다.

먼저 새마을 운동의 사례이다. 농촌 주택 개선사업은 전래의 농촌 생활양식을 완전히 종식하거나 바꾸어 놓았다.[84] 농촌의 초가지붕은 경제성을 이유로 슬레이트 지붕으로 교체되었다. 초가지붕은 매년 새로 이어야 하는 개초가 필요했기에 재원의 마련과 인력의 동원 등에 경제적 비용의 지출이 발생하는 이유 때문이었다. 더욱이 초가지붕에 기생하는 굼벵이 등의 곤충과 박테리아로 인한 위생 문제 때문에 초가지붕은 버려야 할 전통으로 규정되었다. 이런 이유로 초가지붕을 비롯한 독특한 거주공간을 갖춘 토착 주택들은 표준화한 농가주택 설계를 적용하여 도시 형태로 변형되었다. 이 과정 속에서 토착의 주택과 연계된 민속문화는 사라지거나 변경되었다. 초가를 새로 이는 과정에서 행해졌던 각종 의례, 전래의 주거문화 속에 포함되었던 각종 신앙들이 여기에 해당한다고 볼 수 있다. 즉, 토착 주택의 비효율성이 강조되는것은 물론 이른바 '전통마을 의례(Traditional Village Rites)'는 미신으로 간주되었다. 이런 요소들은 바로 개발에 있어서의 장애물로 치부되면서 토착신앙과 연관된 각종 사당 등은 파괴되었다.[85] 새마을 운동이 토착문화와 괴리된 사례였다.

---

83. Chung, Ki-whan. and Oh, Nae-won. op. cit., p.400.
84. 田鎬相·李相海(2001), 「농촌 근대화 과정에서 1970년대 새마을 운동의 '농촌표준주택 설계도'에 관한 연구」, 『대한건축학회 춘계학술대회 논문집』21-1, 304쪽.
85. 김명자(2009), 「새마을 운동에 따른 洞祭의 변화」, 『민속연구』19, 193-194쪽.

두번째, 국제개발로서 농촌개발 프로그램 적용 과정에서도 한국의 새마을 운동 경험을 수원국에 일방적으로 이식한 사례가 있다. 토착 지식과 문화와 개발 프로그램의 대립이다. 한국의 새마을 운동 과정에서 지역사회의 다양한 몇몇 지역축제나 유희들은 표준화한 형태의 민속 전형이라고 하는 틀 속으로 체계화되거나 새로이 재구성되고 말았다.[86] 수원국에 수출한 새마을 운동 모델도 새마을 운동 당시 민속의 일반화 경향처럼 지역의 다양성을 존중하기보다 표준화하여 부식하고 작동하게 된다. 한국의 새마을 농촌개발 프로그램은 수원국의 지역 마을에 적용하는 과정에서 이와 유사한 성격의 변화들을 일으키고 있다. 이러한 사례는 콩코 민주공화국에서 발견할 수 있다. 은꾸무(Dr. N'Kumu)는 한국에서 새마을 운동과 그 실천 프로그램을 배워 자신의 나라에서 그대로 도입하여 실행에 옮기고 있다. 그가 주도하는 농촌개발의 방향은 전래의 주거형태를 제거하고 새로운 가옥을 짓는 것이며, 나아가 새로운 마을을 건설하여 이른바 그들의 낡은 관습과 정신을 제거하고 한국의 사례를 적용하는 데 있다.[87] 그가 강조하고 있는 토착 주택과 낡은 삶의 습관에 대한 규정은 바로 한국의 새마을 운동 역사에서 습득한 내용이며, 이러한 그의 입장은 1970년대 한국 농촌마을 새마을 지도자들의 자세에 견줄 수 있다.

86. 이승수(2007), 「민속 원형의 창출과 제도화-밀양백중놀이를 중심으로」, 『韓國民俗學』46, 314-416쪽.

87. Namhyoun21, (2008). *N'Kumu Saemaul Undong in Congo 1-3*. [video online] Available at: <https://www.youtube.com/watch?v=h5ybYcnkXmg,=5p-6cKVX_YA, =ZrsFawLCafw>[Accessed 24 July 2014].

1970년대 포항 문성리의 새마을 운동 전개 모습
*포항 문성리 새마을운동발상지기념관.

끝으로, 새마을 운동의 정치적 배경이 수원국에 적용된 사례도 있다. 새마을 운동은 1970년대 국내적으로, 현재 국제 개발에 있어서도 한국의 국내 그리고 국제적 이해를 담고 있다. 박정희 대통령이 강조한 "10월 유신은 새마을 운동이며, 새마을 운동은 곧 유신이다."[88]라는 언급은 1970년대 새마을 운동의 정치적 배경에 대한 함축적 의미를 지니고 있다. 박정희는 그의 정치적 독재를 확대하거나 지속할 의도에서 10월 유신과 새마을 운동을 관련지었다. 한국 국내의 정치 배경이 작용했던 새마을 운동은 국제개발에서 농촌개발 모델로 적용하는 과정에서 수원국에 영향을 끼쳤다.

새마을 운동과 한국의 발전 사례는 외국의 개발도상국에 의도하지 않은 의미를 제공했다. 한국의 독재와 연결된 새마을 운동의 현상, 그리고 경제적 성장과 농촌문제의 완화는 개발 도상국가들의 독재 정부에 정치 억압의 불가피성을 보여주는 하나의 실천적인 사례로서 논거를 제공하고 있다. 개발이 독재와 연결되면서 지역의 정치 정체성에 영

88. Park, Chung-hee. (1978[1973]) op. cit., p.334.

향을 끼치기도 한다. 개발을 필요로 하는 국가에서 천연자원이나 경제적 성장과 연계된 정치적 탐욕(Political Greed)은 내전과 부패라는 현상을 초래하고 있다.[89] 독제와 개발 문제가 국제적 이슈로 대두하지만 해결이 쉽지 않다. 심지어 이와 관련하여 한국의 1970년대 경제성장 및 농촌개발에 관한 정치적 배경을 적용하기도 한다. 일부 학자들은 개발도상국에 있어 지역의 가치나 민주주의보다는 일정부분 정치적인 독재를 전제로 한 개발독재(Developmental Dictatorship)가 경제적 발전을 위해서 유효하며, 때로는 피할 수 없는 현상이라고 문제를 제기하기도한다.[90] 즉, 한국의 개발독재가 국제개발에 있어 일부 수원국에 적용되고 있는 현상이 부분적으로 나타난다.

한국의 새마을 운동은 국제개발의 농촌개발 모델로서 적용되었다. 이를 통해 개념화한 새마을 농촌개발 프로그램은 살펴본 내용과 같이 가능성과 한계점이라는 상반된 가치가 혼재되어 있다. 이런 현상에서도 불구하고 국제개발에 있어 대한민국의 농촌개발 프로그램은 국내와 국제사회에 기여할 부분이 있다. 최근 한국에는 새마을 운동을 국제개발 모델로서 해외에 수출하고자 하는 다양한 분야의 수많은 기관과 단체들이 있다.[91] 이 새마을 농촌개발 프로그램은 한국에 있어서 젊

89. Collier, Paul. (2000) 'Doing Well out of War: An Economic Perspective' in Berdal, Mats. and Maloane, David M. (eds) *Greed and Grievance: Economic Agendas in Civil Wars,* Boulder and London: Lynne Rienner, p.110.

90. Gilson, Ronald J. and Milhaupt, Curtis J. 'Economically Benevolent Dictators: Lessons for Developing Democracies', *The American Journal of Comparative Law,* 59(1): pp.242-249.

91. Lee, Jison,. and Sohn, Jaemin. (2013) 'International assistance living together well: applying Saemaul Undong in the developing countries', *The Kyunghyang Shinmun,* 15 May, available online at http://news.khan.co.kr/kh_news/khan_art_view.html?code=910302&artid=201305152148385, accessed 25 July, 2014.

은 구직자와 퇴직자들에게 일자리를 창출할 계기를 마련해 주고 있어 다른 차원에서 국내적 가치를 평가받고 있다. 국제적 측면에서 이 프로그램은 새마을 운동의 성격과 관련하여 정부의 사업관리에서 행정적 영역이 존재한다는 이유로 수원국, 혹은 독재 정부의 정치적 목적을 정당화하기도 한다. 농가 수입의 증대라는 정부의 목표가 분명하기 때문이다. 농촌개발 부분에 있어 새마을 운동은 '한국의 세계적 브랜드(Global Korea Brand)'로 인식되기 시작했다.[92] 복잡한 평가에서 드러나는 이러한 현실은 새마을 운동을 적용한 농촌개발 모델로서 새마을 농촌개발 프로그램이 직면한 과제를 보여준다.

새마을 농촌개발 프로그램 성격과 과제

새마을 운동을 적용한 국제개발 모델로서 농촌개발, 즉 한국의 새마을 농촌개발 프로그램은 내·외부적으로 평가 요구에 직면하고 있다. 새마을 운동의 기본 틀은 근대화 그리고 산업화라고 하는 개발 이념에 목표를 두고 있었다. 그리고 새마을 농촌개발 프로그램은 1970년대의 이른바 '기적'적인 새마을 운동의 경험을 현대 국제개발에 적용하여 모델로 개발하면서 신자유주의 질서와 관련을 맺었다. 새마을 운동의 성격과 새마을 농촌개발 프로그램이 직면 혹은 도전해야할 현실에 대해 살펴본다.

1970년대 체계화 한 새마을 운동의 방향은 조국 근대화 혹은 산업화에 따른 경제성장에 있었다. 근대화 이론은 전통적인 양식을 탈피하여 사회경제적으로 발전된 모델로 규정하는 서구 산업주의로 전환하는 내용을 갖추고 있었다.[93] 이에 따라 정부에서 새마을 운동을 체계화할

92. 이미숙(2013), 앞의 글, 48쪽.

93. Preston, P. W. (1996) *Development Theory: An Introduction,* Oxford: Blackwell, pp.170-172.

때, 이 계획의 주된 목적은 지역사회와 그 구성원들을 대상으로한 사회적 양식과 사고에 대한 근대화, 즉 정신적 계몽에 있었다.[94] 비록 새마을 운동에 대한 최근의 평가가 경제적 성장에만 초점이 맞추어진 서구적인 정책과는 차별성이 있다는 의견도 있지만, 이 운동의 중요한 특징은 인간 계몽을 수반한 근대화 운동에 있었다.[95] 근대화를 위한 의식개혁, 국민 계몽의 사례는 거주 환경에 대해 전근대와 근대로 양분한 사실에서 확인할 수 있다.

마을과 주택의 환경에 대한 새마을 운동 당시의 평가와 홍보내용은 1970년대 근대화를 지향한 운동 실제를 반영하고 있다. 사진은 새마을 운동 시작 초기에 한국 정부가 소개했던 자료로서, 이 운동을 통해 근대화가 어떻게 실현될 수 있는지 그 방향을 단적으로 보여주고 있다.

새마을 사업을 통한 농촌 개량 전과 후 비교

*Ministry of Home Affairs. (1970) *An Introduction to Saemaul Cultivation*, Seoul: Samsung Press, p.48.

---

94. Hasan, Parvez, (1976) Korea: Problems and Issues in a Rapidly Growing Economy, Washington: World Bank, p.159.

95. 임형백, 앞의 글, 129-130쪽.

정부가 제시한 사진은 개량이 요구되는 초가지붕(좌)과 이와 상반된 이른바 개발된 근대 마을 풍경을 보여주는 기와, 슬레이트 지붕(우)이다. 새마을 운동은 농촌마을의 토착성을 강조하기보다는 근대적 서구화된 이상을 반영하고 있었다.[96] 조상으로부터 전래한 집과 마을의 공간 구조로 상징되는 토착지식은 개발해야 하는 핵심 대상이었다. 새마을 운동은 이러한 토착의 주거와 공간을 불결하고 정돈되지 않은 전통으로 규정하면서 위생이 갖추어진 근대적 마을로 전환해야 한다는 이분법적 가치를 강조했다.[97] 새마을 운동에서 조상전래의 토착지식에 대한 부정과 서구의 모델을 지향하는 근대 가치의 도입은 현대의 새마을 농촌개발 프로그램에도 작용했다.

새마을 운동이 지니고 있었던 근대화를 목적으로 한 개발 정책은 새마을 농촌개발 프로그램의 적용과 도입 과정에서 신자유주의 환경에 맞추어 작용했다. 1970년대 한국의 개발 프로그램에서 지향했던 근대화 프레임은 20세기 말 국제질서 재편 과정에서 패권을 배경으로 한 힘의 작용을 긍정하는 신자유주의 바탕의 개발 정책으로 연결되었다.[98] 신자유주의 질서에서 국제개발과 농촌개발 프로그램은 패권 우선과 일반화라는 요소의 작용으로 지역 주민과 그들의 삶에 녹아 있는 지식에 대한 독창성을 무시한다. 신자유주의 질서를 상징하는 사례로 세계은행을 들 수 있다. 세계은행은 신자유주의에 입각하여 경제위기를 겪고 있는 나라에 대한 해결책으로 일방적인 구조조정 프로그

---

96. Moore, Mick. (1988) op. cit., p.146.

97. 김홍순(2000), 「근대화 프로젝트로서의 새마을 운동에 대한 비판적 고찰: 1970년대를 중심으로」, 『韓國地域開發學會誌』12-2, 32쪽.

98. Blaikie, Piers. (2000) 'Development, post-, anti-, and populist: a critical review', *Environment and Planning*, 32: pp.1041-1042.

램(SAPs)을 적용하고 있다. 그러나 20세기 말 그들이 한국과 동아시아의 경제위기에서 실시한 구조조정 프로그램의 실패 경험과 이 사실에 대한 인정은 지역 환경의 다양성에 대한 자각을 불러왔다. 그에 따라 국제금융뿐만 아니라 국제개발에 있어 개선된 형태의 '지식 은행(Knowledge Bank)' 개념이 제시될 수 있었다.[99] 이와 유사한 현상이 한국이 제시하고 있는 새마을 농촌개발 프로그램에서 나타난다.

한국의 새마을 운동에 바탕을 둔 국제개발 모델도 세계은행의 이러한 지식은행 개념을 도입하고 있다. 한국의 70년대 농촌개발 경험을 하나의 지식으로 가공하여 수원국에 개발을 위한 일반모델로 수출하고 있다. 새마을 운동의 경험을 수원국에 수출 및 이식하기 위해 '지식 나눔 프로그램'을 개발하고 설계했다.[100] 새마을 농촌개발 프로그램이 '지식 나눔'이라는 방향을 설정했으나 이는 여전히 경험과 지적 우위를 상정하고 있다. 관련내용은 새마을 운동에서 축적했던 경제 개발의 지식을 소득증대라는 정보로 적용하여 하나의 개발 모델을 제시하고 있는 베트남의 사례에서 알 수 있다[101] 원조국의 입장에서 수원국에 지식을 나누어 주는 개념은 패권에 기반을 둔 신자유주의적 의도가 담겨 있음을 부인하기 어렵다.

한국이 제시하고 있는 새마을 농촌개발 모델이 비록 다른 서구 나라와 같이 국제질서에 있어 패권경쟁을 목표로 하고 있지 않다고 하더라

99. Gilbert, Christopher L. and Vines, David. (2000) 'The World Bank: an overview of some major issues', in Gilbert, Christopher L. and Vines, David. (eds) *The World Bank: Structure and Policies*, Cambridge: Cambridge University Press. pp.29-30.

100. Chun, Hong-Min., Munyi, Elijah N. and Lee, Heejin. op. cit., p.799.

101. Hwang, Won-gyu. (2011) 'Korea ODA: From Recipient to Donor', *Emerging Asian Approaches to Development Cooperation*, Busan: Korea Development Institute and The Asia Foundation, p.61.

도 정책 방향은 공유하고 있다. 한국은 경제개발협력기구(OECD)에 가입하고 개발원조 위원회(DAC) 일원으로 국제원조(ODA) 정책에 부응하면서 사업을 추진 및 후원하고 있다. 경제개발협력기구에 의한 한국의 국제개발 정책에 대한 동료평가는 경제 분야와 연계된 선진국들의 국제질서 가치 공유를 의미한다.[102] 이 사실은 한국 정부도 서구의 패권질서에 동참하고 있음을 보여준다.

새마을 운동에 대한 마을 기록
*포항 문성리 새마을운동발상지기념관.

경제개발협력기구 회원국들은 실제적으로 검증된 방향이라는 이유로 그들의 경험을 동아시아 등 개발도상에 있는 국가들에게 하나의 모범 사례를 제시한다. 경제개발협력기구의 권고사항은 성 역할(Gender)과 기후변화를 아우르는 매우 다양한 영역의 내용들을 망라하고 있으며, 한국은 이들 권고사항을 반영하여 국제개발 사업에 동참하고 있다. 한국은 서구에서 행해온 관습적인 원조 양식을 따라잡고 다자간 공유와 양여금 제공이라는 특성을 절충하여 국제개발에 도전하

102. OECD. (2012) *Korea: Development Assistance Committee (ODA) Peer Review* 2012, Paris: OECD.

고 있다.[103] 이런 접근은 원조를 통한 국제질서에 참여 혹은 중재가 정당하다는 입장과 국제개발을 계기로 개도국들에게 한국의 개발 경험을 가르칠 수 있다는 개념에 뿌리를 두고 있다. 그러나 여기서 주목해야 할 점은 모든 국가들이 동일한 역사적 전개 방향과 경험을 갖고 있지 않다는 사실이다.[104] 지금까지 공적원조로서 국제개발 프로그램은 지역사회와 농촌이 함유하고 있는 경험적 지식의 다양성을 간과한 측면이 있다. 그리고 지식공유라는 내부적으로 합리화한 개념에 따른 접근은 현지에서 실시하는 새마을 농촌개발 프로젝트 현장에서 어려움과 시행착오를 야기하고 있다.

새마을 운동을 적용한 국제개발 프로그램으로서 새마을 농촌개발 모델은 수원국 현지에서 실시하는 과정에서 단점들을 드러내고 있다. 지역사회와 농촌만의 독특한 문화, 사회적 관습 그리고 마을조직에 대한 이해부족은 수원국에 '지식 나눔'을 위한 지식 전달 과정에서 현지의 벽을 만나게 한다.[105] 몇몇 원조활동에 참여하는 종사자들은 활동 대상국 주민들보다 자신들이 신분적, 경험적 우위에 있다는 입장을 드러내면서 현지에서 갈등을 야기하기도 한다.[106] 개발 전문가들은 지역 토착의 경험, 지식, 그리고 이해와 이익을 무시하면서 현장에서 불협화음을 노정하고 있는 현실이다.[107] 한국에서 수원국에 파견한 일부 새마을 농

---

103. Marx, Axel. and Soares, Jadir. op.cit.

104. Gainsborough, Martin. (2010) *Vietnam: Rethinking the State,* London and New York: Zed Books, p.11.

105. Chung, Seung-hun. op. cit., pp.13-14.

106. Watson, Marcus D. (2013) 'The Colonial Gesture of Development: The Interpersonal as a Promising Site for Rethinking Aid to Africa', *Africa Today*, 59(3); p.8.

107. Johnson, Christopher Keith. (2014) 'Post-Development and the Practitioner' available at http://www.e-ir.info/2014/01/08/post-development-and-the-practitioner/, accessed 23 June,

촌개발 협력관들이 지역 주민들의 관습과 삶의 지혜를 존중하지 않고 그들만의 일방적인 방식을 주입하면서 현장에서 주민과의 괴리를 양산하게 되고, 이런 누적된 요소는 결국 지역사회로부터 불신과 불만의 대상이 되기도 한다.[108] 그리고 새마을 농촌개발 프로그램이 국제질서에 따른 신자유주의적 가치를 전제로 한 국제개발 프로그램이라는 잠재한 성격은 또 다른 차원의 장벽으로 작용하기도한다.

새마을 농촌개발 프로그램은 한국의 국가이익 실현을 전제로 하고 있다. 대한민국 정부는 이 프로그램이 세계의 국제개발 시장에 있어 자국의 국가 이미지를 크게 향상해 줄 수단으로 기대하고 있으며,[109] 이를 위해서 자국민을 해외에 파견하는 등 적극적인 활동을 실현하여 국가적 자부심 증대를 도모한다.[110] 국제개발 활동의 동참은 한국의 국가적 이익과 연결되면서 잠재적 '소프트 파워(Soft Power)'의 향상과 부합하고 있다.[111] 한국 정부와 정부에서 파견한 개발 전문가들은 잠재된 경제적이고 정치적인 이해를 현장에서 구현하는 과정에서 수원국 지역의 불만 요소와 직면하도 한다.

수원국, 즉 이른바 개발도상국들은 서구화된 개발 원조정책에 대한 부정적인 입장을 견지하면서도 지속적인 경제적 원조를 요청하는 입장이다. 경제성장에 목표를 두고 있는 아프리카 국가들은 한국이 원조 재

2014.

108. I Love Africa. (2014) 'SMU Uganda' available at http://www.youtube.com/watch?v=2rYFq0vXtG4, accessed 28 May, 2014.

109. Lim, Jae Kang. (2008) 'How properly practice international Saemaul Undong', *KOGOS Journal*, 20(2): p.24.

110. 전해황(2006), 「한국 지역사회복지의 세계화-새마을 운동 해외추진 사례연구」, 『한국토지행정학회보』13-2, 137쪽.

111. Watson, Iain. (2011) 'Global Korea: foreign aid and national interests in an age of globalization', *Contemporary Politics*, 18(1): p.64.

정의 대부분을 아프리카국가들 중에서도 부유하고 매장자원이 풍부한 나라들만 대상으로 하고 있다는 사실에 불만을 표출하고 있다.[112] 국제원조, 즉 공적원조는 때로 수원국의 원조 의존현상을 초래하고, 원조국은 정치·경제적으로나 인도주의적인 측면에서 이를 이용하면서 원조의 늪에 빠지는 재앙을 초래하기도 한다.[113] 그리고 원조국들과 그 정부가 수원국의 주민이나 국민을 우선시하지 않고 그들 국가 이익을 추구하면서 원조가 왜곡되는 사례가 있다. 대표적으로 사하라 이남의 아프리카 국가에 대한 원조 정책은 한 세기 가까운 원조에도 불구하고 빈곤을 해결하지 못했다는 한계가 있다.[114] 여기에서 원조국의 국제원조 정책과 수원국의 원조관리에 대한 부정적인 영향이 문제점으로 강조되기도 한다. 예를 들면, 캄보디아 정부는 그들 내부의 정치적 목적으로 외부로부터의 원조 재원에 지대한 관심을 기울이고 있다.[115] 이와 같은 현실적 한계를 경험하면서 한국은 개발 원조의 현실에서 수원국의 상황을 고려한 새마을 농촌개발 프로그램의 절충 필요성에 직면해 있다.

새마을 농촌개발 프로그램은 현지 절충을 위해 수원국 지역 농촌사회에 대한 지식에 주목하기 시작했다. 서구화와 산업화 가치를 담고 있

---

112. Folley, Rob. (2010) 'Korea's ODA to Africa: Strategic or Humanitarian?', *SAIS US-Korea 2010 Yearbook,* Massachusetts: Johns Hopkins University, p.94.

113. Moyo, Dambisa. (2009) 'Why Foreign Aid Is Hurting Africa', *World Street Journal*, 12 March, available online at heep://online.wsj.com/news/articles/SB123758895999200083, accessed 4 June, 2014.

114. Moss, Todd. Pettersson, Gunilla. and Walle, Nicolas Van de. (2006) 'An Aid-Institution Paradox?: A Review Essay on Aid Dependency and State Building in Sub-Saharan Africa', *Center for Global Development Working Paper*, 74: p.1.

115. Chhaykea, Theng. (2014) 'KOICA Provides US$8 Million to Promote New Community Movement in Cambodia', *Agence Kampouchea Presse(AKP)*, 20 Feburary, available online at heep://www.akp.gov.hk/?p=42170, accessed 29 May, 2014.

는 새마을 운동의 이념적 배경은 근대화였다.[116] 이 운동은 농촌 사회와 가구의 경제적 성장을 달성했을 뿐만 아니라 농촌 공동체에 근대라는 의식의 형성에 영향을 끼쳤다.[117] 이러한 발전개념을 담은 새마을 농촌개발 프로그램은 국제개발 현장에서 실행계획이 언제나 잘 작동하지는 않는다. 일례로 베트남은 자국의 정치 혹은 문화적 배경을 고수하기 위해 서구의 개혁정책을 받아들이지 않음에 따라 새마을 농촌개발의 개념을 자국의 정치적 입장에서 도식적으로 대입하는 한계가 있다.[118] 뿐만 아니라 다른 수원국에서도 1970년대 새마을 운동이 '시대에 뒤떨어진 운동'이라는 인식이 퍼져있어 현대 농촌개발 적용에 장애가 되기도 한다.[119] 이처럼 새마을 농촌개발 모델이 수원국에서 여러 모순과 도전에 직면하고 있지만, 현실을 받아들이고 대응함으로써 새로운 가치를 담을 가능성은 열려있다.

새마을 운동 모습을 보여주는 주민회의(좌)와 상징적 유산 상수도 설비(우)
*포항 문성리 새마을운동발상지기념관.

116. 경제적인 성장과 과학의 발전에 대해 '개발', '현대화', '서구화', '산업화'를 동일하게 인식하고 그 근저에 식민주의와 산업팽창이 내재되어 있다는 주장에 주목할 필요가 있다(김종철·김태언 옮김, 헬레나 노르베리-호지, 앞의 책, 166쪽).

117. 김흥순, 앞의 글, 27쪽.

118. Gainsborough, Martin, op. cit., pp.170-172.

119. Kwon, Huck-ju, op. cit., pp.96-97.

새마을 농촌개발 프로그램의 방향에 대한 다면적 평가를 비교하고 이를 현장에 적용할 수 있다. 새마을 운동을 근간으로 개발한 새마을 농촌개발 프로그램은 정부의 지원에 따라 가난을 해소하고 이른바 경제적으로 '잘사는' 농촌 마을 건설을 목표로 한다. 이점은 한편으로는 1970년대 성취한 많은 새마을 운동의 사례에 힘입어 개도국들에게 강점으로 작용하고 있다. 이러한 호응을 바탕으로 한국은 새마을 농촌개발 모델을 구축했다. 이 프로그램은 수원국의 요구와 상황에 맞추어 적용하는 과정에서 한국 정부에 대한 긍정적 국가 이미지 구축과 수출증대를 전제로 하고 있다. 수원국 입장에서도 농촌의 경제 성장을 도모할 수 있는 효과적인 사례로 인식하고 있다. 그러나 이 모델은 개도국들 중 개발독재라고 하는 정치적 목적을 가진 나라에 의해 수용되기도 했다. 그리고 프로젝트를 부식하는 과정에서 수원국의 문화를 도외시하거나 심지어 지역 마을조직을 해체하기도 한 한계가 드러나고 있다. 이러한 모순적이고도 역절적인 상황은 근대화라는 요소가 강하게 내재된 새마을 운동과 신자유주의 세계질서를 암시하는 새마을 농촌개발 프로그램이 지니는 성격과 관련이 있다. 이러한 모순과 한계에 대해 이제 새마을 농촌개발 프로그램은 대안으로서의 개발을 발견하기위한 시각으로 접근할 필요성을 요구받고 있다.

국제개발 시장에 있어 새마을 농촌개발 프로그램은 현장의 장벽과 단점들에 직면하고 있다. 이런 현실을 확인하고 분석하여 개발이라는 개념과 실천 대안에 대한 접근을 고민해야할 시기가 도래했다. 새마을 운동 초기에 유행했던 이른바 '잘살아 보세'라는 구호는 다의적 의미로 오늘날의 단어로 혹은 새로운 의미와 가치로 치환할 수 있다. 경제적인 풍요뿐만 아니라 지역마을, 특히 농촌에 있어서의 사회적인 풍요와 토착지식의 가치를 예로 들 수 있다. 그 답을 찾기 위한 실마리는 새마을 농촌개발 프로그램을 실시하는 현장에서 찾을 수 있다.

3장
농촌개발 현장과 새마을 농촌개발

교수님께서는 "우리나라의 1960년대 시장과 정말 똑같다. 마치 타임머신을 타고 온 기분이어서 감회가 새롭다."라고 말씀하셨다. 학생들 역시 책에서만 보다가 직접 현장을 경험하니 얼마나 심각한지 제대로 깨달을 수 있었다.[1]

개발원조의 일환으로 추진하는 많은 프로그램 중, 새마을 농촌개발 현지 조사 및 사업에 참여하는 관리자 혹은 자원봉사자들이 품는 수원국 현장에 대한 첫 인상은 대체로 인용문과 같다. 이런 서술과 입장은 개발과 원조의 본질적 의미에 대한 정확한 분석과 이해보다 수원국의 수혜와 원조국의 시혜의 관점을 무의식중에 내포하고 있다. 개발 현장, 특히 한국의 새마을 운동을 국제개발로서 농촌개발 모델로 적용한 새마을 농촌개발 프로그램을 실천하고 있는 곳의 현실은 인용문과 유사한 현상을 보여준다. 그렇지만 한편으로 이런 현상은 농촌개발에 있어 한국이 기여한 한 축이 있기에 대두할 수 있다.

한국은 국제개발정책에서 개발원조(ODA) 사업으로 한국적 가치의 확산을 시도하고 있다. 국내에서는 국가적 재원을 국외에 지원하는 사업으로서 개발원조 효율성에 대한 검증을 지속하고 있다.[2] 이런점에서 새마을 농촌개발 프로그램도 사업 결과와 성과에 대한 평가가 중요한 요소로 작용하고 있다. 이런 이유에서 개발원조 사업은 현지 지역의 지식에 대한 존중과 상생의 가치보다 사업운영과 관리 효율성의 측면에서 운영하면서 시행착오를 겪고 있다. 개발 현장에서의 시행착오 일소를 위해 한국의 개발원조에 있어, 특히 농촌개발에서 새마을 운동에 기

1. 에티오피아 암하라 주 학생 인턴십 프로그램 (http://tdev.yu.ac.kr/archives/4746(2016.10. 2).
2. 감사원(2015), 『감사결과 보고서-공적개발원조(ODA) 추진실태)』. 이에 앞서 2011년과 2014년에 동일 사안에 대한 감사가 있었다.

반을 둔 새마을 농촌개발 프로그램에 대한 현장 분석은 의미가 있다. 개발이 한 방향으로 이루어져야 하는지 여부에 대한 물음을 던지면서 한국의 개발원조 자세에 대한 원점에서의 검토가 필요하다. 개발에 대한 접근은 아래의 인용문을 참고할 필요가 있다.

> 서구에는 제3세계에 대한 원조와 개발의 실상을 알려주는 정보가 결핍되어 있다. 납세자들의 대다수는 자기들의 비용으로 이루어지고 있는 사업이 어떤 문제를 일으키는지 거의 알지 못하고 있다. 기껏해야 그들은 빈곤한 지역에 도로와 병원이 건설된다는 것을 듣고, 그것이 발전을 가져다준다고 생각한다.[3]

국제개발 시장에 있어 원조는 '발전'을 전제로 하고 있으며, 개발의 내용은 도로와 병원과 같은 인프라와 관련이 있다. 이러한 인식은 개발이 한 방향으로 전개한다는 전제를 담고 있다. 인용문은 국제개발과 공적원조 사업을 시장으로서, 발전사적 개념으로서, 그리고 경제적 개념으로 정의하고 있는 시각에 대한 문제를 제기하고 있다. 이러한 현실은 '원조와 개발의 실상'을 확인하여 대안으로서 개발에 대한 고민의 필요성을 증대할 수 있고, 대안 모색은 새마을 농촌개발 프로그램에 적용하여 개발의 전환을 대비할 수 있다.

3. 김종철·김태언 옮김, 헬레나 노르베리-호지(1996), 『오래된 미래- 라다크로부터 배운다』, 녹색평론사, 176쪽.

1970년대 한국 새마을 운동의 상징 이미지
*Ministry of Home Affairs. (1975) *Saemaul Undong Korea*, Seoul: Samwha Printng, p.16.

1970년대 전국단위로 전개한 새마을 운동의 성과를 기반으로 한국은 국제개발로서 새마을 농촌개발 프로그램을 가공 및 개발하였다. 새마을 농촌개발 프로그램을 중심으로 '개발'과 '발전'의 방향과 개념에 대한 분석을 위해 개발 현장에서 '원조와 개발의 실상'을 확인한다. 이를 위해 한국 새마을 농촌개발 프로그램의 개발과 시행과정을 먼저 살펴보고, 각 지역에서 실시하고 있는 시범마을에 대한 현장 확인을 실시한다. 새마을 농촌개발 프로그램 현장은 아시아, 아프리카 그리고 남미를 포괄한다.

국제개발로서 새마을 농촌개발 모델의 확립 배경과 추진 방향은 국제정치에 있어 한국의 부상과 관련이 있다. 한국의 공적원조 정책과 프로그램은 팽창을 지속하고 있는데, 여기에는 한국의 경제적 성장이 큰 배경중 하나로 작용했다. 그리고 새마을 운동에서 영감이나 영향을 받은 새마을 농촌개발 모델은 농촌개발을 모색하는 국가들에게 주목을 끌고 있다. 한국은 새마을 운동에 기반을 둔 농촌개발 프로그램의 개발과 시행 준비에 20년 이상의 시간을 투자했다. 정부는 대외경제 협력기금을 1987년에 조직하고 공적 원조를 전담할 기관으로 한국국제협력단을 1991년 설립했다.[4] 2009년 비로소 경제개발협력기구 내의 개발원조위원회 회원으로 참여함으로써 국제개발 시장에 본격 참여했다.

한국 정부는 2012년 공적원조 모델을 확립했다. 한국적 국제개발 모델은 159개의 프로그램으로 구성되어 있으며, 내용은 기술에서부터 성역할에 이르기까지 다양하다.[5] 한국 국제개발 모델 중 농촌개발 영역에 새마을 농촌개발 프로그램이 있다. 새마을 농촌개발 모델 개발을 위해 새마을 운동을 성공과 신화로 전제하고 국제개발에 적용하기 위한 연구를 실시했다. 1970년대 새마을 운동의 성공요인으로 주민 참여적 개발, 의사 결정권, 주인의식 제고 그리고 역량강화와 같은 요소들을 추출하고 이를 적용하는 새마을 농촌개발 프로그램을 구상했다.[6] 이 프로그램은 하나의 지역개발운동으로 간주되면서 1970년대 새마을 운동의 세부 내용 그대로 현대 수원국의 원주민들에게 제안되고 강조되었다. 내용 중에는 원조를 받는 마을의 요구에 따른 원자재와 재정 지원을 원주민 활동의 자극제로 제안한 부분이 있다.[7] 새마을 운동의 주민참여 사례를 구현하기 위한 방안 중 하나였다. 이와 같이 새마을 농촌개발 프로그램은 새마을 운동의 경험을 적용한 마을 개발 지원 정책으로 제안되었다. 그리고 추진동력 확보와 체계적 운영을 위해 국무총리실 주관으로 한국의 국제개발 모델로 조직화 했다.

---

4. 주동주·차문중·권율 외(2012), 『한국형 ODA 모델 수립』, 경제인문사회연구회·산업연구원·한국개발연구원·대외경제정책연구원, 23쪽.

5. 주동주·차문중·권율 외, 앞의 책 143쪽.

6. 정갑진(2010), 「새마을교육을 바탕으로 한 국제개발협력 방안」, 『새마을운동과 지역사회개발』6.

7. 전해황(2006), 「한국 지역사회복지의 세계화-새마을 운동 해외추진 사례연구」, 『한국토지행정학회보』13-2, 131-132쪽.

정부 주도의 새마을 농촌개발 프로그램은 국제개발 시장 수출과 더불어 새마을 운동에 대한 의미부여를 시도하고 있다. 국무총리실 주관으로 발표한 '새마을 운동 ODA 기본 사업계획'에 의하면, 새마을 농촌개발 프로그램 수출의 강점은 "주민들로 하여금 동기를 부여함으로서 자립의지를 갖게"하는 부분에 있었다.[8] 새마을 농촌개발을 활용한 공적원조 계획은 2011년까지 32개국을 대상으로 93개의 프로그램으로 발전했다.[9] 한국 정부는 이러한 상황을 유지하기 위해 새마을 운동에 대한 기념사업을 지속하고 있다. 이런 기조에서 개발원조위원회의 회원국이 된 직후인 2011년부터 '새마을의 날'을 제정했다. 그리고 OECD의 동료 평가를 수용한 공적원조 투자 계획을 마련하여 2015년까지 국내총생산의 0.25%까지 예산의 범위를 확대하기로 했는데,[10] 여기에는 농촌개발에 대한 지원도 포함하고 있었다. 이와 같은 한국 정부의 적극적인 공적원조에 대한 부응에는 농촌개발 모범국으로서 한국의 위상을 확립하기 위한 국제 정치적 함의가 있었다.

중앙정부 주도의 새마을 농촌개발 프로그램 수출과 동시에 지자체와 정부 산하기관의 지원 활동이 있다. 중앙 혹은 복수의 지역 기구가 전 세계에 걸쳐 새마을 공적원조와 유사한 성격의 프로젝트를 실시하고 있다. 이런 현실을 '원조의 분절화'로 규정하고 정부주도의 공적원조에 대한 통합정책이 논의되고 있다.[11] 이는 역설적으로 그만큼 새마을

8. 임한성(2014), 「경상북도 새마을 운동 시범마을 조성사업 효과성 제고방안」, 『새마을 운동과 지역사회개발』10, 100쪽.

9. 국제개발협력위원회(2011), 「새마을 운동 ODA 사업 평가결과」, 『2010년 국제개발협력 평가결과』, 65쪽.

10. OECD. (2012) *Korea: Development Assistance Committee (ODA) Peer Review 2012,* Paris: OECD, p.15.

11. 국무조정실 개발협력정책관실(2014), 『ODA 정책간담회 자료』, 8쪽.

운동에 기반을 둔 농촌개발 프로그램의 확산 성과가 높다는 사실을 의미한다.

국가 단위의 농촌개발 프로그램 수출 못지않게 지자체에서 새마을운동 사업을 추진하는 대표적인 사례가 경북 포항시이다. 포항시는 문성리를 새마을 발상지로 상징화하고 이를 바탕으로 해외 공적원조의 일환으로 농촌개발 사업을 진행하고 있다. 포항시에서 추진하는 농촌개발로서 새마을 운동 국제개발의 사례를 소개한다.[12]

포항시는 새마을 세계화사업의 일환으로 '후진국'에 대한 지원을 실시하고 있으며, 지방 기초단체로서 선도적인 사업 성과 달성 사실을 강조하고 있다. 포항시의 프로그램은 새마을 세계화재단이나 경상북도에서 추진하는 사례와 더불어 지역의 중요한 새마을 농촌개발 운동 중 하나이다. 2013년 현재 포항시는 아프리카, 중앙아시아, 동남아시아에 대한 지원을 실시했거나 모색하고 있었다.

포항시는 새마을 농촌개발 프로그램 추진방향에 있어 차별성을 강조하고 있다. 일본은 무역의 교두보 확보를 목적으로 공적원조를 실시하고 있으며, 중국은 국위선양과 원자재 확보를 위해 원조사업을 진행하고 있다고 규정했다. 이에 반해 포항시는 농촌 잘살기 운동으로서 새마을 운동 전파를 실현하고 한국적 가치의 확산과 교류 확대를 도모한다고 강조한다. 포항시의 프로그램은 중앙정부의 행정안전부와 KOICA 그리고 지방자치단체와 달리 기초자치단체 차원의 사업이라는 차별성도 부각한다.

경상북도 포항시가 공적원조로서 농촌개발 그리고 새마을 운동을 국제개발로 추진하게 된 배경과 절차가 있다. 국제개발로서 새마을 농

---

12. 이하 내용은 2013년 7월 4일 목요일 오후 13시 포항시 담당자 면담내용을 정리했음.

촌개발을 시작한 배경은 1960년대 말에서 1970년대 새마을 운동을 활발히 전개했던 문성리가 포항시 행정구역에 있다는 사실에 근거하고 있다. 마을의 성과를 확보하고 새마을 운동의 가치를 선점하기 위한 차원이다. 포항시는 새마을 농촌개발 프로그램 선도를 위한 명분을 축적하기 위해 문성리를 '새마을 발상지'로 규정하고, 해외 사업 추진에 이를 적극 활용했다. 2011년이 시작 계기였다. 포항시장 주도로 농촌 새마을 운동이 언급되고, 빈곤해결을 위한 농업과 농촌에 대한 이해가 강조되면서 새마을 농촌개발의 필요성을 확인했다. 이에 따라 새마을 운동의 발상지로서 포항, 그리고 새마을 세계화사업을 위해 "1%가 움직이면 대한민국이 움직인다."라는 기치아래 시 차원에서 새마을 농촌개발 프로그램을 추진했다.

새마을 농촌개발 사업을 위한 수원국에 대한 접근방법이 있었다. 현지 한인 선교사 혹은 교민에게 접촉을 시작한 다음 행정적으로 대사관을 통해 상대방 국가에 포항시 인사에 대한 초청의사를 타진했다. 결과에 따라 초청장을 받아 상대국을 방문하여 농촌개발의 목적 등을 설명했다. 수원국이 지정한 다수의 마을에 대해 정부관계자와 마을관계자가 동행하여 현지답사를하고, 지원 대상 마을에 대한 심사와 평가를 실시했다. 수원국 정부와의 협약으로 사업 대상 마을을 확정했다. 대상마을을 새마을 운동 '시범마을'로 선정하고 새마을 정신함양, 농가소득과 기술증대를 위해 현지 공무원 등을 초청하여 새마을 아카데미 교육을 하거나 현지 의료 및 학생 봉사활동 등의 프로그램을 실시했다.

사업의 운영 방법은 직접 관리였다. 포항시는 '저개발국'이 예산의 관리에 대한 투명성이 없다고 판단하고, 현지인의 횡령이 극심한 상황으로 이해했다. 따라서 예산운영은 포항시에서 담당 공무원 파견을 통해 실현하고, 현장의 필요 인력은 현지인을 고용했다. 건축자재의 경우도 한국의 H빔을 배를 이용해 운반할 정도로 현지 행정의 문제를 심각하게 고려하고 있었다. 이러한 인식은 해외원조에 대한 사례 수집과 현지교민의 의견에 바탕을 두고 있었다. 사업 추진을 위한 예산은 포항시 재정은 물론 포항시 새마을 세계화 후원회 모금, 산하단체, 사업가 등의 지원으로 확보했으며, 여기에 50여 명 이상 지역 인사의 참여가 있었다.

포항시는 아프리카, 중앙아시아, 동남아시아를 포괄하는 지역에 대한 새마을 운동 전파를 실시 혹은 모색했다. 아프리카 지원 사례이다. 새마을 지도자의 육성이나 농로의 개발, 하수구 정비 등을 통해 새마을 정신 전수를 도모했다. 새마을 연수는 지역소재 대학과 연계하여 숙소 제공 및 강사지원, 그리고 봉사 참여 등 협업으로 달성했다. 아프리카 사례는 마다가스카르가 있다. 쌀을 주식으로 하면서도 파종법이 발달하지 못한 점을 확인하고, 농가소득 향상을 위해 벼종자(통일벼)를 보급하거나 이앙 기술 전수를 실시했다. 그 일환으로 마다가스카르의 소아비나시 지역의 농수로 정비를 실시하면서 현지에 한국 전문가를 6개월 이상 파견하여 기술 전수를 실시했다.

중앙아시아에 대한 농촌개발 지원과 진출을 모색했다. 2011~12년 마다가스카르에 대한 농촌개발 지원 후속 사업의 일환이었다. 아프리카를 대상으로 새마을 운동을 전파하기 위한 농촌개발 활동에 교통비가 과다 지출되는 한계를 인식한 대안이었다. 아프리카의 경우 약 1억원의 예산 중 절반이 교통비로 지출되는 현실적인 제약이 분석되었다. 상대적으로 거리가 가깝고 교통비가 적게드는 중앙아시아를 대안으로 설정했다. 중앙아시아에서 먼저 지원 요청이 있었으며, 포항시는 환경과 위생을 주제로 접근할 계획을 수립하였다. 그리고 시범마을에 비닐하우스 설치와 같은 농업기술을 전수하여 농가소득의 증대와 환경개선 및 시설 정비 계획을 시행했다.

동남아시아지역에 대한 지원은 현실적 한계에 직면했다. 미얀마에 대한 지원을 모색하기 위해 현지조사를 실시했다. 그러나 이미 일본이나 중국으로부터 많은 지원 사업이 이루어지고 있는 실태를 확인하고, 포항시의 입지를 확보하기에는 '비극적인 입장'이라는 현실로 정리했다. 일본과 비교했을 때 지원 예산규모의 차이가 상당했으며, 중국마저도 100킬로 이상의 도로 건설 등 규모의 사업을 진행하고 있었기 때문이었다. 뿐만 아니라 시골마을의 경우에도 공적원조의 경험에 따라 지원의 눈높이가 높았다. 예를 들어 학교의 신축이나 항구정비 등을 요구하고 있어 '가난하지만 지원에 대한 요구가 높은' 현실을 확인했다. 포항시는 현실적인 타당성과 가능성의 한계로 미얀마에 대한 사업 추진 검토를 중단했다.

국가단위 뿐만 아니라 포항시와 같은 지자체에 이어 각종 단체에서도 새마을 농촌개발 프로그램을 추진하고 있다. 일례로 2014년 새마을 세계화재단은 사업의 목적을 "우리나라가 70년대 새마을 운동을 통하여 국민들의 의식도 개혁하고 마을의 생활환경도 아름답게 바꾸고 소득증대도 이룩하여 잘사는 농촌마을을 만들었던 것과 유사한 사업을 개발도상국 농촌 마을에서 펼침으로써 현지 주민들이 가난을 극복하고 스스로 잘살도록 돕는 일을 하는 것입니다."라고 밝혔다.[13] 그리고 새마을 운동의 효율적이고 전문적인 확산을 위해 새마을 세계화재단은 새마을리더 봉사단 활동에 대한 분석을 시도했다. 그 결과 "자원봉사자로 구성됨에 따라 전문성이 떨어진다는 점입니다. 새마을세계화사업의 성공을 위해서는 농업 전문가 등 각 분야 전문가가 절대적으로 필요한데, 전문가들의 지원이 충분하지 못한 형편입니다."라고 확인하

13. 국회전문지 동행(http://www.weekelydonghang.com/section/13/1284/view.do?page=1, 2015년 12월 22일 현재).

고 전문성을 강화하기도 했다.[14] 이상에서 보듯이 국가 단위, 지방자치 단체뿐만 아니라 유관 단체에서도 여러 경로를 통해 공적원조로서 새마을 운동과 연계한 농촌개발 프로그램을 2000년대 초반부터 역점사업으로 추진하고 있었다.

새마을 운동의 세계화, 혹은 정부에 의해 모델화 한 새마을 농촌개발 프로그램의 세계시장 부상을 위한 노력은 중앙정부, 지자체 그리고 각종 단체에서 다발적으로 이루어지고 있다. 이러한 현상을 원조의 분절화로 규정하고 중앙정부 중심의 일원화를 강조할 정도로 새마을 운동, 그리고 새마을 농촌개발 활동이 활발하다.[15] 일원화하여 이른바 체계화된 공적원조로서 새마을 운동의 국제개발 프레임 적용은 단선적인 접근이다. 오히려 해외에서 실시하고 있는 새마을 농촌개발의 현장에서 직면하고 있는 여러 현상에 대한 확인과 분석으로 현안에 대한 해석과 대안 마련이 가능하다. 동남아시아는 물론 아프리카와 남아메리카에서 새마을 농촌개발 프로그램의 일환으로 전개한 새마을 운동 시범마을 사례에 대한 분석을 통해 국제개발로서 새마을 운동의 한계를 발견할 수 있고, 이를 바탕으로 절충된 농촌개발 프로그램을 검토한다.

1. 동남아시아, 베트남의 새 농촌 운동

> 농민 마을 안에는 폭넓은 사회적 장치들이 있어서 주민들에게 최소한의 수입을 보장해 주도록 작동한다. 주기적으로, 부분적으로는 필요에 따라서,

---

14. 국회전문지 동행(http://www.weekelydonghang.com/section/13/1284/view.do?page=1, 2015년 12월 22일 현재).
15. 국무조정실 개발협력정책관실, 앞의 책, 8-10쪽.

재분배되는 공유지나 유럽의 마을에서 나타나는 마을 공용지(Communal Land)와 같은 공유자산(Commons)은 이러한 방식으로 기능한다. (중간생략) 부유한 농민은 자비로워야 하며, 돈이 많이 드는 의례에 찬조금을 내야 하고, 일시적으로 곤궁에 처한 친척이나 이웃을 도와주어야 하며, 지역 사당이나 사원에 아낌없이 베풀어야 하는 것으로 기대한다.[16]

인용문은 1976년 농촌사회의 공동체 규범과 호혜의 의미를 추적한 스콧의 서술이다. 그는 남부 미얀마와 베트남 농촌 등의 동남아시아지역 농촌 사례를 정밀 분석하여 농촌의 가뭄, 질병, 기아 등으로 인한 식량부족이 생존을 위해 호혜성의 관행과 제도를 만들었다고 보았다. 토착 농촌의 공유자산과 호혜의 규칙이 최소한의 생계를 위한 안전우선(Safety-First)의 전제 위에서 작동한다고 논증했다. 이런 원리를 도의적 경제(Moral Economy)로 규정했다.[17] 그리고 일본 등 제국주의에 의한 토착 농촌과 농업의 규칙 부정, 상업화 과정은 농민반란으로 이어졌다고 주장했다. 제국주의가 호혜성과 같은 기존 농촌의 소전통(Little Tradition)을 파괴한 점에서 원인을 찾았다.

동남아시아를 비롯한 토착 농촌은 스콧이 언급했듯이 농촌 마을과 구성원의 유지를 위한 공유자산과 호혜의 가치를 담고 있었다. 한국 토착 농촌에서 작동했던 동계를 비롯한 여러 결사체의 배경도 이러한 측면에서 이해가 가능하다. 그리고 새마을 운동의 전사로 이미 서술했듯

---

16. 제임스 스콧, 김춘동 옮김(2004), 『농민의 도덕경제-동남아시아의 반란과 생계』, 아카넷, 19쪽; James C. Scott. (1976) *The Moral Economy of the Peasant-Rebellion and Subsistence in Southeast Asia*, New Haven and Lonson: Yale University Press, p.5.

17. 한도현은 Moral Economy를 '도의적 경제'로 규정하면서 지배 엘리트의 농촌 공동체 운영의 가치에 대해 상대적 객관화를 시도했다(한도현(2007), 「예치공동체의 폐쇄성과 개방성」, 『유교의 예치 이념과 조선』, 청계, 69-70쪽).

이 조선시대 농촌 마을의 동계와 여러 조직에서 작동했던 호혜와 협동의 원리를 고려한다면 한국의 토착 농촌도 도의적 경제의 원리를 지식으로 공유했다고 볼 수 있다. 이런 연관성을 고려할 때, 한국이 새마을 운동을 국제개발에 적용한 농촌개발 프로그램이 동남아시아 지역에서 작동하는 현실에 대한 분석도 가능하다.

지구 남반구의 이른바 '개발도상국'을 대상으로 새마을 농촌개발 프로그램이 수출되고 있다. 수원국은 농촌 삶의 질, 특히 소득증대에 중점을 두고 있는 한국 프로그램의 도입을 시도하고 있다. 동남아시아 지역의 경우 필리핀, 캄보디아, 라오스, 스리랑카, 네팔 등에서 한국의 새마을 농촌개발 프로그램을 현지 시범마을을 대상으로 실시하고 있다. 이들 사례를 순차적으로 살펴보고, 특히 베트남의 농촌개발 정책과 새마을 농촌개발 프로그램의 실제를 분석한다.

중점 협력국과 농촌개발

동남아시아 국가는 한국의 대표적인 공적원조 지원 대상이다. 한국 입장에서 지리적으로 가깝고 비교적 문화적으로 유사하다는 전제가 작용했다. 그리고 수원국을 대상으로 일종의 시혜개념으로 새마을 운동에 대한 적극적인 지원을 실시했다.

> 농촌종합개발 부문 지원으로 '스마트 새마을 운동'으로 브랜드화하여 개발도상국의 지역개발을 위해 농림수산, ICT, 환경, 보건, 여성 등 통합된 프로그램을 추진하였다. 2011년부터 2015년까지 5년간 총 지원 규모가 약 1,521억원에 달하는 스마트 새마을 운동은 전국단위 통합형 프로젝트, 국제기구 및 민간단체와의 협력, 국내기업과의 파트너십, 새마을 봉사단 파견

등 다양한 사업 유형으로 지원되었다.[18]

한국은 농촌개발로서 새마을 운동을 브랜드화 하여 개발을 위한 다양한 프로그램을 추진하고 예산을 투여하고 있다. 이러한 방향에 따라 새마을 농촌개발 프로그램 중 패키지형 통합사업의 형태로 캄보디아 30개 마을, 라오스 50개 마을, 미얀마 100개 마을, 베트남 150개 마을, 네팔 20개 마을 등 350개에 이르는 마을에 지원했다.

필리핀의 사례이다. 필리핀에 대해서는 이른바 '소 은행(Cow Bank)'나 '돼지 은행(Pig Bank)'과 같은 농촌개발 프로그램을 개발했다.[19] 이들 활동은 농촌 자립을 위해 지원된 재원을 바탕으로 소와 돼지 공동사육을 시도하는 내용이다. 가축 사육으로 창출한 수입은 마을을 위한 개발사업에 다시 투자함으로써 마을 주민의 자율성 육성을 도모했다. 필리핀의 사례에서 보이는 이러한 농촌개발의 기본 방향은 바로 소득증대에 있었다. 새마을 운동의 궁극 목표가 소득증대에 있다고 분석한 결과를 적용한 사업이었다. 이러한 프로그램은 한편으로 수원국 농촌 현장에서 소득증대에 대한 요구가 있었기에 가능했다. 수원국과 원조국이 현실적인 농촌 문제를 해결할 열쇠는 농촌의 소득증대에 있다는 공감대의 결과였다.

동남아시아 사례 중에는 캄보디아도 있다. 한국은 캄보디아에 대한 지원을 대표적 성공사례로 꼽고 있다. '캄퐁참주 농촌개발사업'을 진행하여 우리나라의 우수한 농촌개발 경험을 바탕으로 3개 시범마을에 소득증대, 생활환경 개선, 주민 및 공무원 역량강화를 성공적으로 수행

18. http:/www.koica.go.kr/dev(2017년 1월 23일 현재)

19. 소진광(2007), 「아시아 개발도상국에서의 새마을 운동 시범사업 성과평가-라오스와 캄보디아를 중심으로」, 『韓國地域開發學會誌』19-4, 188-191쪽.

한 사례가 대표적이다.[20] 또한 중점 협력분야로서 "새마을 운동, 농촌마을종합개발 등을 통한 성공적인 농촌개발 경험 교육 및 무상원조를 중심으로 다양한 개발도상국에 관련 경험 전수"를 제시하며 "농업 생산성 향상 및 다변화 촉진"을 한국의 개발 목표이자 기여할 부분으로 명시했다.[21] 이러한 평가는 궁극적으로 새마을 운동의 성과 확산에 대한 국내의 시각과 가치를 국제개발 사업에 투영하고 있어 여기에서 객관적인 현지의 현실을 분석하고 확인하기에는 한계가 있다. 이들 프로그램의 작동은 캄보디아 중앙 정부가 주도하고 있으며, 새마을 농촌개발 운동 또한 동일한 경향을 보이고 있다.[22]

라오스에도 새마을 농촌개발 사례가 있다. 라오스의 국가개발 전략으로 2011년 설정한 '라오스 국가사회경제개발계획 2011~2015(National Socio-Economic Development Plan 2011-2015)'이 있다. 내용은 한국의 새마을 농촌개발과 관련 있다. 국가개발전략 중 7대 중기개발계획에 "농촌 개발과 빈곤퇴치: 도시와 농촌, 부자와 빈부 격차 축소"가 포함되어 있으며, 농촌개발 내용은 "마을단위 농촌개발 추진, 전력 보급량 인구의 60%로 확산"과 같은 목표를 언급하고 있다.[23]

---

20. 관계부처합동(국제개발협력위원회), 『캄보디아 국가협력전략 2012-2015: Country Partnership Strategy for the Kingdom of Cambodia』, ODA Korea-Office for Government Policy Cooperation Prime Minister's Secertarati, 35쪽(http://www.odakorea.go.kr/ODAPage_2012/T02/cps/pdf/CPS_Cambodia.pdf, 2015년 2월 23일 현재).

21. 관계부처합동(국제개발협력위원회), 『캄보디아 국가협력전략 2012-2015: Country Partnership Strategy for the Kingdom of Cambodia』, 40-41쪽.

22. 이종수·권찬호(2011), 「ODA 통합에 관한 연구: 몽골 새마을 운동 ODA를 중심으로」, 『한국정책학회 동계학술대회』, 158쪽.

23. 관계부처합동(국제개발협력위원회), 『라오스 국가협력전략 2012-2015: Country Partnership Strategy for Lao PDR』, ODA Korea-Office for Government Policy Cooperation Prime Minister's Secertarati, 37-39쪽(http://www.odakorea.go.kr/ODAPage_2012/T02/cps/

라오스는 새마을 농촌개발 프로그램을 자국의 농촌개발 프로젝트에 적용하고 있으며, 운용 방향은 정부가 세부 프로그램을 전반적으로 관리하는 특징을 보이고 있다. 라오스는 산업화와 경제 개발, 즉 경제적 성장을 달성하는 차원에서 농촌개발 프로그램을 도입하면서 새마을 운동을 고려하고 있었다. 이런 측면에서 새마을 농촌개발 프로그램을 농촌의 소득증대와 연결하고 있다.

스리랑카의 새마을 농촌개발 사례가 있다. '농촌지역개발 및 농업 생산성 향상'을 포함하고 있는 스리랑카 10개년 국가개발계획(Mahinda Chintana 2006-2016) 중에는 농촌마을 개발 프로그램인 'Gama Neguma(Village Uplifting)'가 있다.[24] 이 프로그램은 농촌지역 주민의 절대 다수가 빈곤 계층에 속해 있는 현실을 진단하고 균형성장과 빈곤감축을 위해 농촌개발 및 농업 생산성 향상을 최우선 과제로 선정하는 내용을 포함하고 있다. 한국과 스리랑카 양국 사이 협력의 기본 방향 중 특히 농업 분야는 국가의 경제성장 측면으로 접근하면서 도로, 상하수와 전력부분의 성과를 성공적인 사례로 남았다.[25] 이처럼 스리랑카의 사례도 농촌 농업의 생산량 증대를 통한 농가의 소득 증대를 정책적 목표로 설정함에 따라 한국의 새마을 운동은 유효한 사례로 제시되었다.

---

pdf/CPS_Laos.pdf, 2015년 2월 23일 현재); Lao People's Democratic Republic(2011), the 7th Socioeconomic Development Plan 2011-2015 참조.

24. 관계부처합동(국제개발협력위원회), 『스리랑카 국가협력전략 2012-2015: Country Partnership Strategy for Sri Lanka』, ODA Korea-Office for Government Policy Cooperation Prime Minister's Secertarati, 28쪽(http://www.odakorea.go.kr/ODAPage_2012/T02/cps/pdf/CPS_Sri%20Lanka.pdf, 2015년 2월 23일 현재).

25. 관계부처합동(국제개발협력위원회), 『스리랑카 국가협력전략 2012-2015: Country Partnership Strategy for Sri Lanka』, 43-46쪽.

네팔의 새마을 농촌개발 사례가 있다. 한국은 네팔에 새마을 운동을 기반으로 개발된 새마을 농촌개발 프로그램 적용을 제안했다. 그 배경은 "농업기술 개발을 통한 생산성 향상, 영농 지도자 육성을 통한 농어촌 인적자원 역량 강화를 통하여 성공적인 농업 육성 및 농촌 지역 개발을 이룩하고 경제성장의 기반을 마련"하기 위한 한국의 비교우위가 있다는 점을 강조한 사실에서 알 수 있다.[26] 그리고 동시에 새마을 운동의 역사적 경험을 적용하여 "공동체 정신 함양, 자조 의지와 협동 정신에 기반을 둔 한국 고유의 농촌 종합개발사업인 새마을 운동은 마을 단위의 소득증대와 생활환경 개선, 인프라 개발, 주민 의식 개혁을 통해 농촌개발과 빈곤 탈피에 기여"할 수 있을 가능성이 높다고 자체 평가했다.[27] 이에따라, 농촌개발 프로그램은 "농촌지역 인프라 구축을 통한 농업 생산성 증대 및 협동조합, 청년회 등의 농촌 지역 주민 조직 육성을 통한 주거·환경개선 지원 등"을 비롯하여 "새마을 운동에 기반을 둔 주거 및 생활환경 개선, 의식개혁, 여성 역량 강화 등 통합적 발전 모델 전수"로 기획했다.[28] 네팔에 있어서도 농촌개발 프로그램은 기본적으로 소득 증대를 목표로 했으며, 이러한 측면에서 새마을 농촌개발 프로그램이 담고 있는 마을 조직구성과 활동을 위한 한국의 사례를 그대로 적용하고자 했다.

---

26. 관계부처합동(국제개발협력위원회), 『네팔 국가협력전략 2012-2015: Country Partnership Strategy for the Government of Nepal』, ODA Korea-Office for Government Policy Cooperation Prime Minister's Secertarati, 169쪽(http://www.odakorea.go.kr/ODAPage_2012/T02/cps/pdf/CPS_Nepal.pdf, 2015년 2월 23일 현재).

27. 관계부처합동(국제개발협력위원회), 『네팔 국가협력전략 2012-2015: Country Partnership Strategy for the Government of Nepal』, 171-173쪽.

28. 관계부처합동(국제개발협력위원회), 『네팔 국가협력전략 2012-2015: Country Partnership Strategy for the Government of Nepal』, 171-173쪽.

동남아시아 여러 국가 사례에서와 같이 새마을 운동을 기반으로 개발한 새마을 농촌개발 프로그램은 농가 소득증대를 통한 국가 산업화 기여에 목표가 있었다. 이 부분은 한국의 1970년대 새마을 운동의 방향과 일치하며, 현지에서도 그대로 적용되었다. 수원국이 새마을 농촌개발 프로그램을 도입한 배경은 농촌지역에 비교적 한국과 유사한 문화적 배경이 있다는 판단이 작용했다.[29] 한국정부 또한 국가적 이익과 관련하여 이들 나라에 대한 국제개발 지원과 농촌개발로서 새마을 운동의 확산을 위해 물적, 재정적 지원을 함으로써 경제성장을 후원하고 있다. 다만, 현지 적용과정에서 수원국 정부 중심의 시범마을 선정과 운영 개입이라는 특징은 과제로 분석하고 있다. 그렇다면 실제적인 사례를 통해 현재 성공적으로 평가하고 있는 동남아시아에서 진행 중인 새마을 농촌개발 프로그램의 특징을 추적할 필요가 있다.

토착 농촌과 협동 가치

농촌지역 마을과 주민조직은 지속성을 위한 개별 가치를 담고 있다. 이미 살펴본 내용처럼 농촌, 마을과 마을조직은 공유하는 토착의 가치가 있으며, 스콧은 이 점에 대해 동남아시아의 사례 분석을 토대로 이른바 도의적 경제라는 개념을 도출해냈다.[30] 이 개념에는 농촌 마을에 호혜와 협동의 구조가 포함되어 있으며, 이 배경은 현대 농촌개발에 작동할 수 있다. 그리고 전근대 농촌개발의 경험에서 토착 마을의 지식

---

29. Thao, Tru Phuong. and Kim, Kyung Qyang. (2008) 'Rural Development Policy in Korea: Lessons for Vietnam', *The Journal of the Korean Society of International Agriculture,* 20(1): p.9.

30. James C. Scott (1976), op. cit.

발견을 계기로 현대 농촌개발에 토착성을 적용할 수 있다.[31] 한국의 농촌마을과 유사한 공유자산을 둘러싼 마을 구성원의 호혜와 협동의 사례는 아시아 국가인 중국과 그리고 베트남에서도 확인 가능하다.

마을의 수자원 이용과 관련하여, 농업이 아닌 주거에 필요한 수리의 호혜를 위한 협동을 실현한 중국 마을 사례가 있다. 중국 안후이성(安徽省) 이현(黟县)의 홍촌(宏村)은 명대 이래 호씨(胡氏)를 중심으로 집단 거주하는 이른바 집성촌의 성격을 지니고 있으며, 산중턱에 위치한 마을 입구에 반달모양의 연못(月沼)을 조성했다.[32] 하천으로부터 생활용수를 끌어들인 수로는 마을의 각 가구를 거친 다음 연못에 도착한다. 이 과정에서 식수, 세탁, 방화수 등을 위한 공유자산의 구축을 위해 마을 주민이 협동하여 수로를 구축하고 이를 지속하기 위한 관리 노력을 기울였다.

장시성(江西省) 간현(赣县)의 바이루촌(白鷺村)은 홍촌의 사례와 같이 마을을 조성하고 수리 이용을 위한 규약을 갖고 있다. 종씨(钟氏)를 중심으로 12세기에 조성한 집성촌인 이 마을은 마을 중턱에 연못을 조성하고 가옥에 용수를 공급한 다음 마을 입구 연못으로 다시 흘러들게 수로를 구성했다. 마을은 '백로고촌락촌규민약(白鷺古村落村規民約)'을 14개조로 구성하고 수로의 지속성을 대비했다. 조목에는 관개도의 관리와 수로의 위생, 방화 대비는 물론, 도수(盜水)와 도벌임목(盜伐林木)을 방지하는 내용을 담고 있다. 이들 조목은 비록 현대에 갖추어 졌으나, 마을 토착의 공동체 의지가 반영된 측면이 있다고 볼 수 있다. 그리고 마을 규약의 게시와 더불어 현재 진행 중인 도로정비, 가로등 설

31. 정수환(2015), 「Post-Development Alternative Ideas Regarding Saemaul Rural Development as an International Development Practice」, 『민족문화논총』60.

32. 余治淮·余济海(2011), 『神奇宏村』, 宏村鎭政府; 徽州人民出版社.

치, 우물 수리, 부엌과 화장실 보수 그리고 과수 등의 재배로 수익 증대를 도모한 빈곤 탈피 운동 선전판이 마을에 갖추어져 있다.

바이루촌 마을 입구 전경(상좌), 마을안 수로 설치 상황(상우),
촌규민약 게시모습(하좌), 마을 개발 선전판(하우)

과거에서 현재로 이어지는 중국의 마을 공간에서 구성원의 공유자산의 호혜를 위한 협동의 과정 그리고 마을 개발 노력은 토착지식으로부터 출발했다. 토착지식, 즉 마을 운영에 대한 역사적 배경을 살필 수 있는 사례연구가 있다.

산시성(山西省) 대현(代縣)의 여해촌(茹解村)을 대상으로 청대의 최씨(崔氏)를 중심으로 한 사신(士紳)의 마을 개발 활동 사례이다. 18세기 중엽 이후 이 마을의 최씨들이 과거에 급제하자 「가훈」, 「잡록」으로 가족 질서를 정비함과 더불어 계보 정리와 족전(族田) 마련으로 마을의 결속을 도모했다. 그리고 족보가 완성되고 사당을 건립하자 「향약」,

「종약」의 중요 부분을 공유했는데, 이는 최씨 집안이 주희(朱熹)의 『가례』속 유교사상을 통해 족인들을 교화했음을 보여준다.[33] 또 다른 사례가 있다. 산시성 정양현(定襄縣) 북사촌(北社村)은 양씨(梁氏)와 이씨(李氏)가 주축이면서도 여러 성씨로 구성된 다성촌(多姓村)으로 명·청대 유학 소양을 갖춘 엘리트 사신이 마을을 주도했다. 사신들은 각 성씨별로 족보를 간행하거나 제전(祭田)을 갖추어 결속하면서도 민간신앙과 결합하여 사원 건립, 지역의 도로 및 다리공사, 가난한 사람을 위한 땔감과 쌀 기부 그리고 수리시설의 안정을 기원하는 활동을 통해 협동을 실현했다.[34] 이들 사례는 전근대시대 유교사상과 마을 토착지식의 결합 그리고 호혜와 협동의 모습을 보여준다.

유교가 아시아 문화에 끼친 영향 중에서 지역사회 개발 및 마을개발과 관련하여 마을의 변화를 초래했다는 점은 중요한 현상 중 하나이다. 도의적 경제가 작동하는 단위인 농촌과 마을, 즉 마을 주민조직의 궤적과 유교의 관련성은 전근대 농촌의 실태에 대한 추적을 통해 더욱 분명해 질 수 있다. 대표적인 사례가 스콧이 사례 인용한 베트남이다. 일찍이 11세기 베트남은 문묘와 국자감 설치 그리고 과거의 실시로 유학 지식인이 고위 관직을 역임했다. 베트남의 후예(後黎, Later Le)시대 농촌 공동체는 전근대뿐만 아니라 현대를 관통하는 유교, 특히 성리학적 가치의 흐름을 파악할 수 있는 사례이다.

후예 이후부터 응우옌(阮, Nguyen)에 이르는 시기 유학이 베트남에 뿌리 내렸다. 유교에 입각한 국가운영과 지역사회 운영 체제가 후

---

33. 한차오지엔(2017), 「청나라 사신(士紳)의 치가와 치족 실천, 여해촌」, 『양동마을과 공동체의 미래』, 한국학중앙연구원출판부, 206-207쪽.

34. 한차오지엔(2017), 「명·청 시대 화북 마을의 결속력 형성-북사촌의 사례를 중심으로」, 『석천마을과 공동체의 미래』, 한국학중앙연구원출판부, 180-187쪽.

예왕조 초기에 갖춰졌다. 레 탄 통(聖宗, Le Thanh Tong, 1460～1497)은 중앙의 6부와 더불어 전국을 12개의 도로 나눈 뒤 현에서 사(社), 촌(村)에 이르는 지방행정 조직을 구비하였으며, 『국조형률(國朝刑律, Quoc Trieu Hinh Luat)』을 편찬해 법 체계를 갖추었다.[35] 『국조형률』의 62조 상제례 규정과 122조 호적 등에는 농촌 마을의 운영과 같은 공동체 관련 법률이 있다.

> 레 탄 통은 유교를 마을의 문화에까지 파급시켰다. 1470년 조정은 24개조의 교훈을 반포했으며, 여기에는 삼종지도, 충, 효, 예, 의에 따라서 작은 마을과 종족, 가정을 돈독하게 하는 문제에 이르기까지 언급하고 있다. 매년 설날, 또는 커다란 예식이 있으면 마을의 촌장이 사람들을 모아 놓고 이 24조를 강해(講解)하였다[36]

충효를 바탕으로 가족과 마을의 일상과 의례에 까지 유교에 입각하도록 법제화 했다. 레 탄 통은 모든 마을에 향약을 실시하고 유학자들을 임명하여 독려함으로서 농업에 바탕 한 농민의 경제적 생활 안정을 도모한 반면, 수공업과 시장경제를 제한하여 농-공-상의 구조를 추구했다.[37] 농업과 농촌 중심의 국가 정책은 같은 시기 조선과 유사성을 보이고 있다.

베트남의 향약은 중국이나 한국이 면단위 혹은 군현단위였음에 반

35. 유인선(2002), 『새로쓴 베트남의 역사』, 이산, 190-191쪽.

36. 박성범(2018), 『베트남 사상사』, 소명출판사, 254쪽(Nguyen Tai Thu. (1993) *History of Vietnamese Ideology: Vien tret bhc, Vien Khoa Hoc Xa Hoi Viet Nam,* Hanoi).

37. 박성범, 앞의 책, 245-246쪽.

해 마을(社)에서 조직되고 실시된 특징이 있다.[38] 그리고 향약은 프랑스 식민지 이전시기, 식민지 시기 그리고 1990년대 이후에 실시된 사례로 구분할 수 있다.[39] 향약 자료는 베트남 사회과학원 한놈연구원 뿐만 아니라 정보원에 전근대시대 작성한 자료와 프랑스 침략기 번역한 자료가 소장되어 있다.[40] 이들 자료에 의하면 베트남은 유교에 바탕을 둔 향약이 실현된 이후 지금까지 마을단위로 향약을 실시하고 있는 사실을 확인할 수 있다. 특히, 식민지 이전의 자료를 고향약(古鄉約, Hung uoc co)으로 구분하고 있는데, 이를 대상으로 베트남 마을 공동체의 토착지식을 살펴볼 수 있다.

향약 조목 내용은 베트남 중·북부 지방 향약을 분석한 결과에서 대표적 조목을 알 수 있다. 내용은 사회관계, 공유지, 혼례, 상례, 마을안전, 마을 신앙, 국가적 의무, 과거 응시, 재판사건 등으로 구분할 수 있다.[41] 연구 사례는 Tinh Hai Duong(海陽省), Huyen Binh Gianga(平江縣), Xa Tan Hong(新紅社)에 있는 Xa Mo Trach(慕澤社)의 향약이다. 마을에는 Vu(武), Le(黎), Nguyen(阮), Nhu(汝), Pham(范), Ta(謝), Luong(梁), Cao(高) 등의 성씨가 있다. Xa Mo Trach 마을은 이들 중 Vu씨가 중심을 이루고 있으며, 향약의 조목 중 대표적인 내용은 다음

38. 한도현(2003),「향약의 조직 원리와 지역자치: 베트남 모짝사(慕澤社)의 사례」,『동남아시아연구』130-2, 289쪽.

39. 전통마을 향약의 가치가 현대 공동체에도 유효하다고 판단한 베트남 공산당은 1993년 신향약을 공식 인정하고 당규에 포함했다(응우옌뚜언안(2017),「베트남 마을의 분쟁 해결과 협력」,『석천마을과 공동체의 미래』, 한국학중앙연구원출판부, 210쪽).

40. Le, Thi Lan and Nguyen, Thi Minh Trung. (2015) 'Preservation and Dissemination of Old Rare Archives in the Library of Social Sciences-The Case of Village Convention Collection', *The Congress of Southeast Asian Librarians (CONSAL)*, Bangkok, 11-13th June.

41. 한도현(2003),「향약의 조직원리와 지역자치: 베트남 모짝사(慕澤社)의 사례」, 앞의 책, 295-296쪽.

과 같다.

① 향약문 작성은 관비엔과 반투옥과 같은 관원이나 유교적 교양을 지닌 사람들이 주도하며, 내용은 Xom Lang(마을)의 순후지풍(淳厚之風) 고취에 목적이 있었다.

② 과거시험 합격이나 관직 임용과 승진을 축하하는 잔치 까오봉을 위한 마을 남성조직 Giap(甲)에서 부담하는 비용과 노동에 대한 규정이 있다.

③ 과거 응시 제한이나 부정 응시자에 대한 문회(文會) 가입 제한 규정이 있다.

④ 마을 치안 유지를 위해 도둑과 강도에 대한 신고와 수배에 있어 상과 벌의 범위를 밝히고 있다.

⑤ 도로, 배수로 및 관개시설의 유지를 위한 공동규약이 포함되었다.

⑥ 마을 경계 대나무 울타리, 담 그리고 도랑을 보호했다.

⑦ 관청의 세금 및 노역과 같은 관역(官役)에 참여를 강조하고 면제자는 증빙서류를 갖추도록 했다.

⑧ 여자의 음행에 대한 처벌과 규제를 담고 있다.

⑨ 범죄자에 대해서는 자수의 여지를 주고, 마을 주민간의 쟁송은 Xa Trung(社長)이 우선 조사하도록 했다.

⑩ 1년 정기 회의에 엄격한 참여를 강조하고 벌칙을 설정했다.[42]

새로운 지식, 즉 성리학으로 무장한 엘리트들이 마을의 향약을 주도

42. 한도현(2003), 「향약의 조직원리와 지역자치: 베트남 모짝사(慕澤社)의 사례」, 앞의 책, 292-293쪽.

하고 있었다는 사실에 주목할 필요가 있다. 내용은 조선시대 마을 동계의 사례에서와 같이 마을 공동체의 안녕과 공유자산의 유지 및 지속을 위한 규약으로 구성된 공통점이 있다. 공유자산의 일종인 마을 도로와 수로 그리고 수리시설에 대한 규약이 있었다. Ngo(午)별로 보수할 마을 도로를 분담하여 유지 및 관리하는 내용은 물론, 배수로와 수리시설도 사적인 목적을 위해 공공의 이익을 침해하지 않도록 규정했다. 베트남 마을 향약은 마을 주민들이 공동의 이익을 위해 호혜와 협동을 실현하는 토착지식이 있음을 보여 준다.

베트남 마을에서 향약을 실시하는 주도 세력이 있었다. 이런 점에서 향약과 관련한 마을의 모습을 토착 마을의 성격으로 강조하는 시각과 달리 마을 내의 계급 구조로 규정하고 공동체의 불평등과 신분지배의 수단으로서 향약을 부각하는 연구 경향이 있다.[43] 그렇지만 정부 주도로 조직 되었다기보다 마을의 지식인 반투옥(文屬)들이 자신이 거주하는 지역사회, 즉 마을에서 그들의 이해를 위해 필요한 내용을 포함하는 향약을 조직했다는 점이 강조되기도 한다.[44] 반투옥은 지역의 엘리트로서 조선의 사족(士族), 명·청대의 사신(士紳)에 비견할 수 있다.

향약의 성격에 대한 이해를 위해 베트남 마을 내부의 구조를 참고할 필요가 있다. 전근대시대 베트남에서는 꽌비엔, 반투옥, 싸톤쯔엉 등의 서열이 높은 신분층은 마을에 부과된 관역을 면제받았으나 나머지 구성원들은 역을 분담해야 했다. 이러한 배경에서 마을 향약에 역을 공정히 분담하기 위한 규약이 마련되어 있었다. 관역은 Giap(甲) 단위로 할

43. 한도현(2003), 「향약의 조직원리와 지역자치: 베트남 모짝사(慕澤社)의 사례」, 앞의 책, 311쪽.

44. 한도현(2003), 「전통시대 한국과 베트남의 농촌사회조직에 대한 비교연구」, 『농촌사회』 13(2), 223쪽.

당하고, 마을 회의를 통한 공의에 따라 부담 관역의 분배와 변경을 허용함으로써 구성원 사이의 반목을 대비했다. 이러한 배경에서 향약은 부분적으로 토지 및 호구와 관련하여 국가의 하부행정구조로 작동하는 측면이 있었으나 규약의 제정이나 변경에 있어 구성원들의 의지를 반영한 결과가 확인되고 있다는 점도 함께 주목할 필요가 있다. 따라서 향약을 작동시키는 동력의 절반은 관의 영향 아래에 있었으나 나머지 절반은 또한 마을 주민이 주도하는 향약이었다고 하겠다.

베트남의 농촌은 공산화 이전 유교 이념에 바탕을 둔 마을 운영 경험이 있다. 현지 마을의 경우 조선시대 동계 혹은 동약 개념과 동일한 베트남의 '향약'이 존재하고 있는 사실을 확인할 수 있다.[45] 한국의 경우 이미 살펴본 내용과 같이 마을의 목표를 향한 동계나 공유자산의 관리를 위한 송계와 같은 결사가 작동하면서 토착지식으로 작용했다. 이러한 모습은 베트남에서도 찾을 수 있으며, 토착지식으로 작동했음을 알 수 있다. 이런 사실은 새마을 운동의 출발이 농촌마을의 자기운영 시스템이라는 측면에 있다고 볼 때, 새마을 농촌개발 프로그램이 베트남 농촌에서 역사적 유사성을 발견할 수 있는 가능성이 높음을 의미하고 있다.

하노이에서 차로 1시간 거리에 있는 딩 몽푸(Dinh Mong Phu) 마을은 토착성을 보여주는 흔적들이 있다. 조상 사당에 대한 보존은 물론 향사의 실행과 더불어 마을 운영을 위한 공회당의 성격을 지니는 공간도 있다. 이런 요소는 베트남 향약에서 확인할 수 있듯이 토착에 기인하는 마을과 마을 주민의 생활 모습을 보여주는 요소이다.

---

45. Le, Thi Lan and Nguyen, Thi Minh Trung(2015), op. cit.; 한도현(2003), 「향약의 조직원리와 지역자치: 베트남 모짝싸(xa Mo Trach, 慕澤社)의 사례」, 앞의 책; Bui Xuan Dinh(2015), 「베트남 고문서 속의 마을 질서: 전통시대의 향약」, 『제2회 동아시아 마을 연구 국제포럼: 동아시아 마을 발전-역사와 미래』, 한국학중앙연구원 藏書閣.

딩 몽푸 마을 공회당, 집 안의 사당

마을 공회당은 마을 출신으로 과거에 급제한 인물들에 대한 기록을 게시하여 주민의 자긍심을 고취하고 결속을 도모하는 공간이다. 마을 주민 결속모습은 한국의 전근대 그리고 현대 마을도 일정 부분 연관성이 있어 유사점을 개발과 연관 지을 수 있다. 뿐만 아니라 집안의 조상 향사를 위한 사당도 조선시대 사당의 그것과 일맥상통한다. 이러한 사실들은 주희의 신유학을 수용한 조선에서 동계와 봉사를 중요한 가치로 마을 개발을 시도했던 사실과 관련하여 중요한 의미를 보여준다. 베트남 마을은 구성원 중심의 마을 개발을 위한 토착적 요소가 있다고 볼 수 있다.

향약을 운영했던 토착 사회가 현대 농촌개발로 이어진 사례는 응에안(NgheAn)성의 꾸인도이(Quyna Doi) 마을에서 찾을 수 있다. 꾸인도이 마을은 1638년~1856년 사이 개정을 거듭하며 축적한 향약이 있다. 마을, 문인, 장례, 마을 관습법이라는 4개의 독립항목으로 이루어진 119개 조목의 향약을 갖추고 있었다. 마을은 향약을 통해 학생들의 면학을 위한 토지 할당, 부역 면제와 같은 물질적 후원과 더불어 마을 주민들의 과거 합격 기원과 같은 비물질적 지원을 실시했으며, 과거 합격자들이 마을에 토지나 명예로 보상함으로써 꾸인도이 마을은 호혜 교환(Reciprocity Exchange)의 구조를 작동하고 있었다.[46] 교육뿐만 아니라 마을 주민 사이에 발생하는 갈등과 분쟁을 조절하고 협력하는 내용을 향약에 포함하고 있었다. 관련한 주요 조목은 아래와 같다.

> 향약 제16조: 마을의 수로를 정비하려고 한 날, 모든 마을 조직은 자신들의 책임(수로정비)을 시간 내에 완수해야 한다. 만약 마을이 점검을 했을 때 수로의 한 곳이라도 제대로 보수가 되지 않았다면, 그 부분을 맡았던 마을 조직은 다시 작업해야 한다. 마을의 결정에 순응하지 않는 마을 조직은 벌을 받게 될 것이다. 모든 마을 조직이 함께 노력해야 한다.
>
> 향약 제77조: 가족은 같이 집 지붕을 고치거나 친척의 장례를 조직해야 한다. 가족 중 누군가 집의 지붕을 고친다면 다른 가족들은 도움을 요청했든 안 했든 상관없이 가서 도와줘야 한다. 장례를 치르려고 한다면 가족은 장례를 치르는데 도움을 주겠다고 나선 사람들에게 역할을 맡길 수 있다. 그렇지만 역할을 해달라고 요청할 권리는 없다.
>
> 향약 제89조: 마을 일을 공동으로 추진하기 위해 마을회관에서 회의를 열어 각자 분담할 몫을 결정했는데 만약 누군가가 집에 돌아가서 마을의 결정에 대해 불평을 늘어놓는다면 마을은 이 사람이 마을 회의에 참석하는 것을 금지해야 한다.[47]

호, 황, 응우옌의 주도 성씨 외에 여러 성씨가 함께 거주하는 이 마을은 발생할 갈등을 조율하기 위해 의사결정 사항에 대한 존중과 처벌의 조항을 향약에 포함하였다. 친족의 협동을 목적으로 하는 향약 내용과 더불어 유교적 가치에 입각한 친족 돈목을 위한 친족규약(族約, toc

---

46. 응우옌뚜언안(2017), 「베트남 마을의 분쟁 해결과 협력」, 앞의 책, 233-238쪽.
47. 응우옌뚜언안(2017), 「경세제민의 교육 실천공간, 꾸인도이 마을」, 『양동마을과 공동체의 미래』, 한국학중앙연구원출판부, 202-208쪽.

uoc)이 별도로 마련되었다. 향약 내용에 따라 수로를 비롯해 공유지 등 공동의 이익을 위한 협동이 마을에서 작동하고 있었다. 꾸인도이 마을은 향약이라는 토착지식을 원용하여 2002년 8월 20일 47개 조항으로 구성한 신향약을 선포하였으며, 신향약의 부활은 '베트남 마을의 전환과 발전'을 보여 주는 사례로 평가되었다.[48]

베트남 농촌개발, 새 농촌 운동

베트남에서도 2008년부터 농업, 농촌 그리고 농민을 대상으로 Tam Nông(새 농촌개발) 정책을 실시하여 종합적인 농촌개발을 추진하고 있다. 특히, 2009년부터 한국의 새마을 운동 경험을 참고로 새 농촌개발운동(New Rural Development Moi)을 면(Commune)단위로 진행하고 있다. 이 새 농촌 운동은 1970년대 한국의 새마을 운동과 비슷한 사업 내용을 지니면서 정책의 추진 방향도 정부 주도의 성격을 보여주고 있어 두 운동의 유사성을 찾을 수 있다.[49] 하지만 장기적으로 주민과 지역사회가 사업의 주체가 되도록 전환할 필요성이 꾸준히 제기되기도 했다.

베트남은 대표적인 한국의 동남아시아의 중점협력국이다. 베트남은 VTV4로 불리는 새 농촌 운동(xây dựng nông thôn mới)을 전개하고 있다. 베트남 새마을 운동은 "전국 힘 모아 새 농촌 건설(Phong trào thi đua "Cả nước chung sức xây dựng nông thôn mới)"을 기치로 2011년 9월 17일부터 실시하고 있다. 한국의 새마을 운동에 주목하고 현지화하는 사업을 진행 중이다. 한국도 베트남 농촌에 새마을 운동을 적극

---

48. 응우옌뚜언안(2017), 「경세제민의 교육 실천공간, 꾸인도이 마을」, 앞의 책, 202-208쪽.
49. 이양수(2014), 「새마을 운동의 베트남 적용 한계 및 보완점-베트남 신농촌개발운동을 중심으로」, 『한국비교정부학보』18-3, 93-94쪽.

지원 및 원조하고 있다.

한국은 중앙과 지방, 그리고 공·사립 단체들을 통한 다양한 새마을 농촌개발 프로그램을 운영 중에 있다. 대표 사례가 경상북도에서 추진하고 있는 새마을 세계화재단의 사업으로, 아시아의 필리핀, 우즈베키스탄, 스리랑카, 인도, 인도네시아를 비롯하여 베트남에 새마을리더 봉사단을 파견하는 프로그램이다.

하노이 인근 농촌 마을

경상북도는 베트남에 대한 농촌개발에 적극적이다. 2005년부터 새마을 세계화사업을 추진하여 소규모 자립 육성형 새마을 운동 시범마을을 만들었다. 일례로 농촌개발의 일환으로 새마을 세계화재단을 중심으로 2007년부터 2013년 까지 타이응우옌(Thái Nguyên)성 지역에 새마을 해외봉사단 프로그램으로 의료진, 대학생, 지도자를 파견하기도 했다. 이 지역 룽반(Rung Van)마을에 대한 사업을 통해 빈곤율이 2005년 23%에서 2013년 4%로 떨어졌고, 소득 수준은 17%로 증가한 결과를 발표하고 농촌개발 프로그램을 긍정적으로 평가했다.[50] 지자체를 통한 새마을 농촌개발 프로그램은 마을 단위로 진행하고 있다는 특

50. 영천신문(아프리카 최초 새마을 운동 연구소 세네갈에 오픈, 2015. 11. 29일).

징을 확인할 수 있다. 특히, 경상북도는 1970년대 한국의 새마을 운동 당시의 전략에 따라 기초마을, 자조마을, 자립마을 등과 같은 단계적 '개발'을 상정하고 지속적으로 사업을 투여하고 있다.

한국 정부는 베트남 농촌개발 지원을 새마을과 연계하여 해석했다. "새마을 운동에 대한 지원을 통해 베트남 정부의 농촌개발 사업에 대한 관심제고와 사업 확대의 계기를 마련"했다는 의견과 더불어 "농촌개발 시범사업으로 베트남 북부 6개 마을과 중북부 꽝찌성에 새마을 운동 경험전수, 주민 생활환경 개선사업 등을 성공적으로 추진" 했다고 자평했다.[51] 이러한 노력을 바탕으로 베트남 정부가 전국 650여개 마을을 대상으로 농촌개발 사업을 확대하여 추진한 내용을 강조했다.

베트남 새마을 운동을 위한 지원 방안의 효율성을 모색하기도 했다. "통합모형 발굴, 다양한 기관(KOICA, 행안부-새마을 운동 중앙회, 경상북도, 농식품부 등)에 분산되어 있는 새마을 운동의 역량을 결집하여 통합적인 새마을 운동 모델을 발굴·적용"할 필요가 있다고 분석했다.[52] 이를 위해 "2011~2015년 중 성공가능성이 높은 지역을 시범마을로 선정하고 역량을 집중"하며, "성공사례를 구축하고 이를 바탕으로 2016년 이후 대규모로 전국적 확산을 추진·지원"하고자 했다.[53] 전문가 파견에 있어서는 "중점지원 분야를 중심으로 국내 관련 연구기관의 전문가를 파견하여 베트남 수원기관 및 관련 연구소와의 협력 강

51. 관계부처합동(국제개발협력위원회), 『베트남 협력전략 2011-2015 Viet Nam Country Parternaship Strategy』, ODA Korea-Office for Government Policy Cooperation Prime Minister's Secertarati, 27쪽 (http://www.odakorea.go.kr/ODAPage_2012/T02/cps/pdf/CPS_Vietnam.pdf, 2015년 2월 23일 현재).

52. 관계부처합동(국제개발협력위원회), 앞의 책, 40-41쪽.

53. 관계부처합동(국제개발협력위원회), 앞의 책, 40-41쪽. (http://www.odakorea.go.kr/ODAPage_2012/T02/cps/pdf/CPS_Vietnam.pdf, 2015년 2월 23일 현재).

화"를 도모한다고 밝혔다.[54] 파견은 완료사업의 지속성을 제공하기 위해서 6개월 이상 중장기로 개선했다. 이러한 성공사례에 대한 분석은 궁극적으로 소득증대에 중점을 둔 성과를 강조하면서 베트남 정부의 정책과 부응하는 측면이 있었다.

한국의 새마을 농촌개발 프로그램은 베트남식 새마을 운동인 '랑 모이(Lang Moi)'와 결합하고 현지화하기도 했다.[55] 2011년 9월 17일부터 베트남의 새마을 운동은 '전국 힘 모아 새 농촌 건설(Phong trào thi đua "Cả nước chung sức xây dựng nông thôn mới)' 운동으로 새로이 출범했으며, 일상에서는 '새 농촌 건설'운동으로 일컬어지고 있다. 베트남 정부는 농촌 개발 사업을 새마을 운동과 연계하고자 했다. 한국은 "새마을 운동이라는 성공적인 농촌개발의 경험을 가지고 있어, 베트남에 이러한 경험을 공유할 경우 효과가 클 것으로 예상"하면서 베트남에서의 가능성을 평가했다.[56] 그리고 "베트남도 한국의 농업분야 경험 및 기술에 높은 관심을 보여 왔으며, 특히 새마을 운동 시범사업(2001~2003년)은 타이응우옌 지역의 성공사례를 토대로 2006~2010년 랑모이를 성공적으로 수행"한 것으로 보았다.[57] 한국과 베트남은 농촌개발이라는 이해를 공감하면서 새마을 운동과 새 농촌 운동을 연계하

54. 관계부처합동(국제개발협력위원회), 앞의 책, 47쪽.

55. 정기환(2007), 「개도국 농촌개발과 KOICA의 역할」, 『국제개발협력』2, 52-54쪽.

56. 정기환(2007), 앞의 글, 54쪽

57. 베트남의 새농촌개발을 위한 국가목표 프로그램(The National Target Program on New Rural Development)과 새마을 운동과의 차이점으로 주민 참여의 부족, 마을 지도자와 마을 조직의 한계, 교육 역량강화 필요성, 추진 사업에 대한 관리와 평가 및 사업을 위한 동기부여가 더 필요하다는 점이 언급되었다(KOICA(2015), 『베트남의 새농촌개발 프로그램과 새마을 운동의 비교연구에 관한 한국·베트남 공동 정책연구-베트남 미래지도자 역량강화 사업의 일환으로』, 237-239쪽).

여 이해하고 있었다.

베트남의 농촌개발로 조성한 마을 진입로와 안길

베트남은 향약으로 상징되는 토착 경험과 지식 배경이 있었고, 한국은 동계와 같은 마을 조직 운영의 경험이 있었다. 이러한 경험, 지식 그리고 유산의 작용으로 한국의 새마을 운동 초기에 발견되는 요소와 유사한 성격이 베트남의 농촌개발과 새 농촌 운동에서 나타나기도 했다. 이러한 상황에서 베트남은 한국의 새마을 운동에 기반을 둔 농촌개발 운동을 정책적으로 실시함에 따라 소득증대 목표를 달성한 것으로 평가했다. 그렇지만 현지의 토착성에 대한 이해와 토착지식에 기반을 둔 새마을 농촌개발 사업추진의 제한으로 베트남 현지 농촌에서의 시행착오는 있었다.

새마을 세계화재단은 베트남의 떤미(Tan My), 탄랍(Tan Lap), 토(To) 마을에 대해 2014년부터 15년까지 새마을 시범마을 사업을 실시했다. 공적원조로서, 농촌개발 프로그램의 일환으로 새마을 운동을 소개하고 현지에 접목했다. 그리고 '베트남 새마을 시범마을' 조성을 위해 2014년부터 위의 3개 마을에 대해 현지를 방문하고 새마을 연수를 실시했다.[58] 2014년 말 베트남의 타이응우옌성과 닝투언성 주민과 공

58. http://saemaulgf.or.kr/kor/biz/biz_06.html?mniD=2&m=m2(2015년 10월 30일 현재)

무원 330명이 참석했다.[59] 이러한 성과는 본격적인 새마을 운동으로서 시범마을 사업 착수의 계기가 되었다. 떤미, 탄랍, 토마을에 대한 새마을 시범마을 조성 사업과정에서 새마을 봉사단의 현지를 바라보는 시각과 현지문화와의 절충을 위한 노력이 있었다.

> 현 소재지인 탄손에서 판랑 방향으로 약 10Km 거리인 떤미 마을은 과거 우리가 힘들고 가난하게 자랐던 농촌의 모습을 너무나 닮아 있었다. 그것은 마치 긴 시간여행을 하여 과거로 돌아간 기분이었다.[60]
>
> 쓰레기를 쓰레기봉투에 담아 치우면서 생기는 작은 비용이 부담스러워 길거리에 쓰레기를 버리게 되고, 분리수거 대신 태운다. 아무도 치우려 하지 않기 때문에 쓰레기는 계속 쌓였고, 묻혔고 다시 그 위에 쌓여갔다.[61]

봉사단원이 표출하고 있는 현지에 대한 인식은 한국 언론에 비춰지는, 그리고 현지 여행자 및 답사자들이 생각하는 과거로의 여행 그것이었다. 시차를 전제로 한 '발전'의 단계를 설정하면서 한국 우위로 베트남을 바라보았다. 이러한 인식은 현지에서 쓰레기 분리수거 및 소각과 같은 일이 일상이 되지 못하는 실상을 이해하고 분석하려는 노력이 아닌 발전의 시각에서 한국 우위에서 판단한 결과를 담고 있다. 이러한 인식에 바탕해서는 현지인에 대한 공감과 공조에 이르기끼지 많은 시간이 필요하다.

---

59. 국회전문지 동행(http://www.weekelydonghang.com/section/13/1284/view.do?page=1, 2015년 12월 22일 현재).

60. 새마을세계화재단, 『제5기 새마을리더 해외봉사단 체험수기』, 223쪽.

61. 새마을세계화재단, 『제5기 새마을리더 해외봉사단 체험수기』, 230쪽.

한국의 1970년대 농촌 들판(좌)와 베트남의 2013년 농촌 들판(우)
*Ministry of Home Affairs. (1975) *Saemaul Undong Korea*, Seoul: Samwha Printing, p.40.

베트남에서 진행 중인 농촌개발 사업, 베트남식 농촌개발 운동인 새 농촌 운동에 대한 현지의 평가가 있다. 현지 농촌개발 운동과 한국의 농촌개발 프로그램과의 절충이 요망되는 부분이다. 탄랍 마을은 새마을 농촌개발 프로그램의 시범마을 대상 중 하나였다. 이 마을에서는 환경 정화, 위생교육 그리고 학생을 대상으로 한 저축활동 등이 진행되었다.

> 엉망이었던 마을 길이 깔끔하게 포장되고, 제대로 갖추어져있지 않던 농수로가 반듯하게 설치되는 모습을 볼 수 있었다. 통행이 편리해지고 깔끔해진 마을 모습에 주민들이 고맙다는 말을 전하기도 했다.[62]

안길포장과 농업생산 증대를 중심으로 한국 농촌개발의 경험을 그대로 적용한 성과였다. 이러한 사업추진은 참여도 제고를 목적으로 인프라 구축 사업에 더 집중한 측면이 있었다. 그리고 떤미마을의 경우

62. 새마을세계화재단, 앞의 책, 236쪽.

주민역량강화, 환경개선, 소득증대를 추진했다.

> 사업을 진행하기 전에 우리의 의도와 방법 등을 충분히 밝혔음에도 불구하고 그들은 이해하고 참여하려 하기 보단 자기 자신의 이익을 추구하기에 더 힘을 썼고, 개입하기를 원했다. (중간생략) 당연히 이익이 있어야 일을 하는 것이고, 이익이 없는 일에 굳이 생활을 포기하며 일을 할 필요가 없는 것이다.[63]

사업을 추진하는 과정에서 현지 주민의 사업이해와 참여에 대한 현상을 서술하고, 이어서 현지 주민과 문화에 대한 이해의 중요성을 밝히고 있다. 현지 문화에 대한 열린 시각에서 사업기획 및 관리와 운영의 필요성을 언급한 부분이다. 1970년대 새마을 운동에 뿌리를 두고 만들어진 새마을 농촌개발 프로그램을 현지에 적용하면서 지역적 특수성과 변화하는 시대상을 반영해야할 현실성이 제기되었다. 그러나 현장에서는 이러한 시행착오에 따른 분석이 있기 전까지 한국에서 진행한 농촌개발, 새마을 운동의 매뉴얼을 적용한 사업을 그대로 진행했다. 먼저 새마을회를 조직했다. 마을에 있었음에도 활동이 미약했던 농민회, 노인회, 부녀회, 재향군인, 청년회와 같은 조직 외에 새로이 새마을회를 조직하고 현지 이장을 회장으로 선출했다.[64] 새마을 회의에서는 한국의 새마을 운동 홍보는 물론 새마을 정신을 교육했다. 주요 사업으로 마을회관 보수, 마을 진입로 및 농로 포장 등을 추진했다. 또 새마을 정신의 일환으로 초등학생이 1인 1통장을 갖도록 하였다.

63. 새마을세계화재단, 앞의 책, 215쪽.
64. 새마을세계화재단, 앞의 책, 224쪽.

토 마을에서도 한국 농촌개발 모델을 적용한 사업이 시행되었다. 사업 내용은 마을안길에 대한 시멘트 포장, 마을회관 신축을 비롯하여 소득증대를 목적으로 한 염소분양과 과수작물 재배 등이었다.

> 아쉬움이 있다면 문화와 관습이 다르며 특히 정확한 언어 전달이 어렵다 보니 주민의식 전환 교육에 많은 계획을 수립했는데 추진하기가 힘들었다.[65]

한국에서 제시한 모델을 현장에 부식 혹은 이식하는 과정에서 메뉴얼대로 적용하기에는 현장의 한계가 있음을 지적하고 있다. 여기에는 현지 환경 적응에 필요한 시간이 소요됨에 따라 지역의 문화와 주민들의 감정 및 인식에 대한 파악에 제한이 발생하고 있었기 때문이었다.

한국과 베트남 정부의 정책적 방향과 이해의 일치에 따라 새마을 운동을 활용한 새마을 농촌개발 프로그램이 적용되어 베트남은 새 농촌운 동을 전개했다. 이들 두 정책과 운동은 현장에서 혼용되면서 수원국 주민은 농촌운동을 자국 정부의 정책으로 받아들이고 있었다. 이러한 현실이 드러나는 서술이 있다.

> 현재 베트남에는 다른 나라와 달리 농촌 모이라는 사업이 진행되고 있다. 주민들을 포함하여 대부분의 사람들은 새마을 보다는 농촌 모이로 인식하고 있다. 말로 하는 새마을 교육보단 정말 실천을 통해 농촌 모이와 새마을의 차이를 인식시켜 줄 필요가 있다고 생각한다.[66]

---

65. 새마을세계화재단, 앞의 책, 243쪽.
66. 새마을세계화재단, 앞의 책, 230쪽.

현지 주민들은 한국의 농촌개발 운동-그것이 새마을 운동이든 아니든-에 주목하기 보다는 새로운 농촌 만들기 그 자체에 집중하는 경향이 있다. 한국의 국제원조로서 농촌개발 운동에 대한 접근과 개발 현장 농촌 주민들의 이해와 참여 사이에 괴리가 있었다. 이런 요소도 1970년대 한국의 새마을 운동 경험에서 개발된 새마을 농촌개발 프로그램을 그대로 수원국에 적용 및 실시하는 데서 나타나는 한계이다.

> 개발도상국에 새마을을 접목시켰을 때 실패의 사례가 나오는 이유가 우리의 기존 새마을 방법을 변함없이 가지고 왔기 때문이라고 생각한다. 나라에 상관없이 예전 새마을의 그 방법 그대로 고집하였기 때문에 오히려 유동적이지 못하고 얽매여서 실패로 이어지는 것 같다.[67]
>
> 마을사람들이 주도해야 하는 것이 새마을 운동이지만, 베트남 신 농촌정책에 포함된 사업을 진행하길 원하는 등 사회주의로 인해 자율적인 생각을 가지는 것이 어려워 보였다. 마을주민들이 새마을 운동 사업의 폭을 넓히기 위해서는 새마을리더 봉사단원들이 여러 가지 사업을 소개하는 등 교육하는 역할이 중요하다고 생각되었다.[68]

내용은 현지에 적용된 농촌개발프로그램과 현지의 새 농촌 운동을 위한 정책이 혼재되면서 프로그램의 현지화와 공조가 필요한 현실을 언급하고 있다. 한국 프로그램의 현지 토착지식 포용과 적용 필요성에 대한 현장경험, 사회주의 체제를 적용한 대응 필요성에 대한 반성과 회고 내용은 변화의 필요성을 제기한다. 그리고 이러한 결과는 수

---

67. 새마을세계화재단, 앞의 책, 231쪽.
68. 새마을세계화재단, 앞의 책, 239-240쪽.

원국 입장에서 볼때 공여국의 어떠한 다양한 프로그램이라도 수용하여 현지에 적용해 보려는 수원국 정부와 현지 주민의 기본 입장과도 연결되어 있었다. 따라서 한국의 농촌개발 경험과 프로그램을 현지에 적용해 보고자 할 때 굳이 한국적 농촌개발 매뉴얼을 고집하지 않아도된다.

베트남에서 실시한 한국의 새마을 농촌개발 프로그램은 성공적인 사업으로 평가받고 있다. 여기에는 아시아 유교문화권이 지니고 있는, 지역사회 자치에 바탕을 둔 마을 운영을 위한 토착지식의 작용이 있다고 볼 수 있다. 농촌개발 프로그램이 경제 발전, 즉 소득증대에 목표를 두고 있음에 따라 보고서에 담긴 계량 수치는 긍정적 성과로 묘사된다. 그러나 현지 한국 농촌프로그램의 운영에 있어서는, 베트남의 경우 유교라는 일반성보다는 지역의 토착성에 대한 선행적인 이해가 필요했다. 경제 생활 개선을 위한 운동을 목표로 하는 한국 농촌개발 프로그램의 일괄 적용에 앞서 비록 한국과 유교라는 역사적 배경을 공유한다는 긍정적 요소가 있지만 베트남이 지니고 있는 지역사회와 각 마을의 토착문화에 대한 공감과 이해를 선행할 필요가 있다. 이 지점에서 지역의 지식을 기반으로 수원국과의 협력을 통해 농촌개발로서 새마을 농촌개발 프로그램을 재구조화할 필요성이 제기된다.

2. 아프리카, 에티오피아의 새마을 농촌개발

공유 자원의 사용자들은 제도 건설의 초기부터 이미 신뢰할 만한 이행약속이라는 문제의 성격을 잘 알고 있다. 예를 들어, 공동 관개 시설을 사용하는 농부들이 제도를 변화시켜 윤번제를 도입하려고 하는 경우를 생각해보자. 윤번제는 물을 사용할 권리가 있는 농부들의 명단을 확정하고 그들이

관개 시설에 대한 수리권을 돌아가면서 차례로 행사하는 제도다.[69]

농촌지역의 토착 지혜 중에는 공유자산(Commons)을 둘러싼 공동체 내부의 운영 원리가 있다. 인용문은 공유자산의 유지와 지속을 위한 단체, 조직의 호혜와 협동의 원리를 서술하고 있다. 이 원리는 목초지, 관개 등과 관련한 공유자원을 지속할 수 있게 하는 구성원의 협동에 의해 합의한 실행 가능한 제도(Institutions), 신뢰성 있는 약속(Commitment) 그리고 상호 감시(Monitoring)를 요소로 한다. 마을과 주민들 사이에서 작동하는 이러한 공유재를 둘러싼 운영의 가치는 특히 농촌지역에서 산견되는데, 아프리카 지역 농촌개발에 있어서도 호혜와 협동의 가치와 관련한 토착지식에 관심을 가지고 접근할 필요가 있다.

대한민국 정부는 아프리카 지역이 차지하는 국제정치적 중요성과 시장경제에서의 비중이 중대함에 따라 이들 국가에 대한 국제개발과 공적원조의 비중을 늘리고 있다. 관련해서 아프리카에 대한 새마을 운동을 접목한 농촌개발 사업의 위험요소에 대한 분석이 있다.

> "관개수로, 가공공장 건설 등 인프라 사업은 개발도상국 현장의 환경에 따라 성패의 격차가 크며, 대체적으로 부정적인 결과를 거둔 사업이 많은 것으로 나타남에 따라 향후 농어촌 인프라 구축사업은 사업 발굴과 기획 단계에서 보다 면밀한 검토가 필요하다. (중간생략) 기존에 수행된 대부분의 KOICA 농어촌개발 사업에서는 사업 목표가 빈곤극복과 농촌 생활환경 개

69. 엘리너 오스트롬 지음. 윤홍근·안도경 옮김, 『공유의 비극을 넘어』, RH Korea, 2010, 95쪽(Elinor Ostrom.(1990) *Governing the Commons-The Evolution of Institution for Collective Action*, Cambridge: Cambridge University Press, p.44).

선이었지만, 이와 관련된 MDGs 목표를 타켓으로 성과지표나 관련 데이터를 구체적으로 조사하거나 반영하지 않았다."[70]

한국의 아프리카 지역에 대한 농촌개발은 빈곤극복이나 생활환경개선 사업의 시행착오에 대한 검토를 거쳐 관개수로 설치 및 공장 설립 등도 포괄하는 사업으로 적용하였다. 새마을 농촌개발의 적용은 농업 생산력 증대에 목표를 두고 있었으며, 이를 위한 인프라 구축도 새마을 운동의 범주에서 해석하고 적용하려 했다. 아프리카 지역 농촌개발에서 새마을 농촌개발 프로그램의 적용 사례는 지역 토착 농촌의 지혜에 대한 이해를 선행으로 새마을 운동 성격을 접합하는 고민이 필요한 현실을 보여준다.

중점 협력국과 개발원조

한국은 아프리카에 대한 공적원조로서 새마을 운동을 소개하고, 국제개발로서 새마을 농촌개발 프로그램의 수출을 추진하고 있다. 아프리카 지역 국가를 대상으로 새마을 농촌개발 수출에 참여하는 기구는 민간단체(NGO)와 정부까지 다양하다.

민간단체는 한국의 경제성장이 보여주는 긍정적 메시지를 강조하고 여기에 대한 가치부여에 집중함으로써 원조에 대한 책임성을 높여갔다. 단체 유지와 사업 확장을 위해 한국의 원조 정책 혹은 기부자의 동기부여에 상응하는 성과가 필요하다. 이 작용에 따른 효과로 2000년에서 2009년까지 민간단체의 지원 금액은 10억 원 미만에서 100억 이상으로 급격히 증대했으며, 지원액에 대한 지역별 배분은 아시아 59%

70. http://www.koica.go.kr/dev/printopUp.jsp(2017.01.23일 현재)

에 이어 아프리카 지역이 32%의 규모를 차지하고 있다.[71] 이런 결과는 아프리카에 대한 한국의 관심이 높다는 사실을 보여준다.

지방자치단체도 아프리카를 대상으로 농촌개발 프로그램 공급에 참여하고 있다. 포항 문성리와 청도 신도마을과 같은 초기 새마을 운동이 발생하고 성과로 주목받았던 마을이 소재한 경상북도는 '새마을 운동 종주도'를 자처하면서 새마을 농촌개발 프로그램 수출에 참여하고 있다. 이에 따라 경상북도는 새마을 세계화재단을 통해 새마을 시범마을 조성을 목적으로 현지봉사단 파견을 주관하면서 KOICA와 공조하고 있다. 중요 대상지 중 하나가 아프리카지역이었다.

한국 정부는 아프리카지역에 대한 접근과 사업 지속을 위한 노력을 기울였다. 아프리카에 대한 공적원조, 특히 농촌개발과 관련해서는 지역적으로 한국과 원거리일 뿐만 아니라 사회와 문화적 차이로 인한 접근의 어려움으로 제한적인 부분이 있다. 이런 현실에도 아프리카의 중점 협력국을 대상으로 한 원조의 지속 그리고 새마을 농촌개발의 확산을 위한 한국의 노력은 계속되었다. 여기에는 수원국의 한국에 대한 인식도 작용했다.

> 아프리카 수석대표들은 단기간에 눈부신 발전을 이룩한 한국의 성공에 우수한 행정시스템이 커다란 역할을 했다는 점을 인정하면서, 전자정부, 새마을 운동과 같이 국제적으로 주목받는 우리나라 행정시스템을 배우고 싶다는 의사를 표명했다.[72]

---

71. 국제개발 협력위원회(http:222.odakorea.go.kr/ODApage_2012/T04/L01_S01_01.jap:2015년 1월 26일 현재). 지원 분야별로는 교육이 48%로 가장 높으며, 지역 개발이 21%를 점하고 있다.
72. '이서울포스트, 정종섭 행자부장관, 에티오피아 등 5개국과 전자정부, 새마을 운

아프리카는 1970년대 한국의 빈곤탈출 성공 요인이 새마을 운동과 더불어 행정시스템의 효율성에 있다고 인식하고 이와 관련한 지원을 기대했다. 이러한 평가는 농촌개발 운동에서 행정력의 중요성을 강조한 결과이기도 했다. 새마을 운동에 대한 아프리카 국가들의 긍정적 시각은 한국의 새마을 농촌개발 프로그램 수출에도 작동했다. 아프리카 국가에 대한 원조 사업을 향한 한국정부와 단체의 시각은 다음과 같다.

> 데베소마을 새마을지도자 니구세 샬로(Niguse Shallo)씨를 비롯한 100여 명의 마을주민들이 김관용 지사를 비롯한 방문단 일행을 열렬히 환영하며 봉사단원들의 근면성과 어려움을 극복해 나가는 모습에 감명을 받았다며 새마을 운동을 확대 보급해 줄 것을 강력히 요청하였다.[73]

한국의 시각에서 바라본, 특히 이를 집중 육성하고 있는 지자체 입장에서는 농촌개발 프로그램으로서 새마을 운동의 긍정적인 면을 무엇보다 강조했다. 언론 등 여러 매체는 현장 현실에 대한 객관적 분석보다 피상적 내용을 한국사람을 향해 홍보한다. 그렇지만 여기에는 일정부분 근거가 있다. 한국과 아프리카 수원국 사이에 존재하는 공적원조와 농촌개발을 둘러싼 인식의 현실적 차이도 있지만 경제적 처지 개

동 등에 관한 협력 MoU체결(2015.03.23.)' http://www.eseoulpost.net/news/articleView.html?idxno=50248(2016년5월29일현재).

73. 경북제일신문, '지구촌 빈곤퇴치위한 새마을 시범마을 조성 박차-에티오피아 오지에 펄럭이는 희망의 녹색 새마을 깃발(2012.03.12.) http://www.gbjnews.com/default/index_view_page.php?board_data=aWR4JTNENjk2NjAlMjZzdGFydFBhZ2UlM0QyMTYwJTI2bGlzdE5vJTNEMzE5MCUyNnRvdGFsTGlzdCUzRDUzNTI=||&search_items=cGFydF9pZHglM0QyNzYlMjZ2aWV3X2NudCUzRCUyNmdyb3VwX2lkJTNEJTI2dmlld19wYWdlJTNE||(2016년 5월 29일 현재)

선이라는 문제에 대한 합치하는 이해가 분명히 있다. 이에 따라 한국은 아프리카 지역 국가들에 대한 원조, 특히 새마을 농촌개발 프로그램을 소개하고 있다.

사하라 사막 이남의 아프리카 국가들은(Sub-Saharan African Countries) 원조를 필요로 하며, 또한 세계적으로 주요한 국제개발 대상지역이었다. 한국 또한 이들 나라를 대상으로 농촌개발을 위한 공적 원조를 제공하고 있다. 대표적으로 콩고 민주공화국(DRC Congo), 우간다, 탄자니아, 르완다 그리고 에티오피아와 같은 나라들은 농촌 지역의 빈곤 박멸을 국정의 목표로 설정하면서 한국과 협력하고 있다.

콩고 민주공화국은 새마을 농촌개발 프로그램을 통한 농촌개발 운동을 점진적으로 전개하고 있다. 초기에 '새 농장 계획(New Farm Project)'으로 추진한 새마을 농촌개발 운동이 '우리 집 계획(My House Project)'으로 계승되었으며, 이러한 운동의 추진력 확보를 위해 새마을 운동 센터를 마을에 건립하기도 했다. 한국의 새마을 농촌개발 프로그램을 적용한 콩고의 농촌개발 운동의 성취는 경제적 성장과 세계화를 향한 콩고 정부와 주민의 의식 전환과 노력에서 요인을 찾기도 한다.[74] 우간다와 탄자니아도 새마을 농촌개발의 영향을 받아 가금류 농장 건립, 빵 굽기 운동과 도로 건설을 실시했는데, 운동의 전개 방향은 콩고의 사례와 유사하다.

르완다 공화국에서는 한국에서 파견한 농촌개발 자원봉사자들의 조력이 있었다. 봉사자들은 농부들에게 교육과 위생 분야에 대한 지원

---

74. Claassen, Casper Hendrik. (2011) 'The Spread of Saemaul Undong: Overcoming the bane of pessimism', available at http://www.consultancyafrica.com/index.php?option=com_content&view=article&id=738:the-spread-of-saemaul-undong-overcoming-the-bane-of-pessimism-&catid=90:optimistic-africa&Itemid=295 (accessed 28th May, 2014)

을 시작으로 농업기술에 대한 전수를 실시했다. 대상 지역은 르완다의 코모니(Komonyi)였다.[75] 코모니 지역 정부는 한국 봉사자의 활동과 상응한 관개시설 개선과 농업 기계화를 위한 태스크포스를 구성하여 한국의 기술 지원을 적극적으로 활용하기도 했다.

아프리카 지역 국가에 대한 원조는 이른바 '원조의 덫(Aid Trap)' 현상으로 설명되기도 한다. 현지의 부패와 행정의 부재로 인한 사업 추진의 한계로 원조 효율성에 대한 문제가 지속 제기되고 있다. 서방 주도의 거의 반 세기에 걸친 원조의 한계와 달리 중국의 적극적이고 공격적인 이들 국가에 대한 원조노력은 큰 파장을 불러 일으켰다. 중국의 공적 원조를 적극 수용한 아프리카의 여러국가와 이들 나라의 급격한 경제성장은 국제정치 및 국제경제 측면에서 아프리카 지역에 대한 원조를 다시 고민하는 계기가 되었다. 한국도 이들 지역 주요 국가에 대한 공적원조 차원에서 콩고 민주공화국 등의 사례와 같이 협력을 소홀히 할 수 없는 현실에 있다. 한국은 특히 서아프리카 지역에 대한 지원에 집중하고 있으며-이들 나라의 급속한 경제성장에 배경이 있지만-, 그중 농촌개발 분야에 있어서는 새마을 운동 모델, 즉 새마을 농촌개발 프로그램을 제시하고 있다.

에티오피아 공적원조와 농촌개발

아프리카 공적원조의 대표 사례는 에티오피아에서 찾을 수 있다. 대한민국과 에티오피아의 관계는 에티오피아가 한국전쟁 당시 아프리카

75. Ange, Aimee Maire. (2012) 'The Task Force of Irrigation and Mechanization is Technically Assisting KOICA in Irrigation Related Activities', *Minagri Weekly Flash News,* 23 November, available online at http://www.minagri.gov.rw/index.php?id=573, accessed 29 July, 2014.

국가 중 유일하게 전투병을 파병하여 참전한 사실에 바탕을 두고 있다. 이런 배경이 작용하여 에티오피아는 아프리카 중점협력국 중 하나다. 한국의 공적원조는 에티오피아가 한국전쟁 당시 '원조'를 해준 데 대한 '보은'의 차원에서 접근하고 있다. 에티오피아는 한국의 개발경험과 잠재력에 주목하면서 한국과 농촌개발 분야에 대한 협력에 관심을 기울이고 있다. 2011년 이명박 대통령의 에티오피아 방문을 계기로 한국과 에티오피아의 협력 강화를 위한 전기를 마련했다. 그 결과 공적원조 프로그램으로 새마을 농촌개발 프로그램을 위해 에티오피아에 5개 시범마을을 선정하고 5년의 중기 지원 사업을 실시했다.

에티오피아 한국전 참전 기념 공원(좌)과 기념탑(우)

ODA 정책의 일환으로 국가협력전략에서 대한민국은 에티오피아를 "아프리카의 두 번째 인구대국으로 내전과 가뭄, 높은 인구증가로 인해 세계 최빈국중 하나이며, 과반수 인구가 빈곤상태"로 이해했다.[76] 에티

76. 관계부처 합동, 『에티오피아 국가협력전략 2012-2015: Country Partnership Strategy for Ehiopia』, 267쪽.

오피아 개발환경에 대한 종합 분석 결과 경제적 배경과 연관하여 농촌, 사회, 교육의 문제를 "거시경제 안정화와 지속가능한 성장으로 궁극적으로 빈곤퇴치와 불평등 완화"에 한국이 기여할 분야가 있다고 판단했다. 한국은 에티오피아 국가개발전략(Growth and Transformation Plan)이 '2020~2023년까지 중소득국 지위 획득'[77]에 있음을 주목하고 경제 개발을 중심으로 양국의 관심사를 연결할 수 있음을 확인했다.

한국은 에티오피아에 개발원조 프로그램을 지원했다. 일례로 2012년 민간단체 지원 사업을 보면, 아디스아바바의 초등학생 및 빈민촌 아동을 위한 교육 및 오르미아주 취약계층 청소년을 대상으로 한 에이즈 예방과 성 건강 증진사업을 들 수 있다.[78] 한국은 KOICA 주관으로 글로벌 사회공헌(CSR: Corporate Social Responsibility) 프로그램을 진행했다. 이 프로그램은 민간기업의 사회적 책임 이행과 원조집행기관의 파트너십으로 개도국에 원조사업을 분담하여 수행하는 내용이다. 2012년 연세대학교 산학협력단은 이 프로그램의 일환으로 에티오피아 아르시존 지역사회에 대한 가족계획과 교육홍보사업을 진행하기도 했다.[79]

에티오피아에 대한 대표적 ODA사업으로 모자보건 협력이 있다. 2013년도 오르미아주 홀레타 지역 가임기 여성과 임산부를 대상으로

---

77. 관계부처 합동, 앞의 책, 291쪽.
78. 국제개발 협력위원회(http:222.odakorea.go.kr/ODApage_2012/T04/L01_S01_01.jap:2015년 1월 26일 현재). 본 사업을 진행한 단체는 인구보건복지협회, 아프리카 미래재단, 한 끼의 식사 기금이었다.
79. 국제개발 협력위원회(http:222.odakorea.go.kr/ODApage_2012/T04/L01_S01_01.jap:2015년 1월 26일 현재). 이 부분은 기업협력 프로그램으로, 2014년 현재 에티오피아에 대해 한국전력거래소와 LG 등이 굿네이버스와 월드투게더와 함께 직업훈련 센터 건립을 추진했다(http://www.odakorea.go.kr/ODAPage_2012/T04/L01_S01_02.jsp:2015년 1월 23일).

에티오피아 모자보건 사업을 실시했다. 사업성과에 대한 계량적 분석 결과 임산부를 위한 영양상태 및 환경개선, 영유아의 건강수준 향상부분에서 5억원 투입 예산대비 40배의 효과를 확인하기도 했다.[80] 이러한 성과에도 불구하고 에티오피아에서 지속적으로 제기하고 있는 현실적 요구는 농촌개발을 통한 지역사회 소득 증대와 안정이었다.

에티오피아가 기대하는 원조 영역과 관련해서는 한국을 바라보는 시각과 관련이 있다. 에티오피아는 "한국은 공여국에서 수원국으로 바뀐 유일한 나라이며 제 3세계 국가들의 모범이"[81]라고 한국을 인식하면서 농촌개발의 목적을 경제 성장에 방점을 두고 있었다. 그리고 한국에 대한 긍정적 이미지도 원조를 둘러싼 협력의 계기로 작용했다. 에티오피아 현지에서 "뉴스에 한국의 경제발전상에 대해 특집 기사가 실렸다. 요즘 에티오피아 뉴스에 한국이 특집으로 매일 나온다"[82]는 사실은 이러한 상황을 잘 보여준다.

대한민국은 에티오피아에 대해 '07~'11년간 중앙과 지방을 망라하는 13개 부처와 기관에서 총 33.66백만 달러를 지원했으며, 에티오피아는 향후 4년간 아프리카지역 1위 무상수원국으로의 부상이 예상되었다.[83] 한국은 에티오피아에 대한 보건의료, 교육, 농어촌개발, 산업에너지, 공공행정 분야에 지원하였으며 이들 중 13.1%는 농어촌개발 분야에 투입했다. 에티오피아 정부와 한국의 농촌개발 분야에 대한 협업 노력은 계속되었다.

---

80. 정다운·남은우·김도형(2014), 「에티오피아 모자보건 협력 사업의 비용 효과 분석」, 『국제개발협력연구』6-2, 143-145쪽.

81. 최광현·주혜영(2013), 『쌀람! 에티오피아』, 도서출판 지식공감, 128쪽.

82. 최광현·주혜영, 앞의 책, 137-138쪽.

83. 관계부처 합동, 앞의, 책 296쪽. '07년도 3.3백만불에서 '11년 11.61백만불로 약 3.5배 규모로 증가했다.

> 에티오피아 제2대 지역인 암하라(Amhara) 주에서 영남대가 축적한 새마을 운동 이론과 정책노하우 전수를 위해 새마을 운동 전문가를 파견해 달라는 요청을 해왔다. 주지사를 비롯해 고위공무원단이 2차례에 걸쳐 직접 영남대를 방문해 새마을 운동 연수프로그램을 이수한 뒤였다. 에티오피아에서의 새마을 운동 배움 열기는 다른 지역으로까지 확산됐다. 인구 1천5백만 명을 보유한 남부민족인민지역(SNNPR : Southern Nations, Nationalities, and Peoples' Region)주에서도 올해 1월과 2월 두 차례나 고위공무원 20여명이 영남대를 찾았다. 직접 영남대에서 일주일 동안 새마을 운동 연수를 받은 SNNPR 주지사는 수료식에서 새마을 운동과 경제개발 경험 공유, 지역개발을 위한 연구 및 교육사업 지원, 새마을대학 설립 지원 등을 위해 영남대가 지닌 역량과 인적 자원을 공유해달라는 요청을 잊지 않았다.[84]

에티오피아 지역정부에서 새마을 운동을 국제개발로서 농촌개발 운동으로 적용하고 있는 영남대학교에 지원과 협력을 요청한 내용이다. 남부민족인민지역 정부 관계자는 새마을 연수 프로그램을 경험하고 한국과의 연대를 통해 이 운동을 통한 국가 경제 발전과 농촌지역의 개발에 대한 지원을 도모했다. 영남대학교는 협업을 실현하여 현지 공무원을 대상으로 새마을 연수 프로그램을 운영했다. 에티오피아 공무원은 한국의 1970년대 농촌개발 경험을 연수프로그램으로 확인하고, 급격한 경제성장을 이룩하고 있는 현실에서 한국에 농촌개발에 대한 지원과 원조를 요청했다. 한국은 에티오피아의 이러한 입장이 새마을

84. 영남대학교 사이버홍보실, '영대 출신 새마을전문가, 개도국 러브콜 쇄도'(2015.02.17.) http://pr.yu.ac.kr/01/view.php?BOARD=news&IDX=1098(2016년 5월 29일 현재).

농촌개발 프로그램으로 농촌 빈곤문제를 해결할 수 있는 배경으로 작용할 수 있다고 분석했다. 이러한 측면에서 에티오피아에 대한 농촌개발을 포함한 적극적인 공적원조를 추진하게 되었다.

에티오피아는 국가개발전략의 핵심 내용을 농촌개발과 연계하고 있었다. 전략은 농업개발 주도적 산업화(ADLI: Agricultural-Development-Led Industrialization), 지속가능한 개발과 빈곤감소(SDPRP: Sustainable Development and Poverty Reduction Program), 빈곤종식을 위한 가속적이고 지속적인 개발(PASDEP: The Plan for Accelerated and Sustained Development to End Poverty), 성장과 변화(GTP: Growth and Transfomation Plan)로 요약할 수 있다.[85] 에티오피아의 전략에 따라 한국은 에티오피아에 대한 협력의 기본 방향 중 4대 중점분야의 하나로 '농업-농촌지역개발 및 영농기술 훈련'을 설정하고 '농가소득증대 및 식량안보강화를 통한 농업·농촌지역개발 및 영농기술 훈련'을 실시했다. 이러한 내용은 정책적 측면에서 농촌개발의 일환으로 진행했다.

대한민국의 에티오피아에 대한 중점협력분야는 농업과 관련한 농촌개발과 연계되었다. 농업 및 농촌개발을 통한 농가 소득 증대 및 식량안보 강화 분야는 에티오피아 개발전략의 '성장과 변화'중 농업성장프로그램(AGP: Agricultural Growth Program 2010-2015)과 연결했다. 이 부분에 있어 한국의 강점은 "과거 성공적인 농업육성 및 농촌지역개발을 통해 경제성장의 기반을 마련하였으며, 농·어업 분야는 한국의 8대 중점개발 협력 분야 중 하나"라는 데 있었다.[86] 이를 위해 한국은

---

85. 관계부처 합동, 앞의 책, 294·304쪽.
86. 관계부처 합동, 앞의 책 321·326쪽. 2010년 제7차 국제개발협력위원회에서 제시한 3개의 원조모델 중 새마을 운동(농촌종합개발)이 그 하나였다.

농가의 소득향상을 목표로 하면서 이른바 "농촌지역의 균형 있는 개발을 위해 필요시 주택개선사업, 기초교육 및 보건의료서비스 지원 사업"과 영농기술교육을 실시했다.

에티오피아 어린이들이 이상적으로 묘사한 평화로운 일상

한국은 에티오피아 농촌개발 분야에 기여하기 위해 농가소득수준이 낮고 농업환경이 열악한 지역을 대상으로 시범마을 육성을 지원했다. 시범마을은 농촌지역 경제 개발이라는 목표와 연계하고 있었다. 이러한 측면과 관련하여 에티오피아는 새마을 운동에 대한 관심을 드러냈으며, 아래의 인용문은 이러한 배경을 보여준다.

> 그 (아바둘라 H.E.Abadula Gemeda, 에티오피라 하원의장)는 또 "처음 2개 마을에서 지금은 5개 마을에 30여명의 봉사단이 파견돼 소득증대 사업(봉재사업, 카우뱅크 등), 환경개선 사업(부엌개량, 마을진입로 개설), 의식개혁 운동(영농, 새마을 운동, 보건위생교육) 등을 시행하여 많은 성과를 거두고 있다"고 전했다.[87]

87. 서울뉴스통신, '아바둘라 에티오피아 하원의장, 경북도 새마을 운동 현장방문'(2013년 6월

5개 시범마을에 봉사단을 파견하여 소득증대와 환경개선 그리고 의식개혁이라는 새마을 운동에서 추출한 요소를 적용한 농촌개발 운동이 전개되고 있는 상황에 대한 에티오피아 하원의장의 의견이다. 에티오피아 관료는 그들이 관심을 기울이고 있는 농촌개발 분야에 한국이 기여한 내용을 강조하면서 지속적인 도움을 요청했다. 에티오피아의 이러한 입장은 원조에 있어 여러 국가로부터의 다차원적인 지원은 자국의 경제발전에 있어 그 자체가 긍정적이라는 인식에 바탕하고 있었다. 사업과 프로그램의 성공과 실패에 가치를 두기보다 시도 그 자체에 의미를 부여한다. 해외의 자본이 자국으로 유입되고 더불어 기술도 전수될 가능성이 존재한다는 측면과, 또 시범 사업이 성공할 경우 자국 정책에 반영할 여지가 생긴다는 배경이 있기 때문이었다.

농촌개발 현장에서 정부와 연계한 원조 사업의 확보 경쟁이 발생하기도 한다. 일례로 에티오피아 적십자 사무소 연합의 사업과 관련한 현상이 있다. 지역에서는 "농업 관개용수 정비, 낙농과 채소 재배 기술의 향상 등에 신경을 쓴다. 사실 이 지역에서 유능한 기관장이라 함은 이러한 원조를 잘 받아 내고 외국인들과 원만한 관계를 유지하는 능력을 갖춘 사람이다."[88]라는 인식이 팽배해 있었고 이는 원조에 대한 시각 및 이해와 관련 있었다.

24일)http://www.snakorea.com/news/articleView.html?idxno=59870(2016년 5월 29일 현재).

88. 최광현·주혜영, 앞의 책, 117쪽.

에티오피아 티그레이주 마이멕덴 마을 새마을 회관

양국 정부의 농촌개발을 둘러싼 이해가 부합하면서 한국은 정부와 비정부단체 등 다양한 조직에서 에티오피아에 대한 농촌개발을 지원했다. 농촌개발 사업에 대해 한국은 "에티오피아 개발수요 및 우리의 강점분야를 접목하여 성공적으로 수행" 한 내용으로 자평했다.[89] 대상 사례로는 오르미아주 아르시(Arsi) 농촌개발 사업(10년~12년) 및 새마을봉사단 13명 파견(10년~11년)을 들 수 있으며, 결과는 "타 지역에까지 파급될 수 있는 성공적인 모델 창출"을 한 성과로 전망했다.

한국의 지자체와 대학에서도 에티오피아와 농촌개발을 위한 협력을 실시했다. 지자체는 KOICA와 연계하여 아프리카지역, 특히 에티오피아에 대한 지원을 진행하고 있다. 경상북도는 2010년부터 2014년까지 새마을리더 해외봉사단 파견 프로그램의 일환으로 에티오피아에 대해 5개 마을을 대상으로 '새마을 운동 시범마을 조성사업'을 진행했다.[90] 영남대학교는 에티오피아 남부민족인민지역주 새마을 연수단 수료식

89. 관계부처 합동, 앞의 책, 300쪽.

90. 임한성, 앞의 글, 100쪽.

을 2015년 1월 실시했다. 여기에는 부주지사와 시장 등 고위공무원이 참여했으며, 이에 앞서 2014년에는 2차례에 걸쳐 암하라(Amhara)주 고위 공무원 교육이 있었다.[91]

한국 농촌개발 프로그램에 대한 현지 적용과 한국 연수프로그램은 새마을 운동의 강점을 강조했다. 한국 농촌개발의 특징은 사업 추진계획 단계에 정부에 의한 '주민자치활동 지원'이었다.[92] 이러한 성격을 적용하여 "지역주민들의 자발적 참여 독려 및 지역 사회에 기반을 둔 프로그램 수행을 위한 주민자치조직 형성 및 운영지원"을 현지 프로그램에 적용하려 했다.[93] 그리고 에티오피아에 대한 새마을 운동 기반의 농촌개발은 극빈층의 식량문제 해결과 사회적 서비스(교육, 보건, 물)를 통한 불평등 감소와 국민의 역량 강화라는 목표를 제시하기도 했다.[94] 이들 사업은 지역사회에 대한 점진적인 자립 지원을 강조했다. 이와 같이 현지 밀착형 혹은 민관 협동에 의한 한국 농촌개발 프로그램은 사업성과 도출과 지속성을 담보할 수 있는 장점이 있다.

에티오피아에서 전개한 새마을 운동을 적용한 농촌개발 운동에 대해 부정적인 의견도 있다. 먼저 중앙 정부의 강한 하향식 접근으로 인해 지역 농촌마을 단위의 집중적인 호응과 동원을 도출해 내는 데 어려움을 겪었다는 평가가 있다.[95] 그리고 지역사회에 대한 특수성, 즉 현

---

91. 영남대학교 사이버 홍보실(Http://pr.yu.ac.kr/01/view.php?BOARD=news&IDX=1082, 2015년 12월 22일 현재).

92. 관계부처 합동, 앞의 책, 329쪽.

93. 관계부처 합동, 앞의 책, 329쪽.

94. 임한성, 앞의 책, 108쪽.

95. Abafita, Jemal., Mitiku, Fikadu. and Kim, Kyung Ryang. (2013) 'Korea's Saemaul Undong (New Village Movement): A Model for Rural Development in Ethiopia?', *The Journal of the Korean Society of International Agriculture,* 25(3): p.227.

지의 토착지식에 대한 이해의 한계를 원인으로하는 프로그램의 시행착오가 발생하기도 했다. 한 가지 참고할 사례가 있다.

> 지난 5월 초순 경 서쪽의 감벨라(Gambella) 지역에 외국인 살인사건이 일어났다. 5명이 죽고 8명이 다쳤는데, 사우디 자본의 Saudi Star Agricultural Development 회사에서 고용한 파키스탄 근로자 다섯 명을 비롯한 에티오피아 근로자들이 상해를 입었다. 본부가 있는 곳에서 서쪽으로 5킬로 떨어진 시골 지역에서 관개용수 개발을 하다 습격을 당했다. 아마 현지 부족들이 자신의 고향에 대한 개발을 원치 않기 때문일 것으로...[96]

아프리카 국가와 지역사회는 여러 부족의 이해가 존재하고, 이 부분은 국가의 행정력과 통제에 제한요소로 작용한다. 인용문은 정부와 외부의 원조 프로그램이 지역과 부족의 이해와 문화에 대한 적용의 한계로 갈등이 극단으로 치달은 사례이다. 비록 외국의 원조 사례이기는 하지만 한국의 농촌개발 프로그램에서도 현지에서 이와 같은 지역 사회 내의 갈등 그리고 현지인과 외부 원조 참여자 사이의 충돌이 발생할 소지가 높다. 이러한 현지의 상황과 별도로 한국 내부의 농촌개발 프로그램 운영의 분절화로 인한 혼란도 있다. 에티오피아를 대상으로 한 개발 사업은 여러 공적기관에서 중첩적으로 이루어지고 있는 실정이다. 이러한 부분을 '원조의 분절화'로 규정하고 단일 기관에 의한 '효율적'인 정부주도의 원조 방안이 제시되기도 했다. 그러나 현장 토착지식에 대한 공감의 문제와 효율성을 앞세운 개발 프로그램의 단일화 노력은 개발 현장에서 시행착오를 절충하는 데 어려움을 가져온다.

---

96. 최광현·주혜영, 앞의 책, 117쪽.

농촌개발과 새마을 시범마을

한국은 아프리카에 대한 개발 원조 중 농촌개발의 목적으로 새마을 운동의 역사적 경험을 적용한 새마을 농촌개발 프로그램을 실시하고 있다. 농촌지역 개발운동으로서 이른바 개발도상국을 대상으로 새마을 운동 세계화 사업의 하나로 실시했다. 새마을 농촌개발을 위한 에티오피아 시범마을 사례들이 있다.

에티오피아의 한도데(Handode), 데베소(Debeso), 아둘랄라(Adulala) 등 3개 시범마을 사업이 있었다. 이들 마을은 2010년부터 경상북도가 아프리카에 '새마을 운동 시범마을 조성사업'의 일환으로 새마을 해외봉사단을 파견한 대상이다.[97] 에티오피아는 시범마을 사업에 대한 성과를 긍정하고 2014년 새마을시범마을 조성사업을 자국의 농촌개발 모델로 확대할 계획을 고려했다.[98] 이 사례에서 새마을 농촌개발 프로그램은 마을단위의 주민 참여형 농촌개발로 의미가 부여되기도 했다.

오르미아주 아르시존(Arsi Zone) 헤토사(Hetosa) 지역을 대상으로 농촌개발 사업을 추진한 사례를 중심으로 에티오피아 개발 현황을 살펴본다. 사업은 2008년 오르미아주 농업 및 농촌개발부의 "한국의 새마을 운동과 같은 모범적인 경험을 바탕으로 에티오피아 농촌지역 빈곤을 탈피하고자 사업을 요청"한 데 따른 조치였다.[99] 에티오피아는 관개시설을 비롯한 농업기반의 미비로 농업 소득원이 취약하여 빈곤이

---

97. 2014년 현재 아프리카에는 모두 15개의 시범마을이 조성되었으며, 그 중 에티오피아 5개, 탄자니아 4개, 르완다 4개, 세네갈 2개이다(임한성, 앞의 글, 100쪽).
98. 임한성, 앞의 글.
99. 한국국제협력단(2009), 「에티오피아 아르시존 농촌개발 사업-사전타당성 조사결과 보고서」, 1쪽.

일상화한 데 따른 대안을 모색하였으며, 한국은 이러한 요청에 따라 새마을 운동 방식을 적용하여 에티오피아 농촌지역 빈곤 탈피와 지역 종합개발을 제시했다.[100]

농촌개발 사업을 전제로 아르시존 지역에 대한 사전검토가 있었다. 평가 분야는 접근성 및 파급효과, 타 사업과의 연계효과, 주민 참여도, 여성 참여율, 마을 발전 수준 그리고 주민 요구사항이었다.[101] 이들 지표 중 주민 참여도는 한국의 농촌개발 경험에 따라 주인의식(Ownership)을 바탕으로 참여적 개발(Participatory Development)을 근간으로 적용했다. 여성참여율도 한국의 농촌개발 경험에 기반을 두고 있으나 수원국인 에티오피아의 정부 시책을 반영하여 30% 이상의 여성참여 필수사항을 강조했다. 사전검토 대상은 모두 5개 마을로, Tedo-Leman Kebele Bulchana 마을, Sibu-Abadir Kebele 마을, Dawe Guticha Kebele 마을, Boru Chilalo Kebele 마을, Harbe Ademog Kebele 마을이었다. 이들 마을에 대한 사전 평가가 있었다. Bulchana 마을의 발전 수준에 대한 평가의견은 아래와 같다.

> 이 마을은 전기가 공급되지 않는 지역(Off-Grid Area)이며, 식수의 급수원도 설치되어 있지 않음. 또한, 이 마을의 소득원은 밀 위주의 밭농사와 영세한 수준의 축산으로 소득수준이 매우 낮은 상태임.[102]

전기와 식수현실 그리고 소득 창출 요소를 기준으로 '발전' 상황을

---

100. 한국국제협력단·한국농촌발전연구원(2012), 「에티오피라 아르시존 농촌지역개발 시범사업 보고서」, 2쪽.

101. 한국국제협력단(2009), 앞의 보고서, 3쪽.

102. 한국국제협력단(2009), 앞의 보고서, 6쪽.

점검한 결과 마을은 소득수준이 낮은 단계로 규정되었다. 마을의 개발 방향을 소득증대로 설정하고 있었다.

마을에 대한 평가를 바탕으로 개발의 방향을 검토하기 위한 현지 조사가 있었다. Dawe Guticha Kebele 마을을 대상으로 여성의 개발 참여율을 평가했다. 현장 조사에서 "마을 주민과의 면담 시 여성과의 대화를 막는 등 여성의 의사표현이 잘 이루어지지 않는"[103] 현상을 확인하고 여성 참여 유도의 한계를 확인하기도 했다. 하지만, 지역 자체의 농촌개발 계획을 위한 현지 질문에서 경제력의 향상과 소득증대, 그리고 이를 위한 농업기술의 보급에 대한 주민의 기대를 확인했다. 여기에는 마을의 소득증대와 삶의 수준향상을 위한 기대치 그리고 곡물 생산증대를 위해 마을에서 그간 기울였던 노력 결과가 작용하고 있었다.

설문과 사업분석결과 궁극적으로 달성하고자 하는 '사업목표'는 분명히 소득증대에 있었다.

> 소득증대를 통한 삶의 질 향상 및 빈곤탈피에 기여함과 동시에 에티오피아 농촌지역에 적용 가능한 농촌개발 모델을 제시하는 데 있음.[104]

소득증대를 중점 목표로 설정하고 그 연장선상에서 에티오피아의 농촌개발 모델을 개발했다.[105] 이러한 목표에 따라 사업의 내용과 방향을 제시했다.

---

103. 한국국제협력단(2009), 앞의 보고서, 11쪽.

104. 한국국제협력단(2009), 앞의 보고서, 12쪽.

105. 에티오피아에 소개된 현지 프로젝트 명칭은 "The Integrated Rural Development Project in Arisi Zone: for the Model Village Building through the application of Korean Rural Development Experiences"이다(한국국제협력단(2009), 앞의 보고서, 61쪽).

농민들의 삶의 수준을 바꾸기 위해 우리들은 각기 다른 Kebele에 6개의 추가적인 농민 교육센터 건립계획을 수립하고 농업교육센터의 요원들은 우리의 소득을 증대시킬 것이다. 그러고 선정된 개발 단체들과 전문가들은 농민들을 위한 충분한 교육을 할 것이다.[106]

삶의 수준 향상을 소득증대로 실현하기 위해 농민 교육센터를 건립하고 주민들을 대상으로 농업과 주민 교육을 계획했다. 그리고 소득증대를 위한 농촌개발 사업 구상에 대해 에티오피아의 입장은 적극적이었다고 판단했다.

이 사업은 아주 흥미로우며, 만일 전면적으로 시행된다면 대부분의 농부들의 삶의 질은 변할 것이다. 그리고 또한 우리 농민들을 동원하여 보다 성공적인 작업이 진행될 것이다. 이 사업의 가장 현실적인 방향은 각기 다른 지역(Zone)과 지방(Wereda)에서 소집되도록 해서 이익이 특정지역 뿐만 아니라 모든 에티오피아 농민들에게 끼쳐야 한다. 이 사업은 한국의 개발 방향과 성공을 공유할 수 있는 기회이다.[107]

에티오피아 정부도 한국의 농촌 소득증대를 목표로 했던 새마을 운동에 뿌리를 둔 새마을 농촌개발 프로그램에 긍정적인 평가와 기대를 드러냈다. 그들이 생각하는 새마을 운동과 한국의 농촌개발은 정부의 주민 동원을 전제로 하는 농민 소득증대 운동이었으며, 사업의 성과가 에티오피아에 남기를 기대했다. 한국의 개발 방향, 즉 농촌개발 프로그

106. 한국국제협력단(2009), 앞의 보고서, 62쪽
107. 한국국제협력단(2009), 앞의 보고서, 76쪽

램에 대한 이해가 이랬다. 현지 설문과 사업 분석결과 그리고 에티오피아의 한국 프로그램을 긍정하는 자세는 한국의 시각에서 가공한 현지 반응이었다. 그렇지만 에디오피아에서 실시하는 농촌개발, 혹은 농업개발은 소득증대가 바로 개발이라는 전제가 반영되어 있는 점 또한 사실이었다. 마을 개발을 위한 또 다른 현지조사 사례가 있다.

사업지역에 대한 사전조사 결과 불차나 마을이 선정되었다. 580가구에 인구 3,230명으로 구성된 이 마을은 몇 가지 토착적 요소를 갖고 있다. 원통형의 흙담에 초가지붕을 얹은 형태의 주택이 분산하여 분포하고 있어 마을단위의 공동 활동이나 협동이 빈번하지 않는 현상이 관찰되었다.[108] 농지규모는 50대 이상의 경우 농지개혁으로 5～6ha를 소유하고 있으나 그의 아들에게 분산하여 상속하는 과정에서 규모가 점차 축소되었다. 이런 현상은 빈곤문제를 야기할 수 있는 요소였다. 그리고 마을의 의사 결정 과정에도 토착적 요소가 있다.

> 불차나 마을의 중요한 의사 결정은 마을 원로회의가 한다. 마을 원로회의는 10명 내외로 구성하며 마을의 중요한 대소사를 결정한다. 마을을 대표하는 이장과 기타 지도자도 원로회원 중의 하나다. 이장은 대외적으로 마을 행정을 담당하며 마을과 케벨레(면) 및 보래다(군)를 연결하는 통로 역할을 한다.[109]

에티오피아 농촌 마을의 토착 의사결정 구조는 정부와 마을 사이의 연결 관계를 갖고 있었다. 한국은 이러한 수원국 농촌공동체의 토착성

108. 한국국제협력단(2010), 「에티오피아 아르시존 농촌종합개발 사업-실시협의 결과보고서」, 61쪽.
109. 한국국제협력단(2010), 앞의 보고서, 66쪽.

에 대한 기초 분석을 실시하였음에도 농촌개발 프로그램 설계에 반영하기보다 새마을 운동의 성격에 입각하여 소득증대와 직접 연결했다. 주요 사업 대상은 시범주택 건설지원으로 주거환경 개선, 번식우 지원과 축산개량, 농기계와 제분소 지원을 통한 영농개선 등을 설정했다.[110] 대표적 사업인 주거 환경 개선에서 수원국 농촌을 바라보는 입장이 드러난다.

> 취사도 주택 내부에서 하지만 굴뚝이 없어 연기가 주택 내부에 가득하고 창문이 없어 환기도 되지 않는 상황이기 때문에 기관지 계통의 질병이 발생할 수 있으며 침대 없이 흙바닥에서 간단한 침구를 깔고 생활하기 때문에 피부병 등이 발생할 가능성이 높다. 따라서 이와 같이 비위생적인 주거 환경을 개선하는 것은 식량부족 문제를 해결하는 것 못지않게 중요한 과제다.[111]

견학으로 주거환경에 대한 확인 결과 토착주택이 지니는 문제로 질병을 유발할 '가능성'을 강조하고 있으며, 이러한 환경을 '비위생적인' 것으로 단정하고 있다. 한편으로는 문화적 소산으로 흙, 나무, 짚과 같은 재생 가능한 재료를 사용한 측면에서 친환경적인 주거환경으로 의미를 부여하기도 했다. 그러나, 토착주택의 한계를 분명히 하면서 다음과 같이 강조했다.

> 많은 가족 수에 비해 면적이 협소하고 부부 공간, 자녀 공간, 취사 공산, 축사 공간, 공공적 생활공간 등으로의 주택의 공간적 분리가 되지 않아 사생활

110. 한국국제협력단(2010), 앞의 보고서, 68쪽.
111. 한국국제협력단(2010), 앞의 보고서, 71쪽.

의 보장과 주거의 쾌적성을 요구하는 현대적인 생활에 불편한 점이 많다.[112]

토착주택이 협소한 공간에 구획의 구분이 없음에 따라 불편하고 비과학적이며 비위생적인 요소가 강하다는 결론을 내렸다. 주택의 개량과 주거환경의 변화는 일상 생활의 전환을 전제로 한다. 따라서 농촌개발 사업으로 개량이 이루어진 시범주택을 공급할 필요성을 확인했다. 토착주택에 대한 부정적 분석에 따라 시범주택 50동 건립을 추진했으며, 사업에 대한 주인의식 함양을 도모하기 위해 비용의 30%를 주민이 부담하도록 했다. 시범주택 건설방향은 다음과 같았다.

> 시범주택은 인근 테도 마을 등에서 나타나는 여러 유형의 신축 주택 유형을 참고하되 가급적 전통주택의 외관과 지역에서 공급할 수 있는 자재(흙, 모래, 자갈, 나무, 짚 등)를 활용하는 방안을 검토한다.[113]

시범주택은 인근의 신축 주택을 참고하면서도 효율적인 자재 수급을 고려한 설계를 구상했다. 주택이 삶에 끼치는 영향의 중요성을 고려하여 현지의 상황을 반영하려는 노력을 기울였다. 설계는 에티오피아 현지 주택설계사에게 위임하여 외국인 주도의 설계에 따른 시행착오를 방지하고 현지 문화를 반영했다.

새마을 농촌개발 일환으로 시범주택 설계를 통한 장기적인 주거환경 개선과 더불어 현지 마을의 주택 개선을 위한 사업을 했다. 시범주택 50호 건설을 시도하면서 부엌과 화장실을 포함하는 부속동 25동을

---

112. 한국국제협력단(2010), 앞의 보고서, 77쪽.
113. 한국국제협력단(2010), 앞의 보고서, 95쪽.

설치하였으며, 그 외에도 주택 445호에 창문을 설치했다. 시범주택의 경우 주민 자부담 30%를 제시한 후 실정에 맞추어 건축비의 10%를 현금 부담하게 했다.[114] 그리고 마을 주택 대부분에 화장실이 없는 현실을 고려해 공중화장실도 건립했다.

주택 개량과 더불어 마을 도로 확장 및 개설을 실시했다. 불차나 마을에서 주도로에 이르는 약 4km가량의 도로를 건설했다. 우기에 차량 통행의 제한으로 접근성이 떨어지는 문제를 해결하기 위해 도로 건설을 원하는 주민들의 의견을 반영한 결과였다.[115] 도로 건설 과정에서 에티오피아의 특수한 상황 변수가 드러나고 공사 과정에서 주민 갈등이 발생하기도 했다.

> 에티오피아의 토지는 모두 국가 소유이고 국민은 이용권만 가지고 있기 때문에 국가가 필요할 경우 언제든 공용 목적으로 국가에서 이용할 수가 있다. 그러나 불차나-비아노 도로 건설과정에서 부분적으로 토지 수용 등의 문제로 일부 주민의 반발이 있었다. 그러나 군수와 주민 대표들이 나서서 대토지를 제공함으로서 큰 어려움 없이 도로를 건설할 수 있었다.[116]

토지 국유제 제체에서도 도로 건설과 관련한 지역 주민 이해를 둘러싼 갈등이 발생하였다. 한국의 토지소유구조와 달라 갈등의 소지가 낮을 것이라 예상하였으나 수용되는 토지에 대한 이해관계에서 대립이 있었다. 현지 문화와 제도의 제약에 따른 난점을 절충하고 주민 200명의 참여로 도로건설을 완료할 수 있었다. 도로 및 진입로의 건설은 한국

114. 한국국제협력단·한국농촌발전연구원, 앞의 보고서, 198-201쪽.
115. 한국국제협력단·한국농촌발전연구원, 앞의 보고서, 227쪽.
116. 한국국제협력단·한국농촌발전연구원, 앞의 보고서, 237쪽.

에서도 그러했듯이 현지 주민들에게 혜택이 있었기 때문에 가능했다.

> 도로가 있어야 지하수 개발과 축사건축, 시범주택의 건축을 위한 물자 수송용 차량 진입이 가능해지기 때문이다. 이 도로가 개설되면 주민들이 생산한 농산물의 시장 반출과 생필품의 반입도 용이해 진다.[117]

지하수개발, 물자 수송 그리고 농산물 판매의 용이라는 장점이 주민 합의를 가능하게 한 현실적 요소, 즉 소득증대를 뒷받침하는 요인이었다. 마을 진입로 공사는 10월에 약 8일 동안 주민 자력에 의해 진행하면서 도로를 이용하는 20호 농가에서 각 1명씩 참여했다.[118] 이러한 의사결정이 가능했던 데에는 에티오피아 마을의 독특한 구조에 대한 이해가 있었기 때문이다.

> 에티오피아 농촌지역개발 시범사업은 새마을 운동 방법론을 준용하여 실시한다는 원칙을 세웠다. 따라서 주민들의 참여가 필수적이다. 주민 참여는 개인들이 개별적으로 하는 것이 아니라 주민 조직을 중심으로 의사결정이 이루어지므로 건전한 주민조직의 육성이 필수적이다. (중간생략) 전통적으로 불차나 마을은 가리회의가 중요하다. 가리는 부모나 형제집단들이 형성하고 있는 작은 씨족 집단인데 대개 5~6호로 구성되어 있다. 불차나 마을은 58개의 가리로 형성되어 있다. 따라서 마을의 중요한 회의와 의사결정에 가리를 대표하는 가리회의가 중요하게 작용한다. 공식적으로 월 2회씩 원로회의를 하도록 되어 있으나 특별한 안건이 없으면 회의를 열지

---

117. 한국국제협력단·한국농촌발전연구원, 앞의 보고서, 238쪽.
118. 한국국제협력단·한국농촌발전연구원, 앞의 보고서, 240쪽. 처음에 50호 농가에서 1명씩 출역하기로 했으나 도로를 직접 이용하지 않는 30호는 동참하지 않았다.

않는다.[119]

에티오피아 농촌개발에 새마을 운동 과정에서의 주민 참여를 통한 동력 확보의 경험을 적용하기 위해 현지 마을 조직의 특징에 대한 이해가 필요했다. 불차나 마을에 작은 씨족단위의 가리회의가 존재하고 상위 원로회의를 운영하는 사실을 확인했다. 그리고 주민조직 육성을 위해 토착 주민조직에 대한 이해를 바탕으로 사업의 필요에 따라 주민조직을 결성하기도 했다. 사업추진을 위해서 각종 건축, 농업 생산량 증대를 위한 농기계관리, 젖소관리, 지하수 관리 위원회가 조직되었다. 그러나 이런 위원회 중 지하수 관리를 위한 위원회는 320미터 굴착에도 불구하고 성과를 달성하지 못하자 해체하기도 했다. 현지 토착 농촌에 대한 기초 이해에도 불구하고 시행착오가 있었음을 보여준다.

현지 주민의 낙농분야에 대한 높은 관심을 계기로 실시한 축산관련 사업에도 시행착오가 있었다. 소득증대를 위해 젖소 리볼빙 사업을 중심으로 유가공 공장 건립, 축산 계류장 및 진료소 건립과 같은 축산분야에 대한 개발을 모색했다.[120] 이 과정에서 아르시존의 농촌개발 결과에 대한 학습이 반영되었다. 약 2년 6개월의 사업 기간 중 시설물의 설치 외에 축산의 정착을 위한 추가 3년의 사후관리의 필요성이 있었다.[121] 이런 상황을 반영하여 5년 단위의 사업 추진을 고려함과 동시에 현지 문화에 대한 이해 필요성이 대두했다.

가축을 방목하는 에티오피아의 유목민들에게는 인공수정 시술을 적용

119. 한국국제협력단·한국농촌발전연구원, 앞의 보고서, 244-245쪽.

120. 한국국제협력단(2009), 앞의 보고서, 61쪽.

121. 한국국제협력단·한국농촌발전연구원, 앞의 보고서, 343쪽.

> 하는 데 많은 문제점이 발견되었다. 이들은 소를 자유롭게 방목하고 자연교미를 통하여 임신하고 출산하도록 하는 것이 관습적인 가축 사육 방식이다. 즉, 방목하는 암소들의 발정 시기를 파악할 수 없다는 점과 이로 인해 인공수정 시술 시간을 정확히 예측하기 어렵다는 것이다.[122]

농업에 있어서도 그들의 관습과 역사적 배경에 대한 이해를 필요로 한다. 이른바 선진국의 인공수정 기술을 '가치중립적'이라고 단정하기보다는 다양한 토착의 목축 기술에 대한 이해를 바탕으로 적용하여 개발할 필요가 있음을 암시한다. 이처럼 사업관리 측면에서 5년 이상의 장기사업 추진으로 접근하기에 앞서 토착의 문화와 그 다양성에 대한 연구와 이해가 필요하다. 농촌개발에 있어 지역농촌과 지역사회의 토착문화에 대한 기초 분석과 심층이해 그리고 적용을 위한 사전 단계를 설정하고 사업 기간을 중·장기로 설정할 필요가 있다.

한국은 새마을 농촌개발 프로그램을 새마을 운동의 교훈에 따라 주민의 소득증대를 장점으로 강조하고, 에티오피아는 농촌의 빈곤문제 해결의 수단으로 한국의 프로그램에 우호적이었다. 현지 농촌개발을 위한 조사에서 소득증대의 가능성을 확인하고 그에 따른 주거환경 개선, 도로 개설 그리고 축산 지원의 프로그램을 실시했다. 비록 사업 추진 과정에서 현지 농촌 마을의 의사결정 구조와 주거 성격 , 축산업의 특징과 관련한 토착문화에 대한 이해를 시도하였음에도 중·장기 계획에 따른 토착지식에 대한 의미부여와 적용의 제한으로 새마을 농촌개발 현장에서는 시행착오가 발생하고 있었다.

---

122. 한국국제협력단·한국농촌발전연구원, 앞의 보고서, 344쪽.

시범마을과 토착지식

에티오피아에 대한 개발원조 내용에서 토착지식과 관련하여 주목할 사례가 있다. 농촌 개발, 그리고 한국의 새마을 운동에 바탕을 둔 새마을 농촌개발 프로그램 적용과 개발 사업에서 현지 토착지식의 변수에 따른 시행착오 사례이다. 에티오피아와 지역 농촌의 몇 가지 토착지식 사례를 먼저 살펴본 다음 농촌개발 시범마을 현장을 확인한다.

새마을 농촌개발 사업의 시행착오 사례를 살펴보기에 앞서 에티오피아 토착문화에 대한 이해가 필요하다. 에티오피아 남부민족인민지역주(SNNPR)의 슬로건은 “우리의 다양성은 우리의 아름다움이며, 우리의 아름다움은 우리의 통일성이다!(Our diversity is our beauty. Our beauty is our Unity!)”이다. 여기에는 에티오피아 역사의 다양성과 현대의 정치와 문화의 복잡성을 담고 있다. 에티오피아는 현재 80여개의 소수 부족으로 구성된 복잡한 사회이다. 오모로족(35%)과 암하라족(27%)이 인구의 다수를 점하고 있지만 이들 외에도 티그레이족(6%) 등 여러 다양한 부족이 그들의 토착 문화전통을 유지하고 있다. 이런 종족 구성의 다양성에 따라 종교도 45%의 에티오피아 정교(Orthodox), 43%의 이슬람교가 다수를 점하면서도 여러 종족의 토착신앙이 공존하고 있다.

에티오피아의 토착 문화를 반영하고 있는 고대 암각화와
지역문화를 담고 있는 벽화

에티오피아는 다양성이 높은 문화적 배경을 바탕으로 깊은 역사적 연원에 뿌리를 둔 자긍심을 갖고 있다. 일례로 현생인류의 기원을 상징하는 최고의 화석인 루시(Lucy)는 에티오피아의 자부심이다. 그리고 기원전 10세기경 에티오피아의 '시바 여왕'이 솔로몬 왕과 결혼한 신화는 중요한 문화 자존감의 요소이다.[123] 뿐만 아니라 고유의 문자를 유지하면서 아프리카에서는 유일하게 식민지를 거부했다는 역사적 배경 또한 그들 토착 문화에 대한 자긍심의 원류이다.

현지 토착지식에 대한 이해에도 불구하고 현장 개발 사업에서 현실과 괴리가 발생하기도 했다. 에티오피아의 토지는 국유로서 개인의 토지 소유권은 인정하지 않지만 점유와 이용은 배타적인 권리를 인정하고 있다. 이와 관련하여 개발 과정에서 농촌 지역의 이해관계에 따라 텃세가 강하게 작용하기도 한다. 자신의 지역을 통과만 해도 통행세를 요구하는 경우가 많다. 이 때문에 수익을 목적으로 에티오피아에 온 외국인 기업과 현지 주민과의 갈등이 빈번하다. 메켈레 인근 아파르주 다나킬 사막의 농촌개발 과정에서 관개수 운영과 관련한 사업자와 지역주민 간의 갈등으로 외국인에 대한 살인사건이 발생한 이유도 토지이용과 관련한 이해가 얽혀 있었다.[124] 이러한 사례에서 보듯이 에티오피아의 토착적 요소에 대한 이해는 농촌개발, 특히 새마을 농촌개발 프로그램 실시에 있어서도 고려되어야 할 요소이다. 토착지식에 대한 이해는 현지에서 사업 추진동력의 확보는 물론 시행착오를 줄일 수 있기 때문이다.

토착문화와 현지 농촌개발 사업과의 관련성을 살펴보기 위해 2014

123. 에티오피아 개관(http://eth.mofa.go.kr/korean/af/eth/policy/overview/index.jsp).

124. 최광현·주혜영, 앞의 책 180쪽.

년 전후한 시기 한국이 에티오피아에서 실시한 새마을 농촌개발 프로그램을 살펴본다. 에티오피아 새마을시범마을 조성사업은 2010년부터 실시하여 마을별로 5개년으로 추진하였으며, 2014년 현재 에티오피아의 새마을 농촌개발 시범마을은 5개소이다. 테베소와 한도데 마을은 2010년부터 14년까지 시행하였으며, 아둘랄라는 11년부터 15년 까지 시행했다. 그리고 아디스알름과 마이멕덴은 12년부터 16년까지 실시했다.[125] 이들 마을을 대상으로 추진한 새마을 농촌개발은 한국국제협력단 주도로 새마을 세계화재단이 주관했다. 새마을리더 봉사단을 파견하여 새마을시범마을 조성사업에 참여하게 했다.

에티오피아에 농촌개발로서 새마을 운동이 적용된 사례 중 하나가 아둘랄라 마을이다. 새마을 농촌개발을 위한 사업 분석 결과 주민 생업이 농업중심의 경제구조임에도 저수지가 부족한 현실이 확인되었으며, 이와 관련하여 수자원 부족과 연결된 열악한 주거환경에 따른 질병 노출 그리고 원거리 식수조달로 인한 노동력 동원 부족의 현안이 제기되었다.[126] 그리고 사업 추진에 앞서 아둘랄라 마을의 토착문화와 관련한 마을 조직에 대한 이해를 시도했다.

> 마을 조직으로는 자신들의 문제를 서로 도와가며 해결하는 한국의 '계' 조직과 유사한 '으드르(Idir)'조직, 공동 작업반인 '가레(Gare)', 오로미아 전통 지도자 모임인 '게다(Geda)'가 있다. 전통 조직들의 영향력은 아직도 매우 강하여 많은 주민들이 이러한 조직에 참여하고 있다.[127]

---

125. http://saemaulgf.or.kr/kor/biz/biz_06.html?mniD=2&m=m2(2015년 10월 30일 현재).
126. 임한성, 앞의 글, 109쪽.
127. 임한성, 앞의 글, 100-110쪽.

으드르, 가레, 게다 등과 같은 지역 농촌의 토착조직은 한국의 전근대시대 농촌의 계 등과 유사하다는 특징적 요소를 확인했다. 한국의 계, 베트남의 향약과 공유하는 성격의 농촌지역 결사체라고 볼 수 있다. 이러한 조직과 연계한 농촌개발사업 설계는 현장에서 한계가 있다. 사업 기간이 짧은 제약으로 토착 조직에 대한 깊은 이해가 어렵기 때문에 전문연구를 바탕으로 봉사자와 지역 주민 간의 연대를 실현하기 어려웠기 때문이다.

지역주민 참여를 적용한 사업 추진을 시도했다. 아둘랄라 마을 사업은 마을 진입로 1.5km 확장공사 과정에서 약 2m의 도로 폭 확보를 위해 주변 토지이용자들의 토지 희사를 도출해 내기도 했다.[128] 도로 건설을 위한 자재는 한국의 새마을 농촌개발 사업비에서 지원하고 주민들의 노동력 제공으로 공사가 시작되었다. 이를 위해 마을 토착 조직과 연계하기 보다 새마을조직을 구성하고 청년회, 부녀회를 새로이 조직했다.[129] 그리고 사업의 구심 공간을 위한 새마을 회관 신축, 식수의 원활한 공급, 빨래터 설치, 그리고 부녀회 소득사업을 위한 구판장을 설치했다.[130] 주거환경 개선을 위해 스토브, 연통, 화장실, 축사, 창문, 물탱크 등을 설치하는 사업은 국제여성가족 교류재단과 연합으로 추진하여 효율성을 도모했다.[131] 이들 사업은 마을 토착 조직과 별도의 사업을 위한 조직 설치 및 유사 사업과의 연대로 실시했다.

토착지식 혹은 조직과 융합하지 못한 사업의 한계가 드러나기도 했

---

128. 임한성, 앞의 글, 110쪽. 초기 지주들의 극심한 반대에도 불구하고 지속적인 주민회의와 주민대표의 선도적인 토지희사를 통해 도출한 결과였다.

129. 임한성, 앞의 글, 111쪽. 주요 성과로 부녀자들이 자조정신을 향상시킨 내용을 강조하기도 했다.

130. 임한성, 앞의 글, 110쪽.

131. 이는 아둘랄라, 한도데, 테베소마을에 공동으로 실시되고 있다(임한성, 앞의 글, 111쪽).

다. 2014년 아둘랄라 마을의 새마을조직 활동이 지역의 행정책임자의 반대로 난관에 부딪혔다.[132] 시행착오를 분석하는 과정에서 토착 조직과의 연대 필요성에 대한 인식은 없었다.

> 에티오피아 국민들은 오랜 기간 왕정체제, 군사독재 및 사회주의 체제에 익숙해져 있어 자신들의 힘으로 무엇을 변화시키고자 하는 노력이 절대적으로 부족했다. 따라서 아둘랄라 마을의 주민들도 자신들의 힘으로는 절대로 마을을 변화시킬 수 없다는 패배의식에 젖어 있었다. 그러나 시간이 지남에 따라 즉 시범사업의 진행과정에서 자조와 협동의 의미를 깨닫기 시작한 것이다.[133]

현지 주민과의 갈등 요인을 사업 프로그램 우위의 입장에서 해석하면서 주민의 소극적인 참여를 사업추진에서 난점의 전부로 단정하고 이를 에티오피아의 국민성으로 치부하였다. 현지 주민들이 '패배의식'에서 벗어나 새마을 운동의 가치를 습득했다는 판단은 한국 우위에서 수원국을 평가한 결과이다. 이러한 인식에서 출발한 사업은 주민들이 경제적 혜택에 민감한 반응을 보임에 따라 마을 공동사업에 대한 주민 참여의 한계가 있었으며, 현지 공무원과 관계 설정의 어려움으로 협력 관계 유지가 난관에 처하게 되었다.[134] 이 사례는 지역 토착농촌의 지혜와 조직의 특징에 대한 근본적 접근 노력 부족으로 토착지식의 사업 적용 한계를 보여준다.

아둘랄라 마을과 더불어 새마을 시범마을 대상으로 지정된 사례로

132. 임한성, 앞의 글, 111쪽.
133. 임한성, 앞의 글, 112쪽.
134. 임한성, 앞의 글, 111-112쪽.

한도데 마을이 있다. 사업 과정에서 현지의 토착지식에 대한 평가가 있었다.

> 에티오피아 농촌주민들은 외부 의존성이 높고 무기력한 생활을 그냥 전통적으로 그렇게 살아왔다는 것으로 받아들이는 경향이 매우 강하다.[135]

사업과정에서 현지 농민들이 의존성, 무기력을 '전통'으로 삼고 있다고 판단했다. 이에 따라 의식개혁을 위해 현지 마을의 지도자들을 대상으로 새마을 교육을 실시했다. 그 일환으로 부녀회의 농가소득 창출을 위한 작물재배와 수공예품 제작, 그리고 청년회의 직업기술교육과 소득증대를 위한 암소 분양사업을 실시했다.[136] 그러나 이 과정에서 현지 주민들이 사적 이익을 목적으로 사업을 이해하고 접근한다고 판단되자 '간부들의 책임감 부재'를 타개하기 위해 '의식개혁 교육' 강화를 모색했다.[137] 이러한 대응은 현지 주민들의 '전통'에 대해 부정적인 시각으로 낙인을 찍은데서 출발해서 현장에 한국적 모델의 부식이 필요했던 현실이 작용한 결과였다.

한도데 마을에서도 농촌개발을 위한 현지 사업자와 주민 간의 마찰로 인해 성과 도출에 한계가 발생한 사례가 있다. 2010년부터 추진한 새마을 사업의 대표적 성과는 40년 이상 준설과 보수 등 관리가 부재했던 저수지에 대한 보강작업과 배수로를 갖춘 마을안길 정비 사업이었다.[138] 이러한 수리사업과 관련한 시행착오 분석이 있었다.

---

135. 임한성, 앞의 글, 114쪽.
136. 임한성, 앞의 글, 114쪽.
137. 임한성, 앞의 글, 115쪽.
138. 임한성, 앞의 글, 114쪽.

저수지 개발 사업(좌), 우수 저장시설(우)

> 물탱크 설치 사업은 제2기 새마을 리더들이 봉사활동 초기에 시작했었다면 완성될 수 있었으나 담당 새마을리더의 판단에 의하여 회관보수→조경→물탱크 순으로 시범사업 진행을 결정하였다. 그러나 마을회관 보수와 조경 사업에 너무 많은 시간이 투입되었기 때문에 물탱크 설치를 시작할 수 있는 시간도 없었고 또한 주민들과의 마찰 및 여러 가지 사항으로 인하여 물탱크 사업은 연기되어 제4기에야 시작되었다.[139]

사업이 새마을 리더들의 설계에 의해 주도되고 있는 실정에서 사업의 우선순위 조정이 성과 도출에 한계를 유발하고 있었다. 이런 분석은 사업의 관리 효율성 관점에서 확인한 내용이다. 물탱크 설치 사업에서 마을회관 조성 사업으로 전환하면서 사업기간이 늘어남과 동시에 이를 둘러싼 주민과의 이해 상충이 성과 도출을 어렵게 했다. 사업과 관련한 작업방식, 주민 인력고용 그리고 기대효과를 둘러싸고 일방적 원조로 인식하고 있던 주민들과의 마찰이 작용했다.[140] 새마을 농촌개발 사업이 현지 주민과 협업을 강조하고 있었지만 짧은 사업 기간에 따라

139. 임한성, 앞의 글, 117쪽.

140. 임한성, 앞의 글, 117쪽. 현지 공무원들의 사업에 편승한 부패를 사업 지장요소로 지적했다.

사업대상 지역 농촌사회와 마을의 토착문화에 대한 이해와 절충에는 어려움이 발생하고 있는 현실을 보여준다.

테베소 마을의 새마을 시범마을 사례가 있다. 새마을 프로젝트에 참여한 봉사단원의 수기에는 다음과 같은 내용이 있다.

> 유치원, 도서관, 마을회관, 저수지 등 모두 마을 사람들을 위해서 만들었다고 하지만 정작 마을사람들은 이 건물을 활용하는 것 보다는 건물을 세우는데서 받는 임금에 더 관심이 있다. (중간생략) 경제사회 발전과정에서 일어나는 당연한 일이라고 느낄 수도 있지만 봉사단이 오기 전에는 가난해도 평화롭던 마을이 물질적이고 이질적으로 변하지는 않았나? 라는 의구심이 든다.[141]

봉사단원은 현지에서 임금 지불 없이 새마을 사업을 추진하다가 사업 추진력 확보를 위해 사업 참여 마을 주민들 대상으로 임금을 지출한 결과에 대한 소회를 밝히고 있다. 당초 마을 공동 작업에 모든 노동은 무임금을 원칙으로 하고 기술자에 대해서는 통상임금의70%를 지급하기로 했다.[142] 인용문은 이런 규칙이 변경되면서 나타난 현상에 대한 언급이다. 마을 주민에 대한 임금 지불 이후부터 주민의 사업에 대한 참여 동기는 증대하였지만 한편으로 사업을 위해 창고에 보관해 두었던 물품의 도난 사건이 발생하는 부작용이 드러나기도 했다. 이러한 현상에 대해 "주민들은 어떤 사업이든지 자신의 이익이 줄어든다고만 생각하면 새마을정신이나 시범사업의 목적에 대해 잘 이해하지 않으

141. 새마을세계화재단, 앞의 책, 3쪽.

142. 임한성, 앞의 글, 119쪽.

려"한다고 판단했다.[143] 이러한 현상의 원인을 마을 지도자들의 리더십 부재에서 찾았다.

> 마을단위 새마을조직(부녀회, 청년회 등)은 다양하게 조직되어 있으나 조직의 구심점이 될 지도자의 부족 및 지도자의 리더십 부족으로 적극적인 주민자치활동을 이끌어내지 못하고 있어 눈에 띄는 활동은 많지 않다.[144]

새마을 운동을 적용한 마을의 주민 조직을 구성하였음에도 운영할 구심점이 부족하여 실질적인 주민 주도의 농촌개발 운동 효과가 높지 않았다. 주민들과 조직의 역량을 '부족'으로 규정했다. 심지어 사업의 일환으로 추진한 양계장 건설을 위해 건설전문가에게 약 6,000birr를 지출하는 과정에서 청년회의 리더와 사업 수행자 사이에 암묵적인 소개비 거래가 있었을 개연성이 확인되기도 했다.[145] 이에 따라 마을 청년회와 연계한 사업과 별도로 마을회관 창고를 활용한 밀의 저장과 출하 시기 조절을 실시하여 성과를 보았다.[146] 토착마을 조직과 별도로 새마을 농촌개발을 위해 구성한 조직이 사업 추진과 성과 도출을 위한 결정적 요소로 작동하지 않은 사실을 보여준다.

지역 농촌의 토착 문화와 새마을 농촌개발 사업의 연계 강화의 필요성을 확인할 수 있는 또 다른 사례가 있다. 데베소 마을이다. 빗물 저장시설 설치를 추진하면서 토지 보상문제로 마을주민과 갈등을 빚은 사

143. 임한성, 앞의 글, 121-122쪽.

144. 임한성, 앞의 글, 119쪽.

145. 새마을세계화재단, 앞의 책, 3쪽.

146. 임한성, 앞의 글, 119쪽.

실이 있었다.[147] 개인이 토지를 소유하지 않고 국가로부터 이용권을 확보하는 현지의 토지제도에 대한 이해가 필요한 부분이었다. 그리고 마을 토착의 규칙과 질서에 대한 공감이 필요했던 사례는 마을에 양 150마리를 분양하는 사업이 실패하는 원인에 대한 분석 결과에서도 발견할 수 있다.

> 양은 풀의 뿌리까지 뽑아 먹기 때문에 어린 풀들이 자리 잡는 것을 방해하고, 기존에 있던 풀들도 모조리 없어지고 있다. 마음 같아서는 양을 다 팔아버리고 그 돈을 자유롭게 사용하라고 말하고 싶었다.[148]

소득증대라는 목표를 우선하면서 지역의 목축관행의 이유에 대한 부족한 이해로 양을 과도하게 분양함으로써 목축 기반에 위험을 초래했던 시행착오를 밝히고 있다. 방목을 하는 마을 주민의 소득 증대를 위해 양을 분양하고 새끼를 생산할 경우 분양가를 치환하는 가축은행 사업이 오히려 지역의 목축에 위해를 끼친 결과를 초래했다. 150마리 양의 추가 분양이 목초의 생육을 저해하게 되면서 지역의 방목 순환구조를 파괴했다. 뿐만 아니라 분양 뒤 죽은 양에 대해 환수금을 요청하였으나 경제적 상황이 취약한 현지 상황으로 분양 당시 계약 조건을 준수할 수 없는 어려움도 있었다. 이런 복잡한 현지사정으로 사업의 일관성이 훼손되기도 했다.

토착문화와 결속하지 못한 사업의 시행착오 사례는 지역의 생활용수 및 농업용수 확보를 위한 물탱크 설치 과정에서도 있었다.

---

147. 임한성, 앞의 글, 122쪽.

148. 새마을세계화재단, 앞의 책, 4쪽.

공사 완료 후 24,000L는 단수가 되고 5일 동안 밖에 사용을 할 수 없었다. 200여 가구에서 20L 통에 물을 담아갔고 평균적으로 한 가구당 최소 3개에서 최대 10개까지 통에 물을 담아 저장해 두었다.[149]

시범농장 용수 공급을 위해 24,000리터의 물탱크 공사를 농촌개발 사업의 일환으로 시도했다. 수요에 비해 부족한 물탱크 용량으로 기대한 효과를 달성할 수 없었으며, 공유자산에 대한 토착 공동체의 지식을 적용하지 못함에 따라 운영에도 한계가 드러났다. 우기 이후 건기에 필요한 농업용수를 확보하기 어렵다는 사실은 현지 마을 주민들의 경험적 지식으로 예측할 수 있었다. 그리고 결과적으로 사업 성과가 매우 제한적인 상황이 발생했다. 현지 주민의 공동체의식에 문제가 있어 발생한 결과는 아니었다.

아디스알램 마을 사례이다. 사업실시에 앞서 마을의 현실을 목도한 봉자사의 소감은 아래와 같았다.

마을가구 80세대 상주인구 약 450여명 프로젝트를 위하여 기술을 가진 주민을 찾을 때에 오직 기술이라고는 돌쌓기 기술자가 전부인 마을, 그러면서도 하천건너 주민을 채용하여 일자리를 준다고 데모하는 사람들, 마을 전 가구에 꽃다운 꽃나무는커녕 과일나무 한 그루 없는 마을![150]

농촌마을을 대상으로 새마을 농촌개발 사업을 상정하기에는 곤란한 매우 열악한 상황으로 분석했다. 현지 주민의 전문 기술 낙후성과 주민

149. 새마을세계화재단, 앞의 책, 5쪽.
150. 새마을세계화재단, 앞의 책, 30쪽.

의 협동 의식에 대한 부족 그리고 꽃나무를 상징으로 보여준 생활수준의 한계를 아디스알램 마을의 현실로 평가했다. 현장에 대한 객관적인 분석이지만 한편으로 현지 농촌에서 축적하고 있는 토착지식에 대한 관심이 필요한 부분이라고 할 수 있다.

마을 현실에 대한 이해를 토대로 사업을 선정했다. 마을의 새마을 농촌개발 사업은 교량건설을 비롯하여 사방댐(낙차공) 건설과 관개시설 개선, 안길포장, 타작마당 제작, 마을회관과 부속 건물 건설, 전기공급 등이 대상이었다.

아디스알램 마을의 새마을 농촌개발 사업현장:
안내판, 마을회관, 타작마당, 사방댐, 다리건설, 교육장(좌측 상단부터)

아디스알램에는 마을을 가로지르는 하천이 있는데 우기에는 시내로 이어지는 주 도로와 단절되어 통행에 불편함이 있었다. 이러한 현실은 경북 포항 문성리의 새마을 사업 당시 상황과 유사한 측면이 있었으며, 이를 계기로 사업의 관심은 하천에 교량을 건설하는 방향으로 이어졌다. 사업의 당위성은 한국 새마을 운동에서 교량건설이 마을 주민 결속과 경제적 도전을 달성했던 경험적 교훈과 연결했다. 마을 청년들을 동원하여 마을회관이 있는 마을과 간선도로와 인접한 마을을 연결하는 교량 건설을 실시했다. 하지만 지역 기후의 특성상 우기 3개월만 강에 물이 흘러 통행에 제한이 발생하는 효용의 한계가 있었다. 우기에도 전면이 아닌 부분적인 통행제한이 발생하므로 마을 주민들이 요구하는 절실한 우선순위에 있지는 않았다. 한국 새마을 운동 당시의 사례 적용에 대한 집중과 현지 환경과 주민수요의 제한적인 반영은 사업에 시행착오를 불러왔다. 다만, 교량 건설이 진행되는 동안 일정 부분 임금이 지급되고, 한국 자본으로 건설한 교량은 경제적 손실이 없으므로 주민들은 방관하는 입장이었다.

현지의 기후특성 그리고 이와 연계한 토착지식에 대한 존중과 관심의 필요성을 보여주는 사업 사례는 낙차공(보) 건설에서도 확인이 가능하다.

> 마을을 관통하는 소하천에 시범적으로 몇 개만 건설하려던 당초계획은 추가요구 및 상수도관 연결 등의 필요에 의하여 어느덧 10개를 채웠다. 이 낙차공사업의 부차적인 또 다른 성과는 소하천에 교량역할도 동시에 수행한다는 것이다.[151]

소하천에 보와 유사한 낙차공은 주민의 요구에 따라 10개를 건설했다. 하지만 이 시설은 목적했던 관개 기능을 적극 발휘하지는 못했다. 그 이유는 아프리카, 특히 이 지역의 우기라는 기후 특성에 있었다. 이 지역은 우기에 집중적으로 비가 내리고 또 우수가 곧 바로 지하로 스며드는 기후와 지형적 특징이 있다. 현지 환경 및 지리 특성의 측면, 그에 따른 관개 시설이 긴급하거나 절실하지 않았던 이유가 있었다. 토착지식에 대한 관심이 필요한 사업이었다. 결국 하천의 저수조에 물이 고여 있는 기간이 매우 짧음에 따라 관개시설로서의 기능보다는 통행로의 기능을 수행하게 되었다. 이로 본다면 주민이 이 사업을 요구했던 배경은 오히려 통행로의 마련과 주민의 노동임금 확보 측면에 있었다고 볼 수 있다. 낙차공 설치로 농업용수 확보를 달성하여 새마을 농촌개발의 우선목표인 소득증대를 달성하기에는 한계와 시행착오가 있었다.

관개사업을 다수 시도했다. 관개사업을 통해 수도관을 설치하고 공동빨래터를 마련하였음에도 지역의 기후 특성과 연계한 빨래습관 등을 고려하지 않음에 따라 이용이 저조했다. 우기에 강우량이 집중되고

151. 새마을세계화재단, 앞의 책, 30쪽.

그 외 대부분은 건기이기 때문에 빨래터와 수도시설이 기능을 발휘하지 못한 한계도 있었다. 그리고 고지대에 우기의 우수를 저장하여 저지대 농지에 공급하기 위한 우수 저장 탱크를 시멘트와 철근 등을 투자하여 설치했다. 이 시설은 저수량의 한계와 건기의 증발-비록 이를 방지하기 위한 지붕설치를 추가로 실시하였음에도-로 인해 효과가 제한적이면서 시설은 지속 활용하지 못했다.

안길포장 사업은 마을에서 여러 해 동안 시행하고 있던 사업이었다. 지역의 토양은 비를 머금을 경우 한국과 달리 발이 빠져서 통행을 할 수 없는 특징이 있다. 그렇기에 시멘트를 이용하여 마을 안길포장 사업을 진행했다. 사업에 참여하는 사람에게 일당을 지급하자 마을 부녀자들이 적극 참여하였다. 현지 조사에 따르면, 부녀자들은 한 달 열심히 새마을 사업에 참여할 경우 도시에서 정규 교육을 받은 간호사의 월급만큼의 수입 확보가 가능했다. 이러한 배경에서 농촌개발 사업에 부녀자의 참여율이 높으며, 이를 계기로 여성의 가정에서의 위상이나 여성 수입이 자녀교육 기회제공 등으로 연결되었다.

마을회관을 건립하고 부속 시설을 갖추고 전기를 마을에 공급하였다. 마을회관 건립사업 결과에 대한 반성을 통해 처음 설계 과정에서 현지주민에 대한 관심이 중요하다는 사실을 알 수 있다.

> 손 씻을 곳도 없고, 여성단원도 함께였는데 화장실은 굳이 현지 식으로 지었고, 창고도 협소하여 철근 및 시멘트 등 값나가는 재료들은 회관 안에 둠으로써 본래 취지가 무엇으로 회관을 건립하였는지 의문이 가는 상황들.[152]

152. 새마을세계화재단, 앞의 책, 31쪽.

화장실 신축과정에서 활용성을 고려하지 못한 부분과 더불어 마을회관이 본래의 회의공간이 아닌 자재창고로 활용되는 문제를 언급하고 있다. 화장실은 봉사자들의 편의만 우선 반영했고, 회관 시설도 현지에서 고가인 자재의 보관에 용이하지 않았다. 그리고 회관 옆 부속건물은 사업을 위한 자재 적치나 농산물을 보관하는 기능으로 축소되었다. 그럼에도 성과는 사업 추진 거점인 마을회관에 전기를 끌어옴으로서 마을까지 전력 공급선이 설치되는 효과가 있었다. 그렇지만 이 지역의 불안한 전력 공급으로 인한 활용의 한계도 발생했다.

마이멕덴 마을도 새마을 농촌개발 프로젝트의 일환으로 시범마을 조성 대상이었다. 여러 사업이 동시에 실시되었다. 사업 과정에서 현지인과 외부 봉사자의 토착지식에 대한 이해와 사업에 대한 접근방식 차이로 인한 시행착오가 있었다.

> 다른 국가로부터의 원조가 우리가 처음도 아니었을 뿐더러 그들은 그들대로의 자부심과 문화, 자존심이 세서 '이 방법이 더 낫다'하고 확실한 결과를 보여주고 나의 능력을 검증해주지 않으면 우리의 제안보다는 우리의 사업예산만 호시탐탐 노리기 일쑤였고, 회의 때마다 반기를 들기 일쑤였다.[153]

현지의 문화에 대한 이해와 절충의 시간이 필요함을 강조하고 있다. 아프리카 여느 나라와 마찬가지로 에티오피아 그리고 마이멕덴 마을은 이미 여러 차례 외부 원조 경험이 있었다. 이 과정에서 마을 주민들은 자신들의 토착지식에 대한 존중을 경험하지 못함에 따라 새로운 사업에 대해서도 불신이 있었으며, 이 점에서 주민 참여를 유도하기에 난

153. 새마을세계화재단, 앞의 책, 36-37쪽.

점이 있었다. 그런데 이러한 난점을 '자존심'으로 분석하고 사업 주도권 확보를 위한 지식의 우위를 실현해야 할 필요성을 강조했다. 예산을 둘러싼 갈등과 사업에 대한 주민의 반기는 이전의 농촌개발 프로젝트와 유사하게 현지 토착문화에 대한 관심과 존중 부족에 따른 새마을 농촌개발 사업의 시행착오를 보여준다. 이들 사례는 토착 주민들과의 소통과 존중이 필요하다는 사실을 반증하고 있다.

마이멕덴 마을을 대상으로 화장실 개선, 배수로 정비, 안길포장, 재봉교실, 양계농장 운영, 마을 장터 정비 사업 등을 실시했다. 새마을 농촌개발 사업의 거점과 마을 주민의 결속 공간확보를 목적으로 마을회관을 우선 건립했다. 재봉교실을 열어 고가의 장비를 갖추고 마을 여성들이 기술을 습득하여 제작한 물품을 시장에 팔아 소득을 올릴 수 있는 계기를 마련했다. 우기에 마을의 이동 편의를 위한 안길포장 사업과 장터의 환경개선을 위한 장터 포장작업도 했다.

한국의 새마을 운동을 적용한 사업은 마을의 환경 개선에서부터 주민 소득 증대까지 포괄하고 있었다. 이들 사업은 한국의 봉사자와 더불어 한국에 새마을 연수를 다녀온 현지 청년의 협조로 진행하고 있었다. 현지 리더를 통한 소통을 기회로 사업의 성패와는 거리를 두면서 사업 우선순위와 선정에 현지의견 반영이 필요하다는 점이 인식되었다. 그리고 사업착수 전에 지역사회와 마을의 관습으로 작동하는 토착지식에 대한 관심과 적용은 갈등과 시행착오를 줄일 수 있는 요소라는 사실을 확인했다.

마이멕덴 마을의 새마을 농촌개발 현장

에티오피아를 경험한 새마을 리더의 새마을 시범마을 사업에 대한 분석에서도 현지 문화의 변수에 대한 중요성을 발견할 수 있다. 사업의 성공 요인으로는 한국 새마을 초청연수의 수혜자인 공무원과 주민들의 적극적인 참여, 새마을 리더의 노력 그리고 지속적이고 반복적인 주민의식교육이 제시되고 있다.[154] 반면 실패요인으로는 행정기관의 지원미비와 무관심, 새마을 운동을 물질적 원조로 이해하는 낮은 주민 의식수준, 대가없는 노동지원에 대한 거부감이 존재하는 마을주민과 지도자의 능력 부족 그리고 새마을 추진을 위한 조직의 부족이다.[155] 이러한 새마을 리더들의 사업 성패에 대한 분석 기저에는 "에티오피아는 문화적으로 공동의 이익을 위한 주민들의 자발적 참여 사례를 찾기 어려운"[156] 환경에 놓여 있다는 인식이 작용하고 있다. 이러한 인식을 바탕으로 현지 주민과 문화를 이해하고 프로그램을 설계함에 따라 사업의 낮은 효율성이 드러나기도 했다.

> 에티오피아 실정은 모른 채 한국에서 준비해 온 프로그램들로 밀어붙이기식의 행사라서 봉사하는 팀들에게도 또 현지인들에게도 실질적인 도움이 안 될 뿐 아니라, 현지인들에게 봉사자는 퍼주기만 하는 사람이라는 잘못된 인상을 심어 주는 경우도 많았다.[157]

현지 봉사 경험자의 새마을 농촌개발 사업에 대한 분석 결과 현장사

154. 임한성, 앞의 글, 125쪽.
155. 임한성, 앞의 글, 126쪽.
156. 관계부처 합동, 앞의 책, 301쪽.
157. 박강민(2013), 『내 이름은 테스파: 에티오피아에서 희망으로 산 730일』, 시나리오친구들, 119쪽.

업은 한국의 경험을 부식하는 방식위주였다. 이에따라 인용문은 지역 토착문화를 고려하지 않은 사업에 대한 한계를 강조하고 있다. 사업 선정과 실시 과정에서 단순한 시혜적 차원의 선정 혹은 예산 지출을 위한 사업추진의 측면이 드러나기도 했다. 이러한 현상은 현지의 상황이 결합한 측면도 물론 있다.

> 봉사자를 돈으로 보는 경우이다. 에티오피아는 한국을 포함한 외국의 원조 단체가 너무 많은 도움을 주고 있어 봉사자라고 하면 일단 돈을 주러 오는 사람이라고 생각하는 경우가 많다. (중간생략) 결국 현지인들에게 나는 돈을 위해 일하러 온 사람이 되어 버리고, 그것도 엄청난 돈을 우리 정부가 아닌 에티오피아 정부가 주고 일을 시키는 것이라 생각하기 때문에 아무리 열심히 활동한다 하더라도 '그 돈을 받고 이것밖에 못 해'라는 소리를 듣게 되어 있다.[158]

아프리카에 대한 지난 반세기에 걸친 지구 북반구의 원조 사업을 통해 현지 마을 주민들은 이미 여러 원조 사업을 경험했다. 이지점에서 오히려 사업의 주체가 에티오피아 정부로 인식되고 주민의 이익이 고려되면서 농촌개발 사업이 주민과의 결속을 어렵게 했다. 그렇기에 현지 농촌의 요구를 확인하고 주민의 동참을 함께 하기 위해서는 결국 토착 농촌에 대한 이해를 선행할 필요가 있다.

> 에티오피아 모든 마을에는 전통조직이 존재하고 있으며, 시범마을에는 이를 기초로 하여 새로운 마을조직을 형성하였다. 그러나 사업이 없는 조직

---

158. 박강민, 앞의 글, 185-187쪽.

이란 존재하기 어렵다. 따라서 각 조직에 적절한 사업을 지속적으로 개발한다는 것이 결코 간단한 일이 아니다. 그리고 조직을 이끌어 갈 지도자도 부족한 실정이다.[159]

인용문은 에티오피아 농촌의 특수성을 고려한 사업 조직 구성과 리더 육성을 새마을 농촌개발의 성공을 위한 전제로 강조하고 있다. 한편으로는 토착의 마을 조직과는 별개의 새마을조직 구성을 통한 사업 추진이 이루어지고 있음을 지적 및 강조하고 있다. 그러나 세계의 농촌마을이 지니는 가치, 즉 호혜와 협동의 구조는 아프리카 농촌이라고 예외는 아니다. 에티오피아의 농촌도 시간에 따라 축적한 지역의 환경과 문화에 뿌리를 둔 토착지식이 있으며, 그중 일부가 농촌 조직이다. 이러한 토착지식과 조직에 대한 관심과 존중의 시간을 부여하여 토착농촌의 특징과 결합한 농촌개발 프로그램의 개발과 적용 필요성이 현장의 사례에서 확인되었다. 이런 관심과 노력이 오히려 장기적으로 시행착오를 줄이는 전환점이 될 수 있다.

3. 남미, 페루와 에콰도르의 마을 개발

수막 카우사이(Sumak Kawsay)는 사상의 보편성 신화, 단 하나의 과학, 단 하나의 삶의 방식, 지식의 유일한 진리, 동질적 문화, 단 하나의 세계경제가 아니라 복수의 가치, 복수의 모델, 복수의 패러다임이 존재할 가능성을 열어두고 있는 것이다. 즉, 수막 카우사이는 단일 보편성에서 다양성, 공생,

159. 임한성, 앞의 글, 126쪽.

공감, 공유, 공공성, 공동체에 기초한 다보편성(Pluri-versalidad) 및 이보편성(di-versalidad)으로의 진화를 의미한다.[160]

인용문은 남미 지역의 가치, '다양성'에 대한 존중을 보여주는 하나의 사례이다. 이 배경에는 2006년 등장한 에콰도르의 코레아(Rafael Vicente Correa Delgado) 정부가 있다. 에콰도르는 2008년 신헌법을 제정하면서 원주민의 세계관에서 유래한 개념을 적용하여 수막 카우사이를 도입했다.

수막 카우사이는 단일한 가치에 의한 사회 질서와 정의를 부정하고 다원성을 강조한다. 여기에는 남미의 역사적 궤적에서 기원하는 배경이 있다. 스페인 등 유럽인의 도래, 원주민의 문화 충돌과 접점 찾기 그리고 여전한 고산과 밀림 지대에 원주민 토착 문화가 존재하는 현실이 대표적이다. 현재도 원주민과 중앙정부의 갈등이 존재하기 때문에 국가 정책에 있어서 이들을 포용하기 위해 다양성을 고려하게 되었다. '개발'에 있어서도 원주민의 다양성 그리고 지역적 특수성이라는 복합적 요인에 따라 농촌개발의 방향과 개념을 고려할 필요가 있었다. 이에 따라 남미지역 새마을 농촌개발 프로그램은 보편성보다는 다양성을 추구하는 수막 카우사이 개념을 염두에 두고 한국 농촌개발의 경험을 고려하는 현지화를 검토할 필요가 있다.

수막 카우사이 개념에서 전개한 남미의 토착지식은 일방향적 국제개발의 문제를 제기하면서 농촌개발에 있어 새로운 접근 가능성을 제시한다. 새마을 운동에 바탕을 둔 새마을 농촌개발 프로그램은 지구

160. 김달관(2013), 「에콰도르의 어제와 오늘」, 『에콰도르, 볼리비아, 페루-포스트 신자유주의 시대의 안데스 국가의 변화와 도전』, 한울아카데미, 38쪽.

북반구나 서구에서 강조하는 경제개발과 시장확대를 목표로 한 단선적 개발이 아닌 다양한 농촌 마을과 조직의 유지 및 안정을 위한 수막 카우사이 개념 적용을 고려할 수 있다. 그 사례는 수막 카우사이 개념과 함께 에콰도르를 중심으로 진행하고 있는 삶의 행복과 안녕 찾기 운동인 '부엔 비비르(Buen Vivir)'운동과 같은 현지의 토착개념을 도입한 사회 운동에서 찾을 수 있다. 그리고 이러한 수막 카우사이와 동일한 부엔 비비르 개념은 토착 지식에서 태동하여 다원적 가치를 지향한다. 남미의 새마을 농촌개발 프로그램 사례 검토는 개발에 있어 이들 토착개념이 적용된 탈-개발이론에 대해 주목 할 필요성을 확인하는 계기이다.

남미의 농촌개발

한국은 새마을 운동 경험을 국제개발에 적용하여 농촌 마을과 농업을 대상으로한 새마을 농촌개발 프로그램을 개발했다. 그리고 경제개발협력기구(OECD) 회원국이자 개발원조 위원회(DAC) 일원으로 공적원조를 위한 새마을 농촌개발 프로그램을 진행하고 있다. 국제사회에서 이른바 선진국이 주도하는 개발 원조 정책에 한국이 동참하면서 한국의 농촌개발 프로그램은 일방적인 개발 정책의 성격을 띠었는데, 이는 남미 현지에서 수막 카우사이 정책과 상충되는 측면이 있다.

남미의 지역적 특징을 반영한 농촌개발의 다원적 접근이 고려되었다. 한 반향의 개발정책과 원조에 대해 새마을 농촌개발 모델은 일종의 세계화라고 하는 목적을 내포하고 있으면서도 지역의 가치를 담을 수 있는 개념으로 발전할 가능성으로 고려되기도 했다.[161] 새마을 농촌개

161. 전해황, 앞의 글, 129쪽.

발은 한국의 이익뿐만 아니라 수원국의 발전에 기여할 수 있다는 측면에서 이른바 '상생(Win-Win)'의 가치를 지니면서 수원국 주도의 정책개발로 상호 이익을 도모할 수 있는 대안으로 제시되기도 했다.[162] 개발원조는 수원국들의 경제적, 정치적 관심과 연결되고 있어 한국의 새마을 농촌개발 모델 또한 상생의 가치를 제시하며 대안을 모색하고 있다. 그렇지만 남미각국의 이해관계 차이에서 적용에 한계가 있다.

한국 국제개발 모델의 특징 중 하나는 정부가 비정부 단체나 시민사회의 참여에 큰 비중을 두지 않고 있다는 점이다. 여기에는 캄보디아와 에티오피아의 사례에서와 같이 수원국 정부가 비정부 단체나 시민사회를 통제하고 있는 특징과 관련 있다.[163] 이런 측면에서 남미를 대상으로 한 공적원조로서 국제개발 그리고 새마을 농촌개발 프로그램은 국가 간의 사업으로 진행하고 있다. 이에 따라 대한민국은 공적원조를 정치·경제적 이익을 확대할 수 있는 잠재적 기회로 인식하고, 수원국 또한 자국 내의 이해와 관련하여 큰 틀에서 동일한 입장을 견지한다고 볼 수 있다. 이와 같은 국가의 이해와 가치의 차이라는 변수를 고려하여 남미, 특히 중남미에서 진행한 한국의 새마을 농촌개발 프로그램 사례를 살펴본다.

중남미 지역 중점협력국은 페루, 콜롬비아, 볼리비아, 파라과이이다. 페루에 대해서는 2013년 보건의료, 농촌개발, 교육 그리고 공공행

---

162. Santos, Lean Alfred. (2014) 'South Korea increases ODA, pushes for 'win-win' foreign aid policy', *The Development Newswire,* 14 January, available online at heeps://www.devex.com/news/south-korea-increases-oda-pushes-for-win-win-foreign-aid-policy-82653, accessed 2 June, 2014.

163. Tran, Mark. (2011) 'South Korea: a model of *development?,' the guardian,* 28 November, available online at http://www.theguardian.com/global-development/poverty-matters/2011/nov/28/south-korea-development-model, accessed 28 May, 2014.

정에 대한 사업을 추진했다.[164] 콜롬비아의 경우는 2011~2015년 농촌 지역 빈곤퇴치사업을 진행했으며, 파라과이와는 지속가능한 농촌개발을 위한 새마을 운동 사업('15~'18)을 실시했다. 그리고 양자무상원조 프로젝트와 중남미 비 중점국가 원조의 일환으로 니카라과 새마을기반 정책 개발역량 강화사업('17~'18) 등을 벌였다.[165] UNDP주관으로 KOICA와 함께 남-남 협력(South-South Cooperation Exchange) 프로그램의 일환으로 남미에서 새마을 운동을 진행했다.[166] 사업 성과로 볼리비아와 에콰도르의 협업이 있다.

새 공동체(New Communities) 사업으로 한국국제협력단의 재정지원에 따라 2016년 10월 16일에서 30일까지 볼리비아 새마을 운동(Saemaul Undong in Bovilia)이 볼리비아와 에콰도르 사이의 첫 번째 남남협력 교환으로 실시되었다. 이 사업은 다른 지역들 사이의 농업생산품과 지역기업가 정신의 상호학습을 증진시키는 데 목적이 있었다. 에콰도르의 사업은 소규모 지원사업(SGP: Smal Grant Programme)의 일환이다.[167]

---

164. KOICA 농어촌개발팀(2014), 「KOICA 농림수산분야 및 새마을 운동 사업 통계 현황」, 6쪽.

165. 관계부처 합동(2016), 「'17년 국제개발협력 종합시행계획(확정액 기준)」, 451쪽.

166. 남-남협력은 UN이 MDGs(새천년개발목표)를 대신하여 2015년 9월 채택한 SDGs(지속가능발전목표)에서 채택하고 있다. SDGs는 MDGs와 비교하였을 때 발전의 범주에 환경을 포괄하면서 발전대상에 선진국도 포함한다. 뿐만 아니라 재원은 공적개발원조(ODA)와 각종 공공 및 민간재원을 활용하고, 참여주체는 기존 OECD-DAC회원국 외의 국가도 포괄한다(유웅조(2016), 「한국의 유엔 SDGs 이행 추진체계 현황과 개선방향」, 『이슈와 논점』1239호, 국회입법조사처).

167. South-South Cooperation for Sustainable Development Award 2016-New Community/Saemaul Unmdong in Bolivia /Bolivia Ecuador SSC exchange by UNDP(http://s3award.com/campaign/detail/4522:2017년 1월 24일).

볼리비아에서 새마을 운동의 일환으로 실시한 성과는 에콰도르와 공유하면서 한국과 남미의 남-남 협력은 물론 중남미 국가 사이의 또 다른 협업 사례를 생산했다.

볼리비아 주요 인사들은 KOICA 초청으로 2014년 한국을 방문하면서 새마을 운동을 접했다. 방문단은 정치인과 언론인들로 구성되어 있었다. 한국의 새마을 운동에 대해 소개 받은 후 반응은 "정부가 정책적으로 주도하면서 사회, 경제적 뒷받침이 된다면 충분히 성공가능성"이 있다는 의견이었다.[168] 다만, 새마을 운동에 대한 관심을 바탕으로 새마을 농촌개발 프로그램을 현지에서 적용할 경우 종교와 관련된 변수 그리고 사업 진행과정에서 농지소유 문제에 대한 해결 방안에 대한 현안이 대두할 가능성도 제기했다. 볼리비아 현지에 대한 이해가 필요함을 암시하고 있다.

새마을 운동 그리고 새마을 농촌개발 프로그램이 농촌의 소득증대에 기여한다는 개념에 볼리비아 정부는 집중했다. 이러한 이해는 농촌과 농가 소득증대를 고려한 한국 프로그램의 현지 적용 의지를 드러냈다. 그리고 경제적 발전의 한 측면인 농촌과 도시의 소득 불균형을 조정하는 데 있어 한국의 새마을 운동이라는 경험을 유효한 것으로 평가하였다.[169] 이러한 배경에서 새마을 농촌개발 프로그램이 실시되었지만 수원국 지역 기업의 농업생산품 생산과 유통 그리고 이를 통한 소득 창출의 경험을 공유하기에는 한계가 있었다. 이런 이유로 남미의 농

---

168. '볼리비아 언론인들, 새마을 배우러 영남대 찾아'(http://www.anewsa.com, 2014년 7월 17일 기사), (2017년 3월 15일 현재).

169. Lim, Chae Won., Do, Myungrok. and Kim, Min Han. (2013) 'The Korean Developmental State Model and the Saemaul Movement as National Development Movement as National Development Strategies: Are They Applicable to Latin American Nations?', *The Korean Association for Policy Studies Autumn Academic Conference*, Seoul: pp.433-434.

촌 마을을 대상으로 한 전면적인 국제개발로서의 새마을 농촌개발 프로그램은 아직 출발단계이다.

2016년에는 중남미 지역인 페루, 콜롬비아, 에콰도르 3개국에 각 한 곳씩 새마을 운동 시범마을을 조성했다.[170] KOICA는 에콰도르와 콜롬비아에서 새마을 사업을 진행하였으며, 파라과이와 니카라과는 정부 주도로 새마을 운동에 기반을 둔 농촌개발 지원을 제안했다.[171] 특히 에콰도르는 침보라소주(Chimbarazo)에 농촌개발 사업의 일환으로 라스 아브라스(Las Abras) 관개시설 개선 사업을 진행 중에 있고, 콜롬비아는 새마을 운동을 적용한 자조 농촌개발 사업을 시도했다.[172] 남미의 농촌개발, 특히 새마을 농촌개발 사업의 현장을 확인하고 현장에서 한계를 발견한다. 그리고 이러한 한계에서 새로운 가능성을 모색하며 토착 지식으로부터 출발한 탈-개발 개념에서 답을 찾는다. 연계를 모색하기 위해 페루와 에콰도르의 사례를 살펴본다.

페루의 농촌개발정책과 새마을

페루의 새마을 농촌개발 프로그램 중 대표적인 사례는 2010년부터 시작한 '꼬라오(Ccorao) 농촌지역개발 사업'이다. 새마을 브랜드로 추진한 농촌개발, 즉 새마을 농촌개발 프로그램과 관련한 사업으로 알려져 있다. 한국은 페루에 대한 농촌개발 사업 목표와 내용을 아래와 같이 구체화 했다.

---

170. 국민일보, '세계로 뻗는 새마을 운동: 24개국에 120개 시범마을' http://news.kmib.co.kr/article/view.asp?arcid=0923560647&code=11131100&cp=du(21016.06.12 현재).

171. SMART Saemaul Undong Story: Comprehensive Rural Development, 'http://koica.go.kr/download/2015/brochure_Saemaul_Undong.pdf(2016.06.13 현재).

172. SMART Saemaul Undong Story: Comprehensive Rural Development, 'http://koica.go.kr/download/2015/brochure_Saemaul_Undong.pdf(2016.06.13 현재). p.9.

국제협력단은 이곳 주민들의 소득 증대와 생활환경 개선을 위해 올해부터 내년까지 2년간 100만 달러의 예산을 지원해 감자가루 공장을 짓는다. 또 한국 정부의 지원으로 이미 지어진 도자기 전시장과 마을회관은 확충할 예정이다.[173]

KOICA 주관으로 실시한 페루 꾸스꼬(Cuzco)지역의 꼬라오 농촌지역개발 사업목표는 공식적으로 '지역개발을 통한 농촌소득지원 프로그램'이었다.[174] 사업 내용은 감자가루 공장 신축, 도자기 전시장 개보수 그리고 다목적 마을회관 건축이었다. 여기에는 한국의 농촌개발경험 전수 및 양국 간 농업분야 협력체제 강화 배경이 작용하고 있었다.

사업대상지인 꼬라오 마을은 약 3,000여 명이 거주하고 있는 꾸스꼬 시 외곽 농촌마을로 KOICA가 세운 도자기 학교가 위치한 곳이다. KOICA는 이곳의 주민소득 증대와 생활환경 개선을 위해 2010~2011년 2년간 100만 달러의 예산을 지원하여 감자가루 공장을 새로 건립하고 도자기 전시장과 마을회관을 확충할 예정이다. 감자가루 공장은 구청(페루 꾸스꼬 시 산세바스티안 구청)과 함께 꼬라오 마을이 공동으로 운영, 관리하는 시설로서 마을의 신규 소득원으로 기능할 예정이다. 한편, 도자기 전시장과 마을회관은 기존 운영되던 도자기 학교를 활성화시키고 마을의 자치 능력을 향상시킬 수 있는 장소로 활용될 예정이다. 마을 주민들은 KOICA의 사업취지에 부응하여 사업에 필요한 마을 부지를 제공하는 등 사업에 적극적으로 참여하고 있다. KOICA는 이번 사업이 중남이 잉카 문명의 중심 꾸스꼬에 한국의 개발경험을 확산시키고 주민의 삶을 개선시킬 수 있는 좋은 모델이 되기

---

173. KOICA, 페루 농촌개발사업 지원(연합뉴스, 2010.5.25.기사).
174. 한국국제협력단(2010), 『2011년 KOICA 사업개요서』, 204쪽.

를 기대하고 있다.[175]

꼬라오 마을을 대상으로 한 농촌개발 사업은 도자기 학교 운영과 도자기 전시장 개설, 감자가루 공장 건설 그리고 마을회관 확충이었다. 이들 사업 내용은 모두 마을 주민을 위한 신규 소득원으로 작용하여 소득증대를 의도하고 있었다. 그리고 페루의 지역 정부는 주민의 책임감 증대와 자치를 목적으로 마을의 부지를 사업지로 제공했다. 이들 사업에서 한국은 도자기 학교의 경우 우월적 기술의 전수로 소득 증대에 대한 기여를 강조했다.

2017년 꼬라오 마을

예전엔 유약이라든가 굽는 방법 이라든가 기술이 부족해서 물을 담아 놓으면 3시간을 채 가지 못했다. 지금은 그릇은 물론 다양한 장식품들도 제작하고 있습니다.[176]

175. http://koica.go.kr/dev/printPopUp.jap(2017년 1월 24일).
176. heep://Lincat.tistory.com/1697(2017년 1월 24일).

도자기 학교를 통해 지역 토착의 도자기 가공 기술의 한계를 확인하였다. 그리고 대안으로 유약을 이용하여 품질을 개선하였고 새로운 디자인을 적용한 장식품을 개발했다. 도자기 학교와 전시장에서의 도자기 판매를 통한 꼬라오 마을의 소득 창출 노력은 이후 감자가루 가공 공장 건설로 이어졌다. 감자가루 가공공장 사업에 대해서는 한국 감사원의 감사에서 시행착오가 확인되었다.

> 코이카 사업 가운데 '페루 꼬라오 마을 감자가루 공장 건립사업'이 한 예입니다. 2010년과 11년 사이에 127만 달러를 들여서 감자가루 공장을 세우려 했는데, 원료 확보와 수익성이 문제가 되자 급히 안데스 곡물(퀴노아, 키위, 차 등)을 가공하는 사업으로 변경을 추진했습니다. 그렇지만 시공업체와 공사계약 만료일까지 변경 사업 내용을 확정하지 못해 공사가 중단됐습니다. 총 건축비 80만 달러 중 66만 달러가 들어간 상태에서 미완공 상태로 방치돼 있다고 감사원은 꼬집었습니다.[177]

인용문은 2015년 감사 결과를 보도한 자료이다.[178] 감사 내용은 사업 관리와 관련한 부분으로, 잦은 사업 변경과 현지 업체와의 불완전 계약 그리고 사업비 투자에 따른 결과 도출 실패에 대한 개선의견이었다. 사업의 설계와 관리 그리고 예산운영의 적절성에 감사를 집중한 결과이다. 공장의 건립계획과 가공물의 설정에 있어 현지의 문화에 대한 분석

177. http://news.sbs.co.kr/news/endPagePrintPopup?news_in=N1002863307(2017년 1월 24일).

178. 페루는 2013년 현재 1인당 GDP가 6,618달러에 이르러 OECD기준으로 상위 중소득국가에 해당하여 원조가 불가능한 국가임에도, 대한민국이 중점협력국으로 지정한 사실에 대한 부정적 의견도 있었다.

내용은 제한적이다.

사업의 설계와 실시에 따른 한계 외에도 현지 상황, 즉 주민의 토착지식과 연계한 현장조사와 분석에 대한 보완이 필요한 부분이 있었다. 페루 꾸스꼬의 Universidad Nacional de San Antonio Abad del Cusco(UNSAAC)의 Ing. Percy Miguel Rueda Puelles교수의 분석에서 도자기 학교와 감자가루 공장의 건립에 얽힌 현지 사정을 확인할 수 있다. 그는 현지 대학 교수로 꼬라오 농촌개발 사업에 지속해서 관심을 기울이고 있다. 이하 도자기 학교 및 감자가루 공장과 관련한 내용은 그의 서술을 바탕으로 하면서 현지인의 시각을 반영한다.

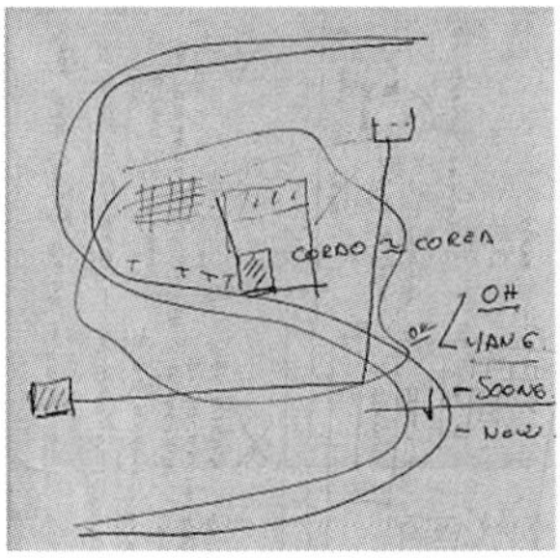

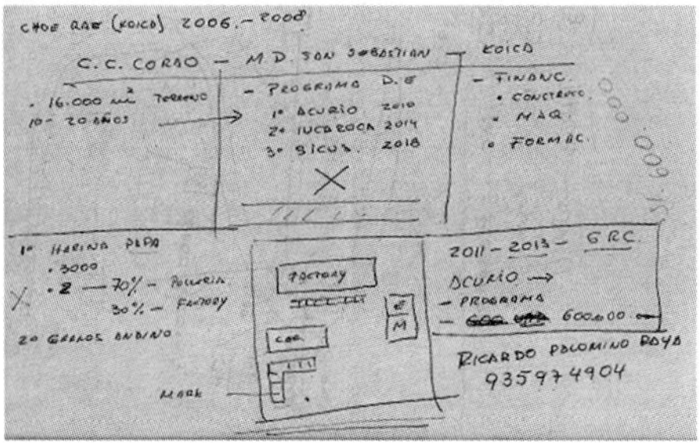

Ing. Percy교수의 꼬라오 마을 개발사업 분석 도표

그는 10년 동안 현지 한국의 농촌개발 프로그램을 꼬라오 마을 소득증대를 위한 사업으로 규정했다. 개발사업에 대한 자문에 참여한 경험이있는 그는 페루가 한국의 협력 대상국이 된 데에는 한국전쟁이 매개가 되기도 했지만, 꼬라오 마을이 한국의 관심을 끌게 된 배경은 마을의 이름이 코리아와 유사한 사실이 크게 작용했다고 강조했다. 비록 대상지가 소재한 산세바스티안 지방과 논의가 있었으나 사업지 설정을 위한 현지 상황에 대한 정치한 분석에 한계가 있었음을 암시한다. 꼬라오 마을에 대한 사업은 도자기 학교와 감자가루 공장 사업이 연속적으

로 실시되었으며, 그 과정에서 현지 협력과 사업 운영의 한계가 노정되기도 했다.

도자기 마을 조성 사업은 2006년부터 준비했다. 한국의 자원봉사자가 UNSAAC에서 기술자로 협업 하던 중 꼬라오 마을 주민회와 산세바스티안지방 정부와 연계하여 한국의 개발사업 참여를 주도했다. 2007년 마을 주민회는 16,000m²를 부지를 10~20년 장기 임대 형태로 제공하는 조건을 제시하여 지방정부를 통해 한국정부와 협업을 성사시켰다. 이 과정에서 지역정부가 한국에 마을을 대상으로 경제 발전 계획 적용, 학교 건립, 기술 교육을 위한 프로그램 실시를 요청하자 한국은 건물 건립과 설비 그리고 교육을 위한 사업을 구상했다.

2012년 9월 코라오 마을 도자기 학교를 소개하는 입간판(좌)과
2017년 4월 코라오 마을 소개 입간판으로 대체된 모습(우)
*좌측사진 : http://lincat.tistory.com/1697(2017년 1월 24일 현재).

도자기 학교는 대표적 관광지 마추픽추 등과 이어지는 도로변에 있다. 피삭(Pisac)과 오얀따이땀보(Ollantaytambo)를 잇는 도로변은 주로 면직물과 공예품을 판매하는 가게가 형성되어 있어 외부 단체 관광

---

179. http://lincat.tistory.com/1697(2017년 1월 24일 현재.).

객에게 기념품을 판매하고 있다. 꼬라오 도자기 학교도 이곳에서 만든 도자기를 길가의 도자기 전시장에서 판매하고 또 실습도 제공하면서 개설 초기 성공하였다. 초기의 사업 구상에 따라 꼬라오 도자기 학교의 자립을 위해 운영을 마을에 돌려주었다. 그러나 이후 주민자율 운영의 한계와 사업에 대한 지속적인 지원과 관리가 이루어지지 못함에 따라 학교운영은 중단되었다.

운영이 중단된 꼬라오 도자기 학교와 전시장(2017년 현재)

한국의 감자가루 공장 건설사업은 도자기 학교의 위축에 간접적으로 영향을 끼쳤다. 사업관심이 신규사업에 집중되면서 기존사업에 대한 관리의 제약이 발생했다. 그리고 공장 건립 과정에서 현지에서의 오류가 발생했다. 지역 상황과 연결이 긴밀하지 못한데 따른 시행착오의 일환이있다. 가공공장은 건물만 완성하고 설비는 갖추지 못했다고 현지에서 판단했다. 여기에 대해 Percy교수는 밀가루 공장 건립사업의 성취와 한계를 평가했다.

지역정부의 사업에 대한 지원 환경변화로 인한 제약에도 불구하고 성과는 있었다. 산세바스티안 지역정부의 대표가 2010년 적극적인 자세를 보여 사업에 동력을 얻었지만 2014년 대표가 교체되는 과정에서 긴밀한 협업이 계속되지 못하는 상황이 발생했다. 비록 중앙정부 감독관이 관여하였으나 현지 역할에는 제한적이었다. 이는 지역정부의 이해에 따라 사업의 안정성과 지속성의 한계가 발생했음을 보여준다. 그리고 이 공장은 건물만 완성하고 감자가루 생산을 위한 설비는 갖추지 못한 채 마무리 되었다. 이런 한계에도 2011~2013년 공장 건립 과정에서 마을에 전기 공급 시스템을 개선하고 수자원을 제공하는 성과가 있었다. 공장에 전력과 용수 공급을 위해 마을에 설비를 제공할 수 있었기 때문이었다.

마을 광장과 마을의 전기 공급 성과

감자가루 가공공장 설치 사업의 실패 요인은 3가지로 정리했다. 먼저 현지 사정과 괴리된 사업 설계의 한계였다. 감자가루(Harina papa) 생산에는 약 3,000종에 이르는 페루의 감자종자 중 2가지로만 생산이 가능하다는 특징이 있었다. 그리고 생산 가능 감자의 70%는 식당에 납품되고 30%만이 공장에 제공되었다. 이로 인해 공장 가동을 위한 원료를 확보하기 어려웠다. 두 번째로는 지역 밀가루 시장의 변화를 적용하지 못했다. 감자가루에서 옥수수가루에 대한 수요로 시장이 변하고 있는 상황에서 공장 건립 후 동력을 확보하기 어려운 난점이 발생했다. 그리고 마지막으로 한국 사업 관리자의 잦은 교체와 마을 노동자의 노동경험 부족에 따른 숙련화의 한계를 지적했다. 이러한 배경에 따라 2013년 감자가루 공장 건립은 잠정적으로 중단되었다고 결론지었다.

감자가루 공장 건물과 내부(2017년 현재)

꼬라오 마을 사업에 대한 현지의 시행착오를 개선하기 위한 그의 의견이 있다. 먼저 현지 지식과의 연대필요성을 제기했다. 대학 연구자 등 현지의 지식인은 지역사회와 연대한 사회교육 프로그램 협업이나 경제 상황 분석 등을 위한 협력자가 될 수 있다는 사실을 언급했다. 그리고 꾸스꼬 일대에 지역개발을 위한 다수의 NGO가 활동하고 있으나 사업을 통한 재원 확보를 목적으로 하는 한계가 있다는 사실을 상기시켰다. 그럼에도 이들 NGO들과 연대하고 그 접점에 지역 전문가와 함께 토착지식을 탐구한 성과를 반영하여 사업을 진행할 필요가 있다는 의견이다.

Ing. Percy 교수의 주장은 페루와 지역사회 그리고 개인의 입장을 대변하고 있다. 그는 꼬라오 농촌개발 사업이 현지에서는 한국의 새마을운동과 연계성을 인식하고 있지 않다는 사실을 강조한다. 이 사업은 지역에서 다만 하나의 원조 프로젝트로 자국 농촌의 소득증대의 일환이었다. 이런 한계에도 이들 사업이 현지의 지식과 연계함으로써 시행착오를 줄일 수 있다는 의견은 참고할 필요가 있다.

현지사업에서 고려해야 할 부분으로 페루의 토착문화와 사회의 특징이 있다. 페루는 사회적·환경적 갈등이있다. 아마존 농촌 원주민과 국가 사이의 영토분쟁이 있었다. 광산과 석유개발 같은 천연자원의 채굴과 관련한 이해에서 기인한 내분이었다. 정부는 자원개발을 위한 외국자본 지원에서 원주민의 이해를 반영하지 못하는 자세를 취하고 있었다. 이러한 현상에 대해 신자유주의 담론이 농촌 원주민의 이해를 포괄하지 못하고 있다는 비판이 제기되었다.[180] 이와 관련한 분석은 다음과 같다.

> (페루에서) 사회적·환경적 갈등은 다음과 같은 일련의 패턴을 보여준다. ①신자유주의 담론에서 종속-배제된 존재로서의 원주민, ②신자유주의 헤게모니의 불안정선, ③사회질서의 취약한 관리자로서의 국가. 이러한 패턴은 신자유주의가 해결하지 못한-현재까지는-페루 공화국의 역사적인 문제에 대한 회답이다.[181]

분석에는 신자유주의 체제에서 페루의 현실에 대한 내용뿐만 아니라 정책에서 배제되고 헤게모니에서 밀려난 원주민과 정부와의 갈등을 밝히고 있다. 노동력과 시장으로서의 원주민에 대한 인식 그리고 원주민 삶과 문화에 대한 평가절하가 신자유주의 체제에 따른 원주민과 정부의 갈등 내용이었다. 그리고 시장체제와 정책의 작용으로 페루가 오랫동안 사회통합에 어려움을 겪은 부분이 있었다. 해안지대의 발전 대비 산악지대의 저발전 현실이었다. 하지만 최근 기존 해안지대의 어업 산업과 달리 새롭게 부상한 안데스 지역을 중심으로 한 광업의 성장이 새로운 갈등요소로 분석되기도 했다.[182] 자원개발과정에서 외국

---

180. 호르헤 루이스 두아레스 메도사(2013), 「신자유주의 페루의 사회적·환경적 갈등: 역사적·정치적 측면에서 살펴본 구조적 문제」, 『에콰도르, 볼리비아, 페루: 포스트 신자유주의 시대의 안데스 국가의 변화와 도전』, 한울 아카데미, 203-204쪽.

181. 호르헤 루이스 두아레스 메도사, 앞의 글, 212쪽.

182. 우석균(2013), 「페루의 변화는 진정한 발전인가, 사상누각인가」, 『에콰도르, 볼리비아, 페루: 포스트 신자유주의 시대의 안데스 국가의 변화와 도전』, 한울 아카데미, 231쪽. 페루가 역

자본의 유입과 정부의 지원은 이 지역 원주민의 이해를 배제하고 있었다. 이런 배경에 따른 이해차이는 고산지대 원주민에 대한 국가체제로의 귀속에 한계를 일으키고 있었다. 페루 정부는 1980~90년대 정글 원주민들의 반란을 경험하고 이들 원주민들을 포섭하기 위한 정부 정책을 또 다른 한편으로 실시하고 있었다. 이런 역사적 배경에서 페루정부는 농촌개발을 위해 토착지식을 원용한 탐보스(Tambos) 프로그램을 개발했다. 이 프로그램은 한국의 새마을 농촌개발 프로그램에 있어 토착문화를 결합할 수 있는 실마리를 제공한다.

탐보스 프로그램 홈페이지

탐보는 잉카시대 역사적 유산으로, 잉카왕국이 원거리 통신망 운용을 위해 설치한 시설이었다. 관료 및 이동하던 사람들에게 숙박, 의료 등의 편의를 제공하기 위해 하루 거리마다 설치한 무인 가옥의 일종이었다. 페루정부는 탐보시스템을 잉카시대에서 유래하는 토착개념으로 규정

사상 경기침체 현상을 되풀이한 요인으로 20세기 해안지대 자본집약적 근대부분과 고지대의 전통적인 산업사이의 생산연계가 미약한데서 있다고 지적되기도 했다.

하고 이를 적용하여 고산지대 원주민들을 위한 탐보를 설치하면서 정책 공감을 유도했다. 그리고 탐보 설치로 거점을 확보하고 주민을 대상으로 일종의 농촌개발 프로그램을 실시하고 있다. 이 프로그램 운영을 위해 원주민을 담당자로 참여시켜 토착지식의 반영을 도모하고 있다.

Pumaorcco 지역 탐보 시설과 주요 활동 사례:
탐보와 마을 전경, 탐보 프로그램 홍보지, 마을 개발 계획, 탐보 직원(좌측 상단부터 시계방향)

꾸스꼬 인근 Comunidad De Pumaorcco 지역의 탐보스 현지 상황에서 페루 정부의 농촌개발 프로그램을 확인할 수 있다.[183] 해발 4,200미

183. 탐보스 프로그램 지역의 소개와 현황은 페루 건설주택부 도움을 받았다.

터에 위치한 이 탐보는 일대 원주민들을 대상으로 정부의 농촌개발 사업 홍보를 위한 전진기지 역할을 수행하고 있다. 정부의 지원을 받는 인류학자와 현지 원주민이 상주하고 있다. 사업을 담당하는 인류학자는 탐보 중앙 서버에 사업 내용들과 성과를 일일 보고하고, 정부는 이들 보고를 종합·분석한 전국의 성과를 공개하고 있다.[184]

탐보 프로그램 내용: 의료설비, 숙박시설, 통신시설, 부엌설비, 토끼 사육, 감자재배(좌측상단부터 시계방향)

184. 프로그램 현황과 성과는 홈페이지(https://www.pais.gob.pe/tambook/tambo/perfiltambo/reportesGenerales/id_tambo/5393)에서 확인 할 수 있다.

시설을 갖추고 있다. 탐보에 구비한 화장실과 부엌은 일대 주민들의 주거환경 개선을 향한 방향을 보여주는 상징적인 설비이다. 수세식 화장실과 가스를 이용한 오븐 설비는 현지 원주민에게는 전혀 새로운 경험의 기회를 제공하면서 정부 프로그램에 대한 우월성을 암시하고 있다.

탐보스 프로그램은 주민 소득향상과 마을주민 결속 지원도 포함하고 있다. 목축 교육과 부녀자들의 소득증대를 위한 재봉틀 활용 교육 등이 그 사례이다. 실제로 마을 청년부부는 전기식 재봉틀을 활용한 모자 제작으로 소득향상을 실현하고 있기도 했다. 꾸이로 불리는 토끼-햄스터의 일종- 사육과 감자 재배를 실시한다. 그리고 주민잔치를 조성하여 참여를 유도하면서 궁극적으로 주민을 국가 행정체계에 등록하여 인구를 파악했다. 인구파악을 계기로 청소년의 교육 참여를 늘려 언어, 문화 그리고 정책적 통일성을 도모하고 있었는데, 이러한 농촌개발은 결국 정부의 영향력 증대와 연결되었다. 탐보스 프로그램은 토착의 용어와 개념을 활용하여 농민들의 주거환경 개선과 소득 향상을 위한 페루 정부의 농촌개발이었다. 프로그램의 방향은 정부의 원주민 파악과 정부 정책으로의 포섭과 결부되어 있었다.

한국 정부의 새마을 농촌개발 프로그램 그리고 페루 정부의 탐보스 프로그램 사이의 유사점을 발견할 수 있다. 정부주도의 정책으로 농촌개발운동이 주민 동원과 참여 사이의 경계에 있다는 부분이다. 그리고 새마을 운동은 전근대시대 동계 등 결사체 활동이라는 토착지식을 적용했고, 탐보스 프로그램은 잉카의 역사적 유산을 도입했다는 유사점이 있다. 토착 캐츄아어에서 확인 할 수 있는 "Ama Sua, Ama Llulla, Ama Quella" 속담, 즉 "도둑질 하지 말라, 거짓말 하지 마라, 게으르지 마라"는 의미는 현지 새마을 연구자가 제안했듯이 근면, 자조, 협동의 개념으로 연계할 가능성을 갖고 있다. 여기에는 잉카 문명의 호혜와 협동의 가치를 발견할 수 있는 요소도 암시하고 있다. 예를 들어 한국의 품앗이 개념에 해당하는 캐츄아어 'Minka'가 있다. 이 개념은 사회적 공동체를 위한 집단적 노동이나 시설을 의미하고 있으며, 이 부분이 한국뿐만 아니라 토착 농촌에서 발견할 수 있는 지식일 수 있다. 탐보스의 사례는 한국의 새마을 운동이 페루의 토착지식과 결합할 가능성과 절충의 필요성을 보여준다. 그리고 새마을 농촌개발 프로그램이 대안으로서 개발에 도전할 수 있는 계제를 제공한다.

에콰도르 농촌개발정책과 새마을

에콰도르는 한국전쟁 당시 물자 지원국 40개국에 속한다. 그리고 라파엘 코레아(Rafael Correa) 대통령은 한국 접근 정책의 일환으로 한국의 국제원조와 농촌개발 프로그램 도입에 긍정적이었다. 에콰도르에서 이루어지고 있는 사업 중 새마을과 연관된 내용으로 알려진 사례가 있다. 중요성과는 다음과 같다.

- 2015년도 추진 프로젝트 사업(새마을 ODA사업): 에콰도르 침보라소 주 글로벌 새마을사업(관개수로 건설 및 영농기술 지원 사업)[185]

에콰도르에 대한 관개수로 개발 사업도 한국은 농촌개발 사업의 일환으로 추진했다. 침보라소(Chimborazo) 주 지역에 대한 관개수로 건설 및 영농기술 지원은 2008~2011년 동안 227만 달러가 지원되었다. 그리고 2014~2016년 이 지역에 대한 2차 지원 사업으로 관개수로 건설 및 영농기술지원을 위해 200만 달러가 다시 투자 되었다. 이들 사업에 대해 한국 정부는 '에콰도르 침보라소주 글로벌 새마을 사업'으로

185. KOICA 농어촌개발팀, 앞의 보고서, 6쪽.

명명하면서 전문가 파견, 국내초청 연수, 기자재 지원을 했다.

한국은 침보라소주 지역의 리오밤바(Riobamba) 인근 관개수로 사업에 대한 성과를 공개했다.

> 완성 구간에는 태극기와 에콰도르 국기가 함께 그려진 팻말이 일정한 간격으로 꽂혀 있었다. 세군도씨(21)는 "한국에 대해 전혀 몰랐다. 한국인도 에콰도르를 잘 모를 것이다. 우리를 모르는 나라가 무상으로 수로를 만들어 준다는 사실에 놀랐다"고 말했다.[186]

언론을 통해 국내에 소개한 에콰도르에 대한 원조 성과는 수혜 효과의 극대화에 초점이 맞추어져 있다. 그리고 에콰도르의 대표적 새마을 운동사업을 침보라소주의 라스 아브라스(Las Abras) 관개수로 개선과 농촌개발 사업으로 정리했다.[187] 프로그램은 침보라소주 리오밤바 지역 라스 아브라스의 관개지역에 약 9km의 도로를 포장하고, 관내 산파블로(San Pablo), 호세피나(Josefina) 등 마을을 대상으로 관개지원은 물론 마을 소액금융 운영 및 영농기술교육을 지원하는 내용이었다.

---

186. '2010대한민국이 뛴다: 에콰도르 관개수로 사업'(동아일보 2010년 1월 8일).

187. KIOCA(2015), 『Smart Saemaul Story』, 9쪽 (http://koica.go.kr/download/2015/brochure_Saemaul_Undong.pdf).

리오밤바 지역의 농촌개발 사업: 영농교육 현장(상), 관개수로 시설 현장(하)

에콰도르 침보라소 리오밤바 지역의 농촌개발은 2017년 사업이 완료되었다. 영농교육 현장은 양국의 협력에 대한 상징물로 남아 있으며, 현지 직원이 관리와 운영을 하고 있다. 정기적으로 한국의 기술자가 내방하여 사업의 지속성 유지를 도모하고 있다. 관개수로 사업은 설비가 완료된 후 운영하고 있다. 이들 사업은 한국의 농촌개발, 특히 새마을 운동을 적용한 프로그램으로 소개되었다. 그러나 이런 홍보는 한국의 새마을 농촌개발 수출 성과의 확대를 통한 국제적 국가위상 제고와 국내의 원조정책 우호여론 형성을 위한 정치적 배경이 작용한 결과였다. 인용문에서와 같이 에콰도르에 실시한 농촌개발 사업에 대해 현지 주민은 원조에 따른 외국 자금의 유입과 설비의 설치로 인식하고 있었다. 때문에 새마을 요소뿐만 아니라 현지 토착의 지식과 연계한 사업 지속성 확보에는 제한적인 의미가 있었다. 그리고 농촌개발과도 거리가 있었다. 하지만 지역 토착지식을 원용한 개발개념 적용 기능성은 확인할 수 있다.

에콰도르는 자체 농촌개발의 일환으로 수막 카우사이에 입각한 공동체 개발 프로그램을 진행하고 있다. 이것은 페루의 사례와 유사하게 원주민과의 공생방안에 대한 모색 결과였다. 이부분은 새마을 농촌개발 프로그램이 개발에 대한 대안을 모색하기위한 토착지식 적용에 있어 고려할 사례중 하나이다.

에콰도르는 1990년 라틴아메리카 최초로 '원주민운동'이 일어났으며, 2000년대 중반 원주민이 정치주체로 등장하면서 새로운 헌법 개정이 실시되었다.[188] 그 과정에서 시민의 요구 중 '수막 카우사이'가 강조되었는데, 이는 캐추아어로서 "자연친화적인 안데스 원주민의 좋은 삶"이라는 의미를 담고 있다. 이 개념은 2008년 에콰도르 신헌법에 수용되어 "다양성 및 자연과 조화에 기초한 공생의 새로운 방식"으로 규정했다.[189] 이러한 움직임의 배경으로는 1980년대 민주화 달성이후 신자유주의에 입각한 시장 중심의 정책이 빈부격차와 외채의 증가로 이어지며 개발반감에 직면한 내부사정을 들 수 있다. 코레아 정부는 시장보다 국가중심의 정책으로 전환하는 과정에서 '수막 카우사이'가 포함

---

188. 김달관, 앞의 글, 18-20쪽. 에콰도르는 1830년 스페인 식민지에서 독립한 이후 1979년 남아메리카 중 가장 먼저 민주화를 실현하다.

189. 김달관, 앞의 글, 20-21쪽. 뿐만 아니라 압야 알라(Abya Yala) 토착 개념은 원주민의 관점에 입각한 세계관으로 서구의 인간중심에서 탈피하여 자연과 상호성 및 공생을 중시하는 생명 중심주의였다.

된 신헌법을 도입했다.[190] 이 개념에는 국가의 원주민 토착문화에 대한 고려를 전제로 하고 있다. 바로 다양성에 대한 인정이다.

수막 카우사이 개념에 입각한 에콰도르의 농촌개발 프로그램은 확인하기는 어렵다. 다만 한국은 정책적으로 남미에 대한 원조 중 농업 분야를 농촌개발, 그리고 새마을 운동과 연계하는 정책을 실시했다. 이 과정에서 새마을 농촌개발 프로그램은 수원국의 토착지식과 접목한 사업개발에 제한적이었다. 그렇지만 개발에 대한 새로운 대안에 도전하기 위해서는 남미의 사례에서 시사점을 찾을 수 있다. 남미에서 작동하고 있는 수막카우사이(부엔 비비르)에 입각한 질서 그리고 탐보스 프로그램같이 토착의 농촌과 원주민의 문화를 절충하려는 자세는 한국의 농촌개발 프로그램과 접목할 개연성을 찾을 수 있다. 여기에는 호혜와 협동이라는 농촌 공동의 가치 혹은 이를 포괄하는 상생의 개념도 고려할 수 있다. 탈-개발 개념을 고려한 한국 농촌개발 프로그램의 도전을 모색한다.

190. 페르난도 마르틴-마요랄(2013), 「에콰도르 역사로 본 국가와 시장의 역할」, 『에콰도르, 볼리비아, 페루-포스트 신자유주의 시대의 안데스 국가의 변화와 도전』, 한울 아카데미. 생명중심주의적 관점에 입각한 이 개념이 신헌법에 포함된 이유는 신자유주의적 개인주의를 탈피해 예전의 공동체 협력방식인 밍가(Minga)의 의의를 적용하기위한 목적 때문이다.

4장
탈-개발 이론과 개발, 그리고 농촌개발

한국의 새마을 운동은 근대화 혹은 산업화를 향하고 있었으며, 이러한 농촌개발 운동은 과거 국가주도의 경제성장 정책으로서 자유주의 그리고 현재는 신자유주의적 입장을 추구한다는 시각이 있다. 이로 인해 새마을 운동이 서구화 실천운동으로 간주되면서 이 운동에서 발원한 새마을 농촌개발 프로그램은 수원국에서 일반적 개발정책으로 인식되고, 토착지식을 도외시하고 있다는 반응을 초래하기도 한다. 새마을 운동을 둘러싼, 그리고 여기에 바탕을 둔 국제개발로서의 새마을 농촌개발 모델이 지니고 있는 난맥점에 대한 고민을 찾기 위해 비판적인 접근이 필요하다. 출발은 새마을 운동이다. 이와 관련해서는 성취와 부작용이라는 두 가지 측면에서 논쟁이 진행 중이다. 이런 현상은 결국 '가난'에 대한 이해와 접근에 대한 근본적 시각차에서 발생한다.

· 부자들의 부, 오늘날 지식의 방대한 창고에 축적된 힘, 그리고 가난에서 탈출하고 벗어나기 위해 도움을 필요로 하는 세계의 부분들이 줄어드는 것 모두는 오는 2025년까지 가난의 종말이라는 것을 현실적으로 가능하게 만든다(Sachs, Jeffery D).[1]
· '가난' 이라는 단어는 물질적(유물론적)인 선입관과 결합되고, '평등'이라는 단어는 동일함이라는 뜻으로 바꾸어진다. 그리고 '삶의 기준'이라는 말은 행복의 다양성을 감소시킨다(Sachs, Wolfgang).[2]

제프리 삭스와 울프강 삭스 두 학자들의 인용문은 개발과 가난을 둘

---

1. Sachs, Jeffrey D. (2005) *The End of Poverty: Economic Possibilities for Our Time*, London: Penguin Books, p.3.
2. Sachs, Wolfgang. (2010[1992]) *The Development Dictionary: a Guide to Knowledge as power* (Second Edition), London: Zed Books, p.xii.

러싼 전형적인 그리고 비판적인 접근을 단적으로 드러내고 있다. 그리고 이러한 시각은 새마을 운동 및 국제개발과 관련하여 새마을 농촌개발 프로그램에 대한 이해와 관련해서도 생각해 볼 수 있는 문제이다. 제프리 삭스는 개발에 있어 경제 성장 및 이와 관련한 인식을 강조하면서 새마을 운동이 한국의 근대화라고 하는 성과와 상통하는 측면을 암시하고 있다. 이에 반해 울프강 삭스의 주장은 새마을 운동의 결과가 초래한 사회현상을 분석함에 있어 빈부격차와 사회 갈등의 측면에서 성과의 한계 혹은 전환의 필요성을 추적하는 근거를 제공하고 있다. 이들 두 주장의 상반된 입장은 새마을 운동의 성격을 경제적 성장에 바탕을 둔 빈곤의 탈출이라고 하는 문제에 어느 정도 가치를 부여하느냐와 관련이 있다. 그리고 국제개발로서 새마을 농촌개발 프로그램의 방향과도 연계되어 있다.

20세기 말부터 이른바 개발도상국을 대상으로 한 경제 지원과 원조의 형태를 띤 전형적인 개발과 개발 활동에 대한 비판은 대안으로서 개발과 개발정책에 대한 모색으로 이어졌다. 1992년 울프강 삭스가 처음 제기하고 집요하게 주장하고 있듯이, 그는 경제개발에 집중된 개발정책은 폐기되어야 한다고 강조한다.[3] 에스코바는 이런 주장에서 한 걸음 더 나아가 '탈-개발(Post-Development)'이라는 대안 개념을 소개했다.[4] 새마을 운동에 대한 비판과 그에 따른 대안으로서 새마을 농촌개발 프로그램을 분석하기 위해서는 이러한 탈-개발이라는 개념에 입각한 접근과 대안 모색이 필요하다. 새마을 농촌개발 모델을 위한 대안

3. Sachs, Wolfgang. (2010[1992]) op.cit., p.1.

4. Escobar, Arturo. (1992) 'Imagining a Post-Development Era? Critical Thought, Development and Social Movements', *Third World and Post-Colonial Issues*, 31(32): pp.47-49.

모색차원에서 새로운 개발개념 적용과 실제적인 대안으로서의 개발 요소 적용을 시도한다.

1. '개발'의 본질과 이론

근대화, 세계화, 그리고 신자유주의라는 개념은 개발의 방향으로 지속적인 가치를 가지면서 변화를 거듭했다. 그렇지만 개발에 대한 개념은 개발 정책에 있어 근본적인 의문과 비판도 직면하고 있다. 이로 인해서 개발이라는 문제와 관련한 새로운 의견과 개념에 대한 고민이 계속되었고 그 대안으로 탈-개발 이론이 제시되고 있다.

'개발(Development)' 개념에 대한 시작과 정의 그리고 전개 과정에 대한 이해를 바탕으로 국제개발에 있어 개발의 본질적 의미에 대해 접근할 수 있다. 제2차 세계대전이 막 끝났을 때 미국은 전후 유럽대륙의 경제 재건을 위한 새로운 정책을 제안하게 되는데, 여기에서 '개발'이라는 개념을 제시했다. 당시 개발은 근대화라는 의미와 직접적으로 연동되어 있었다. 전후 세계 경제회복에 초점을 맞추고 있던 미국 대통령에 의해 오늘날 '개발'이라는 용어가 처음 정의되고 제시되었다. 대통령 연설문에는 개발의 개념이 있다.

> 우리는 저개발 지역들의 개선과 성장을 가능하게 할 과학적인 진전과 산업적인 성장의 이점을 만들어 내는 과감한 새로운 프로그램을 실시해야만 한다.[5]

---

5. Truman, Harry S. (1949) 'Inaugural Address', speech, 20 January, available online at http://www.presidency.ucsb.edu/ws/?pid=13282, accessed 25 June, 2014.

트루먼은 연설에서 '저개발'을 언급하고 이를 통해 저개발의 반대 의미로서 '개발'의 개념과 방향을 제시했다. 일반적으로 개발 담론은 1949년 미국 대통령 트루먼이 제안한 단어의 의미에서 출발한다고 이해하고 있다.[6] 그는 이른바 '저개발'이라는 단어를 개발했는데, 이 개념은 경제적 성장, 산업화 그리고 삶의 질과 관련이 있었다. 그리고 '저개발 상태'라는 개념은 곧 전후 복구와 탈 식민지화 상태에 대한 규정으로 정착되었다. 트루먼의 연설을 계기로 세상은 '저개발 상태'와 '풍요로운 지역'으로 양분되었다. 저개발 상태는 국가의 경제적 상황에서 기인하는 가난과 질병이라고 하는 현상과 관련하여 상징되고 규정되었다. 이런 배경에 따라 개발 이론은 한 국가의 목적이 되고 개발 방향은 경제성장을 위한 정책의 근간이 되었다.[7]

경제적 상황과 연계한 저개발이라는 의미에서 개발을 정의한 개념에 대한 비판이 제기되었다. 에스코바는 개발에 대한 생각과 개념은 1950년대와 1960년대의 자유주의적 이념을 바탕으로 형성한 근대화 이론과 연결된다고 규정했다.[8] 근대화 이론 주창자들은 신생 독립국들에게 선진국의 산업화 모델을 도입할 것을 권장하며 궁극적으로 세계 시장경제에 편입할 것을 제안했다.[9] 그러나 국제개발과 원조사업에 있어서는 상호 이익이라고 하는 측면이 실현되지 못한 것이 현실이었다.

---

6. Cerdán, Paulina. (2013) 'Post-development and Buen Vivir: An approach to development from Latin-America', *International Letters of Social and Humanistic Science*, 10(2013): p.17.
7. Martinussen, John. (1997) *Society, State and Market: A Guide to Competing Theories of Development,* London: Zed Books, pp.14-15.
8. Escobar, Arturo. (2006) 'Post-development' in Clark, David Alexander. (ed.) *The Elgar Companion to Development studies,* Cheltenham and Northampton: Edward Elgar, pp.447-448.
9. Preston, P. W. (1996) *Development Theory: An Introduction, Oxford: Blackwell,* p.181.

이런 배경에서 에스코바 등은 시장경제를 지향하는 개발 이론에 대한 새로운 접근 필요성을 강조한다. 이와 같은 문제 제기는 종속이론을 둘러싼 논쟁의 영향이기도 했다.

저개발 상태 혹은 이른바 개발도상국들에 있어서 근대화와 산업화로 정의하고 있는 개발을 달성하기에는 현실적 한계가 있었다. 개발도상국들은 자력에 의해서 경제 성장을 이룩할 수 없었다. 여기에는 이들 국가의 산업구조가 선진국의 산업에 종속되어 있었던 현실이 하나의 이유로 작용했다. 이러한 모순적 한계 구조는 '종속이론(Dependency Theory)'으로 설명되었다. 이와 관련하여 일찍이 프레비시는 '중심(Centre)'과 '주변(Periphery)'의 틀로 묘사하기도 했고, 프랭크는 '발전된 대도심'과 '저개발 위성도시'라는 개념으로 소개했다.[10] 이들 종속이론가들은 크게 두 가지 부류로 나뉜다. 불평등한 세계 자본주의 시스템을 회피할 것을 주장한다거나,[11] 서구 주도의 시장체제로부터 독립하여 내부적인 산업화를 제안하기도 한다.[12]

종속 이론은 세계경제 구조의 실제 사례에 대한 분석결과 이론적 기반이 흔들렸다. 이 이론에 있어 가장 핵심 약점은 신흥 산업화된 동아시아 국가들의 독자적인 경제성장의 성공으로 분명해졌다. 특히 대한

---

10. Frank, Andre Gunder. (2000[1969]) 'The Development of Underdevelopment', in Roberts, J. Timmons. and Hite, Amy. (eds) *From Modernization to Globalization: Perspectives on Development and Social Change,* Malden, Oxford and Victoria: Blackwell, p.99.

11. Roberts, J. Timmons. and Hite, Amy. (2000) *From Modernization to Globalization: Perspectives on Development and Social Change,* Malden, Oxford and Victoria: Blackwell, pp.13-14.

12. Steger, Manfred B. and Roy, Ravi K. (2010) *Neoliberalism: A Very Short Introduction*, Oxford: Oxford University Press, p.99.

민국이 경제적으로 자립하면서 종속이론의 한계가 증명되었다.[13] 근본적으로 종속이론은 서구학계의 경제개발 중심 이론에 대한 일종의 과감한 학술적 도전이었다.[14] 이론에 따라 선진국의 종속상태로 규정했던 한국과 아시아 국가들의 경제성장 결과는 역설적이게도 이론으로서의 취약점과 한계를 증명했다. 그렇지만 이러한 한계점에도 불구하고 종속이론은 근대화 이론가들이 주도하는 경제개발중심의 개발에 대한 대안으로서 개발의 재검토 문제를 제기했다는 의의가 있다.[15] 종속이론을 둘러싼 논쟁에 대한 경험은 '개발'이라고 하는 개념과 관련한 비판적 사고를 환기하는 긍정적인 측면이 있었다.

개발 개념에 대한 비판적인 연구 자세는 탈식민주의(Post-Colonial) 개념으로 확장되기 시작했다. 세계대전 이후 대두한 종속이론은 미래의 후기 혁신국가(Post-revolutionary State)의 출현 가능성을 암시했지만,[16] 이 이론은 개발개념에 대한 대안을 제시하는 데 실패했다는 한계가 있다.[17] 그리고 트루먼이 제국주의의 종말을 강조했음에도 불구하고,[18] 그가 저개발국가(Underdeveloped Countries)에 적용했던 이른

13. Gereffi, Gary. (2000[1994]) 'Rethinking Development Theory: Insights from East Asia and Latin America', in Roberts, J. Timmons. and Hite, Amy. (eds) *From Modernization to Globalization: Perspectives on Development and Social Change*, Malden, Oxford and Victoria: Blackwell, pp.241-244.

14. Tucker, Vincent. (1999) 'The Myth of Development: A Critique of a Eurocentric Discourse', in Munck, Ronaldo and O'hearn, Denis. (eds) *Critical Development Theory: Contributions to a new paradigm,* London: Zed, p.12.

15. Leys, Colin. (1996) *The Rise & Fall of Development Theory*, Indiana: Indiana University Press, p.45.

16. Lehmann, David. (1997) 'An Opportunity Lost: Escobar's deconstruction of development', *The Journal of Development Studies*, 33(4): p.571.

17. Tucker, Vincent. (1999) op. cit., p.12.

18. Truman, Harry S. (1949) op. cit.

바 '원시적이고 정체된'이라는 표현은 다시 식민주의적 개념과 연계되는 역설을 만들고 말았다. 세계대전 후 탄생한 신생 독립국은 경제적 종속의 측면에서 그전 시대의 식민주의적 규범에서 벗어날 수 없었으며, 바로 이 점에 대한 비판적인 생각이 탈식민주의 개념의 대두로 이어졌다.[19] 그리고 탈식민주의 관점에서 '좋은 정치(Good Governance)'에 대한 비판이 있었다. 국제개발에 있어 좋은 정치는 영국 제국주의에 의해 확립된 개념이었으며, 이러한 개념은 비록 패권으로부터 거리를 두려고 하지만 국제기구들에 의해 개발도상국들을 위한 신자유주의적 시장 개편에 적용되고 있다고 분석되었다.[20]

탈식민주의는 식민주의의 실체를 분석했다. 그 결과는 식민주의는 힘과 지식(Power and Knowledge)에 바탕을 두고 있다는 점에 대한 규명이었다.[21] 그리고 식민지 국가들은 제국주의 국가들에 의해 '발전(Progress)'라는 단어와 연계한 '개발'의 부정적인 의미를 드러낸다.[22] 이와 같은 비판적인 시각에서 현재의 개발에 대한 내용은 '패권에 바탕을 둔(Power-Based) 정책'으로 설명되며, 이러한 패권에 바탕을 둔 개발정책은 곧 서구가 식민지 국가들에게 투여했던 지식과 개발 프로그

19. Willis, Katie. (2011) *Theories and Practices of Development* (Second edition), Oxon and New York: Routledge, pp.24-25.

20. Hewitt, Vernon. (2009) 'Empire, International Development & the Concept of Good Government', in Duffield, Mark. and Hewitt, Vernon. (eds) *Empire Development & Colonialism: The Past in the Present*, Suffolk and New York: James Currey, p.40.

21. McEwan, Cheryl. (2009) *Postcolonialism and Development*, Oxon and New York: Routledge, pp.22-23.

22. Sidaway, James D. (2014), 'Post-development' in Dsai, Vandana. and Potter, Robert B. (eds) *The Companion to Development Studies* (Third Edition), Oxon and New York: Routledge, p.148.

램으로 상징된다.[23] 탈식민주의에 입각한 제국주의에 대한 비판적 시각 그리고 그 확장으로 '개발'에 대한 의문은 국제개발에 있어 개발개념에 대한 새로운 도전으로 이어졌다. 1980년대부터 개발에 대한 비판론에 따라 힘의 역학관계를 분명히 인식하고 획일성이 아닌 사회적 다양성에 주목하는 시도는 탈식민지주의에 이어 포스트모던, 즉 후기구조주의(Post-Structuralism)로 집결했다.[24]

후기구조주의적 개발 비판론(Post-Structural Development Criticism)은 서구에 의한 힘과 주도권이 작용하는 전형적인 개발개념에 대한 저항을 담고 있다. 먼저 정치와 경제적인 관계성의 측면에서 저개발에 대한 이해를 시도했다. 그리고 후기구조주의 학파의 시각은 전통적인 개발 개념과의 차별성 발굴을 목표로 문화 담론의 관점과 체제를 창조하게 되었다.[25] 후기구조주의에 따르면 기표(Signifier)와 기의(Signified)와 같은 언어적 신호들(Linguistic Signs)은 불완전하고 재생될 수 있다. 그러므로 '개발'과 같은 기의는 서구에 의해서 규정될 수만은 없다고 주장한다.[26] 이런 관점에서 이 이론은 개발이라는 단어와 개념에 대한 분석과 비판의 틀을 제시했다. 대표학자 푸코는 주도적인 방법으로 지식과 권력을 구성하는 것을 생체권력(Biopower)으로

23. Kothari, Uma. (2005) 'From colonial administration to development studies: a post-colonial critique of the history of development studies', in Kothari, Uma. (ed.) *A radical history of development studies: Individuals, institutions and ideologies,* Cape Town, London and New York: David Philip and Zed Books, p.62.

24. Willis, Katie. op. cit., pp.29-30.

25. Cerdán, Paulina. op. cit., p.18.

26. Ziai, Aram. (2007) 'Concluding the exploration: post-development reconsidered', in Ziai, Aram. (ed.) *Exploring Post-development: Theory and practice, problems and perspectives,* New York: Routledge, pp.228-230.

개념화 했고,[27] 라클라우와 모프는 역사상의 힘과 지식에 대한 분석을 통해 정치학에 있어서 '헤게모니(Hegemony)' 개념을 도입했다.[28]

후기구조주의적 비판론에 입각한 해체론(Deconstructionist)은 탈-개발과 관련한 새로운 개발 개념을 동반했으며, 개념 구체화를 위해 특징적인 요소를 강조하는 접근법을 제시했다. 개념 발견에는 지역 공동체, 사회 운동 그리고 비정부기구들이 주도하였으며, 실천가는 이른바 저개발 국가들에서 개발과 관련한 질문을 제기하고 그와 관련한 지식을 생산하는 지식인을 포함한다.[29] 이러한 배경에서 후기구조주의와 탈식민주의적 비판론으로 탈-개발이론을 도출해 냈다. 여기서 개발에 대한 접근 시각은 세 가지 중요한 상호 연동된 개념들을 주장하고 있다. 이름 하여 탈중심 개발(Decentered Development), 확정된 개발 대안들(Identified Development Alternatives) 그리고 진정한 정치경제(True Political Economy)가 그것이다. 이러한 세 개념들은 라틴 아메리카, 아프리카와 아시아의 저개발국가에서 개발에 대한 분석과 철학적 파장에 대한 고민 그리고 개발 개념에 대한 새로운 접근을 야기하고 있다.[30]

탈-개발적 비판론은 탈식민주의와 후기구조주의에서 기원하여 힘과 주도권에 의한 구조에 반하는 다원론(Pluralistic)적 접근을 제안하

27. Brigg, Morgan. (2002) 'Post-Development, Foucault and the Colonisation Metaphor', *Third World Quarterly*, 23(3): p.423.

28. Laclau, Ernesto. and Mouffe, Chantal. (1985) *Hegemony and Socialist Strategy: Towards a Radical Democratic Politics*, London and New York: Verso. p.1.

29. Cerdán, Paulina. op. cit., p.19.

30. Escobar, Arturo. (2012) 'Preface to the 2012 Edition', *Encountering Development: The Making and Unmaking of the Third World-With a new preface by the author,* Princeton and Oxford: Princeton University Press, pp.xii-xiii.

고 있다. 일반성에 대한 비판에 뿌리를 두고 있는 이 '탈-개발'이라고 하는 가설은 1990년대부터 제기되어 확산하고 있다.[31] 비판적 접근의 출발은 서구의 주도권에 기반을 둔 서구의 개발 지식 부식을 위해 활동하는 이른바 전문가들에 대한 비판이며, 이들 개발 전문가들이 개발 권력의 핵심 지위를 확보하고 있다고 정의하는 점에 뿌리를 두고 있다.[32] 그러므로 탈-개발론자들은 이러한 개발 전문가들 사이에서 규정하는 개발도상국이라는 개념도 그들에 의해 낙인이 찍히고 있다고 부정적으로 규정한다. 이들은 궁극적으로 개발이라는 개념이 개발 대상 국민을 위한 어떤 '만병통치약'이 아니었을 뿐만 아니라 잘못된 해결책이었다고 주장한다.[33]

'개발'이라는 서구 개념은 더군다나 희망도 없는 결합이자 위험한 개념으로 간주된다. 탈-개발 이론가들은 선진국이 힘과 주도권을 행사한 지식으로서 개발은 그동안 환경에 대한 무시, 의존성 강화 그리고 문화에 대한 차별로 규정할 수 있다고 본다.[34] 뿐만 아니라 방비되지 못한 가난과 환경의 광범위한 파괴는 억제되지 않은 자유시장경제 체제에 의해서 유발된 결과가 분명한 재난으로 여겨졌다.[35] 그리고 이들은 이 자유시장경제야말로 획일화된 개발 권력의 상징이라고 규정했다. 이

---

31. Sidaway, James D. op. cit., p.148.

32. Kippler, Caroline. (2010) 'Exploring post-development: Politics, the state and emancipation. The question of alternatives', *POLIS Journal*, 3: p.4.

33. Rahnema, Majid. (1997) 'Towards Post-development: Searching for Signposts, a New Language and New Paradigms', in Rahnema, Majid. and Bawtree, Victoria. (eds) *The Post-Development Reader*, London and New Jersey: Zed Books, pp.378-379.

34. Watson, Marcus D. (2013) 'The Colonial Gesture of Development: The Interpersonal as a Promising Site for Rethinking Aid to Africa', *Africa Today*, 59(3); p.5.

35. George, Susan. (1997) 'How the Poor Develop the Rich', in Rahnema, Majid. and Bawtree, Victoria. (eds) *The Post-Development Reader,* London and New Jersey: Zed Books, p.213.

러한 관점에서 에스코바는 바로 '다원론'에 입각한 탈-개발 이론을 대안으로 제안했다.

> 전환과 다원론의 영역에 있어서 개발이라고 하는데 대한 논점의 결론은 항상 함께 살아간다고 하는 긴급성으로서 지구에 대한 관점에 그 기원을 두고 있다. 이 개발은 이른바 세계화(Globalization)라는 개념에 기반을 두기보다 '지구화(Planetarization)'라는 형태의 구상과 발견이라는 것을 진흥시킬 것이다. 그 지구화라는 것은 인류와 다른 생물들이 상호 유기적인 방법으로 지구에 함께 살아가는 것이다.[36]

에스코바는 개발의 일반성과 세계화가 담고 있는 권력과 주도권에 의한 개발에 부정적인 시각을 드러내면서 지구화라는 대안에 접근하기 위한 다원성(Pluralistic)이라는 개념을 제안하고 있다. 이러한 그의 주장은 선진국이 제시하고 주도권을 행사했던 개발 개념에 대한 분명한 도전이다. 대안으로서 새로이 개발이라는 단어를 규정하기 위한 하나의 핵심적인 의견을 담고 있다. 그리고 권력에 바탕을 둔 개발은 항상 나쁘지만, 그 전형적인 개발이 만일 변화와 가능성이라고 하는 것을 포용하는 절충된 형태의 개발이라면 하나의 고려대상이 될 수 있다는 주장도 제기했다.[37] 이와 같이 권력과 주도권에 바탕을 두고 세계질서에 뿌리 내린 기존의 개발 개념을 해체하기 위한 노력이 분명하게 존재한다.[38] 그리고 개발에 대한 대안으로서 탈-개발이라는 개념에 대한

---

36. Escobar, Arturo. (2012) op. cit., p.viii.
37. Sidaway, James D. op. cit., pp.149-150.
38. Blaikie, Piers. (2000) 'Development, post-, anti-, and populist: a critical review', *Environment and Planning*, 32: p.1039.

접근이 이루어지고 있으며, 이러한 탈-개발 이론은 실험적인 연구를 전제로 대안으로서의 '큰 그림'인 것이다.[39]

2. 탈-개발의 도전 요소와 개발 논쟁

탈-개발의 가치와 개발 요소

개발이라는 단어와 개념에 대한 새로운 발견과 탈-개발 이론에 바탕을 둔 개발 개념화 과정에서 개발에 덧씌워진 권력과 주도권에 대한 해석이 있었다. 탈-개발 이론은 개발에 대한 새로운 접근, 즉 지역에서 출발해 환경까지 포괄하는 대안적 요소들을 발견했다. 탈-개발의 시각에서 개발을 향한 요소는 지역, 토착 공동체, 여성, 생태와 환경 그리고 안녕이다. 이들의 개념에 대해 순차적으로 살펴본다.

첫째, 지역에 우선을 두고 개발을 향해 접근하고 생각하는 제안은 관습적인 개발에 대한 반성과 직접적인 반작용의 결과이다. 탈-개발 이론가들은 주도권을 가진 서구의 힘의 역동성에 도전하고 있으며,[40] 이 점에서 그들은 "지역 기반으로 사고하고 활동한다(Think and act locally)"라는 점을 강조한다.[41] 이러한 시각은 근본적으로 서구를 제외

39. Sumner, Andy. and Tribe, Michael. (2008) International Development Studies: Theories and Methods in Research and Practice, London and Delhi: Sage, p.9.

40. Johnson, Christopher Keith. (2014) 'Post-Development and the Practitioner' available at http://www.e-ir.info/2014/01/08/post-development-and-the-practitioner/, accessed 23 June, 2014.

41. Esteva, Gustavo. and Prakash, Madhu Suri. (1997) 'From Global Thinking to Local Thinking', in Rahnema, Majid. and Bawtree, Victoria. (eds) *The Post-Development Reader,* London and New Jersey: Zed Books, p.282.

한 다른 세상을 경시하고 무시하는 근대화에 대한 비판적인 접근에 기반하고 있다.[42] 에스테바와 프라카슈는 근대 자본주의 세계 구조에 있어 바로 이러한 측면을 적출해내고 지역이라는 개념으로 개발에 도전했다.

> 지역 공간을 위협하는 '세계화된 사고(Global Thinking)'와 '세계화 권력(Global Forces)'이라는 것에 반하는 가치를 공유하는 다른 지역 권력(Local Power)들과 결속을 강화하면서 사람들은 지역에 바탕을 두어 생각하고 활동 한다.[43]

인용문은 세계화한 권력에 대항해서 지역 권력과 그 가치를 공유하고 또 지원하는 방향을 옹호하고 있다. 지역 권력에서 '지역'은 위의 문맥에서는 제3세계로 상징되는 '개발도상국'을 암시하고 있다. 세계화라는 시각과 관점에 대비되면서 보다 구체화되는 지역의 다양성 발견은 탈-개발이론의 핵심 영역 중 하나이다.[44] 게다가, 대부분의 탈-개발론 학자들은 지역과 지방의 성장 가능성을 믿고 있으며, 이러한 시각은 한편으로 이전에 종속이론이 가졌던 비판적 개념과는 다르다. 종속이론에서는 외래의 것은 나쁘고 오직 지역만이 옳고 좋다는 시각이었다.[45] 탈-개발학파는 이른바 '비주류 국가들(Minority Countries)'의 능력과 연대를 확신하고 있다. 비주류 국가들이 타자와의 조화 속에서 자

42. Escobar, Arturo. (2006) op. cit., pp. 447-451.
43. Esteva, Gustavo. and Prakash, Madhu Suri. op. cit., p.292.
44. McMichael, Philip. (1996) 'Globalization: Myths and Realities', *Rural Sociology*, 61(1): pp.47-48.
45. Rashidi, Hasan. (2014) 'Post-Development, An Approach To Development Failure', *Advances in Environmental Biology*, 8(6): p.1557.

신들만의 개발을 창조해 낼 수 있다는 믿음이다.

두 번째 탈-개발적 시각에서 제시하는 개발의 요소는 토착의 지역 공동체(Local Community)이다. 권력과 주도권을 장악한 서구의 개발 관점에 대한 규제와 제약들이 무너져 내렸을 때, 지역 공동체에 기반을 둔 개발에 대한 접근과 이해가 대안이 될 수 있다는 주장이다. 에스코바는 서구의 패권구도 속에서는 전혀 고려된 적이 없었던 하위주체(Subaltern)와 토착지식(Indigenous Knowledge)에서 도출한 탈-개발적 접근을 제안했다.[46] 탈-개발학파는 지역 공동체 의견에 집중하는 관점이 지구 북반구나 서구에 의해서 부식된 개발 모델과는 관련 없이 그 자체로서 개발 대안을 발견하는 방향이라고 강조한다.[47] 이러한 주장과 더불어 절충안도 모색되고 있다. 지역에 기반을 둔 토착지식은 국내와 해외의 조화가 전제되었을 때 탈-개발적 전환을 완성할 수 있다는 주장이다.[48]

탈-개발적 시각이 외부와의 조화도 중요하다고 하더라도 이 이론에 있어 가장 핵심적인 동력은 근본적으로 풀뿌리 조직들(Grassroots Organizations)과 개인들이다. 이러한 조직과 개인의 연대는 상대적으로 소규모라는 특징이 있다. 지역과 토착문화, 그리고 환경에 대한 파괴를 유발하는 서구중심의 기존의 개발에 대한 정의와 그 요소들은 위험하다고 강조하면서 지역단위의 참여와 풀뿌리 활동에 중점적으로 초점을 맞추고 있다.[49] 이러한 배경에 따라 에스코바는 1995년부터 농

46. Escobar, Arturo. (1992) op. cit., pp.42-43.

47. Willis, Katie. op. cit., p.231.

48. Diawara, Mamadou. (2000) 'Globalization, Development Politics and Local Knowledge', *International Sociology*, 15(2): p.370.

49. Willis, Katie. op. cit.

부, 여성 그리고 환경이라는 요소에 대한 분석에 집중하면서 동시에 토착민과 다른 인종집단(Ethnic Group)에 대한 관심도 강조하고 있다.[50] 이 부분에서 탈-개발의 세 번째 요소도 찾을 수 있다.

세 번째 요소는 여성이다. 제3세계의 여성으로 특히 가난에 처한 여성은 탈-개발이론의 틀 안에서 분석되고 있다. 개발에 있어 여성을 우선 고려하는 근본적인 목적은 국제개발 프로그램에 여성의 참여도를 높는 데 있었으며, 이러한 접근은 제3세계의 가난한 여성을 포괄하는 영역까지 확장하게 되었다.[51] 논의의 중점은 남성과 여성 사이의 평등이라는 가정에 바탕을 두었지만 무엇보다 여성 노동력의 생산성에 대한 관심이었다. 그러나 서구의 여성운동가들은 가난에 처한 제3세계 여성의 상황을 고려하지 않은 채 여성에 대한 관점에 있어서도 패권을 드러내고 있다.[52] 이러한 서구의 입장은 탈-개발 개념과 관련하여 생각해 보았을 때 개발과 관련한 의문을 제기한다.

서구를 따라잡는데 목적을 둔 개발 그리고 여성의 자유와 관련한 주제에 대해 탈-개발 관점은 비판을 제기한다. 비판은 식민주의 영향 속에서 자유, 평등, 자기결정권과 같은 해방이라는 개념의 영향을 받은 측면이 있었다.[53] 그리고 서구적 형이상학과 계급적 구조에 대한 반감에 뿌리를 두고 있다.[54] 이러한 입장에서는 여성을 위한 참여 그리고 여

---

50. Escobar, Arturo. op. cit., p.xi.

51. Saunders, Kriemild. (2002) 'Introduction: Towards a Deconstructive Post-Development Criticism', in Saunders, Kriemild. (ed.) *Feminist Post-Development Thought: Rethinking modernity, postcolonialism & representation,* London and New York: Zed Books, p.1.

52. Saunders, Kriemild. op. cit., p.18.

53. Mies, Maria. (1993) 'The Myth of Catching-up Development', in Mies, Maria. & Shiva, Vandana. (eds) *Ecofeminism*, London and New Jersey: Zed Books, pp.66-67.

54. Saunders, Kriemild. op. cit., p.21.

성참여에 의한 분권도 그 자체로서 또 다른 지식이자 권력이 작용하는 상황으로 가정되기도 한다. 서구의 페미니즘적 여성관을 향한 비판에 입각한 접근은 지역 여성공동체의 사례에서 찾을 수 있다. 사회 변화의 복잡성에 대한 관심과 가난에 처한 여성들의 능력을 신뢰로 바라보는 근원적인 접근이 요망된 결과였다.[55] 공동체에 기반을 둔 여성 조직들은 국제개발 안건과 궤를 같이하면서 그들의 지역 활동을 절충하는 경향이 확인되었다.[56] 예를 들자면, 지구 남반구에 생태환경과 관련한 재앙의 주된 피해자는 여성이며, 이들 여성들이 이러한 재앙과 관련한 환경 관리의 주체가 될 수 있다는 주장이다.[57]

생태와 환경이 탈-개발적 접근에 있어서 네 번째 요소이다. 생태와 환경적 재앙은 탈-개발적 측면에서 볼 때 서구 주도로 고착화된 개발에 따른 또 하나의 부작용이다. 지구 북반구는 '생태발자국(생태학적 점유면적, Ecological Footprint)' 감소라는 개념을 주장함으로써 환경적 재앙을 희석시키고 있다.[58] 이런 자세는 선진국의 대체에너지나 에너지 효율성을 높이는 기술과 노력에 대한 강조이다. 그러나 탈-개발 이론가들은 패권적 개발활동이 바로 환경을 파괴했다고 하는 사실에

55. Parpart, Jane. (2002) 'Lessons from the field: Rethinking Empowerment, Gender and Development from a Post-(post-?) Development Perspective', in Saunders, Kriemild. (ed.) *Feminist Post-Development Thought: Rethinking modernity, postcolonialism & representation,* London and New York: Zed Books, pp.53-55.

56. Lind, Amy. (2003) 'Feminist Post-Development Thought: "Women in Development" and the Gendered Paradoxes of Survival in Bolivia', *Women's Studies Quarterly,* 31(3/4): p.240.

57. Saunders, Kriemild. op. cit., pp.15-16.

58. Sachs, Wolfgang. (1997) 'The Need for the Home Perspective', in Rahnema, Majid. and Bawtree, Victoria. (eds) *The Post-Development Reader*, London and New Jersey: Zed Books, p.297.

주의를 기울이고 경고한다.[59] 반다나 시바는 대표적 탈-개발이론가로서 '서구의 개발 정책에 대항하는 환경과 여성'운동을 제안하고 있다.

> 숲, 물과 토양에 대한 파괴로 인해 우리들은 우리 삶을 지탱해주고 있는 체계들을 상실해 가고 있다. 이와 같은 파괴는 '개발'이라고 하는 미명하에서 자행되고 있는 것이다.[60]

시바의 핵심 가설이다. 과학과 경제라는 부분과 강하게 연관되어 있는 오늘날의 개발은 인류에 의해 조직되었고 서구로부터 기원하고 있다는 사실을 강조하는 부분이다. 바로 개발 정책의 가장 부정적인 측면으로 환경파괴를 언급하고 있다. 탈-개발에 입각한 대안의 한 사례로서 그는 인도의 토착적인 이념과 활동을 소개했다. 그 이념은 '프라크리티(Prakriti)'로 알려진 창조적인 자연 원리이다.[61] 시바는 모든 존재물들은 동일한 환경적인 권리를 가지고 있다는 점을 강조하면서 환경 제국주의와는 상반된 입장이자 대안으로 '지구민주주의(Earth Democracy)'를 제시하고 있다.[62] 그리고 개발 만능주의(Developmentalism)의 대안을 모색한 또 다른 사례로 농촌 사회학에 바탕하고 있는 생태와 농식품 체계(Agro-food Systems)도 탈-개발의

---

59. Willis, Katie. (2011) *Theories and Practices of Development* (Second edition), Oxon and New York: Routledge, p.225.
60. Shiva, Vandana. (1989) *Staying Alive: Women, Ecology and Development, New* Delhi and London: Zed Books, p.xvi.
61. Shiva, Vandana. (1989) op. cit., pp.38-39.
62. Shiva, Vandana, (2009) 'Soil Not Oil: Environmental Justice in an Age of Climate Crisis', *Alternatives Journal*, 35(3): p.22

생태와 환영 요소와 관련이 있다.[63]

탈-개발적 요소의 마지막은 안녕(Well-being)이다.[64] 탈-개발학파들은 경제적 성장에 집중하는 개발 개념의 대안으로 안녕이라는 개념과 가치를 제시하고 있다. 이들은 개발이라는 개념을 '처방(Medicine)'이라기보다는 '질병(Disease)'으로 간주하고 있으며, 특히 이러한 개념을 다른 말로 '가난한 사람들을 내벼려 두라'는 수사로 강조하고 있다.[65] 그렇지만 스트레스에 반하는 의미로 도출한 인류 행복을 위한 이와 같은 대안 개념은 서구의 근대화에 기반을 두고 있는 신자유주의 체제와 개발 정책에서는 수용되지 못하고 있다.[66] 이러한 현실에 대한 접근 차원에서 탈-개발론자들은 현장에서 지역 토착민들의 근대화 개발론에 대한 비판론적 접근에 주목하기도 한다. 그리고 한편으로는 지역의 경제개발과 토착의 삶 절충에 대해 개발 공정을 개선하고 있다고 분석하면서, 이러한 움직임은 공동생산 된 다종의 삶을 가능하게 했다고 평가한다.[67] 그러나 탈-개발 개념의 근본 주장과 이러한 절충에는 간극이 있는 점도 사실이다. 탈-개발 이론에서 환경은 물질적 환경뿐만 아니

---

63. McMichael, Philip. op. cit., p.50.

64. Well-Being의 개념이 다원적으로 해석하고 적용되고 있다. 본디 이 개념은 복지 또는 후생을 의미하고 있으나, 이 연구에서는 'Sumak Kawsay'라는 남미 원주민어의 개념을 스페인어로 'Buen Vivir'로 번역하고 다시 영어로 'Well-Being'이라는 단어로 번역되면서 사회과학 및 국제정치학에서 적용되는 개념 사용했다.

65. Matthews, Sally. (2007) 'What, then, should we do?: Insights and experiences of a Senegalese NGO', in Ziai, Aram. (ed.) *Exploring Post-Development: Theory and practice, problems and perspectives*, Oxon and New York: Routledge, p.131.

66. Cerdán, Paulina. op. cit., p.16.

67. Bebbington, Anthony. (2000) 'Reencountering Development: Livelihood Transitions and Place Transformations in the Andes', *Annals of the Association of American Geographers*, 90(3): pp.513-514.

라 자연환경과 함께하는 사회적 과정을 의미하며, 그 핵심은 자연스럽게 물질과 관련이 없는 안녕을 강조하고 있기 때문이다.[68] 달리 말한다면 지속적인 삶을 물질적 만족보다 강조한다.

안녕의 개념에 대한 다양성을 바탕으로 탈-개발의 다른 요소와 결합이 시도되었다. 안녕의 요소는 전형적으로나 객관적으로 신체적 상황에 따라 변화가 있고 주관적이고 심리적 상황에 따라서도 또한 변한다.[69] 그리고 인류의 안녕은 지역 환경, 자연 그리고 성별과 정신적 철학에 바탕을 둔 여러 가치와 결합하면서 작용한다고 설명한다. 세르단이 말한 것처럼 "삶을 사는 다른 방법, 지식을 창출하는 또 다른 형태, 그리고 자연과 연계되는 다른 길"[70]과 같은 가치와 시각이 강조된다. 이러한 안녕에 대한 상대적 관점이 탈-개발 이론에서 발견한 가치이다. 탈-개발 이론가들은 지역과 공동체에 기반을 둔 여성의 지식, 그리고 생태적 지식과 같은 개념들을 제안하면서 이러한 요소들이 안녕과 잘 조화를 이룬다고 주장한다.

탈-개발 개념의 한계와 반론

주도권에 뿌리를 둔 서구 중심의 개발에 대한 도전과 대안으로서 지역, 토착 공동체, 여성, 환경 그리고 안녕이라는 요소를 제안하고 있는 탈-개발 이론에 대한 반론도 있다. 먼저, 탈-개발 이론에 대한 비판들은 개발에 대한 정의와 개발정책의 실행 가능성(Practical Universalization)에 대한 논쟁에서 제기된다. 전통적인 개발 이론가

---

68. Carr, Edward R. (2013) 'Livelihoods as Intimate Government: Reframing the logic of livelihoods for development', *Third World Quarterly*, 34(1): pp.79-80.

69. Sumner, Andy. and Tribe, Michael. op. cit., p.25.

70. Cerdán, Paulina. op. cit., pp.20-21.

들은 탈-개발 이론에 대해서 이론적 취약성으로 현실성이 없는 낭만에 젖은 이상주의적 문제가 있다고 강조하면서 비판한다. 뿐만 아니라 탈-개발 이론가들이 무조건적으로 서구의 개발에 대한 지식에 반하여 기존의 개발 개념에 대한 진부한 인상을 심어주려는 노력을 전개하는 것도 문제라고 지적한다.

두 번째, 탈-개발 이론이 개발에 대해 이분법적으로 접근하고 있다고 규정하고 비판하는 주장이 있다. 피에터스는 기존의 전통적인 개발 이론에 대해 탈-개발 이론에서 제기하고 있는 비판 프레임을 '이분법적 사고(Dichotomous Thinking)'에 따른 접근이라고 비판하고 있다.[71] 왜냐하면 이러한 이분법적 분석은 개발에 대한 과소평가와 근대성에 대한 부정을 전제로 하기 때문이다. 이와 유사하게, 탈-개발적 관점에서 과도하게 일반화하고 또 심하게 단순화한 개발에 대한 부작용들을 제기하는 측면을 지적하기도 한다. 한편으로는 기존 개발에서 삶의 수준 향상과 같은 전략적인 근대화라고 하는 성취에 대해 탈-개발을 주장하는 학자들이 무시하거나 과소평가했다고 하는 약점을 제기하고 있다.[72] 뿐만 아니라, 탈-개발 이론에 바탕을 둔 개발에 대한 이해와 접근은 매우 다양한 현상들을 포괄하고 있는 개발이라고 하는 개념에 대해 단선적으로 동질하게 평가하는 결정적 결함으로 규정되었다.[73]

개발 대안에 대해 이분법적 접근으로 비판한 의견에 탈-개발 이론자들의 대응이 있었다. 탈-개발 이론은 개발의 개념과 이해에 대한 복

---

71. Pieterse, Jan Nederveen. (2000) 'After post-development', *Third World Quarterly*, 21(2): p.183.

72. Simon, David. (1998) 'Rethinking (post)modernism, postcolonialism, and posttraditionalism: South-North perspectives', *Environment and Planning*, 16: pp.220-221.

73. Kiely, Ray. (1999) 'The Last Refuge of the Noble Savage? A Critical Assessment of Post-Development Theory', *The European Journal of Development Research*, 11(1): p.47.

잡한 분석에 대해 인식론적 토대를 바탕으로 종합적이고 전체적인 해석을 실시하고 있다는 점을 강조한다.[74] 대표적 사례가 '개발'이라는 단어에 주목하고 어원을 추적하며 현상을 함께 분석한 성과이다. 비록 탈-개발학파가 정확한 실천적 대안을 제공하고 있지 못하다고 하더라도, 이 이론은 개발이라는 의제와 관련한 논쟁을 촉발시켰으며 또한 정치적 측면에서도 개발과 관련한 정책적 활동들을 진전시키는 데 기여하고 있다.

탈-개발적 접근에 대한 세 번째 비판은 바로 '가난'에 대한 이해 방식에 있었다. 탈-개발 이론가 중에서 가장 대표적인 이론가 중 한 사람은 에스코바이다. 그리고 그의 가장 독창적면서 설득력 있는 논점은 '가난의 발견(Discovery of Poverty)'라는 문제로 요약할 수 있다. 그는 대량빈곤은 바로 발전된 서구에 의해서 '발견'된 개념이라고 정의한 뒤, 서구는 저개발 국가에 있는 국민에게 가난이라는 굴레를 씌웠다고 비판한다. 그렇지만 한편으로 바로 이러한 그의 가난에 대한 접근, 즉 서구의 개발도상국에 대한 '가난' 덧씌우기에 대한 비판 담론은 가난에 대해 지나치게 이상화하고 있다는 비판이 있다.[75] 그리고 그 '가난'이라는 단어도 경제적 담론에 한정하여 연관성을 가질 수 있는 개념이라고 지적한다.[76] 이런 비판에 대해 탈-개발 이론가들의 대응은 이렇다. 가

---

74. Escobar, Arturo. (2006) op. cit., p.449.

75. Reid-Henry, Simon. (2012) 'Arturo Escobar: a post-development thinker to be reckoned with', *the guardian*, 5 November, available at heep://theguardian.com/global-development/2012/nov/05/Arturo-escobar-post-development-thinker, accessed 24 June 2014.

76. Escobar, Arturo. (1995) *Encountering Development: The Making and Unmaking of the Third World-With a new preface by the author,* Princeton and Oxford: Princeton University Press, p.54.

난의 범주는 물질적인 부족함뿐만 아니라 참여 혹은 활용이 가능한 접근 대안으로서 개발자원의 부족도 포함한다고 주장한다.[77] 그러나 이 점에 대해서도 개발담론이 실재적이고 현실적인 중재 및 조정의 결과에 뿌리를 두고 있고,[78] 탈-개발에서 말하는 가난이라는 개념은 실재에 있어서 그 상관성이 입증되지는 못한 한계가 있다는 반론 또한 존재한다.[79] 가난을 둘러싼 복잡한 논쟁에 대해 탈-개발 관점에서 대안이 재차 모색되고있다.

'가난' 개념에 대한 복잡한 비판에 대응해서 탈-개발 이론에서는 가난에 대한 재규정을 시도했다. 가난의 상대적 성격과 실질적인 영양정도에 대한 연구가 있다. 현장의 경험적 사례를 제시하면서 가난은 편안하고 영광스러운 것은 아니라 할지라도 자연 있는 그대로 받아들여야 한다는 사실을 강조한다.[80] 개발도상국들 각국의 가난에 대한 인식은 개념이 매우 폭넓고도 다양하므로 각 사례를 하나의 특이한 경험으로 설명할 수 있다고 본다. 그리고 이러한 가난에 대한 인식이라는 실체도 외부로부터의 주입에 따른 것이 아니라 심리적인 상태에 달려 있다고 주장한다.[81] 정확한 열량 섭취 정도에 따라 가난이 계량적으로 정해진 기준은 없으며, 제한된 경험과 사례에 바탕을 두더라도 가난은 개

---

77. Pieterse, Jan Nederveen. (2000) op. cit., p.177.

78. McEwan, Cheryl. (2009) *Postcolonialism and Development*, Oxon and New York: Routledge, p.146.

79. Sidaway, James D. op. cit., p.149.

80. Shrestha, Nanda. (1995) 'Becoming a development category', in Crush, Jonathan. (ed.) *Power of Development,* London and New York: Routledge, p.268.

81. Ivan, Illich. (1997) 'Development as Planned Poverty', in Rahnema, Majid. and Bawtree, Victoria. (eds) *The Post-Development Reader,* London and New Jersey: Zed Books, p.97.

인에 따라 상이하다고 강조한다.[82] 가난 개념의 상대성과 다양성을 강조하고 있다.

네 번째, 탈-개발의 중요 요소 중 지역과 토착문화에 대한 신뢰 및 공동체 분권 개념에 대한 비판도 제기되었다. 이러한 가설은 현실성 없는 이상주의이며 이로 인해 탈-개발적 접근의 약점이 드러났다는 주장이다. 여기서 탈-개발 이론은 풀뿌리 지역 공동체에 대한 이상적이고도 과거를 아름답게 보는 향수에 젖은 자세를 반영하고 있다고 규정된다.[83] 탈-개발 이론가들은 지역 문화와 비판적 사고에 대해 지나치게 강조하면서 정치학에 있어서 '지역 투쟁(Local Struggle)'이라는 현상을 '저항에 대한 낭만(Romance of Resistance)'으로 정의하는 한계가 있다고도 주장한다.[84] 이러한 이유로 인해 탈-개발 이론은 건설적인 대안도 없이 전근대 공동체에 대해 쓸데없이 낭만적으로 묘사하는 주장으로 간주되고 있다.

탈-개발이론을 이상주의로 규정하고, 이 점에 대한 비판은 계속 제기되고 있다. 매우 다양하면서도 모순적인 지역 사회의 층위가 존재함에도 탈-개발 이론은 열정적인 지역 공동체와 전통적인 이상사회를 주장한다고 평가된다. 일례로 힘의 역학관계들은 전근대의 이상적인 농촌의 계급과 계급적 성 관계가 진화해서 현대 지역 공동체에도 내재되어 있다는 사실을 든다.[85] 뿐만 아니라 부유한 사람들은 삶이 외로운데 반해 가난한 사람들은 주변 환경과 조화로운 삶을 향유한다고 하는 그

82. Shaffer, Paul. (2012) 'Post-development and Poverty: an assessment', *Third World Quarterly,* 33(10): p.1779.

83. Pieterse, Jan Nederveen. (2000) op. cit., pp.186-187.

84. Ziai, Aram. (2004) 'The ambivalence of post-development: between reactionary populism and radical democracy', *Third world Quarterly*, 25(6): pp.1048-1049.

85. Kiely, Ray. op. cit., p.39.

가정에 대해서도 '위험한 낭만주의'로 비판되었다.[86] 이러한 탈-개발 이론에 대한 반론은 많은 개발 도상국가들이 근대화 정책을 향유하고 있으며 자본주의를 지향하고 있는 현실에 기반을 두고 있다.

지역에 기반을 둔 토착문화에 대한 존중을 중요한 가치로 제시하는 탈-개발 이론과 여기에 대한 비판의견을 고려했을 때, 탈-개발 이론가들은 사람에 주목하면서 대안을 모색하고 있음을 알 수 있다. 탈-개발 이론의 첫 번째 전략적 목표는 서구의 개발 패권에 대한 도전과 학술 지식화에 있지 않고 지역 사람들에 대한 이해에 있었다.[87] 현실적인 관점에서 기존의 개발론자들이 간과했던 가치를 주목했다. 사람에게 필요한 부분이 자본주의 시장경제에 바탕을 둔 물질적인 요구에만 있지 않다고 하는 사실을 확인한다. 여기서 나아가 탈-개발 이론이 제시하는 대안적 사고는 개발을 거부하는 반 개발(Anti-Development) 개념과는 차별화했다. 그리고 주도권의 전환을 모색하는 측면에서 외부 개발 전문가가 아닌 공동체 내부 자체의 노력에 의한 목표 추구만을 개발로 강조하지도 않는다.[88]

탈-개발 이론에 대한 또 다른 비판적인 입장은 실제적인 사례연구의 제약과 한계를 강조한다. 이론에 긍정적인 논리를 전개할 목적으로 설명에 유리한 사실이거나 실재하는 사례들을 활용한다는 지적이 있다.[89] 그리고 이 이론이 남아메리카에서 기원하면서 이 지역의 제한적 사례와 연동되어 있다고 본다. 예를 들어서, 에스코바가 콜롬비아를

---

86. Corbridge, Stuart. (1998) 'Beneath the pavement only soil: The poverty of post-development', *The Journal of Development Studies*, 34(6): p.139.

87. Escobar, Arturo. (2006) op. cit., p.449.

88. Ziai, Aram. (2004) op. cit., pp.1048-1049.

89. Pieterse, Jan Nederveen. (2000) op. cit., p.183.

대상으로 한 연구만으로는 탈-개발 이론적 접근과 연결된 다양한 현상에 대한 본격적인 해석의 출발이 될 수 없다는 비판이다.[90] 그렇지만 탈-개발과 관련된 주된 연구와 문헌들은 남아메리카 외에도 아프리카나 인도와 관련되어 산출되기도 한다. 동아시아의 신흥 산업국가들 사례에 대해서는 아직 본격적인 논의가 시작되지 못하고 있는 한계는 있다.[91] 이러한 한계에 대한 비판에 대해 키엘리는 탈-개발이론의 모순을 언급하면서도 아시아의 신흥 산업 국가들이 개발을 어떻게 달성하고 있는지를 설명할 또 다른 사례 발견을 모색하고 있다.[92]

탈-개발 이론과 같은 비판적 접근은 개발의 실패에 대해서 강조하고 있지만 실질적인 대안으로서 한계가 있다는 비판이 있다. 이런 취약성이 제기되는 데에는 탈-개발 이론의 연구 영역이 문화와 경험의 다양성을 망라하는 측면에도 원인이 있다.[93] 아시아의 인도네시아와[94] 태국[95]의 지역 문화 다양성과 개발 개념에 대한 탐색 사례도 실질적인 대안은 제시하지 못했다고 평가 받는다. 그러나 릭은 탈-개발 이론적 대안에 집중하지는 않지만 근대화론에 바탕을 둔 개발 대안으로서

90. Sidaway, James D. op. cit., p.149.

91. Pieterse, Jan Nederveen. (1998) 'My Paradigm or Yours? Alternative Development, Post-development, Reflexive *Development*', *Development and Change*, 29: p.364.

92. Kiely, Ray. op. cit., p.41.

93. Rashidi, Hasan. op. cit., p.1554.

94. Hancock, Graham. (1997) 'Transmigration in Indonesia: How Millions are Uprooted' in Rahnema, Majid. and Bawtree, Victoria. (eds) *The Post-Development Reader,* London and New Jersey: Zed Books, pp.234-243.

95. McKinnon, Katharine. (2008) 'Taking post-development theory to the field: Issues in development research, Northern Thailand', *Asia Pacific Viewpoint,* 49(3); pp.281-293.

동남아시아의 실재적인 사례 소개를 시도하고 있다.[96] 반다나 시바[97]와 아르트로 에스코바[98]와 같은 대표적인 탈-개발 이론가들은 인도와 콜롬비아의 사례를 집중 분석하여 생태(Ecology), 여성(Women) 그리고 가난(Poverty)와 같은 개념들을 발달시키고 있다. 실질적인 대안에 대한 모색 노력의 결과였다. 그러나 이와 같은 탈-개발 경향의 연구사례들은 오히려 편향된 개발에 대한 개념과 정의를 유발한다는 또 다른 비판에 직면했다.[99] 그리고 제3세계에서도 남아메리카 이외의 지역에서 발생하는 여러 형태의 가난과 불평등에 대한 해결책을 제시하고 있지 못한 한계를 지적받기도 했다.[100]

이상과 같은 탈-개발 이론에 대한 공격적인 반론의 요점은 바로 개발에 대한 정의를 둘러싸고 발생했으며, 그에 대한 대응은 실제적인 방법으로 어떻게 대안을 도출하고 실행할 수 있는지에 대한 모색이었다. 에스코바는 이러한 반론을 종합하고 절충하여 몇몇 대안들을 제시한다.[101] 그는 탈-개발 이론에 따른 개발에 대한 접근은 담론과 문화에 바탕을 둔 것이므로, 이 이론은 복잡한 사례를 종합적으로 분석하여 정립하는 과정에 있다고 주장한다. 여기에 덧붙여 그는 경제에 목표를 둔 현실적이라고 하는 지금의 개발개념이 변화하는 현실에 부합하는 대안으로서 새로운 관점을 제안하고 있는지 여부에 대한 본질적인 의문을 제시한다. 이러한 측면에서 그가 제시하는 대안으로서 탈-개발 이

96. Rigg, Jonathan. (1997) *Southeast Asia: the human landscape of modernization and development,* London: Routledge, pp.281-282.
97. Shiva, Vandana. (1989).
98. Escobar, Arturo. (1995).
99. Willis, Katie. op. cit., p.23.
100. Lehmann, David. op. cit., p.572.
101. Escobar, Arturo. (2012) op. cit., pp.xiii-xiv.

론에 입각한 '개발' 제안은 바로 환경과 인간에 뿌리를 둔 '다원적 세계(Pluriverse World)'를 지향하는 데 있다.[102]

개발, 대안으로서 개발

이론적 가능성이라는 관점에서 탈-개발 이론이 기존의 개발에 대한 대안으로 작용하기 위해서는 실재적인 실현가능 여부가 중요하다. 대안이라는 의미는 바로 학술로서의 기능인데,[103] 탈-개발 이론은 이 대안을 위한 세부적인 분석과 학술적 접근법을 제시하는 데 실패했다는 비판이 있다.[104] 심지어 대안으로 제시한 '다원성(Pluriverse)'이라는 개념보다 '반 근대화적 다원화 사회(Anti-Modern Pluralist Socitey)'가 더 적절할 것이며, 이런 제한과 더불어 예측 가능한 증거도 부족하다는 주장이 있다. 때문에 이 개념의 적용은 새로운 대안 개념으로는 한계가 있을 수밖에 없다.[105]

그러나, 이론을 둘러싼 논쟁이 논점을 풍부하게 하고 사람들의 삶을 향상시키는 데 기여한 점이 있다[106] 탈-개발 이론에 입각한 실재적인 사례 발굴을 중심으로 한 연구경향은 대안에 대한 여러 비판들을 상쇄시키는 경향이 있다. 예를 들자면, 왓슨은 원조활동가의 한계점을 분명히 지적하고 있는데,[107] 원조활동가의 개발 활동과 방향에 대한 비판이 탈-개발 이론이 제기하고 있는 대안을 부각 한다고 설명한다. 식민지에서의 활동을 연상시키는 원조활동가들의 사업과 그들의 개발에 대

102. Escobar, Arturo. (2012) op. cit., p.xxxiii.
103. Willis, Katie. op. cit., p.31.
104. Pieterse, Jan Nederveen. (1998) op. cit., p.344.
105. Corbridge, Stuart. op. cit., pp.144-145.
106. Willis, Katie. op. cit., p.232.
107. Watson, Marcus D. op. cit., p.25.

한 자세는 신제국주의적 성격을 드러내고 있다는 주장이 여기에 해당한다. 탈-개발 이론은 이러한 '제국주의적 본체(Colonial Bodies)'를 내재하고 있는 원조활동가들의 개발 개념이야 말로 한계를 보여 주는 특징라고 규정하면서 다양한 관점에서 개발 대안을 위한 논쟁의 필요성을 제기한다.

탈-개발 이론은 '개발'과 '근대화' 개발에 대한 비판적 접근을 둘러싼 여러 의문과 질문에 대응하면서 확산하고 있다. 이제 다시 탈-개발 학자들은 그들이 비판했던 바로 그 개발에 대해 그들이 제시한 대안을 정의해야만 하는 현실에 직면해 있다. 탈-개발 이론을 주창하는 학자들은 개발을 하나의 개념으로 정의하기에는 그 함의가 너무 모호하다고 밝히고 있다.[108] 이런 점에서 새로운 논쟁에 대해 비판적인 시각을 가진 학자들은 대안 개념으로서 탈-개발적 접근에 대해 방향이 없고 건설적이지 못한 사조로 규정하기도 한다.[109] 여기서 나아가 이 탈-개발 이론은 실행 가능성과 계획의 부재로 인해 과장된 이론으로 간주되기도 한다.[110] 탈-개발 이론가들은 이러한 진퇴양난의 상황에 대한 해결책을 탐구하면서 실천적이고 현실적인 대안을 제시하고자 지속해서 노력하고 있다.

탈-개발 이론가 중 대안을 분명히 제시하려는 노력에 집중하는 대표적인 이론가는 지아니가 있다. 그의 다음과 같은 언급이 있다.

> 어떤 측면에서 삶의 방식이라고 하는 것이 그 소비 형태에 따른 다른 경

108. Ziai, Aram. (2013) 'The discourse of "development" and why the concept should be abandoned', *Development in Practice,* 23(1): p.133.

109. Pieterse, Jan Nederveen. (1998) op. cit., p.361.

110. Brigg, Morgan. (2002) op. cit., p.421.

제와 환경의 하부구조에 의해서, 혹은 불평등과 배제의 양산에 의해서 좌지우지 되는가? 현재의 주도세력 국가들을 대신할 수 있는 토착 개념들(Indigenous Concepts)에 대한 인식이 점차 증대하고 있다.[111]

개발에 대한 대안 개념인 탈-개발의 시각에서 토착 개념을 강조함과 동시에 세상에 편재해 있는 다양한 기준을 적용할 필요성을 강조하고있다. 지아니와 같이 개발에 대한 대안을 모색하고 있는 탈-개발 이론가들은 새로운 방법론의 적용을 고려한 '혁신'을 상정하거나,[112] 환경을 포괄하여 담론(Discourse)의 전환을 모색하기도 한다.[113] 이러한 노력으로 자본주의와 식민지적 구조에 반하는 또 다른 세상을 추구하는 시도가 이루어지고 있다.[114] 이와 동시에 "개발의 종말이라는 것이 새로운 변화를 위한 가능성에 대한 모색을 중단하는 것이 되어서는 안 된다"[115]는 점도 강조하고 있다.

개발에 대한 대안개념 발견을 위한 다양성과 경험에 기반을 둔 접근들은 실제적인 개념들을 도출해 냈다. 탈-개발 입장에서의 대안개념 적용에 대한 전제는 정책 시행에 있어서 지역사회의 참여이다.[116] 따라서 이러한 관점은 현장에서 저항에 직면하고 있는 서구의 개발 산업 전문가들과는 달리 개발현장에 있는 사람들에게 지역의 토착지식체계

---

111. Ziai, Aram. (2013) op. cit., p.134.

112. Krause, Ulrike. (2013) 'Innovation: The new Big Push or the Post-Development alternative?' *Development*, 56(2): p.226.

113. Escobar, Arturo. (2012) op. cit., p.xxiv.

114. Cerdán, Paulina. op. cit., p.22.

115. Rahnema, Majid. op. cit., p.391.

116. Willis, Katie. op. cit., p.126.

에 집중할 것을 권장하고 있다.[117] 대안개념에 대한 접근에는 인류학적이고 민족지적인 관점에 따른 사례에 대한 발굴과 분석이 가장 핵심적인 인자가 되고 있다. 민족지적 접근은 하향식 접근과 산업 개발과는 상반되게 다면적인(Multi-faced) 개발의 성격을 찾아내는 데 유익한 측면이 있다.[118] 그리고 지역의 사례에 있어서 지역에 기반을 두거나 지역과 연계한 활동가들은 지역의 다양성을 상징하는 문화적 혼합물을 창조하는 데 기여한다.[119]

개발 개념에 대한 대안 모색에 있어 사회적이나 정치·경제적인 경험에 입각한 실증은 인류학적인 접근으로 사례발로써 달성할 수 있다. 몇 가지 사례가 있다. 에콰도르 안데스의 지역 공동체에서는 삶과 생계 그리고 환경의 공동생산을 하고 있다.[120] 브라질의 소규모 공동체에서 있었던 염소사육 사업은 그들의 삶에 대해 외부로부터의 가치부여에 저항하는 전통적인 공동체활동 사례를 잘 보여준다.[121] 이들 사례는 인류학적 접근을 통해 발견한 대안으로서 개발의 정의를 향한 토착 공동체의 실제이다.

농촌 공동체의 토착지식에서 대안으로서 개발 개념을 찾는 실마리

---

117. Johnson, Christopher Keith. (2014) op. cit.

118. Grillo, R. D. and Stirrat, R. L.(1997) Discourses of *Development: Anthropological Perspectives,* Oxford and New York: BERG, p.viii.

119. Arce, Alberto. and Long, Norman. (2000) 'Reconfiguring modernity and development from an anthropological perspective', in Arce, Alberto. and Long, Norman. (eds) *Anthropology, Development and Modernities: Exploring discourses, counter-tendencies and violence,* Oxon and New York: Routledge, pp.28-29.

120. Bebbington, Anthony. op. cit., pp.513-514.

121. Cavalcanti, Joabe G. (2007) 'Development versus Enjoyment of Life: A Post-Development Critique of the Developmentalist Worldview', *Development in Practice*, 17(1): pp.90-91.

는 많다. 시장경제 체제 아래에서의 개발 관련성과는 상반되게 파푸아뉴기니의 사례에서와 같이 선물교환과 같은 토착에 뿌리를 둔 공동체 문화는 탈-개발 개념에 따른 대안을 암시하고 있다.[122] 필리핀의 사례에서도 토착공동체의 경제 현상은 비용 지급 없는 노동과 선물 그리고 공유와 협동노동과 같은 비 자본주의적인 방법의 존재를 보여준다.[123] 서부 아프리카의 관개 정책 또한 현장에서 지역의 지식이 아주 중요한 역할을 한다는 사실을 잘 보여준다.[124] 이와 같은 토착 공동체와 문화에 대한 경험적이고 실천적인 사례들은 개발정책이 '일반적(Universal)'인 자본주의적 법칙이 아니라 '다양성(Pluriversal)'에 있다는 사실을 방증하면서 탈-개발의 관점에서 대안 발굴의 가능성을 보여준다.

개발 대안을 설명하기 위한 문화 다양성의 특징을 찾는 노력은 아시아, 아프리카와 남아메리카에서의 특징적인 토착 개념 발굴로 성과를 보이고 있다. 대표적 토착 개념 세 가지 사례를 살펴본다. 첫째, 아시아의 사례는 파키스탄의 우르두(Urdu)어와 아랍어의 '학(Haq)'이 있다. 이 단어는 '정당한(Right)'이라는 의미를 간직하면서 여기에 따른 행동을 의미하는 개념이다. 이 단어와 관련한 개념이 대안으로서 개발 그리고 지역 개발 활동 사례로 소개되었다.[125] 관련하여 다섯 가지의 주된 현상들이 민족지적인 사례를 원용하여 소개되었다. 이들은 이름 하여 시민 신분의 창출, 정치적 참여의 정당화, 가문의 정당화, 도덕

122. Curry, George N. (2003) 'Moving Beyond Postdevelopment: Facilitating g Indigenous alternatives for "Development"', *Economic Geography*, 79(4): p.420.

123. Gibson-Graham, J. K. (2005) 'Surplus possibilities: Postdevelopment and community economics', *Singapore Journal of Tropical Geography*, 26(2): p.16.

124. Diawara, Mamadou. (2000) op. cit., pp.366-367.

125. Madhok, Sumi. (2009) 'Five Notions of Haq: Exploring Vernacular Rights Cultures in South Asia', *New Working Paper Series*, 25: p.41.

적 고려 그리고 이슬람 유산의 전통주의이다. 이 사례는 서구의 현대적 개발 개념에 대한 비판을 상징적으로 나타내면서 또한 일반적으로 정부 주도의 하향식 개발 정책에 대항하는 움직임을 보여준다.[126] 이슬람 토착 공동체와 개인들은 그들의 단어 '핰' 개념으로 외부로부터 이행된 일방적 개발을 위한 자극에 대응하고 있다. 이 개념은 그들의 가치와 조화를 가꾸는 사례이자 탈-개발에서 주목하는 지역 공동체의 토착지식 중 하나이다.

이슬람 지역 공동체의 토착 개념을 고려 혹은 적용하지 않으면서 나타나는 개발 현장의 오류가 있다. 대안으로서 개발은 일반적인 가치를 반영하고 있는 어떠한 형태의 정치적이거나 특정한 요소들을 제거할 필요가 있다고 주장한다.[127] 이런 측면에서 토착문화를 고려하지 않은 한방향의 개발에 따른 시행착오의 사례이다. 태국에서 개발전문가들이 지역의 문화를 고려하지 않고 실시하고 있는 개발에서 나타나는 논란이 있다. 무슬림 공동체에서 그들의 가치를 실행하고 있는 기독교 비정부단체들은 활동을 지속하기 어렵다. 뿐만 아니라 토착 공동체 내부의 사람들은 자신감을 바탕으로 그들의 문화적 관점과 역할들을 드러낸다.[128] 그러므로 이슬람의 '핰' 개념이 작동하는 토착 마을을 대상으로 상반되거나 일방적 가치를 주장하는 개발은 재고해야한다. 반대로 현지 토착문화와 절충이 필요하다.

두 번째 제시할 수 있는 개발의 대안으로 모색할 수 있는 토착지

---

126. Madhok, Sumi. op. cit., pp.25-26.

127. McKinnon, Katharine. (2011) *Development Professionals in Northern Thailand: Hope, Politics and Practice*, Copenhagen: NIAS Press, pp.174-178.

128. Horner, Lindsey K. (2013) 'Networking resources, owing productivity: a post-development alternative in Mindanao?', *Globalisation, Societies and Education,* 11(4): p.545.

식과 관련한 개념은 '우분투(Ubuntu)'이다. 이 단어는 아프리카의 경험과 역사에 바탕을 둔 토착 개념으로 상대와 나의 관계에 대한 인정과 상호 존중을 함축하고 있다. '우분투'는 '인간성'을 상징하면서 공동체가 외부로부터 간섭받아 발생한 개발의 모순을 해결하는 수단으로서 사회적이고 정신적인 안녕(Well-being)에 접근하는 방식을 상징한다.[129] 전통적인 개발 정책에서는 아프리카의 문화를 과소평가하면서 이른바 개발의 불용성을 상징하는 '아프리카 비관주의(Afro-pessimism)'을 언급하기도 했다. 이러한 고착상태를 극복하기 위해 탈-개발의 관점을 대안으로 적용하려는 시도가 착수되고 있다.[130] 그들 자신의 공통문화, 즉 토착문화에 더 많은 가치를 부여하고 지역의 사람들에게 더 많은 자신감을 부여한다.[131]

우분투 같은 대안 개념을 고려한 개발에 대한 접근은 공동체의 노력과 관련 있으며, 아프리카에서 유사한 사례를 찾을 수 있다. 가나에서는 물질적 성과와 만족에 집중하지 않으면서 의미 있는 삶을 추구한다.[132] 이 사례는 정부주도의 정책과 전형적인 개발운동에 의해 좌우되는 모습과는 확연히 다른 지역의 농촌 공동체에 있어 생계전략의 모습을 보여 준다.

세 번째, 개발에 대한 대안을 고려할 수 있는 토착 개념으로 남아메리카의 사례가 있다. '부엔 비비르(Buen Vivir)'는 탈-개발 이론에 따른 실천 가능한 개발 대안 개념으로 평가받고 있다. 인간과 자연의 조화로

---

129. Andreasson, Stefan. (2007) 'Thinking Beyond Development: The Future of Post-Development theory in Southern Africa', *The British International Studies Association annual conference*, University of Cambridge, 17-19 December, pp.137-138.
130. Andreasson, Stefan. op. cit., pp.16-17.
131. Matthews, Sally. op. cit., pp.137-138.
132. Carr, Edward R. op. cit., pp.101-103.

운 안녕을 담고 있는 이 단어의 가장 핵심적인 특징들은 인간의 복지(Human Well-being)와 자연이며, 이들 요소는 안녕의 추구라는 방향과 강하게 결속되어 있다.[133] 또한 일면 당연하지만 이 개념은 '집단적 안녕(Collective Well-being)'을 전제로 하고 있다.[134]

남아메리카의 토착 단어와 개념으로부터 탈-개발의 방향과 요소가 발견되었다. 부엔 비비르의 개념과 접근 방향에 대한 구체화를 실현하여 생태(Ecology), 여성(Feminism)과 인간존엄(Humanism)의 요소를 제시하고, 이 개념을 지역의 토착지식과 연결했다. 특히, 에스코바는 '부엔 비비르' 개념을 개발에 있어 다원성에 접근할 수 있는 계기로 간주하면서, 이 단어를 정치적이고 실천적인 활동과 밀접하게 관련되어 있는 '좋은 삶(Living Well)'으로 정의하고 있다.[135] 개발을 향한 이와 같은 이해와 접근은 개발에 대한 문화적인 해석과 근본적인 개념의 해체로 발견한 성과이다.[136] 이 개념은 2008년 에콰도르에서 강조하기 시작했으며, 내용은 다른 남미의 나라들과 유사한 다원론적 가치와 구조를 지니고 있다.[137] 이러한 다원론적 개념과 내용은 자유주의 혹은 신자유주의 개념에서 접근하는 것과는 차별되는 완전하면서도 지속가능한 인간개발(Human Development)을 지향하고 있다.[138] 이와 같은 부엔 비비르 개념은 한 나라의 정책이 되기도 했다.

---

133. Cerdán, Paulina. op. cit., p.21.
134. Walsh, Catherine. (2010) 'Development as Buen Vivir: institutional arrangements and (de)colonial entanglements', *Development,* 53(1): p.15.
135. Escobar, Arturo. (2012) op. cit., p.xxv.
136. Gudynas, Eduardo. (2011) 'Buen Vivir: Today's tomorrow', *Development*, 54(4): p.442.
137. Gudynas, Eduardo. op. cit., p.443.
138. Walsh, Catherine. (2010) op. cit., pp.16-17.

> 이 부분에서 두드러진 내용은 사회적, 경제적 그리고 지식의 중요성이 부엔 비비르에 부여되었다는 것이며, 또한 이것은 존재, 지식 그리고 자연에 있어 필수적인 요소를 구성했다.[139]

인간 중심의 개발정책 수립을 위해 새로운 제도적인 조정과 수정을 강조한다. 부엔 비비르 운동은 기존의 개발에 대한 대안으로서 사회적, 정치적, 경제적으로 그리고 자연에 기반을 둔 분산된 체계(Decentralised System), 즉 다원적이고 지역에 기반을 둔 정책에 목적을 두고 있다. 비록 이러한 정책이 정치적인 형식을 드러내고는 있지만, 탈식민지화와 내부적 다양성이라는 가치는 분권화된 대안으로서 주목할 필요가 있다.[140] 개발에 대한 대안 발견을 향한 이와 같은 노력과 실천은 자본주의적이고 식민지적인 세계 체계 및 이와 연관된 지식 체계에 대한 끊임없는 도전으로,[141] 다양한 세상을 향한 대안으로서 개발을 완성하는 데 그 목적이 있다.[142] 이 운동은 탈-개발 개념을 바탕으로 토착지식에 접근하고 그에 따른 새로운 개발 대안을 모색한 하나의 성과이기도 하다.

탈-개발 이론을 둘러싼 새로운 접근 시도와 그에 따른 논쟁은 궁극적으로 개발을 향한 변화와 도전의 과정이다. 근대화라는 개념과 연계한 전형적인 개발에 대한 의문 제기는 힘과 주도권에 경도된 지식과 정책이라는 '개발'의 한계를 부각하고 개발의 본질을 드러냈다. 개발에 대한 비판적인 접근은 지역화(Localism), 공동체(Community), 여

139. Walsh, Catherine. op. cit., p.18.
140. Gudynas, Eduardo. op. cit., p.445.
141. Cerdán, Paulina. op. cit., p.22.
142. Escobar, Arturo. (2012) op. cit., p.xxvii.

성(Women), 생태(Ecology) 그리고 안녕(Well-being)이라고 하는 대안적 요소들을 발굴하는 성과를 끌어냈다. 이러한 탈-개발적 시각에 대한 이론으로서 실현가능성과 현장에서 정책으로 적용 가능한지 여부는 토착지식 결합과 관련 있다. 지역의 사례 할, 우분투, 부엔 비비르에서 확인 할 수 있는 권리(Rights), 인간성(Humanness)과 안녕(Well-being)과 같은 지역 토착개념은 탈-개발 이론의 현장 적용 가능성을 보여준다. 수원국 개발현장에서, 특히 농촌 마을에서 토착지식을 발견하여 탈-개발의 요소와 결합할 수 있다. 이와 관련하여 에스코바는 탈-개발적 접근을 새롭게 재생하는 대안을 주장한다.

> '탈'이라는 말은 간단하게는 '탈중심화(Decentering)'를 의미한다. 이것은 경제에 있어서는 자본주의의 탈 중심화이며, 사회에 있어서는 자유주의(Liberalism) 그리고 국가에 있어서는 사회구조 체계에 대한 정의에서 권력의 탈 중심화이다.[143]

국제개발에 있어서 탈-개발 이라는 개념에 따른 접근은 자본주의 중심의 보편화된 세상보다는 다양한 사회적 가치와 안녕에 목적이 있다는 사실을 강조하고 있다. 그리고 이를 뒷받침하는 사례들도 제시되었다. 탈-개발 이론은 경제중심의 국제개발 정책을 진행하고 있는 현실에 대한 하나의 대안으로서 비판적인 접근을 제안함과 동시에 실현가능하고 정책적인 새로운 해결책 모색을 제시한다. 이런 점에서 서구중심의 일반적 개발의 관점에서 바라보는 탈-개발 이론에 대한 비판적 시각은 오히려 새마을 운동에 바탕을 둔 국제개발과 농촌개발에 있어

143. Escobar, Arturo. (2012) op. cit., p.xxiv.

새로운 접근과 도전의 기회를 제공한다. 개발의 본질에 물음을 던지고 대안에 대한 고민을 제기하기 때문이다. 그리고 탈-개발의 관점과 관련한 정책 사례들을 고려했을 때, 이러한 요소를 적용한 새마을 농촌개발 프로그램은 개발을 향한 새로운 도전 방향과 대안을 제시할 수 있다. 그렇다면 1970년대 새마을 운동에 뿌리를 두고 있는 새마을 농촌개발 프로그램은 지역의 토착지식을 담을 가능성이 있는지 여부를 확인해 볼 필요가 있다. 그리고 새마을 운동에 있어 토착지식이 작용한 부분에 대한 확인도 필요하다.

3. 탈-개발과 상생 그리고 새마을 농촌개발

서구의 개발 개념을 기반으로 하는 새마을 운동, 그리고 신자유주의적 가치를 지니고 있는 것으로 간주되는 새마을 농촌개발 모델은 국제질서 주도권 확보를 암시하고 있음에 따라 수원국 현장에서 시행착오가 발생하고 있다. 이런 현실에서 대안을 모색하는 방안으로 '개발' 개념에 대한 새로운 도전에 가치를 두고 있는 탈-개발 이론을 고려할 수 있다. 탈-개발 개념에 뿌리를 둔 대안으로서 개발을 적용한 국제개발에 접근하는 방안은 지역 토착지식에서 가능성을 발견하는 '안녕(Well-being)'이라는 개념이 있다.[144] 이러한 접근은 국제개발 수원국의 토착요소와 외부의 개발사업이 조합된 복합 개념으로 절충할 수 있는

---

144. Cerdán, Paulina. op. cit., p.20. 이미 살펴본 내용과 같이 남미 토착어 수막 카우사이(Sumak Kawsay)는 스페인어 부엔 비비르(Buen Vivir) 그리고 영어 Well-Being으로 번역되었다.

여지가 있기 때문이다.[145] 탈-개발 개념을 고려했을 때, 2012년 한국 정부에 의해 구상한 이른바 한국적 새마을 농촌개발 모델에서 가능성을 찾을 수 있다.

> 한국의 성공적인 개발 경험은 국제개발에 있어 비록 독창적이고도 특별한 사례인 것은 사실이지만 그 사례가 개도국을 대상으로 직접적으로 바로 적용시키기에 정당한 것은 아니다. 특히 개도국들이 시간적 차이가 있거나 독창성이 강한데다가 사회 문화적 배경이 상이한 경우에는 더 큰 어려움이 있다.[146]

새마을 운동을 적용한 국제개발로서 새마을 농촌개발 모델은 현장이라는 변수가 있다. 수원국 현지 토착문화에 대한 자세와 적용에 따라 사업 시행에 성패가 나뉘고 있는 현실에 대한 서술이다. 대응은 이 모델을 수원국 각 지역의 가치를 담고 있는 토착지식을 적용하여 개발 프로그램을 절충하는 것이다. 이러한 배경에서 대안을 모색하는 차원의 새마을 농촌개발 프로그램은 탈-개발 의제에 맞춘 새로운 개발 전략에 대한 도전 가능성이 있다.

개발의 대안을 모색하는 탈-개발 이론에서 제시하고 있는 개념과 요소 중 '안녕'의 의미는 한국의 토착지식과 새마을 농촌개발의 가치를 발견할 수 있는 접점이다. 새마을 농촌개발을 기존 개발에 대한 대안적인 가능성으로 탐색하기 위해서는 수원국의 토착적인 개념들을 고려하면서 탈-개발 요소와 연계할 필요가 있다. 이를 위해 수원국 각 지역

---

145. Bebbington, Anthony. op. cit., p.214.

146. 주동주·차문중·권율 외(2012), 『한국형 ODA 모델 수립』, 경제인문사회연구회·산업연구원·한국개발연구원·대외경제정책연구원, 33쪽.

의 가치를 포괄할 가능성이 열려 있는, 농촌지역 마을과 조직의 포괄적 가치에 적용할 수 있는 한국의 토착 개념으로 '상생'을 고려할 수 있다. 그리고 이 '상생'과 '안녕'의 개념과 가치의 연결성을 모색한다. 상생의 의미를 재발견하고 그에 따른 개발 프로그램의 재구성과 조정으로 새마을 농촌개발을 탈-개발 의제와 결합한다. 이러한 분석을 통해 새마을 농촌개발 프로그램이 하나의 개발 대안으로서 국제개발 사례 개발에 도전을 모색한다.

토착지식과 상생의 가치

한국의 토착지식 중 하나인 상생개념을 바탕으로 국제개발, 특히 농촌개발과 관련하여 수원국 지역의 토착 요소를 절충할 수 있다. 개발을 위한 대안 의제를 탐색하기 위해 탈-개발적 개념에서 접근할 때, 상생 개념은 토착적인 관습과 연관한 긍정적인 윤리, 철학 그리고 종교가 혼재되어 있다. 이 개념은 비단 전근대시대 가치로서 토착지식의 의미뿐만 아니라 경쟁적이고 사유화된 신자유주의적 경제체제 하의 한국 사회 부조화를 완화할 수 있는 가치로 간주하기도 한다. 이런 상황에서 '상생'이라는 단어는 현재의 개발 개념에 대한 대안을 찾을 수 있는 토착지식으로 논의할 수 있다. 이와 같은 배경에서 토착지식 상생의 가치는 새마을 농촌개발 프로그램을 탈-개발이론에 바탕하면서 개발의 대안을 모색하는 접근에 적용 가능하다.

대안으로서 새마을 농촌개발을 모색하기 위한 단어로서 상생을 형상화하기 위해서는 개념의 역사적 궤적에 대한 이해가 선행요소이다. 국제적 관점에서 현지 토착지식과 결합이 가능한 한국의 토착개념으로서 상생을 찾고, 그에 대한 해석을 바탕으로 국제개발로서 새마을 운동을 재해석한다. 그리고 이를 바탕으로 토착지식에 열려있는 개발 모델로서 새마을 농촌개발 프로그램의 가능성을 확인한다.

상생이라는 단어는 언어적으로 여러 개념으로 번역할 수 있다. 자연과 조화된 삶이라는 측면에서 'Win-Win'이나 'Coexistence'와 같은 사례,[147] 함께 어울려 삶,[148] 그리고 함께 살면서 서로 돕는 것[149]과 같은 의미가 있다. 상생에 대한 정의를 밝히는 차원에서 한국에서 민속신앙과 관련을 맺으면서 유학적 철학과 연관되어 있는 현상에 대한 분석이 필요하다. 먼저, 상생과 관련한 사전적 의미는 아래와 같다.

1. 『민속』 음양오행설에서, 금(金)은 수와, 수(水)는 목과, 목(木)은 화와, 화(火)는 토(土)와, 토는 금과 조화를 이룸을 이르는 말.
2. 둘 이상이 서로 북돋우며 다 같이 잘 살아감.[150]

한국의 토착지식에서 음양오행에 바탕을 둔 상생의 개념을 확인할 수 있으며, 현대 한국사회에서 민속으로 작동한 사실이 있다. 상생의 관점에서 세상을 바라보는 토착개념은 고대 신화에 뿌리를 두고 있다. 고조선 건국신화에 의하면, 인간이 자연과 더불어 천지인이라는 조화된 세계를 구성하는 내용으로 상생에 대해 서술하고 있다.[151] 그 후 약 4세기 즈음 유학이 도입되자 단군이 주창한 신화의 이미지는 비로소 '상생'이라는 단어로 형상화되었다. 음과 양이라는 두 축이 세계를 작

---

147. 배영기(2002), 「생상윤리(相生倫理)의 체계론적 연구」, 『국민윤리연구』51.
148. 박병기(2005), 「해소의 논리, 화쟁(和諍)의 언어-상생화용의 교육을 위한 불교의 언어관 탐색」, 『국민윤리연구』60.
149. UNESCO-APCEIU (Asian-Pacific Centre of Education for International Understanding). (2001) (Magazine)*SangSaeng: living together, helping each other*, Seoul: UNESCO-APCEIU.
150. http://stdweb2.korean.go.kr/search/View.jsp(국립국어원, 2015).
151. 김영두(2006), 「한사상과 민종종교에서 본 남북상생철학」, 『원불교사상과 종교문화』32, 277쪽.

동시키고, 동시에 오행이라고 하는 요소는 생명을 낳으면서 음양오행이 서로 상호작용하는 내용으로 이해했다.[152] 오행은 또한 삼라만상을 구성하면서 오행이 다시 서로서로 영향을 끼치고 있다고 인식한다. 이러한 음양오행설은 모든 세상이 서로 조화를 이루고 있다고 하는 지구에 대한 구조적인 이해를 강조하고 있다.[153]

상생개념은 외부의 사상 및 종교와 결합하면서 토착지식으로 계승되었다. 상생은 불교나 유학 관련 속에서 독창적인 사유로 재해석 되었다. 원효(617~668)는 불교 사상에 '화쟁' 개념을 제안하면서 상생을 강조했다. 그는 그의 사상을 3단계로 구조화했는데, 상호 논쟁, 상호 조화, 그리고 궁극은 화쟁의 단계로서 공존을 의미했다.[154] 상호 관련성 속에서 상대에 대한 인식은 먼저 상호 논쟁으로, 그리고 상대방에 대한 차이점을 이해하면서 상대방에 대한 수용과 소통으로 상호 조화를 완성했다. 이런 논쟁, 이해를 거쳐 도달한 화쟁 단계는 상대의 다양성에 대한 이해와 수용으로 상호 공존을 추구하고 있다.

유학에서도 상생의 요소를 찾을 수 있다. 이색(1328~1396)은 상생이라는 개념을 유학을 통해서 구현했다. 공자와 맹자는 그들의 유학사상에 어짊과 사랑을 정치적이고 경제적인 이해의 요소로 소개하고 있다.[155] 하지만 세상을 향한 이색의 중심 주장은 공자와 맹자의 생각을 받아들이고 해석함에 있어 하늘과 인간세계에 어떠한 간극도 존재하지 않는다는 '천인무간사상(天人無間思想)'으로 정리되었다.[156] 그렇기

---

152. 배연기, 앞의 글, 30-31쪽

153. 김영두, 앞의 글, 275-276쪽.

154. 박병기, 앞의 글, 19-20쪽.

155. Kim, Sang-Kyu. (2003) 'Modern illumination of synergy economic education on the analects of Confucius and the Mencius', *Journal of Korean Economic Education*, 10: p.109.

156. 이기동(2010), 「목은 이색의 천인무간사상을 바탕으로 한 상생의 구조」, 『韓國思想과 文

때문에 세상 모든 구성요소는 하나의 전체를 구성하고 그 전체라는 것은 곧 자연이라고 정의한다. 세상과 지구는 구조적인 몸과 같아서 각 조직들은 서로를 도와주고 있으며, 상생의미도 이러한 구조를 받아들여 서로의 방식을 응원하면서 살아가는 데 있다고 해석된다.

상생개념은 한국의 근대사에 있어서도 사람들의 삶과 종교에 강한 영향을 끼쳤다. 19세기의 철학적이고 종교적인 사상의 하나로 토착 신앙과 연관되었다고 평가하는 동학의 사례이다. 동학에서 최제우(1824~1864)는 '천지인(天地人)' 개념을 도입했다. 그는 사람이 하늘이라는 '인내천(人乃天)'이라고 하는 이상주의적 개념을 창시하면서 새로운 세상의 시작을 상징하는 '개벽'을 주장했다.[157] 비록 이 종교와 사상은 유학에 뿌리를 두고 있지만 세상을 이해하는 접근을 음양에서 찾고 있어 유학과는 다소 달랐다. 그리고 동학에서 '만물일체' 정신은 음양사상과는 또다시 다소 차이를 두면서 종교적 이상사회를 향한 수단이 되었다.[158] 동학의 이러한 정신은 세상 모든 존재는 우주에서 동등한 가치를 지니고 있다는 가정에 따라 함께 조화를 이루는 행복하고 안녕한 삶을 목표로 설정했다.

동학의 사상적 영향으로 증산도나 원불교가 종교로 발전 및 계승되면서 상생의 가치도 이어졌다. 강일순(1871~1909)은 증산교를 창시했다. 그는 '원(怨)'과 사회적, 개인적 불만들을 융합하고 해소하기 위한 대안으로 서로 함께 더불어 사는 세상이란 개념을 제시했다.[159] 증산교는 세상은 서로 다른 사람들의 삶을 도와주는 '천지인'으로 구성되

化』54, 378-381쪽.

157. 김영두, 앞의 글, 283-285쪽.

158. 김용환(2012), 「상생의 관점에서 바라본 동귀일체의 동학정신」, 『동학학보』26, 23-30쪽.

159. 김용환, 앞의 글, 170-171쪽.

어 있다고 설파하면서 "나는 다른 사람들로 인해 존재한다"고 하는 화두를 던졌다.[160] 그리고 박정빈(1891~1943)이 동학적 사고와 불교를 통합하여 원불교를 창시했다. 그는 '일원상(一圓相)'과 '사은(四恩)' 사상을 핵심가치로 구성했다. '일원상'은 우주의 모든 삼라만상이 부처이고, 그러므로 세상 모든 존재물을 존중하는 '사은'을 미덕으로 여기는 개념이다. 이 '사은'은 결국 자신 이외의 세상 삼라만상이 존재하지 않는다면 자신 또한 의미가 없다는 사실을 깨닫는 결과를 전제로 한다.[161] 원불교의 이상인 '일원상'은 생명이 세상 모든 존재와 연결되어있다는 사실을 인식하고 다양성에 대한 존중이 실현될 때 현실화할 수 있으며, 이러한 '일원상' 상태에 이를 경우 서로 더불어 사는 공동체가 달성될 수 있다고 상정한다.[162] 이와 같은 동학, 증산교, 원불교 등 한국의 토착 종교와 사상들은 내용 속에 인간이 서로 돕고 자연과 공존하는 상생의 개념을 담고 있다.

한국의 기독교는 외부로부터 받아들인 종교 가치이지만 토착가치를 적용하여 상생개념으로 독특한 장면을 도출해 냈다. 독창적인 기독교 사상가로 알려진 유영모(1890~1981)는 기독교 중심의 세계관을 고집하는 대신 다른 토착 종교들과 공존을 주장했다.[163] 그의 이런 유연한 의견은 천지인 개념과 관련한 토착 문화요소를 포용한 결과이기도 했다. 뿐만 아니라 이러한 사고에 덧붙여 그는 전래의 문화요소들이 한국 토착의 여러 종교 이론을 풍요롭게 하는 원동력이라고 간주했

160. 배영기, 앞의 글, 32쪽.
161. 김영두, 앞의 글, 287-288쪽.
162. 김용환, 앞의 글, 173-178쪽.
163. 김용환, 앞의 글, 178-181쪽.

다.[164] 그의 이런 토착종교와 토착지식을 향한 열린 자세는 상생의 관점에서 기독교적 가치와 토착의 문화, 감성 그리고 관습을 연관시킬 수 있음을 보여준다.

단어 '상생'과 그 개념은 한국 토착의 관념이자 가치로서 개발에 있어 새로운 대안 창출을 고려할 수 있는 계제이다. 공존을 제안하면서 새로운 세상의 시작을 예견하는 종교는 하늘, 자연, 인간 사이의 상생과 관련 있다.[165] 여기에서 상생의 단어적 의미는 서로를 살려낸다는 뜻으로 이와 반대된 개념 '상극'은 서로 혐오하여 밀어내는 의미를 갖고 있다.[166] 이러한 상극의 상황은 경쟁적으로 상대를 공격하여 이기려는 움직임으로, 이 용어에는 힘의 원리와 주도권을 다투는 경쟁이 함축되어 있다. 상극의 현실에서 상생을 고려한 접근은 공동체의 정의와 안녕을 해결하기 위해 상호 조화 속에서 공존을 모색하는 사상이다.[167] 이런 의미에서 새마을 운동의 목적과 방향을 상징적으로 담고 있는 '잘살아 보세!'[168]라는 구호도 잘살기 그리고 더불어서 함께 잘살려는 관점에서 현대적 의미로 해석할 수 있다. 이런 측면에서 새마을 운동에도 상생의 개념이 담겨 있다고 하겠다. 잘산다고 하는 의미를 재해석하여 상대방 혹은 다른 나라의 가치를 이해해 주며 모두가 함께 하는 상생의 가치를 품은 접근법을 찾는다면, 이 구호에서 서구 중심의 성장 위주 그리고 상극의 가치를 담고 있는 개발을 대신할 대안을 추출할 가능성을

164. 배영기, 앞의 글, 33쪽.

165. 김영두, 앞의 글, 291쪽.

166. National Institute of the Korean Language. (2014) 'Standard Korean Dictionary', available at http://stdweb2.korean.go.kr/search/View.jsp, accessed 29 August, 2015.

167. 김용환, 앞의 글, 184쪽.

168. Han, Oun-sa. (1972) *Let's Live Well, Choir of Saemaul 3: Village in blooming and New Village*. [LP]. Seoul: Universal Records.

발견할 수 있다.

성장위주의 개발 정책을 대신할 대안의 모색, 국제개발로서 새마을 농촌개발 프로그램에 대한 탈-개발 개념 도입을 통한 대안 모색은 토착성에 그 답이 있다. 현재 제안하고 있는 개발을 향한 대안 개념들 중 토착성에 바탕을 둔 사례를 상생과 연결할 수 있다. 이슬람 교리의 '학(Haq)'이라는 단어는 남성을 대상으로 한 전통의 종교적인 도덕적 권리를 함유하고 있다. 그러나 이 개념에는 그 권리와 동시에 남성과 여성 모두를 포괄하는 시민들의 '올바른 행동'을 제시하고 있는데,[169] 이 부분에서 상생의 개념 그리고 탈-개발적 요소와 연결할 수 있다. 아프리카에 전하는 '우분투(Ubuntu)'라는 단어가 있다. 이 개념은 사람이 다른 사람들과의 관계 속에서 존재한다는 뜻으로 인간의 본성을 담고 있으면서 사회적 윤리로서의 역할을 수행하고 있다.[170] 여기에도 상생이라는 의미를 발견할 수 있다. 이상과 같이 예를 든 이슬람과 아프리카의 전통 개념들은 그들의 토착적 안녕 즉, 상생을 위한 가치이다. 그리고 남아메리카의 사례도 있다. '부엔 비비르'라는 단어는 순리에 따른 삶과 피조물의 상호 연관성에 대한 이해를 강조한다.[171] 이 개념 속에는 인간, 자연, 그리고 사회적 '안녕(Well-Being)'이 내포되어 있다.[172] 오늘날 웰빙으로 번역하는 이 개념에는 역시 상생의 가치가 내재되어 있다. 이상과 같은 '학', '우분투', 그리고 '부엔 비비르' 등 토착 개념은 대안으로서 개발을 모색할 수 있는 사례이다. 이들의 접점은 공존과 서로 도우는 삶, 즉 상생이라는 전제에서 세상을 이해하고 접근하는 토착

169. Madhok, Sumi. op.cit., pp.39-40.

170. Andreasson, Stefan. op.cit., p.20.

171. Walsh, Catherine. op.cit., p.18.

172. Cerdán, Paulina. op.cit., p.21.

지식이라는 점이다.

상생과 관련한 토착 개념들은 곧 개발에 대한 대안으로서 탈-개발에 입각한 개념 '안녕(Well-being)'으로 이어질 수 있다. 이러한 측면에서 잘살고 함께 잘살아 보자는 '잘살아 보세'라는 상생 개념은 탈-개발적 가치를 공유할 수 있을 뿐만 아니라 국제개발에 적용하였을 때, 대안으로서 새마을 농촌개발 프로그램으로 수용할 수 있다. 한국의 토착 농촌 마을과 조직에서 상생이라는 요소를 확인하는 것은 대안적 가치를 발견할 가능성이 있다. 상생은 호혜와 협동의 가치를 추적한 조선시대 농촌 공동체의 동계 사례와 종중 활동에서 확인할 수 있다. 새마을 운동도 또한 토착지식과 경험을 적용하여 대안을 모색하는 탈-개발 개념과 이 탈-개발의 요소에 입각한 접근법에 따라 개발 대안으로서 새마을 농촌개발 모델로 재편할 가능성이 있다.

한국 농촌 공동체에 대한 분석을 통해 실질적인 상생의 요소와 그 사례를 찾을 수 있다. 선행 연구에서는 농촌 새마을 운동의 배경으로 향약, 계, 두레 그리고 품앗이 등과 같은 농촌 마을 조직들이 제시되었으며, 이들은 근면, 자조, 협동과 같은 이른바 새마을 정신의 뿌리로 소개되었다.[173] 향약은 전근대시대 한국 농촌의 대표적인 지역사회 운영체계로서 신유학자들에 의해 조직되고 운영되었다. 계는 다양한 목적에 따라 조직되고 때로는 기금 조성을 통해 운영되었다. 두레와 품앗이는 확인이 필요하지만 협동적인 노동 조직으로 알려져 있다. 1970년대 이른바 새마을 정신은 이와 같은 한국 토착 농촌의 공동체 조직운영의 특징에서 착목되었다.[174] 그러나 오늘날에는 새마을 운동 그리고 새마

---

173. Ministry of Culture and Information. (1979) *Saemaul Undong,* Seoul: Samwha Printing, pp.11-15.

174. Asian Development Bank. (2012) *The Saemaul Undong Movement in the Republic*

을 농촌개발 프로그램과 관련한 농촌 마을의 특징으로 공유자산을 위한 호혜와 협동의 체계에 주목하고 조선시대 마을에 작동했던 동계 등에서 그 사례를 발굴하고 있다. 이러한 호혜와 협동의 가치는 상생과 연관하여 생각할 수 있다. 상생 개념과 연관된 이러한 농촌 토착지식은 상향식 공동체 운영 그리고 대안으로서 개발을 발견할 수 있는 잠재적 역량에 대한 실마리를 제공한다. 이런 측면에서 지역공동체, 여성, 환경 그리고 안녕과 같은 탈-개발의 네 가지 중요한 요소와 한국의 토착지식의 연관성을 살펴 볼 필요가 있다.

첫째, 탈-개발의 요소중 지역 공동체와 관련하여 지역사회는 상생이라는 개념과 연계된 그들의 지혜를 활용하여 중앙정부로 부터의 그들 '공동체 자치권'을 확보하고자 했다. 지역 사회는 향약에 나타난 그들의 윤리 규범을 강조하면서 외부의 영향으로부터 독립적인 성격을 지니고 있었다.[175] 향약의 가장 중요한 윤리 규범 중의 하나가 고난에 처했을 경우 작동하는 상부상조였으며, 다른 규범들도 유교에 뿌리를 둔 공동체 가치의 존중이었다. 이러한 조선시대의 향약 체계는 이른바 지역자치의 경험과 지식을 수립하는 데 기여했다.[176] 향약 외에도 마을 자치와 관련해서는 동계가 있다. 물론 매우 다양한 종류의 각기 다른 목적을 위한 계가 존재했으며, 이들은 마을 자치의 직접적인 하부조직은 아니었다. 그럼에도 구성원은 마을의 현안에 대해 참여하여 해결하고자 하는 특성이 있었다.[177] 여기에도 상부상조라고 하는 원리가 작용했

---

of Korea: Sharing Knowledge on community-Driven Development, Philippines: Asian Development Bank, p.4.

175. 金振奎(1996), 「향약의 사회교육적 의의」, 『社會敎育學硏究』2-1, 148-149쪽.

176. 우홍준(2012), 「조선조 자치제도인 향약의 기능」, 『韓國行政史學誌』31, 255-256쪽,

177. 안승택(2014), 「한 현대농촌일기에 나타난 촌락사회의 계(契) 형성과 공동체 원리」, 『농촌사회』24-2, 37-38쪽.

다.[178] 두레와 같은 경우도 농업 노동과 노동 유희 활동과 결합하여 공동체의 자치권을 향상시켰다. 두레를 통한 노동 상부상조 단체는 지역 공동체 지식으로 계승되었다.[179] 품앗이는 제공 받은 노동에 대해 되갚는 상호 노동교환 행위로서 농촌 주민 사이에 나타났다.[180] 이상 예로 든 마을 조직들은 상호 협동을 전제로 한 자체 규약과 관습에 따라 작동했다.[181] 그리고 이들 단체의 지도자들은 지역조직에서 각기 선발되었다.[182] 한국 토착 농촌에 나타나는 마을과 마을조직 속의 이러한 요소와 현상들은 지역 공동체의 정체성 중 하나로서 상호 협동하고 돕는다는 특징이 있다.

두 번째 탈-개발 요소와 결합 가능한 상생의 가치로 여성을 들 수 있다. 여성은 보수적인 지역 마을과 사회에서 상생이라는 측면에서 일정한 역할을 수행했다. 전근대 유교적 사회에서는 성적 차별 현상을 드러내면서 사회 활동과 가정 경영에 있어 여성의 역할을 제한하기도 했다.[183] 이러한 제약이 유학과 농민의 관습이라는 데에서 기인하는 상황일 수 있지만, 시대적 상대성의 관점에서 본다면 비교적 경제적으로 사회적으로 여성을 위한 가치가 토착 사회에 있었다. 일례로서 관습적으

178. Pak, Ki-hyuk. and Gamble, Sidney D. (1975) *The Changing Korean Village,* Seoul: Shin-Hung Press, p.46.

179. 배영동(2005), 「조선후기 농 작업 두레의 문화 복합적 성격」, 『농업사연구』4-1, 62-63쪽.

180. 권병욱(2011), 「농촌마을에 있어서 관습경제의 병용: 노동력 동원에서 호혜성개념을 중심으로」, 『사회과학연구』22-1, 128-130쪽.

181. Park, Sooyoung. (2009) 'Analysis of Saemaul Undong: A Korean Rural Development Programme in the 1970s', *Asian-Pacific Development Journal,* 16(2): p.124.

182. Reed, Edward P. (2010) 'Is Saemaul Undong a Model for Developing Countries Today?', *International Symposium in Commemoration of the 40th Anniversary of Saemaul Undong Hosted bythe Korean Saemaul Undong Center*, Seoul, 30 September, p.4.

183. Asian Development Bank. op. cit., pp.38-39.

로 법률적으로 조선전기 사회에는 여성에 대해서도 동등한 재산 분재가 이루어졌고 17세기 말까지 여성은 자신의 재산을 소유하고 있었다. 이러한 사실은 조선시대의 여성을 새롭게 해석할 수 있게 한다.[184] 그리고 근대 사회에서 여성은 사회적 활동에 참여하거나 사회활동 모임을 구성했었다. 계는 여성들 사이에서 그들의 모임을 위해 계금을 관리하는 활동으로 농촌 공동체에서 보편적이었다.[185] 여성을 위한 조직으로 두레도 있었다. 두레는 남자들의 활동과 차별된 길쌈을 위한 모임이기도 했다. 주된 모임 목적은 노동 협동뿐만 아니라 여성 공동체의 유희와 오락 등과 같은 사회활동과도 연관되어 있었다.[186] 이와 같은 사회적, 경제적인 역할과 그에 따른 활동들은 상생이라고 하는 요소를 포괄하고 있는 토착지식이라는 시각에서 해석할 수 있어 이슬람의 '핰' 개념과 일면 유사성을 보이기도 한다.[187]

세 번째로 상생은 환경과 관련한 연관성에도 강점이 있다. 상생 개념에는 인간과 인류의 환경에 대한 역할이 담겨있다. 이와 관련하여 자연에 대한 이해는 남아메리카의 '부엔 비비르' 개념과 연계하여 생각할 수 있다. 남아메리카의 언어에는 생명에 대한 하나의 구성요소로서 생태를 지칭하는 단어인 '부엔 비비르'가 있다.[188] 이와 유사한 개념을 한국의 토착 사례에서 찾을 수 있다. 예를 들자면 송계(松契)는 농촌 마을에 다양한 형태로 존재했던 계의 한 사례로 선영과 산림을 보호하고 이용하기 위한 조직이었다. 이러한 형태의 계는 산지를 소유하

184. 윤진숙(2013), 「조선시대 균분상속제도와 그 의미」, 『법철학연구』16-2, 285-287쪽.

185. Park, Sooyoung. op. cit., p.124.

186. 이경엽(1993), 「길쌈두레의 구성과 기능」, 『한국민속학』25, 255-257쪽.

187. Madhok, Sumi. op. cit., pp.39-40.

188. Walsh, Catherine. op. cit., p.18.

면서 특별히 나무를 보호할 뿐만 아니라 그들 조직의 목적에 부합하도록 경작이나 식목지 관리를 위한 규약을 규정하기도 했다.[189] 한편, 이 송계의 중요한 목표는 소나무를 목재로 이용하여 관판(棺板)을 준비하는 일이기는 했지만 그 외에도 땔감과 건축자재 수요로부터 숲에 대한 남벌을 방지하고자 하는 데에도 있었다.[190] 일부에서는 이러한 사례를 상호부조 요소와 연관하여 사회 복지적 개념으로서 환경보호 조직의 성격을 지니고 있는 것으로 분석하고 있다.[191] 탈-개발의 요소와 관련한 생태와 환경에 대한 상생 개념은 한국 토착 농촌의 송계 사례 그리고 부엔 비비르의 개념에서 접점을 찾을 수 있다.

마지막으로 안녕이라는 개념과 관련하여 살펴 볼 수 있다. 잘살기, 그리고 함께 잘살기라는 개념은 단순히 경제적 만족만 의미하지는 않는다. 생활 속에서의 상호부조와 상호 간의 협동은 한국에서 개인과 공동체의 '안녕(Well-Being)'을 목표로했다. 이와 같은 상생과 안녕의 접점은 개발의 대안 개념으로 치환이 가능한 공동체 윤리이다. 향약은 고난과 역경 가운데 서로 돕고 상호 노동력을 지원하며 공동체의 복지, 즉 안녕을 추구했다.[192] 상호부조는 공동체 소속감을 높이기도 했다.[193] 이러한 성격은 동계에서도 확인된다. 동계는 조직 구성원의 경제적 배경과 무관하게 경조사를 위해 기금을 마련하면서 모든 구성원의 동등한 경제적 상부상조를 추구하고 있다.[194] 계는 공동체의 경제적 안녕을

---

189. 김무진(2011), 「조선후기 식목활동에 관한 연구」, 『한국학논집』43, 278쪽.

190. 한미라(2011), 「조선후기 가좌동 禁松契의 운영과 기능」, 『역시민속학회』35, 170-171쪽.

191. 곽효문(2001), 「조선조 契의 사회복지적 성격」, 『韓國行政史學誌』, 10, 168쪽.

192. 곽효문(2003), 「朝鮮朝 鄕約의 福祉行政機能과 意義」, 『행정논총』41-1, 39-41쪽.

193. 金新烈(2009), 「栗谷의 鄕約을 통해 본 地域社會福祉 實踐의 意味」, 『儒教思想硏究』37, 84-85쪽.

194. 안승택, 앞의 글, 28-31쪽.

포함하는 자발적인 상호부조 조직이다.[195] 두레와 품앗이도 수혜의 정도 혹은 상호부조의 원리에 따라 노동을 교환하거나 공유하는 공동체 조직이었다.[196] 이상과 같이 시장과의 관련성을 갖고 있지 않은 공동체 관계는 상생 그리고 안녕 개념과 관련지을 수 있다. 이러한 특징은 파푸아뉴기니와 필리핀의 선물교환 사회의 사례에서[197] 발견한 탈-개발의 관점에서 안녕을 바탕으로 개발에 대안을 모색하는 활동과 연관할 수 있다.

전근대 한국 사회에서 토착 공동체 조직이 지니고 있는 여러 특징 중 주목할 부분은 바로 상호부조였으며, 이러한 요소는 상생이라는 개념과 연결이 가능한 부분이다. 상호부조를 통한 호혜와 협동은 상생이라는 이해를 바탕으로 형성되기 때문이다.[198] 지속가능한 개인과 삶의 질을 위해서는 공존이 필요하며,[199] 한국의 토착 마을 조직은 이러한 가치를 담고 있다. 더군다나 이러한 특성들이 인류의 농촌 공동체에서 용이하게 발견할 수 있는 현상 중 하나라는 사실은[200] 한국의 사례를 탈-개발의 개념을 바탕으로 재편성하여 개발의 대안으로서 적용이 가능하다는 사실을 암시한다. 탈-개발과 상생이 공유하는 요소와 가치가 지역 공동체, 여성, 환경 그리고 안녕이라는 점에서 드러난다. 따라서 상생이라는 개념과 가치에 따라 한국 새마을 운동의 가치를 재발견함으로써 개발의 대안으로서 수원국을 향한 농촌개발 프로그램 재편에

---

195. Pak, Ki-hyuk. and Gamble, Sidney D. op. cit., p.193.

196. 권병욱, 앞의 글, 127-131쪽.

197. Curry, George N.op. cit., p.420; Gibson-Graham, J. K. op. cit., p.16.

198. 김영두, 앞의 글, 288-287쪽.

199. Walsh, Catherine. op. cit., p.16.

200. Scott, James C. (1976) *The Moral Economy of the Peasant: Rebellion and subsistence in Southeast Asia,* New Haven and London: Yale University Press, pp.26-28.

도전을 실현할 수 있다.

대안으로서 새마을 농촌개발

토착 농촌 마을에 존재하는 가치와 한국의 전근대 개념 상생의 연계 가능성, 그 접점으로서 공동체, 여성, 환경 그리고 안녕이라는 요소들은 탈-개발 입장에서 개발을 위한 대안과 관련지을 수 있다. 그리고 이들 개념과 그 요소들을 1970년대 새마을 운동 속에서 찾고 이를 적용한 국제개발로서 새마을 농촌개발 모델을 모색할 수 있다. 이를 위해 실현가능성의 측면에서 그리고 현장 적용을 위한 사례 탐구를 위해서 농촌 근대화 개발운동 사례인 새마을 운동이 내포하고 있는 상생의 개념을 확인하여 재구조화할 필요가 있다. 새마을 운동에서 탈-개발 개념을 적용하여 새마을 농촌개발 프로그램으로 재구조화하기 위해서는 탈-개발의 중요 요소인 지역 공동체, 여성, 환경 그리고 안녕이라는 요소를 새마을 운동에서도 발견할 수 있어야 한다. 새마을 운동에서 탈-개발의 요소들을 추적한다.

첫째, 지역 공동체와 관련한 상생, 그리고 이들 가치의 탈-개발 개념과의 연계 문제이다. 지역 공동체 구성원들은 그들 전래의 공동체 가치와 지식을 기반으로 자신들의 개발 계획을 수립했다. 비록 1970년대에 전개한 새마을 운동은 농촌개발과 근대화 운동으로서 개념이 정부에 의해 소개되고 효율성이라는 측면에서 정책적으로 후원되었지만,[201] 기본적으로 이 운동은 지역 공동체 구성원의 자발적인 참여를 바탕으로 현장에서 작동했다.[202] 전근대 시대부터 구축하고 있던 농촌의 노동 윤

---

201. 소진광(2007), 「아시아 개발도상국에서의 새마을 운동 시범사업 성과평가-라오스와 캄보디아를 중심으로」, 『韓國地域開發學會誌』19-4, 182-183쪽.

202. Kwon, Huck-ju. (2010) 'Implications of Korea's Saemaul Undong for International

리와 협동은 마을 구성원 모두가 그들의 계획에 동참하도록 독려하는 기능을 했다.[203] 이런 사실은 현장에서 작동한 사례에서 확인할 수 있다.

새마을 운동에 있어 마을 회의의 사례들은 수집되고 편집되어 정부에 의해 성공적인 성취로 소개되었다.[204] 이런 제약에도 이들 사례에 대한 심층 분석은 지역 공동체의 상호부조 및 그와 관련한 지혜를 제공한다. 예를 들자면, 경상도 안동의 내앞 마을은 마을 개발을 위한 새마을 운동 과정에서 새로운 계획을 수립할 때 마다 마을 회의를 개최하여 70년대 총 11 차례 이상 회의가 있었다.[205] 천전마을 주민들은 새마을 지도자를 마을 회의에서 선출하고 개발사업 추진계획에 대해 주민들이 수시로 논의했다. 주민들은 회의에서 사업의 우선순위, 정부 지원물자에 대한 활용 그리고 관개나 마을회관의 건립과 공동 재산의 관리를 위한 노동력의 동원에 대한 의견 교환과 의결을 실시했다. 새마을 운동 동안 마을은 성취도에 따라 정부 지원의 우선권을 차지할 수 있었고, 이를 바탕으로 토착지식을 활용하여 주민들 사이의 갈등을 조절하고 사업에 다시 투자했다. 그리고 토착 농촌 마을의 지혜를 발휘하여 그들의 개발 계획에 집중함으로써 성취를 달성할 수 있었다.

탈-개발의 요소와 상생의 연결성을 고려했을 때 발견 가능한 두 번째 요소는 여성으로, 새마을 운동의 현장에서 사례를 찾을 수 있다. 새마을 운동 기간에 여성은 핵심적인 역할을 수행했다. 부녀회는 마을마다 조직되었으며, 부녀자들은 경제적인 측면에서나 환경적인 측면에

Development Policy: A Structural Perspective', *The Korean Journal of Policy Studies*, 25(3): p.97.

203. Asian Development Bank. op. cit., p.15.

204. Ministry of Home Affairs. (1978) *An honourable trace: Saemaul implementation history in village unit*, Seoul: The head office of village library organisation.

205. Ministry of Home Affairs. op. cit., pp.753-774.

서 그 가치의 실현에 도전했다. 각 부녀회는 미곡절약과 위생개선을 위한 운동을 전개하여 달성했다.[206] 새마을 운동이 크게 확산하자 지역의 각 마을은 정부의 지원 자금과 물품들을 여성 복지를 위해 투입했다. 부엌 개선이나 공동 세탁실과 수도 설치가 그 사례이다. 이러한 결정은 부녀자들의 삶에 밀접하게 영향을 끼쳤고 그에 따라 새마을 운동에 있어 여성의 참여도가 높아지고 역할의 중요성도 더불어 커졌다.[207]

새마을 운동을 계기로 마을에서 부녀자들의 역할은 여성의 참여와 활동으로 점차 확대되었다.[208] 1970년대 말 실시한 현장 조사 결과에 의하면, 거의 90%에 이르는 마을 구성원이 마을 회의에 부녀자들이 적극 참여하고 있다는 평가를 냈다. 여성들의 위상과 역할도 또한 예전에 비해 향상되었다는 의견을 제시한 사실이 있다.[209] 새마을 운동은 성차별의 문제에 대한 인식을 촉발시켰으며, 마을 회의에서 그들의 적극적인 참여는 마을과 가족에서 여성의 지위를 향상시켰다.[210]

탈-개발과 상생의 가치를 공유하는 새마을 운동의 세 번째 요소는 환경과 관련한 내용이다. 생태계를 포함한 환경 개선문제는 소득증대와 더불어 새마을 운동에서 목표로 했던 주요 목적 중 하나이기도 했다. 환경은 개발 대안으로서 새마을 농촌개발 모델의 가치를 발견하기 위한 탈-개발 요소와 연결된다. 그리고 새마을 운동에 대한 재해석에서 한국의 토착개념 상생과 관련하여 중요한 부분이다. 상생개념은 각

---

206. Ministry of Home Affairs. op. cit., p.752.

207. 김홍순(2000), 「근대화 프로젝트로서의 새마을 운동에 대한 비판적 고찰: 1970년대를 중심으로」, 『韓國地域開發學會誌』12-2, 27-28쪽.

208. Hasan, Parvez. (1976) *Korea: Problems and Issues in a Rapidly Growing Economy,* Washington: World Bank, p.161.

209. 김홍순, 앞의 글, 28쪽.

210. Asian Development Bank. op. cit., p.44.

개별 생명은 다른 모든 생명에 둘러싸여 있어서 생태계에서 상호 생명을 살려주는 윤리라고 해석되었다.[211] 그리고 새마을 운동은 그 역사에서 살펴본 내용과 같이 처음 '마을 가꾸기 사업'으로 시작되었는데, 이 운동은 그 의미대로 환경과 생태를 아우르는 생활환경 개선을 위한 계획이기도 했다.[212] 새마을 운동의 범주로 포괄되었던 산림녹화 사업은 연료 공급을 위한 목적으로서뿐만 아니라 환경을 위해서도 우선 사업으로 추진되었다.[213] 농촌 마을 사람들은 마을 인근 산과 마을의 남는 공간에 나무를 심었고, 동시에 정부는 환경을 위해 나무를 보존할 수 있는 보일러와 땔감을 공급했다. 그리고 강둑 보호, 퇴비 보관소와 오수 정화 설비는 수질오염을 방지하고 지하수를 보호하기 위한 운동이었다.[214] 1970년대 새마을 운동은 환경과 생태라는 부분과 연결된 환경 가꾸기 운동이 있었다.

마지막으로 안녕이라는 상생의 개념이 있다. 여기에는 시장의 원리와는 관계없이 서로 돕는 활동으로 삶의 평화를 찾는 탈-개발적 개발 대안 개념과 연관되어 있다. 비록 새마을 운동이 경제적 성취와 더불어 농촌지역에서의 가난 해결에 집중되어 있었지만,[215] 농촌 마을의 협동 가치와 개인의 안녕에 대한 추구는 또한 이 운동의 가장 중심이기

---

211. 배영기, 앞의 글, 44-45쪽.

212. 전해황(2006), 「한국 지역사회복지의 세계화-새마을 운동 해외추진 사례연구」, 『한국토지행정학회보』13-2, 127쪽.

213. Lee, Kyung-Joon. (2013) *Successful Reforestation in South Korea: Strong Leadership of Ex-President Park Chung-Hee,* Seoul: pp.124-125.

214. Ministry of Home Affairs. (1970) *An Introduction to Saemaul Cultivation,* Seoul: Samsung Press, pp.10-11.

215. Douglass, Mike. (2013) 'The Saemaul Undong: South Korea's Rural Development Miracle in Historical Perspective', *Asia Research Institute Working Paper Series*, 197: p.3.

도 했다.[216] 1970년대에는 가계경제의 안정화를 안녕의 전제 조건으로 간주하였다.[217] 그러나 이러한 개념은 변화하고 발전해서 환경과 복지라는 개념까지도 포괄하는 현대의 농촌 운동으로의 전환이 이루어졌다.[218] 자급을 위한 곡물 생산성의 증대와 건강과 문화를 위한 시설 확충 계획은 안녕을 목적으로 하면서도 마을의 복지에 긍정적인 영향을 미치고 있다.[219] 이와 같은 현상은 안녕 개념을 지역 공동체적 가치와 절충하기 위한 노력으로,[220] 이러한 측면에서 새마을 운동은 탈-개발적 시각이 적용된 혼합적 형태로 절충할 수 있다.

주민 사이의 마을 활동을 위한 노동력 배분도 호혜를 위한 협동으로 안녕을 실현하는 일부이다. 예를 들어 천천리 마을은 농지에 대한 관개를 위하여 각 호당 동등하게 노동력을 분배했다.[221] 이러한 호혜를 위한 협동의 노력은 당연하게 받아들여졌는데, 여기에는 조선시대 동계를 중심으로 상호부조 활동을 전개했던 전사가 있었기 때문이었다. 1970년까지도 상호부조로서 계가 성행했다. 예를 들면 한국 남부 농촌지역에서 회원들이 초상을 당했을 때 상구와 노동을 상호 부조하는 상포계 조직이 널리 작동하고 있었다.[222] 마을과 구성원의 안녕을 위한 호혜와 협동, 즉 상생 노력은 토착지식을 바탕으로 작동한 안녕을 위한 활동의

---

216. Kwon, Huck-ju. op. cit., pp.97-98.

217. Ho, Samuel P.S. (1979) 'Rural-Urban Imbalance in South Korea in the 1970s', *Asian Survey*, 19(7): p.645.

218. 박창규·김혜영(2011), 「지역주민의 농촌마을종합개발사업에 대한 인식이 농촌관광개발 인식과 태도에 미치는 영향」, 『한국경제지리학회지』14-3, 421-422쪽.

219. Keim, Willard D. (1974) 'The South Korean Peasantry in the 1970s', *Asian Survey,* 14(9): p.855& 865.

220. Bebbington, Anthony. op. cit., pp.513-514.

221. Ministry of Home Affairs. op. cit., pp.760-761.

222. Pak, Ki-hyuk. and Gamble, Sidney D. op. cit., p.140.

결과였다.

상생 개념은 1970년대 새마을 운동의 사례에서 추출할 수 있으며, 새마을 운동에서의 상생의 요소들은 탈-개발 개념과 상통할 가능성이 높다. 따라서 상생 개념과 그 연결로 탈-개발 개념에 바탕을 둔 새마을 운동의 재구조화는 대안으로서 새마을 농촌개발 모델이 될 수 있다. 이러한 대안으로서 농촌개발을 모색하는 과정에서 현지의 토착지식에 대한 존중을 강조하는 관점에 유의할 필요가 있다.

> 문화적 또는 경제적 고립주의로 후퇴하지 않고도 우리는 우리 자신의 지역 전통을 북돋울 수 있다. 문화적 다양성을 진정으로 존중한다는 것은 우리의 문화를 남들에게 강요하는 것도 아니고, 이국적인 문화를 우리의 소비를 위해 꾸러미로 만들어 이용하는 사업화하는 것도 아니다.[223]

인용문은 반-개발이 아닌 개발에 대한 대안을 찾기 위해 탈-개발의 개념, 즉 지역의 토착문화를 존중하는 개발을 강조하고 있다. 이런 측면에서 한국의 토착지식인 '상생' 개념과 탈-개발의 중요 요소와의 연계성, 그리고 이와 같은 토착지식과 현지 농촌조직에 대한 존중을 강조하는 탈-개발 개념에 대한 적용은 개발에 대한 대안 발견을 위한 출발이다.

상생이라는 한국 토착적 개념과의 관련성, 그리고 탈-개발적 요소와의 연관성을 고려할 경우 새마을 운동을 토대로 개발된 새마을 농촌개발 프로그램이 기존 개발의 대안으로서 가능성이 있는지 살펴볼 필요

---

223. 김종철·김태언 옮김, 헬레나 노르베리-호지(1996), 『오래된 미래- 라다크로부터 배운다』, 녹색평론사, 201쪽.

가 있다. 새마을 운동은 근대화를 목표로 하고 있었으며 이를 위해 전래의 농촌 마을도 재구성하여 근대화하였다. 그렇지만 이 운동의 방향과 성과에 대한 재구조화를 통해 기존의 '개발'에 대한 도전이 가능하다. 이를 위해 탈-개발에 대한 고려로 개념을 새로이 정의하는 시각을 도입한다.[224] 이미 한국의 공적 개발원조, 특히 농촌개발 프로그램에 대한 조정이 필요하다는 문제제기가 있다. 개발 프로그램을 경제 개발을 위한 하나의 수단이 아니라 빈곤 완화와 지속가능한 개발에 집중하는 방안이 제시되기 시작했다.[225] 이러한 고려 속에 적용이 가능한 가장 직접적인 국제개발 프로그램으로 새마을 운동에 바탕을 둔 농촌개발 모델이 확립되어 이른바 한국의 공적원조 모델로 제시되기에 이르렀다.[226] 이러한 현실에서 한국 토착의 상생 가치 그리고 이와 연계한 탈-개발 개념을 적용하여 새마을 농촌개발 현장에서 실현가능한 적용 방안을 살펴본다. 검토 요소는 지역 공통체, 여성, 환경 그리고 안녕이다.

새마을 농촌개발 모델은 한국의 대표적인 농촌개발 프로그램으로 개발되었으며, 현장에서 농촌 마을 주민의 참여가 중요 요소이다. 한국의 농촌개발 사례는 '지역 공동체'라는 부분과 관련하였을 때, 마을 지도자들에 의한 아래로부터 전개된 운동으로 평가되기도 한다.[227] 또

---

224. Escobar, Arturo. (2007) 'Post-development as concept and social practice', in Aram Ziai (ed.) *Exploring Post-development: Theory and practice, problems and perspectives,* Oxon and New York: Routledge, pp.18-19.

225. Chun, Hong-Min., Munyi, Elijah N. and Lee, Heejin. (2010) 'South Korea as an Emerging Donor: Challenges and Changes on its Entering OECD/DAC', *Journal of International Development,* 22: p.788.

226. 주동주·차문중·권율 외(2012), 『한국형 ODA 모델 수립』, 경제인문사회연구회·산업연구원·한국개발연구원·대외경제정책연구원.

227. Lim, Su Hwan. (2007) 'Saemaul Movement and Rural Development', *Korean Journal of Agricultural History*, 6(1): p.130.

한 새마을 운동의 방향은 단지 농업개발을 위한 것이라기보다 토착 마을의 현안과 연결된 농촌개발 운동이었다는 점이 중요하다.[228] 그리고 새마을 운동에 기반을 둔 한국의 공적원조 모델은 가난 해결과 더불어 지역의 이해와 관련한 주민의 자발적 참여를 고려하고 있다.[229] 이에 따라 국제개발 프로그램 중 하나로서 새마을 농촌개발 모델은 지역 농촌 마을과 주민에 의해 구성되고 또 협동이라고 하는 농촌 윤리에 따라 자율적으로 작동하는 방향을 구상하고 있다.[230]

새마을 운동은 지역에 기반을 둔 프로그램이라는 특징이 있다. 여기에는 토착의 상생 가치를 담고 있음에 따라 새마을 농촌개발 프로그램에 대해 탈-개발 개념을 적용할 수 있다. 한국에서 제안하는 새마을 농촌개발 모델은 개발도상국들의 역사적 배경과 문화에 대한 고려 없이 그대로 적용하기에 한계가 있다.[231] 또한 이 모델에 대해 원조국의 이익과 연계한 원조를 피하고 수원국의 지역 문화에 적용하기 위한 접근이 필요하다는 제안이 있다.[232] 이러한 현실을 고려했을 경우 인도네시아의 족자르타주(Yogyakrta)에서 실시한 새마을 농촌개발 사례를 참고할 수 있다. 여기에서 개발은 농촌마을의 토착문화를 현지에 적용한 개발 모델을 필요로 한다는 사실을 보여준다.[233] 사례로 '고똥로용

---

228. 국제개발협력위원회(2011), 「새마을 운동 ODA 사업 평가결과」, 『2010년 국제개발협력 평가결과』, 59쪽.

229. 주동주·차문중·권율 외, 앞의 책, 641-642쪽.

230. 주동주·차문중·권율 외, 앞의 책, 731쪽.

231. Domjahn, Thomas M. (2013) 'What (if Anything) Can Developing Countries Learn from South Korea?', *Asian Culture and History*, 5(2): p.16.

232. 주동주·차문중·권율 외, 앞의 책, 180쪽.

233. 하재훈·오유석(2012), 「인도네시아 족자카르타주의 새마을사업: 마을 리더십의 성격과 역할」, 『구술사연구』3-2, 165-166쪽.

(Gotong Royong)'과 '아리산(Arisan)' 같은 협동을 위한 토착적인 농촌 문화가 소개되었다. 전자는 인도네시아의 상부상조 혹은 상호 협력 가치를 담고 있으며, 후자는 한국의 식리계와 유사한 일종의 금융을 위한 계를 지칭한다. 현지 개발 프로그램에 이러한 토착지식의 가치를 접목할 수 있다. 마찬가지로 공동체의 지속성을 위한 구성원 사이의 상생 조직들이 베트남에도 있다. '흐엉 으억(Huong Uoc)'은 한국의 조선시대 향약과 유사한 개념이다.[234] 이상 예를 든 토착 개념들은 공동체 복지를 위한 한국의 상생, 즉 호혜와 협동 가치와 부합하는데 이러한 지역의 요소는 새마을 농촌개발 프로그램에 도입하여 현지에서 적용과 실시가 가능하다.

개발에 있어 '여성'에 대한 고려는 탈-개발 개념을 새마을 농촌개발 모델에 적용할 수 있는 또 하나의 예시이다. 이러한 접근은 한국의 농촌개발 교훈과 관련이 있다. 성 평등이라는 측면에서 한국 사회는 여성의 권리와 성 역할의 증대 흐름을 경험했다. 그리고 여성에 대한 교육과 정치참여, 사회활동 그리고 경제적 측면에 있어 공동체와 사회에 대한 동참은 새마을 운동에서 찾을 수 있다. 이런 현상은 새마을 농촌개발 프로그램에 적용하고 수원국 활동에도 참고할 수 있다. 이에 따라 마을 부녀회 활동과 같은 새마을 운동 경험을 새마을 농촌개발 모델에 적용할 수 있다. 수원국 현장에서는 대안으로 여성 농부 지원 프로그램을 새마을 농촌개발에 포함할 수 있다.[235] 가정에서의 역할 증대를 통한 여성 친화적인 프로그램으로의 전환은 그들의 권리를 점진적으로 향상해 대안으로서 개발을 모색할 기회를 만든다.

---

234. 한도현(2003), 「향약의 조직원리와 지역자치: 베트남 모짝싸(xa Mo Trach, 慕澤社)의 사례」, 『동남아시아연구』13-2, 310-311쪽.

235. 주동주·차문중·권율 외, 앞의 책, 218쪽.

한국의 개발 경험 중 새마을 운동은 '환경'에 있어 지속가능한 개발을 위한 호혜와 협동 요소를 담고 있다. 이 점은 농촌마을에서 상생의 가치를 담고 있어 새마을 농촌개발 프로그램 현장에 적용 가능하다. 한국의 농촌마을에서 실시한 1970년대 산림녹화 운동은 새마을 운동과 연결되어 있다. 그리고 식목운동 경험은 새마을 농촌개발 프로그램과 결합할 수 있다. 이 프로그램은 개발도상국들의 산림 황폐화 문제에 초점을 맞추고 숲속 자원의 부족과 생물학적 다양성의 문제를 해결하기 위한 대안이 될 수 있다.[236] 더군다나 이른바 녹색혁명을 위해 농업에서의 살충제와 화학비료의 남용이 토양 오염을 유발했던 새마을 운동 과정에서의 시행착오와 지식은 또 다른 차원에서 환경에 대한 경험적 지식으로 현장에 작용하고 공유할 수 있다.

새마을 농촌개발 프로그램에 개인과 마을의 '안녕'을 고려한 적용이 가능하다. 새마을 운동 과정에서 '전통'은 개발되지 않은 부정적인 것이고 근대화는 '개발'을 암시하는 긍정적인 가치라는 이분법적 분류가 성행했었다.[237] 그렇지만 새마을 운동에는 환경친화를 위한 마을 운동의 요소도 포함하고 있다.[238] 퇴비 보관, 공도 빨래터, 부엌 개량, 공동 화장실 등 환경을 고려한 사업으로 공동체의 안녕을 고려했다. 그리고 현대 사회에서 전통적인 삶의 방식이 친환경적이고 느림의 삶이라는 가치를 지닌다고 평가하는데 이는 안녕이라는 개념에 대한 재해석을 낳았다. 이와 관련하여 민속신앙이나 문화 공간의 창출과 같은 잃어버렸거나 평가 절하되었던 안녕을 공유했던 토착의 문화적 가치가 재

---

236. 주동주·차문중·권율 외, 앞의 책, 755쪽.
237. 김흥순, 앞의 글, 32쪽.
238. 강용배(2004), 「농촌마을공동체의 역량강화 사례연구」, 『한국정책과학학회보』8-4, 19-20쪽.

조명되고 있다. 그에 따라 이른바 한국의 21세기 종합 농촌개발 계획은 마을과 주민의 안녕과 관련한 개념을 포괄하여 구성했다.[239] 이런 현실과 역사적 경험을 고려하여 국제개발에 있어 새마을 농촌개발 모델은 수원국 현장에서 한국의 가치와 시행착오 경험을 공유하는 프로그램을 개발하고 적용할 수 있다. 1970년대의 새마을 운동의 시행착오와 교훈은 새로운 새마을 농촌개발 프로그램을 향한 출발점이 된다.

한국의 국제개발 그리고 새마을 농촌개발 프로그램은 상생의 가치 적용을 고려할 수 있다. 이미 새마을 운동에 바탕을 둔 개발은 공적원조에 있어 상호의존적이고 호혜적인 방향을 모색하고 있다.[240] 그리고 현재 이른바 '윈 윈(Win-Win)'이라고 하는 개념이 한국 개발 모델의 대안적 의제로 제시되었다.[241] 이러한 정책과 접근은 원조국과 수원국 사이의 상생이라는 가치를 포괄하였다. 그럼에도 불구하고 이러한 해석은 한편 힘의 논리를 바탕으로 개발 원조를 위한 정치적 의도를 담고 있다는 비판이 있다. 이런 논쟁 속에서 한국은 '잘살아 보세'라는 구호에 상생 개념을 적용하고 새마을 운동에서 탈-개발의 요소를 발굴한 다음 개발 현장에서 수원국의 토착지식에 대한 가치를 접목하는 정책이 가능하다. 이를 위한 요소는 토착의 지역 공동체, 여성, 환경, 안녕 등이다. 새마을 농촌개발 모델은 한국 토착의 상생 가치와 탈-개발의 요소를 새마을 운동에서 찾고, 개발 현장에서 토착 농촌의 지식을 결합함으로써 개발에 대한 대안에 접근하고 방향을 제시할 수 있다.

새마을 운동은 1970년대 한국의 농촌개발 운동으로서 성공적이었

239. 지성태(2013), 「농촌종합개발 ODA 모델의 효과적 추진방안 연구-베트남 새마을 운동 시범사업 사례를 중심으로」, 『아시아연구』16-3, 222쪽.

240. 주동주·차문중·권율 외, 앞의 책, 69쪽.

241. 국무조정실 개발협력정책관실(2014), 『ODA 정책간담회 자료』, 2쪽.

지만 현재 국제개발에 있어 개발 내용에 대한 정의와 적용에 논란과 시행착오가 있다. 이러한 한계와 관련하여, 또 한국의 국제개발에 대한 도전적인 추진을 위해 탈-개발이론에 입각한 새마을 운동 분석을 바탕으로 새마을 농촌개발 프로그램을 재구조화하여 개발 현장에 적용을 시도할 수 있다. 이와 같은 도전적 전환을 검토할 수 있는 배경은 한국이 개발 선진국과 개발도상국 사이의 가교 역할을 할 수 있다는 평가에 바탕을 두고있다.[242] 대한민국은 원조정책 방향과 관련한 이른바 원조국과 수원국 사이에 존재하는 거리감을 좁히고 공유 가능한 가치를 창출하기 위해 '개발'과 '가난'이라고 하는 개념에 대한 새로운 접근이 필요하다. 접근방법은 지역 공동체 여성, 환경, 그리고 안녕과 같은 탈-개발 개념에 대한 적용과 한국 토착의 상생 개념에 대한 고려 속에서 가능하다. 특히, 새마을 운동의 '잘살기', '잘살아 보세'로 상징되는 구호와 개발의 방향은 탈-개발 개념과 관련하여 개념을 다시 정립하고 '안녕(Well-Being)'으로 연결할 수 있다. 나아가 '근면, 자조, 협동'이라는 새마을 구호도 한국의 토착지식에서 의미를 찾아 1970년대 새마을 운동을 재해석하고 상생의 가치를 발판으로 개발 현장에서 수원국의 토착개념으로 재구성될 때, 새마을 농촌개발 프로그램은 국제개발을 위한 대안적 개념으로 도전과 재편이 가능하다.

242. Kalinowski, Thomas. (2010) 'Aid and Development: Towards a Global Partnership for Development,' *Aid or Development: ODA-Lessons Learning and Challenges for Korea*.p.8.

결 론
-토착지식을 국제개발에 담다-

이 연구는 1970년대 한국 농촌개발(Rural Development)의 동력을 역사적 배경에 주목하여 궤적을 탐색하고, 한국이 국제개발(International Development)로서 새마을 운동을 세계 농촌개발에 적용하고 있는 현실을 탈-개발이론(Post-Development)을 바탕으로 분석하여 '개발'에 대한 대안을 모색했다. 연구 성과는 국제개발에 대한 관심과 현장에서의 학문적 역할을 문·사·철(文·史·哲)에 뿌리를 둔 인문학 영역으로 확장하여 세계 학계의 학문 동향과 발을 맞추고, 한국학의 연구영역을 전근대에서 현대 그리고 한국에서 세계로 확장 및 포괄하기 위한 디딤돌로서 기여할 것을 기대한다.

국제개발과 한국 농촌개발의 가능성을 모색하기 위해 본론을 4개의 장으로 구성했다. 먼저 조선시대 농촌의 공동체 지식에 대한 사례를 발굴한 다음 토착 농촌의 가치가 한국 농촌개발에 작동한 과정을 역사적 시각에서 분석했다. 그리고 현대 국제개발 시장에서 한국의 새마을 농촌개발 프로그램의 현장 사례를 분석하여 개발의 방향과 의미에 대한 재론의 필요성을 찾는다. 이를 바탕으로 탈-개발이론을 도입한 분석으로 대안으로서 개발 그리고 한국 농촌개발 프로그램의 개발에 대한 도전 가능성을 모색했다.

연구 출발은 한국, 조선시대 농촌의 경험이 내재하고 있는 토착(Indigenous) 요소를 밝혀 현대 한국 농촌개발의 동력을 찾는 데 있었다. 전근대 사회, 즉 조선시대 농촌과 마을의 가치를 유형과 무형의 공유자산(Commons)을 둘러싼 호혜와 협동에서 찾았다. 조선시대 지역사회를 지역 엘리트, 즉 사족(士族)의 향촌지배를 위한 경쟁과 갈등의 구조로 분석하던 시각과 차별하여 마을 개발과 농촌 마을조직 그리고 공유자산의 유지와 지속을 위한 제도(Institutes)의 개편 내용을 분석했다. 조선시대 5개 마을 사례가 대상이다.

조선시대 마을을 개발과 마을 조직의 지속성을 보여 주는 동성마을 사례는 경북 영덕의 무안박씨 3개 마을과 전북 남원의 순흥안씨 택내리 마을이다. 영덕 무안박씨 일가는 15세기 지역 양반의 일원으로 참여하기 위해 나랏골 마을에 정착한 다음 16세기에는 원두들 마을을 개척하여 양반으로서 무반 마을이라는 정체성을 개발했다. 임진전쟁 이후에는 도곡리를 새로이 열어 종가와 계를 중심으로 과거 합격자 배출은 물론 정자, 서원 등을 갖추어 성리학 가치를 품은 양반 마을을 개발했다. 그리고 남원 택내리 마을은 성리학자로 효를 실천한 안처순으로 대표되는 순흥안씨 일족의 동성마을로서, 17세기까지 '효'라는 무형의 가치를 고수하기 위한 실천과 더불어 영사정이라는 상징 공간을 확립했다. 18세기 이후에는 족계를 결성하여 마을과 선영에 산재한 공유자산 송림의 유지와 관리를 위해 문장을 중심으로 결집했다. 족계를 중심으로 합의하여 규약을 제정하고 개정을 거듭하는 협동을 실현했다. 이들 두 마을은 성리학 가치라는 무형의 자산과 정자 등 유형의 자산을 위한 공동체의 호혜와 협동 사례이다.

마을 주민이 동계를 조직하고 마을 공동의 가치를 위한 협동을 실현한 사례는 경주의 3개 마을이 있다. 국당리 동계는 임진전쟁과 병자전쟁 기간의 혼란한 사회에서 마을을 안정시킬 목적으로 1627년(인조 5) 국당리 인근 4~5개 자연 마을의 8~12개 성씨 참여로 조직되었다. 동계는 기금을 바탕으로 상사에 계원 사이의 상호부조를 실현했다. 상사는 성리학 가치를 상징하는 의례 중 하나였다. 6개 마을 6개 성씨 중심의 동계로 재편한 18세기 이후 현재까지 활동을 계속하고 있다. 그리고 방어리는 두 차례의 전쟁 과정에서 마을 자위와 무과 준비를 위한 협동을 위해 17세기 초 인근 5개 마을의 무부를 중심으로 사계를 결성했다. 이후 1698년(숙종 24) 사계 구성원 중 성리학적 소양을 함양한 선비를 주축으로 동계를 중수했다. 사계와 동계는 모두 상부상조의 의례에 필요한 물품이나 공유자산을 갖추고 있었으며, 동계는 지금도 실시하고 있다. 세 번째 갓뒤마을 동계는 18세기 초 마을의 치안 확보와 공동노동을 위해 조직했다. 1730년(영조 6) 마을의 풍수해 방지를 위해 토지를 구입하고 공동노동으로 숲을 조성했다. 마을 공유자산 말림갓을 가꾸기 위해 벌목방지를 위한 규약을 지속 개정하며 마을 개발 노력을 경주했으며, 최근까지 동계가 활동했다. 경주 3개 마을 동계는 운영을 위한 조직과 규약을 갖추고 있었을 뿐만 아니라 위기에 대응하는 과정에서 계원의 합의에 의한 계속적인 규약의 개정을 실현했다.

조선시대 마을 공간에 거주하는 주민은 동성이든 이성이든 계를 조직하였으며, 계는 마을 개발이라는 공동의 목표를 위해 작동하였다. 공동의 목표는 성리학적 가치, 상호부조 혹은 정자, 숲 등과 같은 무형 또는 유형의 공유자산에 대한 개발이었다. 이들 계는 상호부조와 공유자산의 가치를 유지 및 지속하기 위해 구성원 협동으로 규약 개정을 실현하면서 현재까지 이어지고 있다. 공동체 규약, 즉 제도의 개발은 마을 개발 과정에서 토착성, 즉 토착지식(Indigenous Knowledge)에 대한 실제 사례이다. 이와 같은 조선시대 이래 농촌 마을의 호혜를 위한 협동의 경험은 하나의 유산으로 남았는데 이는 현대 한국 농촌개발로 이어졌다.

두 번째 장은 조선시대 농촌 마을의 토착지식과 한국 농촌개발 운동의 관련성 그리고 새마을 운동과 국제개발의 의미를 분석했다. 1970년대 이전 농촌개발 운동의 전개를 농촌 마을의 토착지식과 정책 사이의 관계에서 분석하고 새마을 운동의 동력을 마을 조직과 국가 행정력의 결합에서 찾았다. 새마을 운동의 정치화와 현재 새마을 운동에 뿌리를 둔 국제개발로서 새마을 농촌개발 프로그램의 과제를 토착지식에 대한 주목으로 강조했다.

새마을 운동 이전 농촌개발 정책의 한계는 국가 주도의 행정 정책에 있었다. 독립과 동시에 시작한 농촌 개발을 위한 정책은 1961년 국민재건운동에 이르기까지 정권 안정을 위한 주민 동원 수단의 일환이었다. 1970년대 새마을 운동은 이전 농촌개발 내용과 대동소이하였음에도 주민 참여를 바탕으로 산업화와 근대화에 맞춘 개념 정립으로 성과를 달성했다. 그러나 1980년 이후 새마을 운동이 정치 수단화 하면서 지속성을 확보하지 못했다.

토착지식의 작동과 농촌 마을조직의 활동은 새마을 가꾸기로 표출되고 정부에 의해 체계화하면서 새마을 운동이 한국 농촌개발의 신화가 되었다. 새마을 운동의 전조 사례 중 하나로서 경상북도 포항시 문성리에 주목하고 역사적 유산으로서 토착지식과 농촌개발의 연계성을 찾았다. 조선시대 문성리는 남양홍씨를 비롯한 여러 구성원이 함께 세거하면서 각종 계를 조직하여 호혜와 협동을 실천하고 있었다. 마을은 현대에도 이를 계승하여 결속을 통해 유실수 심기, 공동우물과 빨래터 설치를 추진했다. 1967년 가뭄에 주민 협동으로 양수기를 구매하여 호혜를 위한 협동을 실현했다. 이러한 주민의 활동은 마을의 주거환경을 개선하고 자연재해로 인한 위기를 극복하는 마을 가꾸기 사업이었다. 농촌 마을 결속과 주민의 마을 가꾸기 노력은 1971년을 기점으로 새마을 운동과 결합하면서 주민 참여와 정부 정책에 기반을 둔 농촌개발 프로그램이 되었다. 문성리의 새마을 운동은 정부의 지원을 활용하여 지붕·부엌·변소개량, 농로와 차도개설 등의 사업을 내용으로한 마을 주민의 주거환경 개선과 소득 증대를 실현했다. 1970년대 문성리와 같은 수많은 사례들이 모여 새마을 운동은 성공으로 이어졌다. 그리고 2000년부터 대한민국은 새마을 운동을 농촌개발의 신화로 그리고 하나의 새로운 전통으로 형상화하면서 국제사회에서 한국적 가치의 확산을 도모했다.

한국은 국제개발을 위한 농촌개발 프로그램으로서 새마을 운동의 역사적 경험을 적용하여 새마을 농촌개발 프로그램을 도출했다. 새마을 운동에 대한 평가 중 주민의 자발적 참여와 국가의 주민동원 사이의 성격에 대한 논쟁에서 후자는 개발원조에 있어 관리(Governance)로 조명되면서 새마을 농촌개발의 중요 요소로 작용했다. 그리고 새마을 농촌개발 프로그램이 1970년대 새마을 운동으로부터 주목한 요소는 지역 엘리트들의 리더십 육성, 농촌의 생산성과 소득 증대였다. 새마을 농촌개발 프로그램의 이러한 가치는 제국주의 식민지라는 역사적 경험을 매개로 한국과 지구 남반구의 '개발도상국'이 협력하는 남-남 협력으로 연결했다. 그리고 새마을 농촌개발의 현장에서는 새마을 운동의 경험을 부식하는 사업을 실현했다. 한국의 새마을 농촌개발 프로그램은 국제사회에서 패권과 주도권을 지향하지 않음에도 불구하고 서구의 개발 정책과 발맞추면서 개발 현장에서 새로운 요구에 직면하고 있다.

조선시대 농촌 마을의 경험과 유산이 새마을 운동의 동력으로 작용했다. 1970년대 근대화 및 산업화와 연계한 새마을 운동의 정치화는 2000년 이후 국제개발을 위한 농촌개발 프로그램을 활용한 한국의 국제정치 참여로 이어졌다. 새마을 농촌개발 프로그램은 남-남 협력의 가치를 강조하면서 새마을 운동 당시의 내용을 수원국 개발 현장에서 실현하고 있다. 수원국에서 확인 가능한 프로그램에 대한 시행착오는 농촌개발에 대한 새로운 접근의 필요성을 제기하고 있으며, 대안은 현장에서 찾을 수 있다.

세 번째 장은 수원국에서 실시하고 있는 새마을 농촌개발 현장에서 발견한 프로그램의 시행착오를 분석하고 지역 현실과 토착지식을 절충한 대안 모색의 필요성을 제기했다. 대상은 지구 남반구의 동남아시아, 아프리카 그리고 남아메리카 농촌 마을에서 시행하고 있는 개발 프로그램 사례이다. 현장에서 지역 토착 농촌의 지식과 새마을 농촌개발 프로그램의 충돌과 한계 그리고 결합 가능성을 분석했다. 이를 통해 남-

남 협력의 가치와 개발모델에 대한 한국의 도전 필요성을 강조했다.

동남아시아는 베트남을 중심으로 한 새마을 농촌개발 프로그램 사례가 대표적이다. 필리핀의 소 은행(Cow Bank)를 비롯하여 캄보디아, 라오스, 스리랑카의 농촌개발 프로그램은 농가의 소득 증대를 위한 현장요구와 국가 정책의 결과였다. 네팔은 농업기술 개발을 비롯하여 공동체 정신함양, 주거환경 개선 등 새마을 운동의 사례를 적용한 현장 프로그램을 시행하고 있다. 특히 베트남은 지역 농촌 공동체의 공유자산과 호혜의 가치, 그리고 농민의 생존을 위한 지역 사회의 원리로서 도의 경제(Moral Economy) 개념을 간직하고 있다. 그리고 지역 사회와 마을의 향약과 사당 등 아시아의 유교 가치를 공유하는 등 한국과 역사적 배경에서 접점이 있다. 이에 따라 베트남은 새 농촌운동 정책의 일환으로 베트남식 새마을 운동 '랑 모이'를 전개하면서 새마을 농촌개발 프로그램의 적용 결과를 긍정적으로 평가하고 있다. 그렇지만 이 프로그램은 토착 마을의 관습과 지식에 대한 관심과 적용이 아닌 개발과 사업의 관점으로 이루어져 있다. 이러한 개발 자세는 지역사회에서 프로그램 운영과 관련하여 갈등을 유발하고 있었다.

아프리카는 한국전쟁 참전국으로서 중점협력국인 에티오피아의 농촌개발 현장 사례가 중심이다. 에티오피아는 공여국에서 수원국으로 전환한 사례에 주목하며 한국의 공적원조 프로그램 도입에 적극적이었다. 국가개발 전략 중 농촌개발을 통한 빈곤 종식을 위해 한국으로부터 농촌개발 프로그램을 도입했으며, 한국은 농가 소득증대를 위한 새마을 농촌개발 프로그램을 소개했다. 5개 시범마을에 대한 봉사단 파견으로 현지에 적용했다. 농촌 시범마을에서는 주민 교육, 마을 회관 신축, 화장실 및 부엌 개선, 부녀회 조직과 젖소 리볼빙, 안길포장, 농가 부업 사업 등 소득증대를 위한 프로그램을 실시했다. 지역 농촌은 마을 원로회 중심의 의사결정, 국가 중심의 토지소유 구조, 방목 중심의 농촌경제 등 특수성을 내포하고 있었다. 그리고 건기와 우기의 존재 및 토양의 특징에 따른 용수 확보의 한계라는 토착 문화가 있었다. 이와 같은 지역 현실에 대한 이해와 공감이 어려운 상황에서는 프로그램이 한계를 드러냈다. 시행착오는 다양한 부족과 문화로 구성된 지역적 특수성과 더불어 한국 농촌 마을 조직과 유사한 으드르(Idir), 가레(Gare), 게다(Geda)를 주목하지 못한 데에도 원인이 있었다. 지역 농촌의 토착지식에 대해 주목할 필요성을 보여주는 사례이다.

남미의 경우는 페루와 에콰도르의 농촌개발 사업 사례를 조사했다. 한국의 잠재적 기회와 이익의 확대 그리고 수원국의 농촌 지역 소득증대라는 이해의 합치에 따라 새마을 농촌개발 프로그램이 적용되었다. 페루 꾸스꼬지역 꼬라오 마을에서 '지역개발을 통한 농촌소득지원' 프로그램 일환으로 한국의 농촌개발 경험 전수를 위한 시범마을 사업을 진행했다. 이 마을에서 한국은 도자기 학교 운영에 이은 감자가루 공장 건설로 농가 소득증대를 도모하면서 마을 전기와 수자원 제공 등의 사업을 진행했다. 그러나 현지 시장환경에 대한 이해 부족과 다양한 원주민으로 구성된 지역 문화의 특징에 대한 간과로 기대한 결과를 만들지 못했다. 에콰도르 리오밤바 지역의 관개수로 사업 등은 농업개발의 성격임에도 한국에는 새마을 농촌개발 사업으로 소개된 사례였다. 남미의 사례는 새마을 농촌개발 프로그램으로 분석하기에는 한계가 있다. 다만, 토착지식을 적용한 페루의 탐보스(Tambos) 프로그램에 주목할 필요가 있다. 잉카의 역사와 연대하여 고산지역 원주민을 대상으로 정부 주도로 실시하는 이 개발 사업은 현지의 토착지식에 대한 이해 필요성을 보여준다.

새마을 농촌개발 시범마을에서 새마을 운동의 사례를 적용한 프로그램은 현지의 토착지식을 고려하지 못하고 있었다. 신화로 인식하고 있는 새마을 운동의 경험을 적용한 새마을 농촌개발 프로그램은 수원국의 토착지식에 비해 상대적 가치 우위를 전제로 하고 있었다. 이런 한계를 전환하기 위해 상대방의 다양성을 존중하는 남미 원주민의 수막 카우사이(Sumak Kawsay) 개념을 적용한 부엔 비비르(Buen Vivir)=웰빙(Well-being)의 관점을 수원국 농촌개발 현장에서 적용할 수 있다. 이를 통해 새마을 농촌개발 프로그램을 토착지식에 대한 접근 수단으로서 그리고 서구 중심의 개발 개념에 대한 비판의 계기로 삼을 수 있다.

본문 마지막 장은 현지 농촌의 토착지식에 대한 존중을 바탕으로 서구중심의 국제개발과 차별화한 새마을 농촌개발 프로그램을 모색하기 위해 탈-개발이론을 적용했다. 탈-개발이론에서 제기하는 '개발'의 개념에 대한 비판과 대안으로 제시하고 있는 개발의 요소를 확인하고 새마을 운동과의 접점을 찾기 위해 한국의 토착 개념 중 하나인 '상생'에 주목했다. 탈-개발의 요소를 적용한 새마을 농촌개발의 가치는 토착지식을 강조하는 개발로 강조했다.

탈-개발이론은 근대화와 신자유주의적 개발 방향에 대한 근본적인 의문과 비판을 제기한다. 제2차 세계대전 이후 발견한 '개발(Development)'의 개념은 경제적 상황과 결부하여 '저개발'과 대비되면서 '개발도상국'이 규정되었다. 탈-개발이론은 개발과 저개발의 대비를 권력과 주도권(Power and Hegemony)의 작용으로 분석하면서 개발을 식민주의 관점이 작용한 '발전'과 '개발'의 연장선으로 비판했다. 그리고 개발도 일방적이고 한 방향을 향하는 일반성(Universal)에 대한 강요가 아닌 다원성(Pluralistic)을 대안으로 제시했다.

다원성에 입각하여 개발에 대한 대안을 모색하는 탈-개발이론은 논쟁을 촉발했다. 이론의 출발은 서구의 지적 우선권과 힘에 바탕을 둔 개발에서 벗어나 비주류 국가와 지역사회의 다양한 토착지식에 기반을 둔 개발을 강조한다. 토착지식을 적용할 탈-개발의 요소 4가지, 즉 지역 공동체(Local Community), 여성(Women), 환경(Ecology) 그리고 안녕(Well-being)를 제시하여 경제 성장 위주의 개발도 비판한다. 이들 요소는 토착 농촌의 경험적 지식의 존중, 페미니즘 가치가 아닌 지역 공동체에 기반을 둔 여성의 개발 참여, 생태와 자연 중심의 개발 그리고 물질적 가치 우위로부터의 탈피를 강조하는 개발 대안이었다. 그러나 이러한 탈-개발이론에 대한 반론도 있다. 대안으로 제시한 개발 요소는 기존의 개발을 과소평가하는 이분법적 접근을 통해 현실성이 없는 낭만적 대안으로 실행 가능성이 떨어진다는 점과 빈곤 탈피와 삶의 질 향상이라는 기존의 개발 성과를 과소평가하고 있다는 주장이다. 그리고 이론이 남아메리카의 '수막 카우사이=부엔 비비르=웰빙'의 개념에 편중되어 실현 가능 한 사례가 부족하므로 다른 세계에 적용하기에는 한계가 있다는 반론 등이 대표적이다. 그럼에도 탈-개발이론이 반-개발과는 다른 차원에서 개발에 대한 발견을 주장하고있는 사실은 주목할만하다. 가난과 빈곤의 기준에 대한 문제 제기를 통해 경제 기준의 개발이 아닌 '다원적 세계(Pluriverse World)'의 관점에서 토착지식에서 개발 개념을 새롭게 정의할 필요가 있다는 주장이다. 그리고 아시아의 '핰(Haq)', 아프리카의 '우분투(Ubuntu)' 그리고 남아메리카의 '부엔 비비르' 등과 같은 토착지식에서 탈-개발의 요소를 다시 확인할 수 있다.

토착지식을 고려하는 새마을 농촌개발 프로그램은 탈-개발이론의 개발 요소에 대한 접점 확인을 거쳐 대안으로서의 가능성을 찾을 수 있다. 탈-개발이론의 배경이 되는 요소 중 '안녕' 개념을 고려했을 때, 한국 역사의 토착지식 중 '상생(相生)'을 대입하여 새마을 운동을 재구조화할 수 있다. 인간과 인간, 자연과 인간 사이의 공존이라는 의미를 담고 있는 상생은 고대 신화에서부터 불교와 유교는 물론 현대종교에 이르기까지 유사한 개념으로 한국 사회로 이어졌다. 상생과 관련한 토착지식 사례로서 조선시대 농촌마을의 각종 계는 유형과 무형의 공유재를 바탕으로 호혜를 위한 협동으로 공동체를 개발했다. 이 가치는 이슬람의 '합', 아프리카의 '우분투', 남미의 '부엔 비비르' 등과 상통하는 토착개념이자 탈-개발이론의 요소를 포함하고 있다. 그리고 새마을 운동에서 마을회의, 부녀회 활동, 주거환경 가꾸기 그리고 공동노동의 사례에서 마을 공동체, 여성, 환경 그리고 안녕의 가치를 발견할 수 있다. 이 부분은 바로 탈-개발의 요소와 연결된다. 그러므로 새마을 운동을 적용하여 개발한 새마을 농촌개발 프로그램은 탈-개발 개념과 요소에 따른 대안으로서 개발을 모색할 수 있는 계제이다. 탈-개발이론의 요소를 적용한 새마을 농촌개발 프로그램은 수원국 지역 농촌사회에서 토착지식에 대한 발견과 존중 그리고 적용으로 개발의 대안을 제시하는 현장의 사례를 개발할 수 있다.

탈-개발이론은 제국주의적 관점에서 기원한 '개발' 개념에 대한 재편을 강조하면서 지역의 토착지식을 바탕으로 다원적 의미를 담고 있는 '개발'을 발견했다. 이 이론에서 제시하고 있는 새로운 개발을 위한 4가지 요소는 지역 농촌사회의 토착지식과 결합할 수 있다. 새마을 농촌개발 프로그램의 토대인 새마을 운동도 역사적으로 상생의 개념에서 호혜와 협동이라는 토착지식에 바탕을 두고 있으며, 프로그램 내용도 탈-개발의 요소에 부합한다. 탈-개발이론을 적용한 새마을 농촌개발 프로그램은 지역 농촌에서 현장 사례를 발굴하여 대안으로서 개발을 발굴할 수 있다. 그 전제는 바로 '토착지식'에 대한 관심과 연구 그리고 적용이다.

한국의 농촌개발은 조선시대 이전 토착지식에 바탕을 두고 있으며, 국제개발로서 새마을 농촌개발 프로그램도 새마을 운동이 그러했듯이 수원국의 역사적 경험이 녹아 있는 토착지식에 대해 주목할 때가 되었다. 탈-개발 이론에 입각한 개발에 대한 도전이 그 방향이다. 새마을 농촌개발 프로그램이 현장의 시행착오를 줄이기 위해서는 국제개발에 있어 인문학에 바탕한 연구의 관점에서 수원국 농촌의 토착지식과 눈높이를 맞추는 방식역시 하나의 대안이다. 이런 점에서 이 책의 결론은 분명해진다. "입장바꿔 생각해보고, 개발 현장에서 답을찾자"이다. 이러한 탈-개발이론에 입각한 접근은 새마을 농촌개발 프로그램이 대안으로서 '개발'을 발굴하는 전환점이 된다. 여기서 한 발 더 나아간다면, 한국의 개발학은 인문학을 포괄하고 개발 현장의 한국인과의 접촉 내용을 한국학과 접목하는 전환을 맞이하는 순간 인류의 안녕에 기여할 수 있다.

참고문헌

▲ 1차 사료: 고문서 및 문집 등

『조선왕조실록』, 『비변사등록』, 『승정원일기』

『경국대전』, 『대명률직해』, 『속대전』

『府尹先生案』, 『戶口總數』

『慶尙道邑誌』, 『慶州邑誌』, 『東京雜記』, 『東國輿地誌』, 『東輿備攷』, 『嶺南邑誌』, 『新增東國輿地勝覽』, 『輿地圖書』, 『海東地圖』

『近世五萬分之一地形圖』

한국학중앙연구원 장서각 M.F. No. 35-9932(경주 국당리 상동계 고문서).

한국학중앙연구원 장서각 M.F. No. 35-9931~2(경주시 외동읍 방어리 상동계문서).

慶尙北道·嶺南大學校(1991), 『慶北鄕校誌』, 三光出版社.

嶺南大學校 民族文化硏究所(1992), 『慶北鄕校資料集成』(I), 嶺南大學校出版部.

李樹健編著(1981), 『慶北地方古文書集成』, 嶺南大學校出版部.

韓國國學振興院(2009), 『慶州李氏 楊月門中 古文書資料集成』.

韓國精神文化硏究院(1997), 『古文書集成』32-慶州 慶州孫氏篇.

韓國精神文化硏究院(1990), 『古文書集成』6-義城金氏川上各派篇(II).

韓國學中央硏究院(2006), 『古文書集成』82-寧海 務安朴氏篇(I).

韓國學中央硏究院(2008), 『古文書集成』90-寧海 務安朴氏篇(II):武毅公(朴毅長)宗宅.

韓國學中央硏究院(2010), 『古文書集成』98-南原 順興安氏 思齊堂後孫家篇.

韓國學中央硏究院(2011), 『古文書集成』99-寧海 務安朴氏 忠孝堂篇.

金宗一, 『魯庵先生文集』; 南九明, 『寓菴先生文集』; 柳馨遠, 『磻溪隨錄』; 朴毅長, 『觀感錄』; 房斗天 編, 『龍城誌』.; 孫起陽, 『聱漢先生文集』; 宋時烈, 『宋子大全』; 鄭克後, 『雙峯先生文集』; 鄭重器, 『梅山先生文集』.; 鄭忯, 『愚川集』; 趙克善, 『忍齋日錄』·『冶谷日錄』

盈德郡(1981), 『盈德郡誌』.

韓甫植編著(1987), 『韓國年歷大典』, 嶺南大學校出版部.

한글학회(1979), 『한국 지명 총람』(경북편) IV.

『慶州(月城)崔氏司成公派譜』(韓國族譜新聞社, 1998); 『慶州李氏判尹公派譜』(回想社,

2000); 『慶州孫氏世譜』(回想社, 1996); 『慶州崔氏家譜』(1948); 『慶州崔氏白沙公派世譜(全)』(1993).; 『慶州崔氏從仕郎公派譜』; 『務安朴氏武毅公派世譜』(甲寅譜,1974刊); 『務安朴氏世譜』(庚子派譜,1900刊); 『順興安氏族譜』-乙酉譜(1765년, 영조 41); 『安東權氏佐尹公派 判官公世系譜』; 『迎日鄭氏貞肅公派譜』(己亥譜); 『永川李氏上將軍派譜』

▲ 단행본

경원대학교(2005), 『조선의 임수에 기재된 전통마을숲 고증답사 연구』, (사)생명의숲국민운동.

국립경주박물관(2013), 『조선시대의 경주』.

더글라스 C.노스저, 이병기 역(1996), 『제도·제도변화·경제적 성과』, 한국경제연구원.

李樹煥(2001), 『朝鮮後期書院研究』, 一潮閣

文叔子(2004), 『조선시대 재산상속과 가족』, 景仁文化社.

RlC.Putnam 지음, 안청시 등 옮김(2000), 『사회적 자본과 민주주의』, 博英社.

엘리너 오스트롬 지름. 윤홍근·안도경 옮김, 『공유의 비극을 넘어』, RH Korea, (Elinor Ostrom(1990), Governing the Commons-The Evolution of Institution for Collective Action. Cambridge).

李樹健(1995), 『嶺南學派의 形成과 展開』, 一潮閣.

張東翼編著(2002), 『聾啞堂 朴弘長의 生涯와 壬亂救國活動』, 慶北大學校 退溪研究所.

鄭求福(2002), 『古文書와 兩班社會』, 一潮閣.

정기환(2014), 『국제 새마을 운동 ODA사업 표준모형 구축과 컨텐츠 개발』, 한국국제협력단.

정수환(2013), 『조선후기 화폐유통과 경제생활』, 景仁文化社.

정진영(1998), 『조선시대 향촌사회사』, 한길사.

제임스 스콧, 김춘동(2004) 옮김, 『농민의 도덕경제』, 아카넷, (J.C. Scott(1976), The Moral Economy of the Peasant, Yale Univ Press).

趙康熙(2006), 『嶺南地方 兩班家門의 婚姻關係』, 景仁文化社.

朝鮮總督府林業試驗場(1938), 『朝鮮の林藪』.

주동주·차문중·권율 외(2012), 『한국형 ODA 모델 수립』, 경제인문사회연구회·산업연구원·한국개발연구원·대외경제정책연구원.

崔永禧(1975),『壬辰倭亂中의 社會變動』, 韓國研究院.
한국학중앙연구원 장서각(2009),『명가의 고문서』7-절의를 숭상하고 충정에 뜻을 두다.
한글학회(1979),『한국지명총람』.
한도현 외 지음(2017),『양동마을과 공동체의 미래』, 한국학중앙연구원출판부.
국무조정실 개발협력정책관실(2014),『ODA 정책간담회 자료』.
국제개발협력학회(2014),『국제개발협력 해설서』.
김영미(2009),『그들의 새마을 운동』, 푸른역사.
李樹健(1995),『嶺南學派의 形成과 展開』, 一潮閣.
張東翼 編著(2002),『聾啞堂 朴弘長의 生涯와 壬亂救國活動』, 慶北大學校 退溪研究所.
Asian Development Bank. (2012) *The Saemaul Undong Movement in the Republic of Korea: Sharing Knowledge on community-Driven Development, Philippines*: Asian Development Bank.
Boyer, William W. and Ahn, Byong Man. (1991) *Rural Development in South Korea: A Sociopolitical Analysis,* Cranbury and London: Associated University Presses.
Central Association of NRM (National Reconstruction Movement). (1964) *A Handbook of the National Reconstruction Movement,* Seoul: Dong-A Press.
Cho, Soon. (1994) *The Dynamics of Korean Economic Development,* Washington: Institute for International Economics.
Chung, Kap-Jin. (2009) *Korean Saemaul Undong policy experience in the 1970s and its practice,* Seoul: Korean Development Institute.
Cole, David C. and Lyman, Princeton N. (1971) *Korean Development: The Interplay of Politics and Economics,* Cambridge: Harvard University Press.
DSMI (Democracy and Social Movement Institute), Saemaul Undong Research Team. (2010) *Saemaul Undong photo collection in the 1970s*, Seoul: SungKongHoe University.
Elinor Ostrom. (1990) Governing the Commons-The Evolution of Institution for Collective Action, Cambridge: Cambridge University Press.
Elliott, Jennifer A. (2013) *An Introduction to Sustainable Development* (Fourth Edition), Oxon and New York: Routledge.
Escobar, Arturo. (1995) *Encountering Development: The Making and Unmaking of*

the Third World-With a new preface by the author, Princeton and Oxford: Princeton University Press.

Gainsborough, Martin. (2010) *Vietnam: Rethinking the State,* London and New York: Zed Books.

Grillo, R. D. and Stirrat, R. L.(1997) *Discourses of Development: Anthropological Perspectives*, Oxford and New York: BERG.

Hasan, Parvez. (1976) *Korea: Problems and Issues in a Rapidly Growing Economy*, Washington: World Bank.

Howells, Richard. and Negreiros, Joaquim. (2012) *Visual Culture* (Second Edition), Cambridge and Malden: Polity.

Laclau, Ernesto. and Mouffe, Chantal. (1985) *Hegemony and Socialist Strategy: Towards a Radical Democratic Politics,* London and New York: Verso.

Lee, Kyung-Joon. (2013) *Successful Reforestation in South Korea: Strong Leadership of Ex-President Park Chung-Hee*, Seoul: Amazon(Printed in Great Britain)

Leys, Colin. (1996) *The Rise & Fall of Development Theory,* Indiana: Indiana University Press

Martinussen, John. (1997) *Society, State and Market: A Guide to Competing Theories of Development,* London: Zed Books.

Mason, Edward S., Kim, Mahn Je., Perkins, Dwight H., Kim, Kwang Suk. and Cole, David C. (1980) *The Economic and Social Modernization of the Republic of Korea,* Cambridge, Massachusetts and London: Harvard University Press.

McEwan, Cheryl. (2009) *Postcolonialism and Development,* Oxon and New York: Routledge.

McKinnon, Katharine. (2011) *Development Professionals in Northern Thailand: Hope, Politics and Practice,* Copenhagen: NIAS Press.

Michael, Drake. (1994) (ed.) *Time, Family and Community-Perspectives on Family and Community History*, Oxford:The Open University and Blackwell Publishers

Ministry of Culture and Information. (1979) *Saemaul Undong*, Seoul: Samwha Printing.

Ministry of Culture and Public Information. (1972) *Saemaul Undong: theory and development,* Seoul: Daehan Press.

Ministry of Home Affairs. (1970) *An Introduction to Saemaul Cultivation,* Seoul: Samsung Press.

Ministry of Home Affairs. (1978) *An honourable trace: Saemaul implementation history in village unit,* Seoul: The head office of village library organisation.

Ministry of Home Affairs. (1980) *A Summary of the Saemaul Undong,* Seoul: Chongpung Press.

OECD. (2012) *Korea: Development Assistance Committee (ODA) Peer Review 2012,* Paris: OECD

Pak, Ki-hyuk. and Gamble, Sidney D. (1975) *The Changing Korean Village,* Seoul: Shin-Hung Press.

Park Chung-hee. (1978[1972]), *A collection of Park Chung-hee presidential speech: Saemaul Undong,* Seoul: The Presidential Secretariat.

Park Chung-hee. (1978[1973]), *A collection of Park Chung-hee presidential speech: Saemaul Undong,* Seoul: The Presidential Secretariat.

Park, Chung-hee. (1978[1970]) *A collection of Park Chung-hee presidential speech: Saemaul Undong,* Seoul: The Presidential Secretariat.

Power, Marcus., Mohan, Giles. and Tan-Mullins, May. (2012) *China's Resource Diplomacy in Africa,* Hampshire and New York: Palgrave and Macmillan.

Preston, P. W. (1996) *Development Theory: An Introduction*, Oxford: Blackwell.

Rigg, Jonathan. (1997) *Southeast Asia: the human landscape of modernization and development,* London: Routledge.

Roberts, J. Timmons. and Hite, Amy. (2000) *From Modernization to Globalization: Perspectives on Development and Social Change,* Malden, Oxford and Victoria: Blackwell.

Sachs, Jeffrey D. (2005) *The End of Poverty: Economic Possibilities for Our Time,* London: Penguin Books.

Sachs, Wolfgang. (2010[1992]) The *Development Dictionary: a Guide to Knowledge as power* (Second Edition), London: Zed Books.

Saemaul Research Centre (Yeoungnam University). (2012) *Saemaul Story Telling: 43 days,* Cheongdo-Gun: Cheongdo-Gun.

Scott, James C. (1976) *The Moral Economy of the Peasant: Rebellion and subsistence*

in Southeast Asia, New Haven and London: Yale University Press.
Shiva, Vandana. (1989) *Staying Alive: Women, Ecology and Development*, New Delhi and London: Zed Books.
Singh, Katar. (2009) *Rural Development: Principles, Policies and Management* (Third Edition), New Delhi and London: SAGE
Steger, Manfred B. and Roy, Ravi K. (2010) *Neoliberalism: A Very Short Introduction,* Oxford: Oxford University Press.
Sumner, Andy. and Tribe, Michael. (2008) *International Development Studies: Theories and Methods in Research and Practice,* London and Delhi: SAGE.
UNESCO-APCEIU (Asian-Pacific Centre of Education for International Understanding). (2001) (Magazine)*SangSaeng: living together, helping each other,* Seoul: UNESCO-APCEIU.
Willis, Katie. (2011) *Theories and Practices of Development* (Second edition), Oxon and New York: Routledge.
World Bank. (1975) *Rural Development: Sector Policy paper.*

▲ 국내논문

강봉원(2005),「경주 북천의 수리에 관한 연구 및 고고학적 고찰」,『신라문화』25, 동국대학교 신라문화연구소.
강용배(2004),「농촌마을공동체의 역량강화 사례연구」,『한국정책과학학회보』8-4, 한국정책과학학회.
고원(2006),「박정희 정권 시기 농촌 새마을 운동과 '근대적 국민 만들기'」,『경제와 사회』69, 비판사회학회.
곽효문(2001),「조선조 契의 사회복지적 성격」,『韓國行政史學誌』, 10, 한국행정사학회.
곽효문(2012),「조선조 실학의 사회복지적 기능에 관한 연구」,『한국행정사학지』31, 한국행정사학회.
곽효문(2003),「朝鮮朝 鄕約의 福祉行政機能과 意義」,『행정논총』41-1, 서울대학교 한국행정연구소.
국제개발협력위원회(2011),「새마을 운동 ODA 사업 평가결과」,『2010년 국제개발협력 평가결과』.

권병욱(2011), 「농촌마을에 있어서 관습경제의 병용: 노동력 동원에서 호혜성개념을 중심으로」, 『사회과학연구』22-1, 충남대학교 사회과학연구소.

김건태(2020), 「19세기 공동납의 실상」, 『발표자료집:조선시대 사회조직과 공동체의 운영원리』, 한국학중앙연구원.

金景淑(2017), 「19세기 향촌 사대부가의 山訟 실태와 滯訟-潭陽 善山柳氏家 고문서를 중심으로」, 『歷史學硏究』66, 호남사학회.

김경옥(2009), 「18세기 후반 영암 閱武亭 社布契의 조직과 향촌 사회」, 『고문서연구』, 35, 한국고문서학회.

김덕수(2016), 「《기묘제현수필》과 《기묘제현수첩》의 제작과 확산」, 『정신문화연구』 144, 한국학중앙연구원.

김명자(2010), 「18~19세기 永川 鄭世雅 후손들의 請謚와 門中 활동」, 『嶺南學』18, 경북대학교 영남문화연구원.

김명자(2009), 「새마을 운동에 따른 洞祭의 변화」, 『민속연구』19, 안동대학교 민속학연구소.

김무진(2011), 「조선후기 식목활동에 관한 연구」, 『한국학논집』43, 계명대학교 한국학연구원.

김상규(2003), 『논어, 맹자에 나타난 상생 경제교육의 현대적 조명」, 『경제교육연구』10-1, 한국경제교육학회.

김선경(1993), 「조선후기 山訟과 山林 所有權의 실태」, 『東方學志』77·78·79합집, 연세대학교 국학연구원.

金新烈(2009), 「栗谷의 鄕約을 통해 본 地域社會福祉 實踐의 意味」, 『儒敎思想硏究』37, 한국유교학회.

김영두(2006), 「한사상과 민종종교에서 본 남북상생철학」, 『원불교사상과 종교문화』32, 원광대학교 원불교사상연구원.

김영미(2007), 「평택 칠원 마을이 최우수 새마을이 된 사연」, 『역사와 현실』74, 한국역사연구회.

김용환(2010), 「상생윤리의 교육 범례」, 『윤리교육연구』21, 한국윤리교육학회.

김용환(2012), 「상생의 관점에서 바라본 동귀일체의 동학정신」, 『동학학보』26, 동학학회.

金振奎(1996), 「향약의 사회교육적 의의」, 『社會教育學硏究』2-1, 한국평생교육학회.

金鶴洙(2002), 「古文書를 통해 본 蘇亭 慶州李氏家의 家系와 社會經濟的 기반」, 『古文書

集成』62-慶州 蘇亭 慶州李氏篇, 한국정신문화연구원.

김학수(2003), 「고문서를 통해 본 조선시대의 贈諡 행정」, 『古文書研究』23, 韓國古文書學會.

김학용·오무영·이신호(1996), 「농어촌 정주생활권 개발계획 수립을 위한 마을특성분석 방안 연구-성내면을 대상으로」, 『한국농공학회지』38-6, 한국과학기술정보연구원.

김흥순(2000), 「근대화 프로젝트로서의 새마을 운동에 대한 비판적 고찰: 1970년대를 중심으로」, 『韓國地域開發學會誌』12-2, 한국지역개발학회.

나선하(2003), 「조선 중·후기 靈光 吏胥집단의 契 운영과 그 의미: 射契와 老契를 중심으로」, 『지방사와 지방문화』(6-1), 역사문화학회.

나영훈(2019), 「조선후기 觀象監 관원의 친족 네트워크와 결속」, 『한국학』42-1, 한국학중앙연구원.

노영구(2004), 「공신선정과 전쟁평가를 통한 임진왜란 기억의 형성」, 『역사와 현실』51, 한국역사연구회.

노재현·손희경·김홍균(2017), 「<永思亭八景圖>와 팔영시로 본 영사정팔경의 경관구조와 의미」, 『韓國傳統造景學會誌』35권2호, 한국전통조경학회.

박경하(1987), 「壬亂直後의 鄕約에 대한 研究」, 『中央史論』5, 중앙사학연구소.

박병기(2005), 「해소의 논리, 화쟁(和諍)의 언어-상생화용의 교육을 위한 불교의 언어관 탐색」, 『국민윤리연구』60, 한국윤리학회.

박종천(2017), 「공감과 개방의 문화공동체, 석천마을」, 『석천마을과 공동체의 미래』, 한국학중앙연구원출판부.

박종천(2017), 「상생의 마을 공동체-동계와 향약」, 『양동마을과 공동체의 미래』, 한국학중앙연구원출판부.

박진도·한도현(1999), 「새마을 운동과 유신체제-박정희 정권의 농촌 새마을 운동을 중심으로」, 『역사비평』47, 역사비평사.

박창규·김혜영(2011), 「지역주민의 농촌마을종합개발사업에 대한 인식이 농촌관광개발 인식과 태도에 미치는 영향」, 『한국경제지리학회지』14-3, 한국경제지리학회.

朴洪甲(2001), 「朝鮮時代의 諡號制度」, 『韓國中世社會의 諸問題-金潤坤敎授停年紀念論叢』, 論叢刊行委員會.

배영기, 「생상윤리(相生倫理)의 체계론적 연구」, 『국민윤리연구』51, 한국윤리학회.

배영동(2005), 「조선후기 농 작업 두레의 문화 복합적 성격」, 『농업사연구』4-1, 한국농업사학회.
배영동(2004),「조선후기 두레로 본 농업생산의 주체」,『실천민속학연구』6, 실천민속학회.
소진광(2007),「아시아 개발도상국에서의 새마을 운동 시범사업 성과평가-라오스와 캄보디아를 중심으로」,『韓國地域開發學會誌』19-4, 韓國地域開發學會.
송양섭(2020),「19세기 巨濟 舊助羅里의 부세운영과 촌락사회의 동향」,『발표자료집:조선시대 사회조직과 공동체의 운영원리』, 한국학중앙연구원.
심인열(2009),「율곡의 향약을 통해 본 지역사회복지 실천의 의미」,『유교사상문화연구』37, 한국유교학회.
심재우(2019),「조선시대 향촌 사회조직 연구의 현황과 과제-향약·계에 관한 성과를 중심으로」,『朝鮮時代史學報』90, 조선시대사학회.
심재우(2019),「조선시대 毀家黜鄕의 전개 양상과 향촌사회」,『'호혜와 협동의 계보학' 연구단 전근대팀 연구과제 2차 년도 결과발표회: 조선시대 사회조직과 공동체의 운영원리』, 한국학중앙연구원.
안승택(2014),「한 현대농촌일기에 나타난 촌락사회의 계(契) 형성과 공동체 원리」,『농촌사회』24-2, 한국농촌사회학회.
안장리(2019),「유교윤리 실천 공간으로서의 호남누정 영사정(永思亭) 고찰」,『圃隱學研究』23, 포은학회.
엄석진(2011),「동원과 참여 사이에서: 1970년대 농촌 새마을 운동 과정에서의 지방공무원의 역할」,『한국행정학보』45-3, 한국행정학회.
吳尚昱(2017),「雞林士禍의 배경과 영향 고찰」,『東方漢文學』73, 동방한문학회.
우홍준(2012),「조선조 자치제도인 향약의 기능」,『韓國行政史學誌』31, 한국행정사학회.
윤진숙(2013),「조선시대 균분상속제도와 그 의미」,『법철학연구』16-2, 한국법철학회.
윤충로(2011),「구술을 통해 본 1970년대 새마을 운동-새마을지도자 '만들기'와 '되기'사이에서」,『사회와 역사』90, 한국사회사학회.
이경엽(1993),「길쌈두레의 구성과 기능」,『한국민속학』25, 한국민속학회.
이광우(2017),「조선시대 정부의 향약 시행 논의와 그 성격」,『東亞人文學』39, 동아인문학회.
이광우(2016),「조선후기 慶尙道 三嘉縣 玉溪亭契의 재구성」,『南冥學研究』52, 남명학회.
이기동(2001),「목은 이색의 천인무간사상을 바탕으로 한 상생의 구조」,『韓國思想과 文化』54, 한국사상문화학회.

李南姬(1992),「慶尙右道의 義兵활동과 實錄記事-'宣祖實錄'과 '宣祖修正實錄' 義兵기사를 중심으로」,『慶南文化硏究』14, 경상대학교 경남문화연구소.
이미숙(2013),「새마을 운동의 이론적 담론과 패러다임의 연구」,『지방행정연구』27-1, 한국지방행정연구원.
李炳勳(2018),「朝鮮後期 慶州 玉山書院의 運營과 役割」, 영남대학교 박사학위논문.
이상태(2002),『<<東輿備攷>>의 역사지리학적 가치에 관한연구」,『嶺南學』1-2, 경북대학교 영남문화연구원.
李樹健(1990),「良洞의 歷史的 考察」,『良佐洞硏究』, 嶺南大學校出版部.
李樹健(1992),「月谷禹拜善의 壬辰倭亂 義兵活動」,『民族文化論叢』13, 嶺南大學校 民族文化硏究所.
李樹健·李樹煥·鄭震英·金容晩(1994),「朝鮮後期 慶州地域 在地士族의 鄕村支配」,『民族文化論叢』15, 嶺南大學校 民族文化硏究所.
李樹煥(1993),「書院의 歷史와 그 所藏資料」,『玉山書院誌』, 嶺南大學校出版部.
李樹煥(2005),「慶州 龍山書院 재지사족의 향촌지배」,『龍山書院』, 집문당.
이수환(2003),「조선후기 영해지역 재지사족의 향촌지배」,『울릉도, 독도, 동해안 주민의 생활구조와 그 변천, 발전』, 영남대학교 민족문화연구소.
이승수(2007),「민속 원형의 창출과 제도화-밀양백중놀이를 중심으로」,『韓國民俗學』46, 한국민속학회.
이종수·권찬호(2011),「ODA 통합에 관한 연구: 몽골 새마을 운동 ODA를 중심으로」,『한국정책학회 동계학술대회』, 한국정책학회.
이창기(2006),「삼성(三姓) 종족마을의 혼인연대-영해 원구리의 사례」,『사회와 역사』71, 한국사회사학회.
이헌창(2007),「18世紀 황윤석가의 경제생활」,『이재난고로 보는 조선 지식인의 생활사」, 한국학중앙연구원.
이현정(2013),「지역사회 개발에서 자체지도자의 중요성에 관한 연구: 한국의 1970년대 새마을 운동을 중심으로」,『행정논총』51-1, 서울대학교 한국행정연구소.
이환병(2012),「1960년대 마을 개발과 농촌 새마을 운동의 초기 전개과정」,『역사연구』23, 역사학연구소.
임형백(2011),「새마을 운동을 이용한 아시아 국제개발협력」,『아시아연구』14-2, 한국아시아학회.
임형백(2012),「새마을 운동의 세계화와 공적개발원조 적용을 위한 과제」,『韓國地方自

治研究』14-1, 한국지방자치학회.

장동표(2009), 「17세기 초반 밀양 재지사족 孫起陽의 향촌활동」, 『한국민족문화』34, 부산대학교 한국민족문화연구소.

장동표(2016), 「조선시기와 명청대의 鄕約 시행과 그 성격 비교 연구」, 『한국민족문화』58, 부산대학교 한국민족문화연구소.

전해황(2006), 「한국 지역사회복지의 세계화-새마을 운동 해외추진 사례연구」, 『한국토지행정학회보』13-2, 한국토지행정학회.

田鎬相·李相海(2001), 「농촌 근대화 과정에서 1970년대 새마을 운동의 '농촌표준주택 설계도'에 관한 연구」, 『대한건축학회 춘계학술대회 논문집』21-1, 대한건축학회.

정구복(2006), 「務安朴氏 武毅公家의 社會經濟的 基盤과 所藏古文書의 性格」, 『古文書集成』82-寧海 務安朴氏篇(I) 武毅公(朴毅長)宗宅, 韓國學中央硏究院.

鄭求福(1970), 「磻溪 柳馨遠의 事會改革思想」, 『歷史學報』45, 歷史學會.

정기환(2007), 「개도국 농촌개발과 KOICA의 역할」, 『국제개발협력』2, 한국국제협력단.

정수환(2019), 「17세기 경주 국당리(菊堂里) 동계(洞契)의 전통과 호혜 원리 검토」, 『한국학』42권4호, 한국학중앙연구원.

정수환(2019), 「17세기 淸州 莘巷書院과 宋象賢 추모의 정치적 함의」, 『韓國書院學報』9, 한국서원학회.

정수환(2020), 「18~19세기 경주 갓뒤마을 말림갓의 호혜와 협동 가치」, 『조선시대 사회조직과 공동체의 운영원리-'호혜와 협동의 계보학' 연구단 전근대팀 연구과제 3차년도 결과발표회』, 한국학중앙연구원.

정수환(2009), 「고문서를 통한 영해 무안박씨 가계의 재조명」, 『명가의 고문서』7, 韓國學中央硏究院 장서각.

정수환(2011), 「조선시대 양반가문의 가계경영 전략」, 『고문서집성』99, 한국학중앙연구원.

정수환(2020), 「조선후기 경주 방어리(防禦里) 사계(射契)와 동계(洞契)의 호혜와 협동 가치」, 『한국학』43-4, 한국학중앙연구원.

정수환(2008), 「朝鮮後期 寧海 務安朴氏家의 家系와 家計運營의 한 樣相」, 『古文書集成』90, 韓國學中央硏究院.

정수환(2015), 「조선후기 오천정씨(烏川鄭氏) 가문의 전통 발견-정습명(鄭襲明) 묘단(墓壇) 설치를 중심으로」, 『圃隱學硏究』15, 圃隱學會.

정유진(2012), 「박정희 정부기 문화정책과 민속신앙-국사당과 밤섬부군당을 중심으로」, 『역사민속학』39, 역사민속학회.

정은주(2016), 「《영사정팔경도(永思亭八景圖)》의 문화적 함의와 회화적 특징」, 『정신문화연구』144, 한국학중앙연구원.

鄭震英(1985), 「16世紀 安東地方의 洞契」, 『嶠南史學』창간호, 영남대학교 국사학회.

趙珖(1980), 「資料解題:朝鮮時代 鄕村支配構造의 理解-戶長先生案, 上詔文先生案, 講武堂先生案」, 『震檀學報』50, 震檀學會.

조철제(2000), 「朝鮮時代 慶州의 五里藪와 普門坪 小考」, 『新羅學研究』4, 위덕대학교 신라문화산업센터.

趙喆濟(2002), 『<<慶州先生案>>의 內容分析과 傳來經緯」, 『新羅學研究』6, 위덕대학교 신라문화산업센터.

주동주(2008), 「국제원조의 유무상 효과 논쟁과 한국의 ODA 정책 방향」, 『국제지역연구』12-1, 국제지역연구센터.

지성태(2013), 「농촌종합개발 ODA 모델의 효과적 추진방안 연구-베트남 새마을 운동 시범사업 사례를 중심으로」, 『아시아연구』16-3, 한국아시아학회.

최양부(1978), 「농촌새마을 운동연구의 사회과학적 접근」, 『농촌경제』1-1, 한국농촌경제연구원.

최효식(1994), 「壬辰倭亂 중 永川城 탈환전투의 고찰」, 『大丘史學』47, 大丘史學會.

하재훈, 임재강(2009), 「새마을 운동 활성화 방향에 대한 국민의 인식」, 『한국사회와 행정연구』19-4, 서울행정학회.

하재훈·오유석(2012), 「인도네시아 족자카르타주의 새마을사업: 마을 리더십의 성격과 역할」, 『구술사연구』3-2, 한국구술사학회.

한도현(2010), 「1970년대 새마을 운동에서 마을 지도자들의 경험세계: 남성 지도자들을 중심으로」, 『사회와 역사』88, 한국사회사학회.

한도현(1999), 「새마을 운동과유신체제」, 『역사비평』47, 역사비평사.

한도현(2003), 「향약의 조직원리와 지역자치: 베트남 모짝싸(xa Mo Trach, 慕澤社)의 사례」, 『동남아시아연구』13-2, 한국동남아학회.

한미라(2011), 「조선후기 가좌동 禁松契의 운영과 기능: 경기 양성현 '禁松契座目'을 중심으로」, 『역사민속학』35, 역사민속학회.

황원규(2010), 「국제개발협력의 변천과 한국 공적개발원조(ODA)의 전망 및 과제」, 『한국국제정치학회 학술대회 발표논문집』, 한국국제정치학회.

Bui Xuan Dinh(2015), 「베트남 고문서 속의 마을 질서: 전통시대의 향약」, 『제2회 동아시아 마을 연구 국제포럼: 동아시아 마을 발전-역사와 미래』, 한국학중앙연구원 藏書閣.

▲ 해외논문

Abafita, Jemal., Mitiku, Fikadu. and Kim, Kyung Ryang. (2013) 'Korea's Saemaul Undong (New Village Movement): A Model for Rural Development in Ethiopia?', *The Journal of the Korean Society of International Agriculture,* 25(3): 217-230.

Andreasson, Stefan. (2007) 'Thinking Beyond Development: The Future of Post-Development theory in Southern Africa', *The British International Studies Association annual conference,* University of Cambridge, 17-19 December.

Ange, Aimee Maire. (2012) 'The Task Force of Irrigation and Mechanization is Technically Assisting KOICA in Irrigation Related Activities', *Minagri Weekly Flash News,* 23 November, available online at http://www.minagri.gov.rw/index.php?id=573, (accessed 29 July, 2014).

Arce, Alberto. and Long, Norman. (2000) 'Reconfiguring modernity and development from an anthropological perspective', in Arce, Alberto. and Long, Norman. (eds) *Anthropology, Development and Modernities: Exploring discourses, counter-tendencies and violence,* Oxon and New York: Routledge, pp.1-31.

Bebbington, Anthony. (2000) 'Reencountering Development: Livelihood Transitions and Place Transformations in the Andes', *Annals of the Association of American Geographers,* 90(3): 495-520.

Blaikie, Piers. (2000) 'Development, post-, anti-, and populist: a critical review', *Environment and Planning,* 32: 1033-1050.

Brandt, Vincent S. (1979) 'Rural Development in South Korea', *Asian Affairs,* 6(3): 148-163.

Brigg, Morgan. (2002) 'Post-Development, Foucault and the Colonisation Metaphor', *Third World Quarterly,* 23(3): 421-436.

Carr, Edward R. (2013) 'Livelihoods as Intimate Government: Reframing the logic of livelihoods for development', *Third World Quarterly,* 34(1): 77-108.

Carver, Terrell. (2010) 'Cinematic Ontologies and Viewer Epistemologies: Knowing

International Politics and Moving Images', *Global Society,* 24(3): 421-431.

Cavalcanti, Joabe G. (2007) 'Development versus Enjoyment of Life: A Post-Development Critique of the Developmentalist Worldview', *Development in Practice,* 17(1): 85-92.

Cerdán, Paulina. (2013) 'Post-development and Buen Vivir: An approach to development from Latin-America', *International Letters of Social and Humanistic Science,* 10(2013): 15-24.

Chhaykea, Theng. (2014) 'KOICA Provides US$8 Million to Promote New Community Movement in Cambodia', Agence Kampouchea Presse(AKP), 20 Feburary, available online at heep://www.akp.gov.hk/?p=42170, (accessed 29 May, 2014).

Chun, Hong-Min., Munyi, Elijah N. and Lee, Heejin. (2010) 'South Korea as an Emerging Donor: Challenges and Changes on its Entering OECD/DAC', *Journal of International Development,* 22: 788-802.

Chung, Ki-whan. and Oh, Nae-won. (1994) 'Republic of Korea', in Quibria, M.B. (ed.) *Rural Poverty in Developing Asia, Philippines:* Asian Development Bank, pp.243-405.

Chung, Seung-hun. (2007) 'Sharing the Korean Experience for International Development', *ODA International Conference Sharing for Effective Measures to Achieve the MDGs,* Seoul, 7 March, pp.1-21.

Claassen, Casper Hendrik. (2011) 'The Spread of Saemaul Undong: Overcoming the bane of pessimism', available at http://www.consultancyafrica.com/index.php?option=com_content&view=article&id=738:the-spread-of-saemaul-undong-overcoming-the-bane-of-pessimism-&catid=90:optimistic-africa&Itemid=295 (accessed 28th May, 2014).

Collier, Paul. (2000) 'Doing Well out of War: An Economic Perspective' in Berdal, Mats. and Maloane, David M. (eds) *Greed and Grievance: Economic Agendas in Civil Wars,* Boulder and London: Lynne Rienner, pp.91-111.

Corbridge, Stuart. (1998) 'Beneath the pavement only soil: The poverty of post-development', *The Journal of Development Studies*, 34(6): 138-148.

Curry, George N. (2003) 'Moving Beyond Postdevelopment: Facilitating g Indigenous alternatives for "Development"', *Economic Geography,* 79(4): 405-423.

Diawara, Mamadou. (2000) 'Globalization, Development Politics and Local Knowledge', *International Sociology*, 15(2): 361-371.

Domjahn, Thomas M. (2013) 'What (if Anything) Can Developing Countries Learn from South Korea?', *Asian Culture and History*, 5(2): 16-24.

Douglass, Mike. (2013) 'The Saemaul Undong: South Korea's Rural Development Miracle in Historical Perspective', *Asia Research Institute Working Paper Series*, 197:2-34.

Economic Planning Board. (1969) 'Financial aid for the National Reconstruction Movement', January available online at http://contentes,archieves.go.kr, (accessed 18 August, 2014).

Escobar, Arturo. (1992) 'Imagining a Post-Development Era? Critical Thought, Development and Social Movements', *Third World and Post-Colonial Issues*, 31(32): 20-56.

Escobar, Arturo. (2000) 'Beyond the Search for a Paradigm? Post-Development and beyond', *Development*, 43(4): 11-14.

Escobar, Arturo. (2006) 'Post-development' in Clark, David Alexander. (ed.) *The Elgar Companion to Development studies*, Cheltenham and Northampton: Edward Elgar, pp.447-451.

Escobar, Arturo. (2007) 'Post-development as concept and social practice', in Aram Ziai (ed.) *Exploring Post-development: Theory and practice, problems and perspectives*, Oxon and New York: Routledge, pp.18-31.

Escobar, Arturo. (2012) 'Preface to the 2012 Edition', *Encountering Development: The Making and Unmaking of the Third World-With a new preface by the author*, Princeton and Oxford: Princeton University Press, pp.vii-xliii.

Esteva, Gustavo. and Prakash, Madhu Suri. (1997) 'From Global Thinking to Local Thinking', in Rahnema, Majid. and Bawtree, Victoria. (eds) *The Post-Development Reader*, London and New Jersey: Zed Books, pp.277-289.

Folley, Rob. (2010) 'Korea's ODA to Africa: Strategic or Humanitarian?', *SAIS US-Korea 2010 Yearbook*, Massachusetts: Johns Hopkins University, pp.83-94.

Frank, Andre Gunder. (2000[1969]) 'The Development of Underdevelopment', in Roberts, J. Timmons. and Hite, Amy. (eds) *From Modernization to Globalization:*

Perspectives on Development and Social Change, Malden, Oxford and Victoria: Blackwell, pp.159-168.

George, Susan. (1997) 'How the Poor Develop the Rich', in Rahnema, Majid. and Bawtree, Victoria. (eds) *The Post-Development Reader,* London and New Jersey: Zed Books, pp.207-213.

Gereffi, Gary. (2000[1994]) 'Rethinking Development Theory: Insights from East Asia and Latin America', in Roberts, J. Timmons. and Hite, Amy. (eds) *From Modernization to Globalization: Perspectives on Development and Social Change,* Malden, Oxford and Victoria: Blackwell, pp.229-189.

Gibson-Graham, J. K. (2005) 'Surplus possibilities: Postdevelopment and community economics', *Singapore Journal of Tropical Geography,* 26(2): 4-26.

Gilbert, Christopher L. and Vines, David. (2000) 'The World Bank: an overview of some major issues', in Gilbert, Christopher L. and Vines, David. (eds) *The World Bank: Structure and Policies,* Cambridge: Cambridge University Press. pp.10-36.

Gilson, Ronald J. and Milhaupt, Curtis J. 'Economically Benevolent Dictators: Lessons for Developing Democracies', *The American Journal of Comparative Law,* 59(1): 227-288.

Gudynas, Eduardo. (2011) 'Buen Vivir: Today's tomorrow', *Development,* 54(4): 441-447.

Han, Oun-sa. (1972). *Let's Live Well, Choir of Saemaul 3: Village in blooming and New Village.* [LP]. Seoul: Universal Records.

Hancock, Graham. (1997) 'Transmigration in Indonesia: How Millions are Uprooted' in Rahnema, Majid. and Bawtree, Victoria. (eds) *The Post-Development Reader,* London and New Jersey: Zed Books, pp.234-243.

Happy Planet Index. (2014) Happy Planet Index. Available at http://www.happyplanetindex.org/data/, (accessed 11 September, 2014).

Hewitt, Vernon. (2009) 'Empire, International Development & the Concept of Good Government', in Duffield, Mark. and Hewitt, Vernon. (eds) *Empire Development & Colonialism: The Past in the Present,* Suffolk and New York: James Currey, pp.30-44.

Ho, Samuel P.S. (1979) 'Rural-Urban Imbalance in South Korea in the 1970s', *Asian Survey,* 19(7): 645-659.

Hobsbawm, Eric. (1983) 'Mass-Producing Tradition: Europe, 1870-1914', in Hobsbawm, Eric. and Ranger, Terence. *The Invention of Tradition* Cambridge UK: Cambridge University Press.

Horner, Lindsey K. (2013) 'Networking resources, owing productivity: a post-development alternative in Mindanao?', *Globalisation, Societies and Education,* 11(4): 538-559.

Hwang, Won-gyu. (2011) 'Korea ODA: From Recipient to Donor', *Emerging Asian Approaches to Development Cooperation,* Busan: Korea Development Institute and The Asia Foundation, pp.50-64.

I Love Africa. (2014) 'SMU Uganda' available at http://www.youtube.com/watch?v=2rYFq0vXtG4, (accessed 28 May, 2014).

Ivan, Illich. (1997) 'Development as Planned Poverty', in Rahnema, Majid. and Bawtree, Victoria. (eds) *The Post-Development Reader,* London and New Jersey: Zed Books, pp.94-101.

Jerve, Alf Morten. (2007) 'Asian Models for Aid: Is There a Non-Western Approach to development Assistance?', *Chr Michelsen Institute Report,* 2007(12): 1-10.

Johnson, Christopher Keith. (2014) 'Post-Development and the Practitioner' available at http://www.e-ir.info/2014/01/08/post-development-and-the-practitioner/, (accessed 23 June, 2014).

Kalinowski, Thomas. (2010) 'Aid and Development: Towards a Global Partnership for Development', *Aid or Development: ODA-Lessons Learning and Challenges for Korea.pp.*1-18.

Keim, Willard D. (1974) 'The South Korean Peasantry in the 1970s', *Asian Survey,* 14(9): 854-868.

Kiely, Ray. (1999) 'The Last Refuge of the Noble Savage? A Critical Assessment of Post-Development Theory', *The European Journal of Development Research*, 11(1): 30-55.

Kim, sang-Kyu. (2003) 'Modern illumination of synergy economic education on the analects of Confucius and the Mencius', *Journal of Korean Economic Education*,

10: 97-122.

Kippler, Caroline. (2010) 'Exploring post-development: Politics, the state and emancipation. The question of alternatives', *POLIS Journal*, 3: 1-38.

Kothari, Uma. (2005) 'From colonial administration to development studies: a post-colonial critique of the history of development studies', in Kothari, Uma. (ed.) *A radical history of development studies: Individuals, institutions and ideologies,* Cape Town, London and New York: David Philip and Zed Books, pp.47-66.

Krause, Ulrike. (2013) 'Innovation: The new Big Push or the Post-Development alternative?' *Development*, 56(2): 223-226.

Kwon, Huck-ju. (2010) 'Implications of Korea's Saemaul Undong for International Development Policy: A Structural Perspective', *The Korean Journal of Policy Studies,* 25(3): 87-100.

Lee, Jison,. and Sohn, Jaemin. (2013) 'International assistance living together well: applying Saemaul Undong in the developing countries', *The Kyunghyang Shinmun,* 15 May, available online at http://news.khan.co.kr/kh_news/khan_art_view.html?code=910302&artid=201305152148385, (accessed 25 July, 2014).

Lehmann, David. (1997) 'An Opportunity Lost: Escobar's deconstruction of development', *The Journal of Development Studies,* 33(4): 568-578.

Le, Thi Lan and Nguyen.(2015) 'Preservation and Dissemination of Old Rare Archives in the Library of Social Sciences-The Case of Village Convention Coolection', *Social Sciences Information.*

Lim, Chae Won., Do, Myungrok. and Kim, Min Han. (2013) 'The Korean Developmental State Model and the Saemaul Movement as National Development Movement as National Development Strategies: Are They Applicable to Latin American Nations?', *The Korean Association for Policy Studies Autumn Academic Conference,* Seoul: 413-439.

Lim, Jae Kang. (2008) 'How properly practice international Saemaul Undong', *KOGOS Journal,* 20(2): 24-27.

Lim, Su Hwan. (2007) 'Saemaul Movement and Rural Development', *Korean Journal of Agricultural History,* 6(1): 129-149.

Lind, Amy. (2003) 'Feminist Post-Development Thought: "Women in Development" and the Gendered Paradoxes of Survival in Bolivia', *Women's Studies Quarterly,* 31(3/4): 227-246.

Madhok, Sumi. (2009) 'Five Notions of Haq: Exploring Vernacular Rights Cultures in South Asia', *New Working Paper Series,* 25: 1-52.

Marx, Axel. and Soares, Jadir. (2013) 'South Korea's Transition from Recipient to DAC Donor: Assessing Korea's Development Cooperation Polity', available at http://poldev.revues.org/1535, (accessed 28 May, 2014).

Matthews, Sally. (2007) 'What, then, should we do?: Insights and experiences of a Senegalese NGO', in Ziai, Aram. (ed.) *Exploring Post-Development: Theory and practice, problems and perspectives,* Oxon and New York: Routledge, pp.131-144.

McKinnon, Katharine. (2008) 'Taking post-development theory to the field: Issues in development research, Northern Thailand', *Asia Pacific Viewpoint,* 49(3); 281-293.

McMichael, Philip. (1996) 'Globalization: Myths and Realities', *Rural Sociology,* 61(1): 25-55.

McMichael, Philip. (2000) 'Globalization: Myths and Realities (1996)', in Roberts, Timmons. and Hite, Amy. (eds) *From Modernization to Globalization: Perspectives on Development and Social Change,* Malden and Oxford: Blackwell Publishing, pp.274-291.

Mies, Maria. (1993) 'The Myth of Catching-up Development', in Mies, Maria. & Shiva, Vandana. (eds) *Ecofeminism,* London and New Jersey: Zed Books, pp.55-69.

Moore, Mick. (1988) 'Economic Growth and the Rise of Civil Society: Agriculture in Taiwan and South Korea', in White, Gordon (ed.) *Developmental States in East Asia,* London: Macmillan Press, pp.113-152.

Moss, Todd. Pettersson, Gunilla. and Walle, Nicolas Van de. (2006) 'An Aid-Institution Paradox?: A Review Essay on Aid Dependency and State Building in Sub-Saharan Africa', *Center for Global Development Working Paper,* 74: 1-28.

Moyo, Dambisa. (2009) 'Why Foreign Aid Is Hurting Africa', *World Street Journal,* 12 March, available online at heep://online.wsj.com/news/articles/SB123758895999200083, (accessed 4 June, 2014).

Namhyoun21, (2008). *N'Kumu Saemaul Undong in Congo 1-3.* [video online] Available at: <https://www.youtube.com/watch?v=h5ybYcnkXmg, =5p-6cKVX_YA, =ZrsFawLCafw>(Accessed 24 July, 2014).

National Institute of the Korean Language. (2014) 'Standard Korean Dictionary', available at http://stdweb2.korean.go.kr/search/View.jsp, (accessed 29 August, 2014).

Park, Sooyoung. (2009) 'Analysis of Saemaul Undong: A Korean Rural Development Programme in the 1970s', *Asian-Pacific Development Journal,* 16(2): 113-140.

Parpart, Jane. (2002) 'Lessons from the field: Rethinking Empowerment, Gender and Development from a Post-(post-?) Development Perspective', in Saunders, Kriemild. (ed.) *Feminist Post-Development Thought: Rethinking modernity, postcolonialism & representation,* London and New York: Zed Books, pp.41-56.

Pieterse, Jan Nederveen. (1998) 'My Paradigm or Yours? Alternative Development, Post-development, Reflexive Development', *Development and Change,* 29: 343-373.

Pieterse, Jan Nederveen. (2000) 'After post-development', *Third World Quarterly,* 21(2): 175-191.

Rahnema, Majid. (1997) 'Towards Post-development: Searching for Signposts, a New Language and New Paradigms', in Rahnema, Majid. and Bawtree, Victoria. (eds) *The Post-Development Reader,* London and New Jersey: Zed Books, pp.377-403.

Raphael, Chaponnière Jean. (2012) 'Chinese Aid and Investment in Africa', in Yoon, Deok Ryong (ed.), *Issues on Development Aid: European Perspective,* Seoul: Korean Institute for International Economic Policy, pp.147-177.

Rashidi, Hasan. (2014) 'Post-Development, An Approach To Development Failure', *Advances in Environmental Biology,* 8(6): 1554-1558.

Reed, Edward P. (2010) 'Is Saemaul Undong a Model for Developing Countries Today?', *International Symposium in Commemoration of the 40thAnniversaryofSaemaulUndongHostedbytheKoreanSaemaulUndongCenter,* Seoul, 30 September.

Reid-Henry, Simon. (2012) 'Arturo Escobar: a post-development thinker to be reckoned with', *the guardian*, 5 November, available at heep://theguardian.com/

global-development/2012/nov/05/Arturo-escobar-post-development-thinker, (accessed 24 June, 2014).

Sachs, Wolfgang. (1997) 'The Need for the Home Perspective', in Rahnema, Majid. and Bawtree, Victoria. (eds) *The Post-Development Reader,* London and New Jersey: Zed Books, pp.290-300.

Santos, Lean Alfred. (2014) 'South Korea increases ODA, pushes for 'win-win' foreign aid policy', *The Development Newswire,* 14 January, available online at heeps:// www.devex.com/news/south-korea-increases-oda-pushes-for-win-win-foreign-aid-policy-82653, (accessed 2 June, 2014).

Saunders, Kriemild. (2002) 'Introduction: Towards a Deconstructive Post-Development Criticism', in Saunders, Kriemild. (ed.) *Feminist Post-Development Thought: Rethinking modernity, postcolonialism & representation,* London and New York: Zed Books, pp.1-38.

Shaffer, Paul. (2012) 'Post-development and Poverty: an assessment', *Third World Quarterly,* 33(10): 1767-1782.

Shiva, Vandana, (2009) 'Soil Not Oil: Environmental Justice in an Age of Climate Crisis', *Alternatives Journal,* 35(3): 19-23.

Shrestha, Nanda. (1995) 'Becoming a development category', in Crush, Jonathan. (ed.) *Power of Development*, London and New York: Routledge, pp.266-277.

Sidaway, James D. (2014), 'Post-development' in Dsai, Vandana. and Potter, Robert B. (eds) *The Companion to Development Studies* (Third Edition), Oxon and New York: Routledge, pp.147-152.

Simon, David. (1998) 'Rethinking (post)modernism, postcolonialism, and posttraditionalism: South-North perspectives', *Environment and Planning,* 16: 219-245.

Suhwan, JUNG(2015), 'Post-Development Alternative Ideas Regarding Saemaul Rural Development as an International Development Practice', *The Journal of Korean Cultural Studies* 60.

Thao, Tru Phuong. and Kim, Kyung Qyang. (2008) 'Rural Development Policy in Korea: Lessons for Vietnam', *The Journal of the Korean Society of International Agriculture*, 20(1): 1-10.

Tran, Mark. (2011) 'South Korea: a model of development?', *the guardian*, 28 November, available online at http://www.theguardian.com/global-development/poverty-matters/2011/nov/28/south-korea-development-model, (accessed 28 May, 2014).

Truman, Harry S. (1949) 'Inaugural Address', speech, 20 January, available online at http://www.presidency.ucsb.edu/ws/?pid=13282, (accessed 25 June, 2014).

Tucker, Vincent. (1999) 'The Myth of Development: A Critique of a Eurocentric Discourse', in Munck, Ronaldo and O'hearn, Denis. (eds) *Critical Development Theory: Contributions to a new paradigm,* London: Zed, pp.1-26.

Walsh, Catherine. (2010) 'Development as Buen Vivir: institutional arrangements and (de)colonial entanglements', *Development,* 53(1): 15-21.

Walz, Juile. and Ramachandran, Vijaya. (2010) 'Brave New World: A Literature Review of Emerging Donors and the Changing Nature of Foreign Assistance', *Center for Global Development Working Paper*, 273: 1-28.

Watson, Iain. (2011) 'Global Korea: foreign aid and national interests in an age of globalization', *Contemporary Politics,* 18(1): 53-69.

Watson, Marcus D. (2013) 'The Colonial Gesture of Development: The Interpersonal as a Promising Site for Rethinking Aid to Africa', *Africa Today,* 59(3); 2-28.

Yang, Sung-Bok. (2013) 'Alleviating poverty and famine with consideration of self-reliance: suggesting radical solution for international development', *Kyongbuk Ilbo,* 19 June, p.11.

Ziai, Aram. (2004) 'The ambivalence of post-development: between reactionary populism and radical democracy', *Third world Quarterly,* 25(6): 1045-1060.

Ziai, Aram. (2007) 'Concluding the exploration: post-development reconsidered', in Ziai, Aram. (ed.) *Exploring Post-development: Theory and practice, problems and perspectives,* New York: Routledge, pp.226-234.

Ziai, Aram. (2013) 'The discourse of "development" and why the concept should be abandoned', *Development in Practice,* 23(1): 123-136.

ABSTRACT

Korean Rural Development and International Development

Jung, Su-Hwan

This study examines the options for rural and international development by evaluating the background and outcomes of the Saemaŭl Undong (New Village Movement) of the 1970s and analysing the limitations of international development programs. Through exploring the driving force behind South Korea's rural development in the 1970s, the study considers the country's historical background from the time of the Chosŏn dynasty and confirms the limitations of the Saemaŭl Rural Development Program, in which South Korea is applying the Saemaŭl Undong to global rural development. Drawing on post-development theory, it is argued that this program could contribute to the discovery of "development" that differentiates it from Western-centred concepts by applying indigenous knowledge in the field. The purpose of the study is to emphasis the importance of indigenous knowledge that contains local history and culture in rural development programs. The study introduces a case that shows community knowledge of local areas during the Chosŏn dynasty and then analyses, from a historical perspective, how local indigenous knowledge has worked with regard to South Korean rural development. Based on post-development theory, the possibility of this program being an alternative to others used in rural and international development is confirmed after examining the cases of South Korea's Saemaŭl Rural Development Program in the development procurement.

Chapter 1 identifies the driving force behind modern South Korean rural development by revealing indigenous elements that were inherent in the historical experiences of local areas during the Chosŏn Dynasty. Cases of village cooperatives that operated in five villages were analysed through examining historical documents. The values of pre-modern society, which have their roots in the local communities of the Chosŏn dynasty, were in the form of reciprocity and cooperation regarding tangible and intangible shared assets, which are referred to as commons. The goal of cooperation was to modify and supplement protocols for maintaining commons, such as neo-Confucian values and mutual assistance or gazebos and forests. This system for the maintenance of the village community protocol was part of the indigenous knowledge for village development. Village cooperatives have continued to this day, as they have realized the revision of the protocol through cooperation among members in maintaining and sustaining the value of mutual assistance and shared assets.

Chapter 2 analyses the relationship that the indigenous knowledge of the local communities during the Chosŏn Dynasty and the South Korean rural development movement have to the contents and significance of the Saemaŭl Undong and international development. The indigenous knowledge of rural villages, which contains the value of reciprocity and cooperation, was a driving force behind the Saemaŭl Undong in the 1970s. Based on this impetus, the government successfully led the movement by providing materials and managing administration. The Saemaŭl Undong, which aimed at modernising local areas through income growth in the 1970s, was politicised, and since 2000 South Korea has again politicised the Saemaŭl Undong by introducing the Saemaŭl Rural Development Program to the international community. In addition, this program emphasizes the value of cooperation and is implementing it as a "movement to live-well", to increase the incomes of local people in recipient countries.

Chapter 3 explores the trial and error that is involved in programs at the site of the Saemaŭl Rural Development Program and raises the issue of the need to seek alternatives by using local indigenous knowledge. The study involved visiting and researching several villages at the site of the Saemaŭl Rural Development Program, with a focus on programs implemented in local villages in Southeast Asia, Africa and South America. The program that regarded the Saemaŭl Undong as a success story presupposed that this would have an advantage over the indigenous knowledge of the recipient country. However, there was considerable trial and error in implementing the program, and this related to friction with the local community and lack of consideration for the climate and environment. The need to reorganise the Saemaŭl Rural Development Program and to combine it with the indigenous knowledge of the local community was therefore confirmed.

The final chapter examines a differentiated Saemaŭl Rural Development Program by drawing on post-development theory, which emphasises respect for indigenous knowledge. This theory argues for a new concept of pluralistic "development" that entails the local value, distancing itself from traditional "development", which was used both as a tool for colonialism and Western initiative. The theory also emphasises the value of new "development" by identifying the elements of local communities, their women, ecologies, and well-being, in the local cultures. The Saemaŭl Undong had the indigenous knowledge of reciprocity and cooperation, and it contained four elements of post-development theory. If the Saemaŭl Rural Development Program, applied along with the Saemaŭl Undong, were reorganised according to the elements of post-development theory and the local indigenous knowledge in recipient countries, it could contribute to international development. The premise is to take an interest in, to research and to apply "indigenous knowledge".

South Korea's rural development and Saemaŭl Undong are based on the indigenous knowledge of the Chosŏn dynasty and the local values. With respect to the Saemaŭl Rural Development Program as an international development, it is time to pay attention to the indigenous knowledge that is part of the historical experiences of the recipient country. It is suggested that an alternative to having to proceed with trial and error at the site of the Saemaŭl Rural Development Program is to match the indigenous knowledge of the recipient country. This type of approach, to introduce the post-development theory to the Saemaŭl Rural Development Program, marks a turning point in being able to discover "development" as an alternative.

찾아보기

ㅂ

ㅅ

정수환

영남대학교 국사학과를 졸업하고 한국학중앙연구원 한국학대학원에서 한국사학 전공으로 석·박사 통합과정을 마쳤다. 2017년 「17세기 동전유통의 정책과 실태」로 문학박사 학위를 받았다. 그 뒤 University of Brisotl (UK)에서 International Development 전공으로 2014년 석사학위를 취득했다.

홍익대학교, 청운대학교, 경기대학교, 경인교육대학교에서 강의했으며, 현재 한국학중앙연구원 책임연구원으로 장서각 고문서연구실 실장으로 재직 중이다.

고문서를 활용하여 조선시대 생활의 여러 모습을 재구성하면서 대상 공간으로서 농촌과 마을에 주목하여 조선시대에서 현대에 이르는 거시적 변화를 추적하고 있다. 조선시대 농촌사회의 실제와 새마을 운동 시기 농촌 조직의 활동 그리고 해외 개발 현장의 실태에 대한 연구를 한국학의 영역으로 연결하기 위해 연구하고 있다.

저서는『조선후기 화폐유통과 경제생활』, 『조선왕실의 의례와 재원』 등이 대표적이다. 논문으로는 「Post-Development Alternative Ideas Regarding Saemaul Rural Development as an International Development Practice」, 「Korean Rural Development Challenge against External Challenges in International Development」, 「18세기 경주 갓뒤마을 동계의 말림갓을 위한 호혜와 협동」, 「17세기 전반 趙克善의 賣買기록과 用錢경험」 등 다수가 있다.

한국 농촌개발과 국제개발
초판 발행 2022년 4월 5일
지은이 정수환
펴낸곳 영남대학교출판부
펴낸이 최외출
출판등록 1975년 9월 5일 경산 제16-1호
주소 경북 경산시 대학로280
전화 053) 810-1801~3
FAX 053) 810-4722
홈페이지 book.yu.ac.kr
ISBN 978-89-7581-853-0 93300

값은 표지 뒷면에 있습니다.
잘못 만들어진 책은 바꾸어 드립니다.